SCHLANGEN DER WELT

John M. Mehrtens

SCHLANGEN
DER WELT Lebensraum - Biologie - Haltung

Übersetzung und Bearbeitung:
Dr. Thomas Romig

Franckh-Kosmos

Aus dem Amerikanischen übersetzt von Dr. Thomas Romig

Titel der Originalausgabe „Living Snakes of the World in Color", 1987 erschienen bei Sterling Publishing Co., Inc., 387 Park Avenue South, New York, N. Y. 10016-8810, U. S. A. (ISBN 0-8069-6460-X). Erstveröffentlichung in Großbritannien: Cassell plc, London.
Copyright © bei John M. Mehrtens 1987.

Mit 545 Farbfotos.

Umschlaggestaltung von Atelier Reichert, Stuttgart, unter Verwendung von 6 Farbfotos von Wally und Burkard Kahl.
Vorderseite: Kornnatter (*Elaphe guttata*; großes Foto); kleine Fotos von links nach rechts: Kreuzotter (*Vipera berus*), Grüne Hundskopfboa (*Corallus caninus*), Dunkler Tigerpython (*Python molurus bivittatus*), Ringelnatter (*Natrix n. natrix*).
Rückseite: Abgottschlange (*Boa constrictor*).

Die Deutsche Bibliothek – CIP-Einheitsaufnahme

Schlangen der Welt: Lebensraum, Biologie, Haltung / John M. Mehrtens. Übers. und Bearb.: Thomas Romig. – Stuttgart: Franckh-Kosmos, 1993
    Einheitssacht.: Living snakes of the world in color <dt.>
    ISBN 3-440-06710-6
NE: Mehrtens, John M.; Romig, Thomas [Bearb.]; EST

Das Foto auf S. 1 zeigt *Ungaliophis continentalis* (Aufnahme: John M. Mehrtens), auf S. 3 ist die Rote Königsnatter (*Lampropeltis triangulum*) abgebildet und auf S. 5 ist die Amerikanische Sumpfnatter (*Seminatrix pygaea*) zu sehen.

Für die deutschsprachige Ausgabe:
© 1993, Franckh-Kosmos Verlags-GmbH & Co., Stuttgart
Alle Rechte vorbehalten/ISBN 3-440-06710-6
Lektorat: Anne-Kathrin Janetzky und Andrea Häberlein
Herstellung: Lilo Pabel
Printed in Italy/Imprimé en Italie
Satz: Steffen Hahn, Kornwestheim
Druck: Grafiche Alma S.p.A., Mailand

INHALT

Für Doris R.

VORWORT

Vorworte zu Büchern werden zwar oft geschrieben, aber selten gelesen – Grund genug, dieses Vorwort zu „Schlangen der Welt" möglichst kurz zu halten.

Mit dem vorliegenden Buch soll anhand von Beispielen ein Überblick über die etwa 3000 heute lebenden Schlangenarten gegeben werden. Dabei war es nicht einfach, die hier vorgestellten Arten auszuwählen, da eigentlich *alle* Schlangen von wissenschaftlichem und allgemeinem Interesse sind. Bei der Auswahl wurden letztlich diejenigen Arten bevorzugt, die am häufigsten in öffentlichen Einrichtungen oder bei privaten Haltern anzutreffen sind. Es ist zu hoffen, daß dabei die Vielfalt dieser Reptiliengruppe zum Ausdruck kommt und dieses Buch für professionelle Herpetologen und Reptil-Liebhaber gleichermaßen von Nutzen ist.

Die Vorstellung der einzelnen Arten erfolgt in weitgehend vereinheitlichter Form, um die Fülle von Informationen möglichst kompakt darbieten zu können.

Dieses Buch ist nicht als Standardwerk für die Schlangenhaltung gedacht; dennoch finden sich bei den einzelnen Arten auch kurze Anmerkungen zur Haltung und Pflege in Gefangenschaft. Diese mögen dazu beitragen, das Los von Tieren zu verbessern, deren Besitzer bisher nur Zugang zu übermäßig vereinfachender oder schlichtweg falscher Literatur hatten. Keinesfalls sollte dies als Aufruf zur Haltung von Schlangen – giftig oder ungiftig – verstanden werden, sondern im Gegenteil als Mahnung zur Verantwortung, die jedes Lebewesen in Gefangenschaft seinem Halter auferlegt; die „Futtertiere" seien hiermit ausdrücklich eingeschlossen.

Diejenigen Leser, die mit der Taxonomie (der wissenschaftlichen Klassifizierung von Lebewesen) vertraut sind, verstehen die Schwierigkeiten, die sich durch aktuelle Änderungen wissenschaftlicher Namen ergeben. Zur Zeit der Verfassung des Textes wurde der neueste Stand berücksichtigt. In Fällen, wo die Nomenklatur in Bewegung geraten ist oder das benutzte System nicht allgemein akzeptiert wird, etwa innerhalb der Gattung *Bothrops*, werden im Text entsprechende Hinweise gegeben.

Zum Schluß einige Bemerkungen zum Naturschutz. Für das in sich geschlossene Ökosystem namens Erde sind Schlangen genauso wichtig wie andere Tiere und Planzen. Unglücklicherweise üben sie auf Menschen eine geringere emotionale Anziehungskraft aus als Tiger oder Robbenbabies. Dennoch würden nicht nur Schlangen, sondern auch besagte Robbenbabies mehr vom effektiven Schutz ihrer Lebensräume profitieren als von der ausufernden Gesetzesflut, die den Schutz einzelner Arten betrifft. In einer naturfernen Zeit, in der viele Menschen ihren Stadtpark schon als „Wildnis" betrachten, leisten solche Schutzmaßnahmen leider meist nur einen geringen Beitrag zur Bewahrung von dem, was von unserer natürlichen Umwelt noch übrig ist.

Auch wenn die Entnahme von Schlangen aus der Natur für Zwecke der Terrarienhaltung sicher in keinerlei Verhältnis steht zu Verlusten, die durch Zerstörung der Lebensräume und durch die weltweit übliche sinnlose Nachstellung durch die einheimische Bevölkerung eintreten, so sei doch nicht verschwiegen, daß für solche Arten, die aus anderen Gründen bereits am Rande ihrer Existenz stehen, der gezielte Fang für den Tierhandel das endgültige Aus bedeuten kann. Für solche Arten sind Handel und Besitz durch das Washingtoner Artenschutzabkommen und zusätzliche nationale Bestimmungen gesetzlichen Regelungen unterworfen. Schlangenarten, die einen solchen Schutzstatus genießen, sind unter der Rubrik „Haltung" besonders gekennzeichnet. Arten aus Anhang I des Washingtoner Artenschutzabkommens („vom Aussterben bedroht") tragen das Zeichen §: WA I, solche aus Anhang II („stark gefährdet") das Zeichen §: WA II und solche, die in der Bundesartenschutzverordnung aufgeführt sind, das Zeichen §: BA. Die rechtlichen Konsequenzen, die Kauf und Haltung dieser Arten mit sich bringen, sind auf S. 438 erläutert.

URTÜMLICHE SCHLANGEN

New Mexico-Wurmschlange *(Leptotyphlops dulcis dissec-tus)*

Schlangen gehören – zusammen mit den Eidech-sen, Geckos, Skinken, Agamen, Leguanen, Wara-nen und anderen – zur zoologischen Ordnung der Schuppenkriechtiere (Squamata). Die ältesten Fossilien von Vertretern dieser Ordnung finden sich in Schichten des oberen Perm, die vor ca. 250 Millionen Jahren abgelagert wurden. Von echten Schlangen sind verhältnismäßig wenig Fossilien bekannt, vermutlich wegen der Fragilität ihres Skeletts; die ältesten Schlangen finden sich in ca. 150 Millionen Jahre alten Ablagerungen der unte-ren Kreide und zeigen Skelettmerkmale, die auf echsenartige Vorfahren hinweisen.

Auch unter den heutigen Schlangen gibt es Gruppen, die zum Teil noch immer anatomische Überreste ihrer vierbeinigen Vorfahren in Form von Becken- und Hinterbeinrelikten besitzen und deshalb als urtümlich angesehen werden. Hierzu gehören neben mehreren Familien kleiner, hoch-spezialisierter, meist unterirdisch lebender Schlangen vor allem die Riesenschlangen (Boas und Pythons).

11

Kleine, spezialisierte Familien

Die Vertreter der Schildschwänze (Uropeltidae) aus Südostasien besitzen stumpf endende Schwänze, die einen größeren Durchmesser als der übrige Körper aufweisen und oft mit stachelartigen Auswüchsen versehen sind; sie dienen vermutlich der Abwehr von Feinden oder als „Kopfattrappe".

Die Erd- oder Flachkopfschlangen (Xenopeltidae) finden sich in Südostasien. Den englischen Namen „Sunbeam Snakes" verdanken sie ihren glatten, metallisch schimmernden Schuppen.

Einige südostasiatische Vertreter der Rollschlangen (Aniliidae) zeigen ein eigenartiges Abwehrverhalten: bei Bedrohung wird der Schwanz abgeflacht und aufgerichtet, wobei die auffällige Schwanzunterseite an Hals und Kopf einer drohenden Kobra erinnert. Nur eine Art dieser Familie lebt in Südamerika.

Ebenfalls südamerikanisch sind die etwa ein Dutzend Arten der Anomalepidae; sie erinnern in Aussehen und Lebensweise an die vermutlich primitivsten Schlangen, die Blindschlangen (Typhlopidae) und Wurmschlangen (Leptotyphlopidae), die in fast allen warmen Gebieten der Welt vorkommen und in Größe und Gestalt Regenwürmern ähneln. Charakteristisch für diese Familien sind die gleichförmige, sehr glatte Körperbeschuppung und stumpfe Köpfe mit winzigen Augen – Anpassungen an eine unterirdisch grabende Lebensweise. Wurmschlangen bevorzugen trockene, sandige Böden und ernähren sich von weichhäutigen Insekten, v. a. Termiten und Ameisen, wobei meist nur der weiche Hinterleib verzehrt wird. Wurmschlangen sind eierlegend; die langgestreckten Eier erreichen oft kaum Reiskorngröße. Blindschlangen sind mit etwa 200 Arten über Afrika, Lateinamerika und die australische Region verbreitet; eine Art, *Typhlops vermicularis*, kommt auch auf dem Balkan vor. Die Nahrung besteht, wie bei den Wurmschlangen, meist aus Termiten und Ameisen. Die meisten Arten legen Eier, einige sind jedoch ovovivipar, d. h. die Eier verbleiben bis zur Schlupfreife im Mutterleib. Von einer kleinen australischen Art, *Typhlina bramina*, sind nur Weibchen bekannt, die sich vermutlich parthenogenetisch (ohne Zutun von Männchen) vermehren. Diese Art der Fortpflanzung ist bei Schlangen wohl einmalig; allerdings ist Parthenogenese bei einigen Schienenechsen (*Cnemidophorus* spp.) bekannt.

Australische Blindschlange (*Typhlops* sp.); das abgebildete Exemplar aus New South Wales ist typisch für diese artenreiche Gattung kleiner, versteckt lebender Schlangen. Die reduzierten Augen, der stumpf endende Kopf und die glatte Beschuppung sind Anpassungen an die unterirdisch grabende Lebensweise. Blindschlangen ernähren sich von weichhäutigen Insekten und anderen Wirbellosen.

Korallen-Rollschlange
Anilius scytale

Verbreitung: Die Nominatform (*A. s. scytale*) kommt von den Guyana-Ländern und Südostvenezuela bis Ekuador und Peru vor; *A. s. phelpsorum* ist nur aus Venezuela bekannt.

Lebensraum: Lockere, sandige Böden.

Wissenswertes: Die meisten Tiere sind schwarz und rot gebändert und erinnern im Aussehen an einige Arten der (giftigen) Korallenschlangen (Gattung *Micrurus)*; sie werden etwas über 50 cm lang.

A. scytale ist die einzige amerikanische Art der Familie Rollschlangen (Aniliidae). Sie lebt meist unterirdisch; an die Oberfläche kommt sie höchstens nachts, vor allem während oder nach stärke-ren Regenfällen. Sie ist ovovivipar. Die Nahrung besteht aus unterirdisch lebenden Amphibien (Blindwühlen) und Reptilien (Ringelechsen, kleine Schlangen). Diese Art ist völlig harmlos und verteidigt sich höchstens passiv: bei Gefahr wird der Kopf unter dem zusammengeringelten Körper versteckt und der ähnlich aussehende Schwanz als Kopfattrappe präsentiert.

Haltung: Die spezialisierte Ernährungsweise von *Anilius* schließt eine erfolgreiche Dauerhaltung eigentlich aus. Falls geeignetes Futter verfügbar sein sollte, können die Tiere wie Walzenschlangen (*Cylindrophis*) in Terrarien mit viel Substrat zum Wühlen gehalten werden.

Rote Walzenschlange
Cylindrophis rufus

Verbreitung: Südostasien.

Lebensraum: Weiche und feuchte Böden: Sumpfgebiete, Reisfelder etc.; auch Kulturland.

Wissenswertes: Auch diese Art gehört zu den Aniliidae (Rollschlangen). Auffallend ist die glatte und glänzende Beschuppung. Die Oberseite ist vorwiegend schwarz gefärbt, während die Unterseite eine kontrastierende schwarz-weiße, würfelartige Zeichnung aufweist. Die Schwanzunterseite ist meist mit weißen, manchmal roten Bändern versehen, wobei die Schwanzspitze immer rot oder orange gefärbt ist. Ausgewachsene Tiere werden selten länger als 70 cm.

Walzenschlangen leben unterirdisch in weichem Boden, wobei der Weg durch bohrende Bewegungen des Kopfes gebahnt wird. Die Nahrung besteht aus kleinen Schlangen und Aalen, die durch Umschlingen erbeutet werden. Walzenschlangen sind ovovivipar; ein Wurf besteht aus bis zu zwölf Jungtieren.

Bei Gefahr wird der Körper flach an den Boden gedrückt, wobei der Kopf zwischen den Körperwindungen versteckt wird. Der hintere Körperabschnitt wird abgeflacht und bogenförmig nach oben gestreckt, wodurch der Eindruck einer drohenden Kobra entsteht.

Zwischen Sri Lanka und den Sundainseln kommen noch weitere Arten von *Cylindrophis* und der nahe verwandten Gattung *Anomochilus* vor.

Haltung: Walzenschlangen sind nicht schwer zu halten, wenn sie in gutem Zustand erworben wurden. Eine dicke Lage Holzmulm dient als Substrat zum Graben. Eine darübergelegte Glasplatte wird manchmal in den Gang integriert, so daß das Tier von oben zu sehen ist. Die bevorzugte Temperatur ist 24–27 °C. Als Futter werden z. B. tote Mäuse akzeptiert.

Cylindrophis maculatus aus Südostasien mit „drohend" erhobenem Schwanz, der entfernt an den aufgestellten Vorderkörper einer Kobra erinnert.

Regenbogenschlange
Xenopeltis unicolor

Verbreitung: Vom südlichen China (Guangdong und Yünnan) und Burma über die Malaiische Halbinsel und die indonesische Inselwelt (östlich bis Celebes).

Lebensraum: Talauen, Reisfelder und andere Gebiete mit feuchtem oder nassem Boden; in Wassernähe.

Wissenswertes: Eine einfarbig schwärzlich bis rotbraun gefärbte Schlange mit weißlich-grauer Unterseite. Die glatten Schuppen können in allen Regenbogenfarben schillern. Sie wird bis ca. 1,30 m lang, die meisten Exemplare bleiben aber kleiner.

Regenbogenschlangen sind scheue Tiere, die sich tagsüber in Verstecken am oder im Boden aufhalten und nur nach der Dämmerung auf Beutefang gehen. Die Nahrung besteht aus Fröschen, kleinen Schlangen, Nagetieren und Spitzmäusen. Wie viele andere Schlangenarten fressen sie anscheinend auch Aas; Berichte über gefressene Vögel beruhen vermutlich auf dieser Verhaltensweise. Gelege von Regenbogenschlangen bestehen aus bis zu 18 Eiern; über die Lebensweise der Jungtiere ist wenig bekannt.

Xenopeltis (eine weitere Art, *X. hainanensis*, wurde aus Südchina beschrieben) ist bis heute die einzige Gattung der Erdschlangen (Xenopeltidae); sie stehen möglicherweise den Pythons (einer Unterfamilie der Riesenschlangen) verwandtschaftlich nahe; die Verwandtschaftsverhältnisse zwischen urtümlichen Schlangengruppen sind noch nicht ausreichend untersucht.

Haltung: Regenbogenschlangen benötigen ein geeignetes Substrat zum Graben, wie Rindenmulm oder leicht angefeuchtetes Torfmoos. Den Blicken des Halters werden sie die meiste Zeit verborgen sein, es sei denn, eine Glasplatte wird auf dem Bodengrund angebracht. Sie benötigen Temperaturen von 25–27 °C; tote Mäuse werden meist problemlos gefressen.

Uropeltis phillipsi aus Indien ist typisch für die Familie der Schildschwänze (Uropeltidae), eine kleine Gruppe unterirdisch wühlender Schlangen aus feuchten Biotopen Südasiens. Der Kopf dieser Tiere ist stets zugespitzt; man beachte auch die Ähnlichkeit von Vorder- und Hinterende.

Abgottschlangen und Anakondas

Abgottschlange (*Boa constrictor*)

Die bekannteste aller Riesenschlangen, die Abgottschlange oder *Boa constrictor*, ist auch zoologisch weniger interessierten Mitmenschen zumindest als Name ein Begriff. Kaum ein „Urwald"-Film, in dem sie keine Nebenrolle als vom Baum fallender Bösewicht spielt, der mühelos Menschen und Tiere bis zur Größe von Pferden verschlingt. Mit der Realität hat all dies wenig zu tun. Zum einen leben große Riesenschlangen nicht auf Bäumen, und zum anderen wird gerade *Boa constrictor*, die Abgottschlange, kaum so groß, daß sie in der Lage wäre, derartige Beute zu bewältigen.

Abgottschlangen, Anakondas und einige spezialisierte Gattungen ovoviviparer Schlangen werden als Unterfamilie der Boinae zur Familie der Riesenschlangen (Boidae) gestellt, zu der außerdem noch die altweltlichen Pythons (Pythoninae) und einige kleinere Gruppen (Spitzkopfpythons, Sandboas und Bolyerschlangen) gerechnet werden (sie werden getrennt auf S. 29 und 55 besprochen). Der Begriff „Riesenschlangen" ist eher unglücklich gewählt: zwar erreicht ein knappes Dutzend Arten tatsächlich respektable Ausmaße, viele Arten kommen jedoch kaum auf die Länge einer ausgewachsenen Ringelnatter. Ob die „Riesenschlangen" sich tatsächlich als verwandtschaftliche Einheit den zuvor besprochenen primitiven Schlangen gegenüberstellen lassen, ist äußerst zweifelhaft; so sind vermutlich die Pythons (Phytoninae) mit den Flachkopfschlangen (Xenopeltidae) näher verwandt als mit den Boas (Boinae), mit denen sie doch in eine gemeinsame Familie gestellt werden. Da diese Fragen noch nicht endgültig geklärt sind, wird nachfolgend die traditionelle Klassifizierung in „Riesenschlangen", die sich in Boas und Pythons unterteilen, beibehalten.

Riesenschlangen gehören zu den urtümlichsten Familien der Schlangen, die noch kleine Reste von Becken und Hinterbeinen als Andenken an ihre Vorfahren besitzen; diese sind meist auch äußerlich sichtbar, sitzen rechts und links der Afteröffnung und werden als Aftersporne oder -klauen bezeichnet. Sie sind bei Männchen meist größer und spielen eine Rolle bei der Paarung. Riesenschlangen besitzen im Gegensatz zu den „modernen" Familien noch zwei funktionstüchtige Lungenflügel, die zu Blindsäcken verlängert die gesamte Körperhöhle durchziehen. Die Kiefer sind mit zahlreichen, nach hinten gebogenen Zähnen besetzt, die niemals mit Giftdrüsen in Verbindung stehen.

Alle Riesenschlangen töten ihre Beute durch Umschlingen, wobei das Beutetier allerdings nicht „zermalmt", sondern vielmehr durch Unterbinden der Atembewegungen und der Blutzirkulation erstickt wird (der Artname *constrictor* leitet sich vom lateinischen *constringere*, fesseln, ab).

Während die Pythons der Alten Welt Eier legen, sind Boas ovovivipar, d. h. die Eier werden nach der Befruchtung nicht abgelegt, sondern entwickeln sich im Mutterleib. Dabei ernährt sich der Embryo durch das mit im Ei befindliche Dottermaterial (im Gegensatz zur echten Viviparie - etwa bei Säugetieren -, wo der Embryo über eine Plazenta durch den mütterlichen Organismus versorgt wird). Dennoch existiert zweifellos ein Mechanismus, der z. B. den notwendigen Gasaustausch (Zufuhr von Sauerstoff und Entsorgung von Kohlendioxid) sicherstellt; bei höher entwickelten ovoviviparen Schlangen (z. B. Klapperschlangen) wurde eine solche primitive „Plazenta" nachgewiesen. Abgottschlangen können - abhängig von der Größe des Muttertieres - mehrere Dutzend Jungtiere von 20–30 cm Länge zur Welt bringen, die vollständig entwickelt sind und schon kurz nach der Geburt mit der Nahrungssuche beginnen.

Die echten Boas (Boinae) sind im wesentlichen auf den amerikanischen Kontinent beschränkt. Nahe Verwandte südamerikanischer Gattungen leben außerdem auf Madagaskar, dessen Tierwelt - aus erdgeschichtlichen Gründen - auch noch andere „amerikanische" Elemente aufweist, und einigen Inseln des Südpazifiks.

Die bekannteste Boa ist die südamerikanische Abgottschlange, eine unspezialisierte Art, die in zahlreichen Unterarten verschiedenste Lebensräume zu besiedeln vermochte. Nahe mit ihr verwandt sind die beiden auf Madagaskar vorkommenden, wenig bekannten Boas der Gattung *Acrantophis*. Größere Popularität genießen die an eine amphibische Lebensweise angepaßten Anakondas (Gattung *Eunectes*), die in Südamerika zu Hause sind. Eine der beiden Arten, die „eigentliche" Anakonda (*E. murinus*), ist vielleicht die längste, sicher aber die massigste und schwerste Schlangenart der Welt.

Abgottschlange
Boa constrictor

Verbreitung: Mittelmexiko bis Nordargentinien, Kleine Antillen.

Lebensraum: Verschieden; trockene, gebüschreiche Gegenden werden bevorzugt. Meist in Gewässernähe.

Wissenswertes: In der Vorstellung des Laien sind Abgottschlangen Bewohner tropischer Urwälder. In Wirklichkeit handelt es sich um eine sehr anpassungsfähige Art, die in verschiedensten Lebensräumen vorkommt; zwar gibt es Populationen in feuchten Waldgebieten, meist sind Abgottschlangen aber in trockenen Steppen- und Savannengebieten zu Hause, wo sie sich oft in der Gebüschzone in der Nähe von Gewässern aufhalten. Die peruanische Unterart kommt sogar in felsigen Halbwüsten vor. Abgottschlangen sind überwiegend nachtaktiv und verbringen den Tag in Verstecken, z. B. Nagetierbauen. Sie ernähren sich von kleinen Säugetieren und Vögeln. Bei der Geburt sind sie 20–30 cm lang. Kleine Exemplare leben meist kletternd im Gebüsch; mit zunehmendem Gewicht gehen sie aber mehr und mehr zum Bodenleben über.

Wie bei vielen Arten mit großer Verbreitung gibt es von der Abgottschlange zahlreiche Unterarten. *B. c. mexicana* aus Südmexiko und *B. c. imperator* aus Mittelamerika sind unauffällig gefärbt und klein: sie werden selten länger als 1,50 m. Dagegen sind die meisten der südamerikanischen Formen große, kräftig und schön gefärbte Tiere mit meist rötlichem Schwanz; Beispiele sind *B. c. ortonii* aus Peru, *B. c. melanogaster* aus Ekuador und *B. c. amarali* aus Brasilien, Bolivien und Paraguay. Auch die Boas des nordöstlichen Südamerikas sind „Rotschwänze", deren Status als Unterarten jedoch noch ungeklärt ist; von dort kommen wohl auch die größten Exemplare: die Rekordlänge von etwas über 5,50 m hält

19

Eine schön gefärbte Abgottschlange aus Surinam; es sind vor allem diese großen südamerikanischen Formen mit kräftig rötlichem Hinterende, die bevorzugt als Terrarientiere gehalten werden.

ein Tier aus Trinidad, und für Surinam sind 4,20 m nachgewiesen. Dennoch sind so große Tiere selten: eine „durchschnittliche" Abgottschlange mißt kaum mehr als 3 m. Weitere Formen sind *B. c. occidentalis* aus Argentinien und Bolivien sowie die karibischen Inselrassen (*nebulosa, sabogae, orophias* und *sigma*).

Haltung: Die relativ leichte Vermehrbarkeit dieser Art in Gefangenschaft führt dazu, daß jährlich Tausende von Jungschlangen in den Handel geraten, deren Leben aufgrund unsachgemäßer Haltung leider meist nicht lange währt. Die Unterbringung sollte immer in leicht zu reinigenden, zugfreien Behältern bei einer Bodentemperatur von 25–28 °C erfolgen; Sägespäne oder Aquarienkies sind als Bodengrund ungeeignet, da beide Materialien leicht zu Entzündungen der Mundschleimhäute führen können. Als Nahrung werden meist Nagetiere und Küken akzeptiert, die vor dem Verfüttern getötet werden sollten. Artgerecht gehaltene Abgottschlangen können mehr als 20 Jahre in Gefangenschaft leben und pflanzen sich meist problemlos fort. **§: WA II** (*B. c. occidentalis* **WA I**).

Die Unterart *Boa constrictor nebulosa* ist auf die Antilleninsel Dominica beschränkt und gilt als aggressiv; in der Färbung weicht sie deutlich von den Unterarten des südamerikanischen Festlands ab.

Trotz ihrer im Terrarium auffälligen Färbung sind Abgottschlangen im Freiland gut getarnt und „verschmelzen" optisch mit ihrer Umgebung; dieses 3 m lange Exemplar wurde in Surinam fotografiert. Adulte Abgottschlangen leben vorwiegend am Boden, während die leichteren Jungtiere häufig auch im Geäst von Büschen und kleinen Bäumen zu finden sind.

Färbung und Zeichnung können nicht nur zwischen Unterarten, sondern auch innerhalb ein und derselben Population stark variieren, wie an diesem ungewöhnlichen, ebenfalls aus Surinam stammenden Tier zu sehen ist.

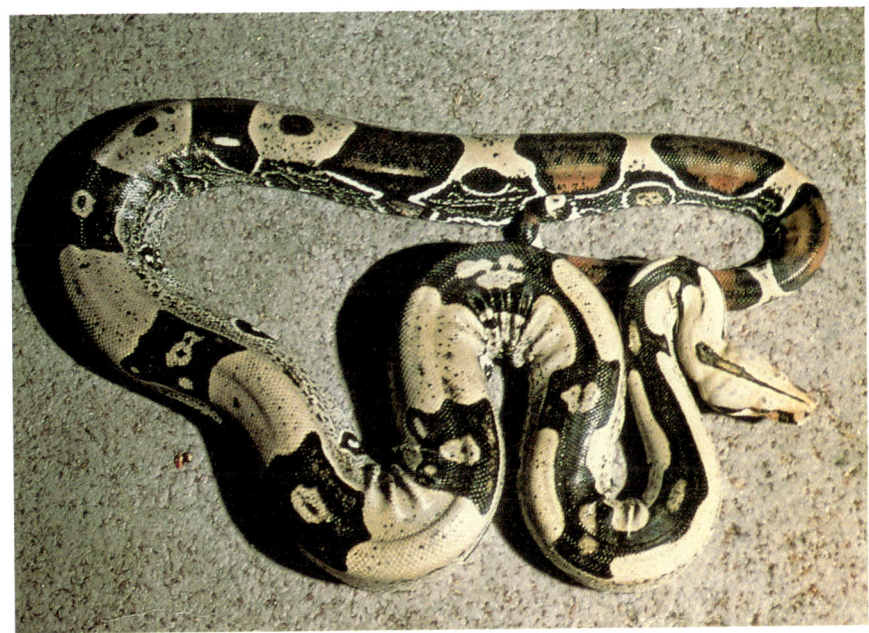

21

Madagaskar-Boa
Acrantophis madagascariensis

Verbreitung: Zentrales und nördliches Madagaskar.

Lebensraum: Bodenbereich von Baumsavannen und lichten Wäldern.

Wissenswertes: Diese Art ist in Aussehen und Lebensweise ihrer nahen Verwandten, der südamerikanischen Abgottschlange (*Boa constrictor*), sehr ähnlich. Sie kommt im zentralen und nördlichen Teil Madagaskars vor, meist in der Nähe permanenter Gewässer. Die Grundfärbung ist ein blasses Rotbraun, vermischt mit Grau; auf der Rückenseite findet sich die typische schwarze oder dunkelbraune Rhombenzeichnung, die manchmal ein undeutliches Zickzackmuster bildet. An den Seiten befinden sich Reihen ovaler schwarzer, weiß gerandeter Flecke. Madagaskar-Boas können maximal über 3 m lang werden, bleiben aber meist deutlich kleiner.

Wie die Abgottschlange ist auch die Madagaskar-Boa hauptsächlich nachtaktiv und verbringt den Tag meist in Verstecken. Während der kühlen und trockenen Jahreszeit (Mai bis Juli) legen die Tiere eine Ruheperiode ein, nach deren Ablauf die Paarungen stattfinden. Nach einer Tragzeit von etwa fünf Monaten werden wenige (vier bis sechs) Jungschlangen mit einer Länge von bis zu 60 cm geboren.

Eine zweite Art, *A. dumerili*, bewohnt die Regenwälder Madagaskars und der Maskarenen. Sie ist kleiner (selten länger als 2 m), weniger gedrungen und dunkler gefärbt als die Madagaskar-Boa. In der Lebensweise sind sich beide Arten ähnlich.

Dumerils Boa (*Acranto-phis dumerili*) bleibt kleiner als die nahe verwandte Madagaskar-Boa (sie wird kaum über 2 m lang) und besitzt eine dunklere Zeichnung; sie bewohnt feuchtere Biotope und ist v. a. in Regenwäldern zu Hause.

Wie viele andere Vertreter der madagassischen Fauna sind auch beide *Acrantophis*-Arten durch das sich beschleunigende Bevölkerungswachstum und die mit der landwirtschaftlichen Entwicklung einhergehende Vernichtung der Wälder in ihrer Existenz gefährdet.

Haltung: Die Haltungsbedingungen entsprechen denen der Abgottschlange oder der großen Py-thonarten. Vor der Fortpflanzung benötigen die Tiere eine kurze Ruheperiode bei 15–18 °C, am besten von Ende Mai bis Anfang Juli. Beide *Acrantophis*-Arten wurden in Gefangenschaft schon nachgezüchtet. Als Futter werden Nagetiere, kleine Kaninchen und Küken meist problemlos akzeptiert. §: **WA I**.

Auch Dumerils Boa ist durch ihre kryptische Färbung im Freiland gut getarnt und in der Fallaubschicht am Waldboden kaum zu entdecken. Auch diese Art ist weitgehend dämmerungs- und nachtaktiv.

Anakonda
Eunectes murinus

Verbreitung: Tropisches Südamerika östlich der Anden, im Süden bis Bolivien und Nordparaguay. Auch auf Trinidad.

Lebensraum: Deckungsreiche Ufer langsam fließender und stehender Gewässer, Überschwemmungsgebiete; auch in Sümpfen.

Wissenswertes: Eine verhältnismäßig plumpe, gedrungene Schlange mit oliv- bis graugrüner Grundfärbung und großen, schwarzen, querovalen Flecken. Die graue oder gelbliche Bauchseite ist mit kleinen dunklen Flecken versehen. Jungtiere sind manchmal rotbraun gefärbt. Anakondas sind die größten Schlangen überhaupt. Zwar erreichen die asiatischen Netzpythons ähnliche Längen, doch sind diese sehr viel schlanker gebaut und bei gleicher Länge daher weniger massig. Anakondas werden meist 6–6,50 m lang; Exemplare von 7,50 m sind ungewöhnlich groß, und die vermutete Maximallänge beträgt 10 m bei über 200 kg Gewicht. Für Berichte über noch größere Anakondas gibt es keine stichhaltigen Belege. Anakondas weisen innerhalb ihres großen Verbreitungsgebietes signifikante morphologische Unterschiede zwischen verschiedenen Populationen auf; die Art ist jedoch taxonomisch noch wenig bearbeitet, und es gibt keine wissenschaftlich gesicherten Unterarten.

Anakondas bewohnen innerhalb ihres Verbreitungsgebietes ausschließlich Feuchtgebiete (Talauen, Sümpfe etc.). Sie schwimmen ausgezeichnet und benutzen flache Gewässerbereiche sowohl zur Flucht vor Feinden als auch zur Tarnung bei der Pirsch auf Beute; da die Augen der Anakonda verhältnismäßig weit nach vorne und oben gerückt sind, ragen von untergetauchten Tieren oft nur die Augen und die Nasenöffnungen aus dem Wasser. Das Beutespektrum der Anakonda ist sehr groß und umfaßt sowohl Säugetiere und Wasservögel als auch Krokodile, Kaimane und Fische. Große Anakondas sind sogar in der Lage, halbwüchsige Tapire, kleine Hirsche etc. zu überwältigen und zu fressen.

Wie alle Boas sind auch Anakondas ovovivipar und gebären fertig entwickelte Jungtiere, wobei die Anzahl und die Größe der Jungschlangen von der Größe des Muttertiers abhängen. Von einem 2,70 m langen Weibchen sind neun Jungtiere mit mittlerer Länge von ca. 50 cm bekannt; ein 6 m langes Exemplar warf dagegen mehr als 50 Jungtiere, die durchschnittlich 1 m lang waren. Anakondas kommen nicht nur in Regenwaldgebieten mit ihren im Jahresverlauf wenig wechselnden klimatischen Bedingungen vor, sondern besiedeln z. T. auch temporäre Feuchtgebiete; dort graben sie sich zu Beginn der Trockenzeit in den Boden austrocknender Sümpfe ein und halten eine Art „Sommerschlaf".

Haltung: Trotz ihrer Anpassung an aquatische Lebensräume werden Anakondas auf ständig feuchtem Untergrund nicht lange überleben. Am besten geeignet sind trockene Terrarien mit Versteckmöglichkeit, Kletterast und großem Wasserbehälter, in dem die Tiere vollständig untertauchen können. Soll ein „natürlicher" Lebensraum nachempfunden werden, ist unbedingt auf ausreichende Lüftung (ohne Zug) bei konstanter Luft- und Wassertemperatur (26–30 °C) zu achten. Wichtig ist auch ein trocken-warmer Teil des Terrariums, wo die Tiere komplett abtrocknen können. Kleine und mittelgroße Exemplare füttert man am besten mit toten Nagetieren und Küken; große Tiere benötigen Kaninchen, Enten, Hühner etc. Da in der Natur auch größere Schlangen auf ihrem Speisezettel stehen, empfiehlt sich bei unterschiedlich großen Exemplaren Einzelhaltung. Die Vermehrung in Gefangenschaft ist schon häufig gelungen. Vorsicht: Anakondas sind erregbarer Natur und werden selten verläßlich zahm; die Handhabung großer Tiere ist nicht ungefährlich. **§: WA II.**

Gelbe Anakonda, Paraguay-Anakonda
Eunectes notaeus

Verbreitung: Nordargentinien, Paraguay, Südostbolivien, Südbrasilien.

Lebensraum: Bewachsene Uferzonen langsam fließender Gewässer, Sumpfgebiete.

Wissenswertes: Die schwarzen Rückenflecken dieser Art sind regelmäßiger angeordnet und nehmen mehr Raum ein als bei der „großen" Anakonda, so daß von der kräftig gelben Grundfärbung meist nur noch eine Gitterzeichnung übrigbleibt. Gelbe Anakondas bleiben mit durchschnittlicher Länge von 3–4 m (gelegentlich auch mehr) nicht nur deutlich hinter den Längenmaßen ihrer großen Verwandten zurück, sondern sind als erwachsene Tiere auch schlanker gebaut.

Auch die Gelbe Anakonda besitzt ein breites Spektrum von Beutetieren, wobei die bevorzugte Nahrung von Gebiet zu Gebiet unterschiedlich ist; eine wichtige Rolle spielen große Nagetiere wie Pakas (*Cuniculus*), Agutis (*Dasyprocta*) und andere, sowie Vögel und Reptilien (auch kleine Kaimane). Jungschlangen ernähren sich offenbar hauptsächlich von Fischen. Wie die „große" Anakonda ist auch diese Art vorwiegend in der Dämmerung und der Nacht aktiv. Vor allem die südlichen Populationen der Gelben Anakonda sind in ihrer Heimat jahreszeitlichen Temperaturschwankungen ausgesetzt, wobei die Lufttemperatur deutlich unter 20 °C fallen kann. In der kühlen Jahreszeit halten die Tiere eine Art Winterruhe. Die Trächtigkeit dauert etwa neun Monate; pro Wurf können Gelbe Anakondas mehrere Dutzend Jungtiere von über 50 cm Länge zur Welt bringen.

Haltung: Diese Art sollte ähnlich wie *E. murinus* gehalten werden. Falls nicht sehr große Terrarien zur Verfügung stehen, werden Gelbe Anakondas am besten in gut gelüfteten Behältern untergebracht, die mit einem Bodenbelag aus Rindenmulm etc., einem großen Wasserbehälter und Klettermöglichkeiten versehen werden. Boden- und Lufttemperatur sollten am Tage ca. 27 °C betragen; nachts darf die Temperatur deutlich absinken, wie es auch im Herkunftsgebiet dieser Art der Fall ist. Tote Nagetiere und Küken werden meist problemlos akzeptiert. Diese Art ist zwar nicht so notorisch aggressiv wie *E. murinus*, dennoch bleiben die meisten Exemplare unberechenbar. §: WA II.

Spezialisierte Boas

Brasilianische Regenbogenboa (*Epicrates c. cenchria*)

Neben den großen, überwiegend am Boden lebenden Abgottschlangen und Anakondas gibt es noch eine Reihe kleinerer, ebenfalls zur Unterfamilie Boinae zählender Arten, die sich auf das Leben in Bäumen verlegt haben und zum Teil sehr spezielle Ansprüche an ihre Umwelt stellen; hierzu gehören die Hundskopfboas aus Südamerika und Madagaskar (Gattungen *Corallus* und *Sanzinia*) und z. T. die Schlankboas (Gattung *Epicrates*) aus Südamerika und der Karibik. Die meisten dieser Baumbewohner sind nachtaktiv und ernähren sich von Vögeln; sie besitzen auffallend lange Zähne und manche Arten große, mit Wärmerezeptoren ausgestattete Sinnesgruben zwischen den Schuppen der Ober- und Unterlippen, mit deren Hilfe auch nachts warmblütige Beutetiere lokalisiert werden können. Die Pazifik-Boas (*Candoia*) erinnern in Körperform und Färbung an Vipern und sind von den Inseln der Fidschi- und Salomonengruppe sowie aus Teilen Neuguineas bekannt.

Eine unterirdisch grabende Lebensweise charakterisiert die Angehörigen der Sandboas (Unterfamilie Erycinae); hierzu gehören die eigentlichen Sandboas (*Eryx*) mit etwa einem Dutzend Arten aus Afrika und Südasien (*E. jaculus* dringt bis auf den Balkan vor), die Rosenboas (*Lichanura*) aus den Trockengebieten des südwestlichen Nordamerikas und die Gummiboa (*Charina*) aus den gemäßigten Breiten des westlichen Nordamerikas.

Die verwandtschaftliche Zuordnung einiger weiterer Gattungen kleinwüchsiger und teilweise unterirdisch lebender Schlangen ist noch im Fluß; hier sind zu nennen die Erdboas (*Tropidophis*) der Antillen, die Rauhschuppenboas (*Trachyboa*) aus Ekuador, die baumbewohnenden Zwergboas der Gattung *Ungaliophis* aus Mittelamerika und die erst kürzlich entdeckte *Exiliboa placata*, eine glänzend schwarze, unterirdisch grabende Art aus Südmexiko. Diese Gattungen werden in eine eigene Unterfamilie (Tropidophiinae) gestellt.

Die Mauritius-Boas oder Bolyerschlangen (*Casarea dussumieri* und *Bolyeria multicarinata* – Unterfamilie Bolyeriinae) leben nur noch auf einer kleinen Insel bei Mauritius und stehen kurz vor der Ausrottung durch eingeführte Haustiere (Schweine); vielleicht haben sie das Schicksal der Dronte bereits geteilt.

Grüne Hundskopfboa
Corallus caninus

Verbreitung: Amazonasbecken von Peru, Ekuador, Brasilien, Bolivien und der Guyana-Länder.

Lebensraum: Bäume und Büsche feuchter geschlossener Waldgebiete (Regenwälder), meist in der Nähe von Gewässern.

Wissenswertes: Eine sehr eng ans Baumleben angepaßte Schlange von kräftig grüner Grundfärbung mit unregelmäßigen weißen Flecken und Binden am Rücken; die Bauchfärbung variiert von schmutzigweiß bis hellgelb. Jungtiere sind bei der Geburt meist ziegelrot bis rotbraun und färben sich erst nach einigen Häutungen um, wobei zunächst grüne Flecken entstehen, die bei jeder Häutung die rötliche Grundfärbung mehr und mehr verdrängen. *C. caninus* wird 2–3 m lang. Diese Art ist nachtaktiv und verbringt den Tag auf Ästen zwischen dichtem Blattwerk, wobei der Körper auf typische Weise in Schlingen über den Ast gelegt ist und der Kopf oben auf den Körper-

windungen ruht; Färbung und Haltung machen die Tiere praktisch unsichtbar. Als Ruheplätze werden dicht von Laub umgebene Astgabelungen bevorzugt.

Alle *Corallus*-Arten besitzen auffällig große Sinnesgruben an Ober- und Unterlippe, die nachts bei der Lokalisierung warmblütiger Beutetiere helfen. Die sehr langen und nach hinten gekrümmten vorderen Zähne dienen der sicheren Durchdringung des dichten Federkleids von Vögeln, die neben kleinen Säugetieren die Hauptnahrung bilden. Beutetiere werden meist getötet und verschlungen, während die Schlange – mit dem kräftigen und langen Greifschwanz festgeklammert – frei vom Ast hängt.

Sowohl die Größe als auch die Anzahl der Jungschlangen variieren und hängen von der Größe des Weibchens ab. Jungtiere halten sich meist in niedrigem Gebüsch auf, während große Exem-

Ein Jungtier von *Corallus caninus* im Stadium der Umfärbung; bei den zunächst rotbraunen Tieren bilden sich mit zunehmendem Alter einzelne grüne Flecken, die später miteinander verschmelzen.

plare oft in beträchtlicher Höhe auf Bäumen anzutreffen sind, von denen sie nur selten herunterkommen.

Haltung: Die Haltung dieser interessanten Art ist nicht einfach. Die Tiere benötigen hohe Terrarien mit möglichst belaubten Kletterästen, die genügend Gabelungen aufweisen sollten. Temperaturen sollten tagsüber um 27 °C, nachts um 23 °C liegen. Wichtig ist regelmäßiges Besprühen mit warmem Wasser. Viele Exemplare akzeptieren nur eine bestimmte Art von Futtertier, daher sollte man sich beim Neuerwerb genau über die bisherige Fütterung informieren. Am besten zu halten sind Nachzuchttiere, die an tote Mäuse gewöhnt sind. Hundskopfboas entwickeln in Gefangenschaft oft Darmprobleme; falls nicht regelmäßig Kot abgegeben wird, schaffen Zwangsbäder in warmem Wasser meist Abhilfe. **§: WA II**.

Zwischen den Schuppen der Ober- und Unterlippe sind deutlich die mit Thermorezeptoren versehenen Labialgruben sichtbar. Mit Hilfe dieser Sinnesorgane können viele Riesenschlangen Säugetiere und Vögel anhand der von ihnen ausgehenden Wärmestrahlung auch nachts lokalisieren und erbeuten.

Gartenboa, Hundskopfboa
Corallus enydris

Verbreitung: Südliches Mittelamerika und Kleine Antillen bis nach Peru, Nordbrasilien und zu den Guyana-Ländern.

Lebensraum: Regenwald, aber auch Bananenplantagen etc.; meist in der Nähe von Flüssen oder Sümpfen.

Wissenswertes: Eine schlanke, hervorragend an das Leben in Bäumen angepaßte Schlange mit großem, deutlich abgesetztem Kopf (daher die Bezeichnung „Hundskopf"boa). Der Körper ist seitlich abgeflacht. Die Färbung ist so variabel wie bei kaum einer anderen Schlangenart; alle Tönungen von erdbraun bis zitronengelb kommen vor, wobei eine dunkle Musterung verschiedenster Art

vorhanden sein kann oder auch nicht. Wie *C. caninus* besitzt auch die Gartenboa einen Greifschwanz. Große Exemplare werden bis über 2 m lang.

Gartenboas sind dämmerungs- und nachtaktiv; sie ernähren sich von Vögeln und kleinen baumbewohnenden Säugetieren; Jungschlangen erbeuten meist kleine Echsen und Frösche. Sinnesgruben und Bezahnung sind ähnlich gestaltet wie bei der Grünen Hundskopfboa. Die Jungtiere sind bei der Geburt ca. 30 cm lang und in Färbung und Körperproportionen den erwachsenen Tieren ähnlich.

Trotz (oder gerade wegen) der vielen unter-

Eine orangefarbene und ungemusterte Form der Gartenboa (*Corallus enydris*). Von dieser Art gibt es zahllose Farbvarianten, wobei die Einteilung in Unterarten noch weitgehend ungeklärt ist.

schiedlich aussehenden Formen und Populationen gibt es noch keine allgemein akzeptierte Einteilung in Unterarten; wissenschaftlich gesichert ist dieser Status lediglich für Cooks Boa (*C. e. cooki*) von Trinidad, Grenada und St. Vincent; sie ist braun mit undeutlichem Fleckenmuster und wird etwas größer als die Tiere vom Festland. Weitere Formen mit unsicherem Unterart-Status sind zum Beispiel der grau und schwarz gemusterte *C. e. „hortulanus"*, oder *C. e. „annulatus"* mit schwarzer Ringel- oder Netzzeichnung.

Haltung: Die Haltungsbedingungen für die Gartenboa entsprechen weitgehend denen für *C. caninus*, wobei sie problemloser zu halten ist. Häufiges Sprühen mit temperiertem Wasser verhindert Häutungsprobleme. Die Temperatur sollte 24–27 °C betragen und darf nachts etwas absinken. Als Nahrung werden tote Ratten und Küken meist problemlos akzeptiert. Wildfänge sollten – wie alle Reptilien – unbedingt auf Darmparasiten untersucht und eventuell behandelt werden. Vorsicht: Gartenboas sind reizbar und können bei ungeschickter Handhabung mit ihren langen Zähnen schmerzhafte Bisse austeilen. **§: WA II.**

Bei diesem kräftig gezeichneten Exemplar handelt es sich vermutlich um *Corallus enydris „hortulanus"*; ob es sich bei dieser Form um eine abgrenzbare Unterart handelt, ist noch umstritten.

Madagaskar-Hundskopfboa
Sanzinia madagascariensis

Verbreitung: Madagaskar.

Lebensraum: Waldgebiete; auf Bäumen und Sträuchern in der Nähe permanenter Gewässer.

Wissenswertes: Die Madagaskar-Hundskopfboa erinnert morphologisch sehr an die seltene *Xenoboa cropanii* aus Brasilien, besitzt aber auch gemeinsame Merkmale mit den *Corallus*-Arten. Das abgebildete Exemplar zeigt die typische Färbung und Musterung dieser Art. Sie kann über 2 m (maximal 2,50 m) lang werden, bleibt aber meist kleiner.

Die Madagaskar-Hundskopfboa lebt auf Bäumen und ist überwiegend nachtaktiv. Auch sie besitzt Thermorezeptoren in den Labialgruben; sie ernährt sich weitgehend von Fledermäusen und Vögeln, ist aber nicht so streng baumlebend wie die südamerikanischen Hundskopfboas und stellt auch kleinen bodenlebenden Säugetieren nach. In der kühlen Jahreszeit (meist Juni/Juli) legt sie eine Ruheperiode ein.

Die Würfe sind mit bis zu zehn Jungschlangen relativ klein; die mittlere Geburtslänge beträgt etwa 40 cm.

Die weitere Existenz dieser Art ist durch zunehmende Entwaldung ihres Areals sehr in Frage gestellt und wirksame Schutzmaßnahmen wären dringend erforderlich.

Haltung: Die Haltungsbedingungen sollten denen der neotropischen *Corallus*-Arten entsprechen. Futter wird meist bereitwillig akzeptiert. Zur Stimulierung der Paarungsbereitschaft ist möglicherweise eine Ruheperiode mit Temperaturen von etwas unter 20 °C nötig. **§: WA I.**

Regenbogenboa
Epicrates cenchria

Verbreitung: Von Mittelamerika bis Peru und Argentinien.

Lebensraum: Wälder und Baumsavannen; auch auf Kulturland.

Wissenswertes: Innerhalb des riesigen Verbreitungsgebietes der Regenbogenboa werden neun Unterarten unterschieden, die sich alle durch eine auffällig irisierende Körperbeschuppung auszeichnen; besonders frisch gehäutete Tiere schillern im auffallenden Licht in allen Regenbogenfarben. Das Sonnenlicht wird dabei durch mikroskopisch kleine Hautlamellen in die Spektralfarben zerlegt. Dieses Phänomen ist zwar bei allen Riesenschlangen mehr oder weniger vorhanden, so ausgeprägt wie bei dieser Art ist es aber nur noch bei manchen Pythonarten der Gattung *Morelia*. Alle Regenbogenboas sind von rotbrauner Grundfarbe mit verschiedenartiger dunkler Zeichnung (bei *E. c. maurus* weitgehend reduziert), die bei Jungtieren meist kontrastreicher ist. Diese Art wird nur ausnahmsweise länger als 2 m.

Regenbogenboas besiedeln die verschiedensten Lebensräume bis hin zu Kulturland, wobei felsige Gebiete bevorzugt werden. Beutetiere sind kleine Säugetiere und Vögel, die sowohl auf Bäumen als auch am Boden gejagt werden. Die Jungtiere sind bei der Geburt mit 40–50 cm relativ groß.

Die nördlichste, unauffällig gefärbte Unterart *E. c. maurus* kommt von Costa Rica bis in den Norden Südamerikas sowie auf Trinidad und Tobago vor. Die Nominatform *E. c. cenchria* bewohnt das Amazonasbecken sowie Südvenezuela und die Guyana-Länder. *E. c. alvarezi* und *E. c. crassus* finden sich in Argentinien, letztere auch in

Epicrates cenchria alvarezi, eine deutlich gemusterte Unterart der Regenbogenboa aus Argentinien; ihre südlichsten Populationen sind jahreszeitlich an relativ kühle Witterung angepaßt.

Brasilien und Paraguay. *E. c. barbouri* bewohnt nur die Marajo-Insel vor Brasilien, und *E. c. gaigei* ist aus Bolivien und Peru bekannt.

Die übrigen drei Unterarten (*polylepis*, *hygrophilus* und *assisi*) kommen alle in verschiedenen Gebieten Brasiliens vor.

Haltung: Eine der am besten für die Haltung im Terrarium geeigneten Riesenschlangen. Bei vorsichtiger Handhabung verlieren Regenbogenboas schnell jede Aggressivität und werden problemlose, langlebige Pfleglinge. Sie benötigen Versteck- und Klettermöglichkeiten und entsprechen in ihren Ansprüchen etwa der Abgottschlange. Als Nahrung werden tote Nagetiere und Küken akzeptiert. Diese Art wird in Gefangenschaft regelmäßig nachgezüchtet. **§: WA II.**

Kuba-Schlankboa
Epicrates angulifer

Verbreitung: Kuba.

Lebensraum: Baumsavannen, lichte Wälder, Zukkerrohrpflanzungen.

Wissenswertes: Mit bis zu 3,60 m Länge ist dies die größte Art aller Schlankboas (Gattung *Epicrates*). Sie war früher über weite Teile Kubas verbreitet, bis der größte Teil ihres Lebensraums zu Beginn dieses Jahrhunderts durch Umwandlung in Zuckerrohrfelder vernichtet wurde. Auch der häufige Kontakt mit Feldarbeitern (der meist für die Schlange tödlich endet) ließ und läßt ihre Zahlen ernsthaft schwinden. Anscheinend gibt es aber in letzter Zeit gewisse Bemühungen, die Art zu erhalten; inzwischen wurde sie immerhin auf einer kubanischen Briefmarke abgebildet, als Teil eines Aufklärungsprogramms. Kuba-Schlankboas sind von silbergrauer Grundfärbung mit dunkler Sattel- und Fleckenzeichnung. Sie sind im Gegensatz zu vielen anderen Riesenschlangen tagaktiv und gehen höchstens in der heißen Jahreszeit zum Nachtleben über. Die Nahrung besteht aus kleinen Säugetieren, v. a. Nagetieren, und Vögeln. Die Jungschlangen sind bei der Geburt etwa 35 cm lang und leben vorwiegend auf Bäumen und Sträuchern.

Die karibischen Inseln sind Heimat für eine Reihe weiterer *Epicrates*-Arten, z. B. die Jamaika-Boa (*E. subflavus*), die durch Lebensraumzerstö-

Die Jamaika-Boa (*Epicrates subflavus*) ist eine jener karibischen Inselarten, die durch Zerstörung ihres Lebensraums von der Ausrottung bedroht sind.

rung (z. B. durch Hotelbauten) auf dieser Insel ebenfalls von der Ausrottung bedroht ist. Das gleiche gilt für die Puerto-Rico-Boa (*E. inornatus*), die nur auf dieser überbevölkerten Insel vorkommt. Die beiden letztgenannten Arten werden knapp über 2,50 m lang.

Haltung: Alle genannten Arten sind nicht schwer in Gefangenschaft zu halten. Wie alle Schlank-

boas sind sie bewegungsfreudig. Versteck- und Klettermöglichkeiten müssen angeboten werden. Die Bodentemperatur sollte 25–28 °C, stellenweise auch mehr, betragen. Die Nachzucht ist nicht schwierig, wobei Paarungsbereitschaft durch Veränderung der Beleuchtungsdauer ausgelöst werden kann. **§: WA II** (*E. subflavus und E. inornatus* **WA I**).

Fords Boa (*Epicrates f. fordi*) kommt auf Hispaniola (Haiti und Dominikanische Republik) vor.

Epicrates exsul, eine der kleinsten Arten der Gattung, ist endemisch auf den Bahamas verbreitet.

Die Haiti-Boa (*Epicrates striatus*) ist im Gegensatz zu anderen Schlankboas relativ weit über die karibische Inselwelt verbreitet; von ihr sind acht Unterarten bekannt. Die größten Formen werden bis zu 3 m lang.

Epicrates c. chrysogaster von den Turks- und Caicos-Inseln weist eine für Riesenschlangen sehr ungewöhnliche Längsstreifung auf.

Epicrates relicquus, eine Art, die auf mehreren Inseln der südlichen Bahamas vorkommt.

Pazifik-Boa
Candoia carinata

Verbreitung: Neuguinea, Bismarck-Archipel, Molukken, Salomonen.

Lebensraum: Regenwälder und Feuchtgebiete; in manchen Gegenden baumbewohnend.

Wissenswertes: Diese Art variiert stark in Farbe und Zeichnung. Meist ist die Grundfärbung hell gelbbraun oder blaßrötlich. Die dunkle Zeichnung kann in Form von Flecken, Ringen, Streifen oder Zickzack-Mustern (wie bei dem oben abgebildeten Exemplar) ausgeprägt sein. Die Schuppen sind glatt oder gekielt. Die Gestalt ist vipernartig, mit gedrungenem Körper und dreieckigem, deutlich vom Hals abgesetztem Kopf. Männchen besitzen ziemlich große Aftersporne, während diese bei den Weibchen meist fehlen. *C. carinata* wird etwa 1 m lang.

Die Gattung *Candoia* ist vermutlich eng mit den amerikanischen Schlankboas (*Epicrates*) verwandt und bewohnt mit drei Arten die Inseln des Südpazifiks. Diese kommen gebietsweise sympatrisch, d. h. im gleichen Gebiet, miteinander oder mit einigen Pythonarten vor. In solchen Fällen nehmen die verschiedenen Arten jeweils unterschiedliche ökologische Nischen ein, wobei ein und dieselbe Art je nach Herkunft z. B. boden- oder baumbewohnend sein kann. Die Palette der Beutetiere ist groß und schließt Frösche, Echsen, Vögel, Kleinsäuger (auch Fledermäuse) ein; gelegentlich werden sogar Fische erbeutet. Die Pazifik-Boa ist, wie alle Boas, ovovivipar; Wurfgrößen von bis zu 14 Jungtieren sind bekannt. Die Unterart *C. c. paulsoni* von den Salomonen wird heute nicht mehr wissenschaftlich anerkannt.

Eine zweite Art, *C. bibroni*, manchmal als „Fidschi-Boa" bezeichnet, bewohnt die Fidschi-Inseln, Samoa, die Neu-Hebriden, die Salomonen und die Loyalty-Inseln. Sie wird größer als die vorige Art (bis 1,50 m) und ist in der Färbung ebenfalls sehr variabel. Sie jagt sowohl auf dem Boden als auch auf Bäumen und ernährt sich von Kleinsäugern, Vögeln und Reptilien. Die Schlange wiederum steht – zumindest auf den Fidschi-Inseln – auf dem Speisezettel der dortigen Bevölkerung. Die Validität der Unterart *C. b. australis* von Samoa ist umstritten, da sie anhand ihrer morphologischen Merkmale nicht eindeutig von anderen Populationen abzugrenzen ist.

Die Neuguinea-Boa (*C. aspera*) kommt auf Neuguinea und dem Bismarck-Archipel vor und lebt teilweise semi-aquatisch. In ihrer Färbung ist sie ebenfalls höchst variabel; sie wird ca. 1 m lang. Wo sie zusammen mit der äußerst giftigen Todesotter (*Acanthophis antarcticus*) vorkommt, ahmt sie diese in Färbung und Verhalten nach. Wie alle *Candoia*-Arten ringelt sie sich, zischt und beißt bei Belästigung nach Art von Giftschlangen um sich. Als alternatives Abwehrverhalten kann sie sich – ähnlich wie der westafrikanische Königspython – zu einem „Ball" verknoten, in dessen Innerem der Kopf versteckt wird. Neuguinea-Boas ernähren sich von Fröschen, Echsen und kleinen Säugetieren.

Haltung: Alle drei Arten stellen keine besonderen Ansprüche und sind ähnlich zu halten wie andere Riesenschlangen. Tote Nagetiere werden meist problemlos gefressen. Von *C. carinata* und *C. bibroni* gibt es Nachzuchten in Gefangenschaft, die meisten aber wohl durch trächtig importierte Weibchen. Pazifik-Boas reagieren gegenüber Störungen meist unduldsam und zögern nicht, zuzubeißen. §: **WA II**.

Candoia bibroni ist die größte Art der Pazifik-Boas; sie wird manchmal als „Fidschi-Boa" bezeichnet, kommt aber auch auf Samoa und anderen pazifischen Inselgruppen vor. Wie die beiden anderen Arten der Gattung ist sie in ihrer Färbung äußerst variabel. Aussehen und Verhalten der Pazifik-Boas erinnern an Giftschlangen, vor allem an Vipern.

Rosenboa
Lichanura trivirgata

Verbreitung: Südwestliche USA und Nordwestmexiko.

Lebensraum: Buschbestandene Halbwüsten, Felsenhänge, oft in der Nähe bewässerter Flächen.

Wissenswertes: Als Schlange, die sich häufig in den Bodengrund eingräbt, besitzt die Rosenboa äußerst glatte Schuppen. Sie ist meist graublau gefärbt mit rotbraunen bis rosafarbenen Streifen. Sie wird 70–90 cm lang.

Rosenboas sind versteckt lebende Tiere, die den Tag unter Steinen oder im Sand eingegraben verbringen. In der Dämmerung verlassen sie die Verstecke und machen Jagd auf kleine Säugetiere und Vögel; um schlafende Vögel zu erbeuten, erklettern sie auch Sträucher. Rosenboas, wie viele andere kleine Riesenschlangen, bilden bei Belästigung „Kugeln". Die Paarung findet im späten Frühjahr statt; die 25–30 cm langen Jungtiere werden im Frühherbst geboren.

L. t. trivirgata kommt in der Sonora-Wüste, im südlichen Arizona und auf Baja California vor. *L. t. roseofusca* und *L. t. saslowi* bewohnen ebenfalls Teile der niederkalifornischen Halbinsel. *L. t. myriolepis* (abgebildet) ist in Südwestkalifornien und Arizona verbreitet.

Haltung: Rosenboas benötigen trockene, gut belüftete Behälter mit Versteckmöglichkeiten bei Temperaturen von 25–27 °C. Tote Mäuse werden meist als Futter akzeptiert. Rosenboas lebten schon über 18 Jahre in Terrarien. **§: WA II**.

Gummiboa
Charina bottae

Verbreitung: Westliches Nordamerika (Südkanada bis Südkalifornien).

Lebensraum: Feuchte Wiesen und Wälder; dort meist unter Totholz, in Felsspalten etc.

Wissenswertes: Eine einfarbig dunkelbraune bis olivgrüne Schlange. In Körpergestalt und Größe ist sie der einzigen anderen nordamerikanischen Boa, der Rosenboa, vergleichbar, wobei aber die Schwanzspitze abgerundet ist und dem Kopf ähnelt. Jungtiere können zunächst für kurze Zeit rosa gefärbt sein. Die englische Bezeichnung „Rubber Boa" beruht auf der sich gummiartig anfühlenden Haut und dem Aussehen dieser Art.

Die Nahrung wird im allgemeinen auf oder im Boden, unter dem Fallaub etc. gesucht; allerdings können die Tiere auf der Suche nach Vogelnestern auch niedrige Sträucher erklettern. Bei Belästigung bildet auch diese Art (wie die Rosenboa) ein Knäuel, in dem der Kopf versteckt wird, während sich der kopfähnlich aussehende Schwanz auffällig präsentiert. Im Spätsommer werden vier bis fünf Jungtiere geboren (Länge 15–20 cm).

Basierend auf Unterschieden in der Beschuppung wurden die Unterarten *C. b. utahensis* und *C. b. umbratica* (aus Südkalifornien) aufgestellt; ihre Validität ist zweifelhaft.

Haltung: Die schlichte Färbung und versteckte Lebensweise machen diese Art als Terrarientier wenig populär; man findet sie fast nur in wissenschaftlichen Institutionen. Sie benötigt eine dicke Schicht Substrat zum Graben (Rindenmulm etc.) mit daraufliegenden Rinden- oder Holzstücken als Verstecke. Die Vorzugstemperatur beträgt 22–24 °C. Tote Mäuse werden meist als Futter akzeptiert. Die Tiere wurden schon über zehn Jahre in Gefangenschaft gehalten. **§: WA II.**

Ägyptische Sandboa
Eryx colubrinus

Verbreitung: Nord- und Nordostafrika, Jemen.
Lebensraum: Sandige Böden in trockenen Dornbuschsavannen; auch in felsigen Gebieten.
Wissenswertes: Eine gedrungene Schlange mit kurzem Schwanz von gelblich-weißer Grundfarbe mit variierender brauner und gelber Rückenzeichnung, die ein unregelmäßiges Zickzackmuster bildet. Der Kopf ist, in Anpassung an die grabende Lebensweise, keilförmig und kaum vom Körper abgesetzt. Die Beschuppung ist glatt und glänzend. Sie kann knapp 70 cm Länge erreichen.

Wie alle Vertreter der Gattung *Eryx* und andere sandwüstenbewohnende Schlangen verbringt die Ägyptische Sandboa die meiste Zeit dicht unter der Oberfläche eingegraben, wobei nur der Kopf herausragt. Beutetiere, die in Reichweite kommen, werden gepackt und durch Umschlingen getötet; die Hauptnahrung erwachsener Sandboas stellen Nagetiere dar, Jungschlangen fressen meist kleine Echsen und nestjunge Nager. Wird der Bodengrund zu heiß, suchen die Tiere Zuflucht in Nagetierbauen, unter Steinen etc. Die Jungtiere, die bei der Geburt meist 20–25 cm lang sind, werden im frühen Herbst geboren.

Außer der abgebildeten nördlichen Nominatform (*E. c. colubrinus*) ist aus dem südlichen Teil des Verbreitungsgebietes die Unterart *E. c. loveridgei* bekannt.

Haltung: Ägyptische Sandboas sind friedfertige und attraktiv gefärbte Tiere, die sich sehr gut zur

Wie viele andere Schlangenarten, die an das Leben in Sandwüsten angepaßt sind, verbringen Ägyptische Sandboas (*Eryx colubrinus*) den Tag meist oberflächlich im Boden eingegraben. Ihre Augen und Nasenöffnungen sind am Kopf nach oben gerückt und können aus dem Sand ragen, ohne daß viel vom übrigen Tier zu sehen ist. Sandboas fressen hauptsächlich kleine Echsen, aber auch junge Nagetiere.

Haltung in trockenen und warmen Terrarien eignen. Die Temperaturen sollten entsprechend der Herkunft der Tiere gewählt werden; während die im Bereich der Sahara lebenden Populationen extremen Temperaturunterschieden zwischen Tag und Nacht unterworfen sind, fallen die Temperaturen im südlichen Bereich ihres Areals nachts kaum ab. Die übrigen Haltungsbedingungen sollten denen der Indischen Sandboa entsprechen. Als Nahrung werden kleine tote Mäuse meist problemlos akzeptiert. **§: WA II**.

45

Indische Sandboa
Eryx johni

Verbreitung: Iran, Pakistan, westliches und zentrales Indien, Afghanistan.

Lebensweise: Sand oder andere leichte Böden in trockenen Dornbuschsavannen. Auch in felsigem Terrain.

Wissenswertes: Eine zylindrische Schlange mit kleinen, glatten Schuppen, deren Farbe von rotbraun bis gelblich variiert. Der kurze, abgerundete, stummelförmige Schwanz setzt sich kaum vom Körper ab; das gleiche gilt für den keilförmigen Kopf mit seinen – in Anpassung an die grabende Lebensweise – engen Nasenöffnungen und winzigen Augen. Diese Art wird meist ca. 60 cm lang, kann in Ausnahmefällen aber auch 1 m erreichen.

Sandboas sind, wie die eigentlichen Boas, urtümliche, ovovivipare Schlangen, die noch Reste der Hintergliedmaßen aufweisen; sie besitzen aber genügend Sondermerkmale, um in eine eigene Unterfamilie (Erycinae) gestellt zu werden.

Obwohl Indische Sandboas geschickt graben können, verbringen sie die meiste Zeit nur flach von Sand bedeckt an der Oberfläche, wobei der Kopf teilweise herausragt. Beutetiere, die in Reichweite kommen, werden blitzschnell gepackt und erdrosselt. Bei Gefahr schlingen sich die Tiere meist zu Knäueln zusammen, in deren Mitte der Kopf verborgen wird, während der ähnlich aussehende Schwanz freiliegt. Sandboas können sich aber auch durch schnelle Bisse verteidigen. Die Jungschlangen sind bei der Geburt fertig entwickelt und bereits 20–25 cm lang.

Die abgebildete Nominatform (*E. j. johni*) bewohnt trockene Gebiete des westlichen Indiens, Pakistans und Afghanistans, während *E. j. persicus* im Iran vorkommt.

Haltung: In trockenen Terrarien bereitet die Haltung dieser Art keine Schwierigkeiten. Um die Luftfeuchtigkeit niedrig zu halten, sollte nicht ständig ein Wassergefäß vorhanden sein, sondern nur ein- oder zweimal die Woche angeboten werden. Als Grabsubstrat sind Sand oder feiner Kies geeignet; die Tiere fühlen sich nur in eingegrabenem Zustand sicher. Meist wird eine (nicht scharfkantige) Glasscheibe als „Versteck" akzeptiert, so daß das Tier von oben sichtbar bleibt. Tote Nage-

tiere sind als Futter geeignet und werden am besten mit der Pinzette gereicht. Diese Art wurde schon oft in Gefangenschaft nachgezüchtet. **§: WA II**.

Die Rauhschuppen-Sandboa (*Eryx conicus*) kommt in trockenen Gebieten des indischen Subkontinents vor. Mit ihren gekielten Schuppen ist sie eine Ausnahme unter den Sandboa-Verwandten (Erycinae), deren Vertreter fast immer glatt und glänzend beschuppt sind. Sie wird mitunter in die Gattung *Gongylophis* gestellt.

Bahama-Zwergboa
Tropidophis canus

Verbreitung: Bahamas.

Lebensraum: Baumbestandene felsige Gebiete, Waldränder; meist in Wassernähe.

Wissenswertes: Etwa 15 Arten dieser Gattung versteckt lebender, zwergiger Schlangen sind über die karibischen Inseln, das nördliche und westliche Südamerika verbreitet. Viele Formen und Unterarten wurden beschrieben; bei den meisten handelt es sich (wie bei der abgebildeten *T. canus curtus* von South Bimini Island) um Inselrassen. Zusammen mit *Trachyboa*, *Ungaliophis* und *Exiliboa* werden sie in die Unterfamilie Tropidophiinae gestellt.

Zwergboas sind im wesentlichen nachtaktive Tiere, die den Tag unter Steinen, Holz etc. verbringen. Sie ernähren sich von Fröschen und Echsen, gelegentlich auch von kleinen Vögeln und Säugern. Die meisten Exemplare werden bis zu 1 m lang.

Bei Gefahr zeigen Zwergboas ein außergewöhnliches Abwehrverhalten: sie rollen sich zu einem Ball zusammen und geben gleichzeitig den übelriechenden Inhalt ihrer Analdrüsen ab. Bei weiterer Belästigung verfärben sich die Augen blutrot, und durch Ruptur von Blutgefäßen der Mundschleimhaut tröpfelt Blut aus dem Maul. Dieses Verhalten ist in ähnlicher Form bei einigen *Phrynosoma*-Arten (Krötenechsen) ausgebildet, die bei Gefahr Blut aus den Augenlidern abgeben. Zwergboas sind lebendgebärend (ovovivipar), wobei pro Wurf bis zu einem Dutzend ca. 15 cm lange Jungtiere geboren werden.

Haltung: Zwergboas benötigen enge Verstecke, in die sie sich hineinzwängen können; ohne das dadurch vermittelte Gefühl der Sicherheit fressen sie nicht und leben nicht lange. Manche Exemplare akzeptieren eine Glasscheibe als Teil des Verstecks, andere bleiben auch bei längerer Terrarienhaltung lichtscheu. Die Vorzugstemperatur liegt bei 26-29 °C. Die meisten Zwergboas fressen nur kleine Echsen und Frösche; manche akzeptieren auch nestjunge Mäuse. Die Nachzucht in Gefangenschaft ist schon gelungen. **§: WA II.**

Tropidophis pardalis, eine Zwergboa, die endemisch auf Kuba vorkommt.

Tropidophis greenwayi ist mit mindestens zwei Unterarten von den Turks- und Caicos-Inseln bekannt.

Tropidophis h. haetianus, eine der fünf Unterarten von *T. haetianus*; diese Art kommt auf Hispaniola, Kuba und Jamaika vor.

Rauhschuppenboa
Trachyboa boulengeri

Verbreitung: Panama, Kolumbien, westliches Ekuador.

Lebensraum: Regenwald.

Wissenswertes: Eine kleine Schlange von ungewöhnlichem Aussehen, die gegenwärtig in die Unterfamilie Tropidophiinae eingeordnet wird. Sie wird weniger als 50 cm lang und wirkt durch den kurzen und dicken Körper, den abgesetzten Kopf und die rauhen, gekielten Schuppen vipernähnlich. Die vergrößerten Schuppen über den Augen und Nasenöffnungen bilden „Hörner". Die meisten Tiere sind braun mit rötlichem Bauch und undeutlicher dunkler Fleckung.

Rauhschuppenboas wurden sowohl auf dem Waldboden als auch in beträchtlicher Höhe auf Bäumen angetroffen; über ihre Lebensweise im Freiland gibt es bisher sehr wenige Beobachtungen. Sie ernähren sich vermutlich in der Hauptsache von Fröschen und anderen Amphibien; auch kleine Fische werden verzehrt. Es sind friedfertige Tiere, deren Abwehrverhalten sich auf die Abgabe des übelriechenden Analdrüsensekrets in Verbindung mit einer „Schreckstarre" beschränkt. Rauhschuppenboas sind lebendgebärend, wobei pro Wurf nur relativ wenige Jungtiere von 12–15 cm Länge geboren werden.

Eine zweite Art, *T. gularis*, kommt in den trockenen Küstengebieten des westlichen Ekuador vor. Sie unterscheidet sich von der Regenwald-Art u. a. durch das Fehlen der „Hörner" auf dem Kopf.

Die *Trachyboa*-Arten besitzen viele anatomi-

Ein Exemplar der Rauhschuppenboa (*Trachyboa boulengeri*) aus Panama. Typisch sind der breit abgesetzte, dreieckige Kopf, der gedrungene Körper und die stark gekielten Schuppen; diese Merkmalskombination verleiht dieser harmlosen Art eine gewisse Ähnlichkeit mit Vipern. Die Fleckenzeichnung des abgebildeten Tiers ist ungewöhnlich.

sche Gemeinsamkeiten mit manchen Gruppen höher entwickelter Schlangen, z. B. den Nattern (Colubridae). Ob die gegenwärtige systematische Stellung den tatsächlichen Verwandtschaftsverhältnissen entspricht, ist noch unklar.

Haltung: Rauhschuppenboas sind seltene Pfleglinge in Terrarien, die aber offenbar nicht schwierig zu halten sind. Der Behälter sollte mit Versteckmöglichkeiten, Wasservorrat und Kletterästen ausgestattet werden. Die Temperatur kann bei 21–24 °C liegen, falls eine zusätzliche lokale Wärmequelle zum Aufwärmen vorhanden ist. Für diese nachtaktive Art genügt eine schwache Beleuchtung. Als Futter werden Frösche, Kröten und Fische akzeptiert. Importierte Tiere sollten in jedem Fall auf Darmparasiten untersucht und bei positivem Befund entsprechend behandelt werden; wie bei anderen Reptilien sind medikamentöse Behandlungen ohne Diagnose bei importierten Tieren abzulehnen, damit der Stoffwechsel der ohnehin gestreßten Tiere nicht unnötig mit Medikamenten belastet wird. **§: WA II.**

Mittelamerikanische Zwergboa
Ungaliophis panamensis

Verbreitung: Panama, Nikaragua, Kolumbien.
Lebensraum: Regenwald.
Wissenswertes: Eine seltene zwergige Boa von blaßbrauner Grundfarbe mit breitem dunklem Fleck auf dem Kopf, der sich nach hinten gabelartig verzweigt, und unregelmäßigen dunkelbraunen, weiß gesäumten Flecken auf der Rückenseite. Diese Art wird wenig über 70 cm lang. Aftersporne sind wie bei anderen Riesenschlangen ausgebildet, aber interne Relikte des Beckengürtels fehlen.

Über das Verhalten dieser Boa im Freiland ist wenig bekannt. Sie scheint zumindest teilweise an das Leben in Bäumen angepaßt zu sein und ernährt sich vermutlich in der Hauptsache (zumindest als Jungtier) von kleinen Echsen und Fröschen.

Eine zweite Art, *U. continentalis*, kommt im extremen Süden Mexikos, in Guatemala und Honduras vor. Diese Art unterscheidet sich in der Beschuppung und ist mit ovalen, weit auseinanderstehenden Flecken gemustert.

Die Erstbeschreibung von *Ungaliophis* erfolgte 1882 anhand eines Exemplars aus Guatemala. Bis in die Mitte der sechziger Jahre wurden nicht mehr als sechs oder sieben Tiere bekannt. In einen amerikanischen Zoo geriet zum ersten Mal ein Tier im Jahre 1956, nachdem es in einer Sendung Bananen entdeckt worden war. Gegenwärtig ist diese Gattung nur in sehr wenigen öffentlichen Einrichtungen zu sehen. Sie ist offenbar langlebig: ein Exemplar von *U. continentalis* lebte über 17 Jahre bei einem privaten Halter in Gefangenschaft.

Haltung: Terrarien für diese selten gehaltene Art sollten eingerichtet werden wie für *Trachyboa*; wichtig sind Kletteräste, Versteckmöglichkeiten und eine lokale Wärmequelle. Manche Tiere ak- zeptieren nur ganz bestimmte Arten von Futter- tieren (meist Echsen), die meisten können jedoch mit der Zeit an tote kleine Mäuse gewöhnt wer- den. **§: WA II.**

Ein halbwüchsiges Tier der seltenen *Ungaliophis continentalis* aus Hondu- ras; von *U. panamensis* unterscheidet sie sich durch die längsovalen, breit voneinander ge- trennten dunklen Rük- kenflecken.

Exiliboa placata, eine kaum bekannte Zwergboa mit versteckter, unterir- disch grabender Lebens- weise. Sie ist bisher nur aus Westmexiko bekannt geworden. Die erst 1968 beschriebene Gattung enthält nur diese eine Art.

Pythons

Boelens Python (*Morelia boeleni*), eine wenig bekannte
Art aus den Bergregionen des nördlichen Neuguinea,
kommt in feuchten Wäldern bis in 3000 m Höhe vor.

Wie bei den Boas gibt es auch in der Unterfamilie der Pythons (Pythoninae) Riesen und Zwerge. Sie sind in ihrer Verbreitung – mit einer Ausnahme – auf die warmen Gebiete Afrikas, Asiens und Australiens beschränkt.

Im Gegensatz zu den „lebendgebärenden" Boas legen Pythons Eier; dabei werden bei fast allen Pythonarten die Gelege von den Weibchen bewacht. Von einigen der größeren Arten ist bekannt, daß die Weibchen während der gesamten Entwicklungszeit auf dem Gelege sitzen und die Eier nicht nur bewachen, sondern auch bebrüten, indem sie ihre eigene Körpertemperatur durch periodische Muskelkontraktionen um bis zu 7 °C über die Umgebungstemperatur ansteigen lassen. Diese Brutpflege bringt beträchtliche Vorteile. Zwar enthalten Schlangeneier den vollständigen Vorrat an Nährstoffen, der bis zur Schlupfreife benötigt wird, sie sind jedoch zur Entwicklung auf die äußere Zufuhr von Sauerstoff und Feuchtigkeit sowie auf eine korrekte Umgebungstemperatur angewiesen; zu hohe oder zu niedrige Temperaturen können zum Absterben der Eier führen. Möglicherweise spielt die Entwicklungstemperatur auch eine Rolle bei der Geschlechtsdetermination, wie es für Schildkröten nachgewiesen ist (hohe Temperaturen produzieren meist einen höheren Anteil von Männchen). Das brütende Pythonweibchen ist in der Lage, durch Bedecken oder Freilegen des Geleges die Temperatur viel effektiver im gewünschten Bereich zu halten, als dies bei der Eientwicklung im Boden oder in verrottender Vegetation möglich wäre. Diese Brutpflege erstreckt sich allerdings nur auf das Gelege; nach dem Schlupf sind die Jungschlangen – wie bei den Boas – auf sich selbst gestellt.

Pythons, vor allem die großen Arten, stehen seit langer Zeit in verschiedenster Beziehung zum Menschen. Ihre Körpergröße, die interessanten Färbungen und Musterungen und ihre meist fügsame Natur sind Gründe dafür, daß sie regelmäßig in zoologischen Gärten, bei privaten Haltern und im Zirkus anzutreffen sind (und zwar seit den Zeiten der alten Römer). Allerdings ist das attraktive Äußere auch der Grund für das jährliche Abschlachten Tausender von Pythons (v. a. Netz- und Tigerpythons) für die Ledergewinnung. Eine derartige Ausbeutung der Wildpopulationen bedroht nicht nur das Überleben der betroffenen Schlangenarten, sondern hat auch weiterreichende negative ökologische Folgen, z. B. die Zunahme von Schadnagern in Kulturland.

In Afrika sind vier Arten beheimatet, von denen nur eine, der Felsenpython (*Python sebae*), eine eindrucksvolle Größe (über 6 m Länge) erreichen kann und weit verbreitet ist. Neben zwei kleineren *Python*-Arten kommt in Westafrika noch eine verwandtschaftlich isolierte, kleine Art mit unterirdisch grabender Lebensweise vor (*Calabaria reinhardtii*); sie hat vermutlich bei den Pythons nichts zu suchen und wird besser in die eigene Unterfamilie Calabariinae gestellt.

In Süd- und Südostasien sind vier Arten beheimatet, von denen die größten, der Netzpython (*Python reticulatus*) und der Tigerpython (*P. molurus*), fast über das gesamte Gebiet verbreitet sind, während z. B. der relativ kleine Buntpython (*P. curtus*) auf die Malaiische Halbinsel, Sumatra und Borneo beschränkt ist.

Australien und Neuguinea weisen die größte Zahl von *Python*-Arten auf; in Australien allein gibt es zwei Gattungen und 15 Arten. Alle Pythons der australischen Region sind näher untereinander verwandt als mit den asiatisch-afrikanischen *Python*-Arten und werden – außer den Spitzkopfpythons (*Aspidites* spp.) – seit kurzem zu einer einzigen Gattung (*Morelia*) gestellt; bei denjenigen Arten, die traditionellerweise den Gattungen *Liasis* und *Chondropython* angehörten, werden bei der Besprechung die Synonyme angegeben. Eine Art, der Grüne Baumpython (*Morelia viridis*), liefert ein bemerkenswertes Beispiel für Parallelentwicklung: in Aussehen und Lebensweise entspricht er weitgehend der südamerikanischen Grünen Hundskopfboa (*Corallus caninus*).

Der südamerikanische Spitzkopfpython (*Loxocemus bicolor*) ist seit langem Gegenstand taxonomischer Auseinandersetzungen, da er Merkmale aufweist, die sowohl an Flachkopfschlangen (Xenopeltidae) wie an Pythons erinnern; in den meisten Arbeiten – so auch hier – wird er in einer eigenen Unterfamilie (Loxoceminae) in die Nähe der Pythons gestellt; sicher ist er näher mit ihnen verwandt als z. B. der Erdpython (Gattung *Calabaria*), der wohl als primitives stammesgeschichtliches Relikt aus einer Zeit anzusehen ist, als Boas und Pythons noch nicht in getrennte Gruppen aufgespalten waren.

Erdpython
Calabaria reinhardtii

Verbreitung: Regenwaldgebiete Westafrikas (Liberia, Elfenbeinküste, Ghana, Nigeria).

Lebensraum: Lockere Böden, Fallaubschicht in Regenwäldern.

Wissenswertes: Diese aberrante Schlange scheint der Basisgruppe von Boas und Pythons nahezustehen; da sie Merkmale beider Gruppen aufweist, wird sie in eine eigene Unterfamilie (Calabariinae) gestellt.

Der zylindrische, dunkelbraune oder schwarze Körper ist mit roten, gelben und/oder grauen Flecken versehen. Typisch für die grabende Lebensweise sind der stumpfe, kaum abgesetzte Kopf und der ähnlich gestaltete Schwanz, sowie die glatten, glänzenden Schuppen. Erdpythons werden bis zu 1 m lang.

Von der Lebensweise ist wenig bekannt. Erdpythons graben sich durch die Fallaubschicht von Regenwäldern; außer kleinen Nagetieren, die in den Bauen aufgespürt werden, fressen sie z. B. auch Regenwürmer. Bei Bedrohung wird der kopfähnliche Schwanz präsentiert, während der Kopf innerhalb des Körperknäuels verborgen bleibt, ein Verhalten, das auch bei vielen Arten anderer Verwandtschaftsgruppen mit grabender Lebensweise auftritt. Bei fortdauernder Belästigung bildet der Erdpython einen festen „Ball", ähnlich wie der Königspython. Niemals scheint er Verteidigungsbisse auszuteilen. Im Gegensatz zu Sandboas sind Erdpythons nicht lebendgebärend, sondern legen Eier.

Haltung: Erdpythons werden selten in Terrarien gehalten, obwohl sie bei geeigneten Bedingungen nicht schwer zu pflegen sind. Eine dicke Lage lockeren organischen Materials wird als Grabsubstrat benötigt; Produkte aus zerkleinerter Baumrinde sind anderen Materialien vorzuziehen. Die Temperatur sollte 25–29 °C betragen. Tote Mäuse werden akzeptiert und sollten wöchentlich angeboten werden. **§: WA II**.

Angola-Python
Python anchietae

Verbreitung: Nördliches Namibia, südliches Angola.

Lebensraum: Felsige Hügel, steinige Gebiete im Grasland, Buschland.

Wissenswertes: Diese seltene Schlange ist sowohl im Freiland als auch in Gefangenschaft nur unzureichend bekannt. Die Färbung ist schwärzlich bis rotbraun mit unregelmäßigen weißlichen Binden und Flecken, die dunkel eingefaßt sind; die Bauchseite ist gelblich. Das abgebildete Exemplar ist typisch gefärbt. Angola-Pythons können gelegentlich bis 2 m lang werden, bleiben aber meist viel kleiner.

Im Gegensatz zu seinem nahen Verwandten, dem Königspython (*Python regius*), ist der Angola-Python in seinem Vorkommen offenbar an felsige Stellen gebunden, wo er Spalten, kleine Höhlen etc. als Verstecke nutzt. Diese Art ist tagaktiv und ernährt sich von kleinen Säugetieren und Vögeln. Von in Terrarien gehaltenen Tieren weiß man, daß die Weibchen kleine Gelege von vier bis fünf Eiern produzieren; ob das Gelege wie bei vielen anderen Pythonarten bewacht und/oder bebrütet wird, ist unbekannt. Die Jungtiere schlüpfen nach etwa 70 Tagen; sie sind beim Schlupf ca. 40 cm lang.

Haltung: Die Tiere können wie Königspythons oder Felsenpythons gehalten werden, wobei die Temperatur bei ca. 29 °C (nachts weniger) liegen sollte. Die meisten Exemplare akzeptieren in Gefangenschaft tote Nagetiere, wobei nicht zu oft gefüttert werden darf, da diese Art etwas zu Verfettung neigt. §: **WA II**.

Buntpython
Python curtus

Verbreitung: Mittlere und südliche Malaiische Halbinsel, große Sundainseln.

Lebensraum: Sümpfe, Flußufer etc. in Regenwaldgebieten.

Wissenswertes: Aufgrund ihrer Färbung (braunes bis blutrotes Muster auf gelblichem Grund) wird diese Art gelegentlich auch als „Blutpython" bezeichnet. Ein weiterer Name ist „Kurzschwanzpython" und bezieht sich auf den unverhältnismäßig kleinen Schwanz, der an dem plumpen Körper wie ein „Wurmfortsatz" wirkt. Die im Terrarium so auffällige Färbung dient im Freiland der Tarnung; Buntpythons sind in ihrer natürlichen Umgebung sowohl für Beutetiere als auch für Feinde nur schwer zu entdecken. Die meisten Exemplare werden nicht länger als 2 m.

Obwohl große Tiere in Gefangenschaft fast nur Ratten als Futter akzeptieren, ist ihr Beutespektrum im Freiland zweifellos größer und umfaßt auch andere kleine Säugetiere, vielleicht auch Vögel. Die Weibchen produzieren Gelege von meist nicht mehr als zwölf großen Eiern, die nach Pythonart bewacht und bebrütet werden. Nach zweieinhalb bis drei Monaten schlüpfen die Jungtiere, die etwa 30 cm lang sind.

Das große Verbreitungsgebiet dieser vielleicht primitivsten *Python*-Art mit isolierten Inselpopulationen legt die Existenz von Unterarten nahe; die Situation ist jedoch unklar und konfus. So wird etwa der Name *P. c. breitensteini* oft benutzt, um besonders hell gefärbte Formen verschiedenster Herkunft zu bezeichnen.

Haltung: Junge Tiere, v. a. Gefangenschaftsnachzuchten, passen sich schnell an das Leben in Terrarien an und fressen problemlos tote Mäuse. Ein Bodengrund aus sterilisiertem Holz- oder Rindenmulm liefert die notwendige Feuchtigkeit. Die Tagestemperaturen sollten bei 26–29 °C liegen und in der Nacht etwas abfallen. Buntpythons werden regelmäßig nachgezüchtet. **§: WA II.**

Zwei Farbvarianten des Buntpythons (*Python curtus*).

Tigerpython
Python molurus

Verbreitung: Indischer Subkontinent einschließlich Sri Lanka bis Südchina, Indochina und zu den Sundainseln. Nicht auf den Philippinen.

Lebensraum: Fast überall, wo Wasser verfügbar ist (Grasland, Sümpfe, Flußauen, offene Waldgebiete, felsiges Gelände).

Wissenswertes: Tigerpythons sind große, verhältnismäßig plumpe Schlangen mit großen, je nach Unterart verschieden dunklen, hell gesäumten Rückenflecken, die von der weißlichen bis hellbraunen Grundfärbung nur ein Gittermuster übriglassen. Die größte Unterart (*P. m. bivittatus*) soll 8 m Länge erreichen können, wobei aber Tiere über 6 m zu den Seltenheiten gehören.

Tigerpythons ernähren sich von Säugetieren, Vögeln und Reptilien entsprechender Größe. In landwirtschaftlich genutzten Gebieten dringen sie gelegentlich in Stallungen ein und erbeuten Hühner und Schweine. Ein Gelege besteht aus bis zu 100 Eiern, die vom Weibchen bebrütet werden. Die Schlüpflinge sind 45–60 cm lang und bei guter Fütterung äußerst raschwüchsig.

Die bekannteste, häufigste und größte Unterart ist der „Dunkle Tigerpython" (*P. m. bivittatus*) aus dem südöstlichen Teil des Verbreitungsgebietes; Tiere, die in Zoos, Zirkussen oder auch privat gehalten werden, gehören fast immer dieser Unterart an. Sie werden nicht nur in großer Zahl für den Tierhandel aus Südostasien exportiert, sondern fallen auch den Bedürfnissen der Lederindustrie zum Opfer. Es sollte allerdings möglich sein, diesem Raubbau durch Zuchtprogramme zu begegnen. Die Nominatrasse (*P. m. molurus*) stammt vom indischen Subkontinent und wird aufgrund ihrer blasseren Färbung als „Heller Tigerpython" bezeichnet. Sie wird nicht ganz so groß und ist, obwohl früher häufig vorkommend und inzwischen gesetzlich streng geschützt, durch Vernichtung ihres Lebensraums sowie durch den Lederhandel vom Aussterben bedroht. Glücklicherweise läßt sie sich leicht in Gefangenschaft vermehren. *P. m. pimbura* ist auf Sri Lanka beheimatet, wird kaum über 3,60 m lang und ähnelt in der Färbung dem Dunklen Tigerpython. Er ist selten und kaum in Gefangenschaft anzutreffen.

Ein kleiner Python, der nur auf Timor und Flores vorkommt und früher als weitere Unterart des Tigerpythons angesehen wurde, gilt heute als eigene Art: der Timorpython (*P. timoriensis*); er ist vermutlich eher mit dem Kurzschwanzpython verwandt. Er wird kaum über 2 m lang, bewohnt Grasland und offene Waldgebiete und ernährt sich vermutlich von Vögeln und Kleinsäugern.

Haltung: Bei artgerechter Haltung (wichtig ist ein großes Wassergefäß zum Baden) mit einer der Größe der Tiere angepaßten Fütterung sind Tiger-pythons robuste und langlebige Pfleglinge, die sich ohne Schwierigkeiten fortpflanzen. Tiere aus nördlichen Populationen benötigen z. T. eine „Winterruhe" bei etwas reduzierten Temperaturen. Die meisten Tiere dieser Art werden verläßlich zahm, was allerdings – vor allem im Umgang mit großen Exemplaren – nicht zum Leichtsinn verleiten sollte. **§: WA II** (*P. m. moluros* **WA I**).

Python molurus pimbura aus Sri Lanka ähnelt stark dem Dunklen Tiger-python (*P. m. bivittatus*); der Unterart-Status dieser seltenen Form wird nicht immer anerkannt.

Ein Albino von *Python molurus bivittatus*; durch genetische Defekte können solche Exemplare keine dunklen Pigmente bilden.

Der Timorpython (*Python timoriensis*) wurde früher als Unterart des Tigerpythons betrachtet; in Gefangenschaft ist er nur selten zu sehen.

Königspython
Python regius

Verbreitung: West- bis Zentralafrika.

Lebensraum: Grasland und Baumsavannen.

Wissenswertes: Der Königspython, die kleinste afrikanische *Python*-Art, zeichnet sich durch gedrungenen Körperbau und kontrastreiche Musterung aus. Die Zeichnung besteht aus dunklen, rundlichen, unregelmäßig zusammenfließenden Flecken auf hell gelblichbraunem Untergrund. Gelegentlich kommen xanthistische Exemplare (ohne dunkle Pigmentierung) vor. Diese Art wird meist 90 cm bis 1,20 m, selten bis 1,50 m lang.

Königspythons sind dämmerungs- und nachtaktive Tiere, die sich meist von Nagetieren ernähren, wobei sie sich oft auf eine bestimmte Art spezialisieren (z. B. *Gerbillus* sp.). Bei Bedrohung beißen sie so gut wie nie, sondern verwandeln sich in einen „Ball", ein Verhalten, das auch bei anderen kleinen Riesenschlangen auftritt, wenn auch selten in dieser Perfektion. In der Trockenzeit halten Königspythons eine Sommerruhe, wobei Nagetierbaue und andere unterirdische Verstecke als Quartiere genutzt werden. In solchen Verstecken findet auch die ca. drei Monate dauernde Bebrütung der Eier statt; diese sind ungewöhnlich groß, wobei ein Gelege nicht mehr als sechs bis sieben Eier umfaßt.

Königspythons tragen in vielen Teilen ihres Verbreitungsgebietes auch zur menschlichen Ernährung bei; zusammen mit der Jagd wegen ihrer Häute wurde dadurch der Bestand so reduziert, daß die Art inzwischen als bedroht anzusehen ist.

Haltung: Die friedfertige Natur, das attraktive Äußere und die geringe Körpergröße machten diese Art zu einem beliebten Terrarientier. Leider gelingt die Nachzucht in Gefangenschaft bei weitem nicht so leicht wie bei den größeren *Python*-Arten. Während Nachzuchttiere meist problemlos an tote Mäuse gewöhnt werden können, bereiten Wildfänge durch die „Prägung" auf eine Beutetierart oft Probleme bei der Nahrungsaufnahme. Für die Haltung ist eine gleichbleibende Temperatur von 27–30 °C nötig; wichtig sind Versteckmöglichkeiten, in die sich die Tiere tagsüber zurückziehen können. **§: WA II.**

Netzpython
Python reticulatus

Verbreitung: Südostasien (Burma bis Vietnam, Sundainseln, Philippinen).

Lebensraum: Waldgebiete, v. a. feuchtwarme Regenwälder, auch in Kulturland. Meist in der Nähe von Gewässern.

Wissenswertes: Eine eindrucksvoll gezeichnete und gefärbte Art mit brauner bis hellgelber Grundfärbung und schwarzer, gelb gesäumter Zeichnung, die ein regelmäßiges Netzmuster bildet. Wie bei vielen auffällig gefärbten Tierarten handelt es sich auch bei der Zeichnung des Netzpythons um ein Tarnmuster, das im Freiland hilft, die Körperkonturen optisch aufzulösen. Netzpythons sind verhältnismäßig schlanke Tiere, die aber ähnliche Längenmaße erreichen können wie die südamerikanischen Anakondas (*Eunectes murinus*); in jedem Fall handelt es sich mit maximal fast 10 m Länge um die größte Schlangenart der Alten Welt.

Das Beutespektrum dieser agilen und anpassungsfähigen Art ist groß und umfaßt Säugetiere und Vögel, aber auch große Echsen (z. B. Warane) und Schlangen. Es gibt mehrere glaubwürdige Berichte über Angriffe auf Menschen mit tödlichem Ausgang, wobei es sich jedoch um extrem seltene und ungewöhnliche Vorkommnisse handelt; im allgemeinen werden auch große Netzpythons von Einheimischen nicht gefürchtet und kommen in Gewässernähe sogar bis in die Zentren großer Städte (z. B. Bangkok) vor. Sie sind hervorragende Schwimmer, die auf diese Weise sicherlich viele der großen und kleinen Inseln in ihrem Areal besiedelt haben.

Haltung: Die Größe und das unberechenbare Temperament dieser Art schließen eine Haltung durch Privatpersonen in den meisten Fällen aus; sie sollte Spezialisten und großen öffentlichen Terrarien vorbehalten sein. **§: WA II.**

Felsenpython
Python sebae

Verbreitung: Afrika südlich der Sahara.

Lebensraum: Grasland, Baumsavannen, aber auch kultivierte Gebiete (z. B. Zuckerrohrfelder); immer in der Nähe von Gewässern.

Wissenswertes: Der nach Albert Seba, einem Naturwissenschaftler des 18. Jahrhunderts, benannte Felsenpython gehört zu den größten Schlangen und kann über 6 m Länge erreichen. In Gestalt und Färbung ähnelt er dem asiatischen Tigerpython, mit dem er auch am nächsten verwandt ist. Die Zeichnung variiert individuell und geographisch; abgebildet ist ein typisches Exemplar.

Felsenpythons sind auf Wasser angewiesen; in manchen Gebieten legen sie in der Trockenzeit eine Ruheperiode ein. Im südlichsten Afrika gilt dasselbe für die kalte Jahreszeit. Eine breite Palette von Säugetier- und Vogelarten dient als Nahrung. Jungschlangen erbeuten kleine Nager, nestjunge Säuger und Vögel etc.; große Exemplare ernähren sich z. B. von kleinen Antilopen, Warzenschweinen, Affen und Wasservögeln. In einem 4,30 m langen Tier fand man einen kleinen Leoparden! Gelegentliche Berichte über „Menschenfresser" (wobei meist Kinder betroffen sind) liegen im Bereich des Möglichen, sind aber wenig wahrscheinlich. Ein Gelege des Felsenpythons umfaßt bis zu 100 Eier, die vom Weibchen bebrütet und verteidigt werden. Die Jungtiere schlüpfen nach ca. 90 Tagen und sind dann 45–60 cm lang.

Wie bei vielen Tierarten mit großem Verbreitungsgebiet wurden auch beim Felsenpython mehrere Unterarten beschrieben. Davon ist aber nur eine anhand der Kopfbeschuppung und der Musterung klar definiert und wissenschaftlich anerkannt: *P. s. natalensis* aus Südafrika.

Haltung: Felsenpythons erweisen sich in Gefangenschaft als robust und langlebig (nachgewiesen sind bis zu 30 Jahre!). In der Nahrung sind sie nicht wählerisch und können mit toten Nagetieren, Kaninchen und Hühnern gefüttert werden. Bei guter Haltung ist die Fortpflanzung einfach. Wichtig ist ein großer Wasserbehälter zum Baden, aber die Haltung in permanent feuchten Terrarien führt zu Hautinfektionen. Die meisten Exemplare werden zahm, aber große Tiere müssen mit Vorsicht gehandhabt werden. **§: WA II.**

Schwarzkopfpython
Aspidites melanocephalus

Verbreitung: Nordaustralien.

Lebensraum: Sehr verschieden: Halbwüste, Grasland, offene Wälder, Sümpfe.

Wissenswertes: Wie die meisten australischen Schlangen ist auch der Schwarzkopfpython endemisch, d. h. in seiner Verbreitung auf Australien beschränkt. Der Körper ist hell- bis rotbraun gefärbt mit dunklen, unscharf begrenzten Querbinden; Kopf und Halsregion sind glänzend schwarz. Die meisten Tiere werden ca. 1,50 m lang, in Ausnahmefällen können bis zu 3 m erreicht werden. Die Gattung *Aspidites* ist mit den anderen australischen Pythons nicht näher verwandt; u. a. fehlen ihr die thermorezeptorischen Labialgruben.

Außer kleinen Säugetieren und Vögeln werden auch Giftschlangen und andere Reptilien gefressen. Schwarzkopfpythons legen Eier, die vom Weibchen bebrütet und bewacht werden. In Gefangenschaft bestand ein Gelege aus elf Eiern, die drei Monate lang bebrütet wurden. Gefressen wurden zunächst kleine Echsen.

Die Gattung *Aspidites* enthält eine zweite, etwas größere Art, *A. ramseyi*. Sie ist dem Schwarzkopfpython sehr ähnlich, jedoch ohne Schwarzfärbung an Kopf und Hals. Ihr Verbreitungsgebiet liegt südlich von dem des Schwarzkopfpythons und schließt das aride Zentralaustralien ein. Beide Arten sind nachtaktiv.

Haltung: Schwarzkopfpythons akzeptieren problemlos Nagetiere als Futter. Bei guter Haltung ist auch die Zucht nicht schwierig. **§: WA II.**

Teppichpython, Rautenpython
Morelia spilota

Verbreitung: Australien (außer dem Westen, dem Zentrum und dem äußersten Südosten), Neuguinea.

Lebensraum: Vom feuchten Regenwald bis zur Halbwüste; oft auf Bäumen.

Wissenswertes: Eine kleine bis mittelgroße Pythonart, deren Färbung extrem variabel ist. Die Grundfarbe der als „Teppichpython" bezeichneten Unterart *M. s. variegata* (obere Abbildung) ist meist beige oder hellbraun; die dunkle Zeichnung kann aus Flecken, Bändern oder Streifen bestehen, wobei auch vielfältige Kombinationen vorkommen. Die als „Rautenpython" (engl. „Diamond Python") bekannte Unterart *M. s. spilota* trägt eine Vielzahl rautenförmiger gelber Flecke auf dunklem Grund; die Bauchseite ist bei beiden Formen beige oder gelblich. Die Art erreicht 2–3 m, in Ausnahmefällen bis 4 m Länge.

M. spilota ernährt sich von einem breiten Spektrum von Säugetier- und Vogelarten. Populationen in Waldgebieten leben meist auf Bäumen und

Eine dunkle Form von *Morelia spilota variegata*.

Während der farblich variable Teppichpython über weite Teile Australiens verbreitet ist, kommt die als Rautenpython bezeichnete Nominatform (*Morelia s. spilota*) nur im östlichen New South Wales vor. Ihre Färbung variiert nur wenig.

fressen häufig Fuchskusus (*Trichosurus*), wobei die übelriechenden Analsekrete dieser Beuteltiere keine abschreckende Wirkung zeigen. In trockeneren, baumarmen Gebieten werden Tierbaue, Felsspalten etc. als Verstecke genutzt. Die Eier werden an geschützten Orten wie hohlen Baumstämmen etc. abgelegt und vom Weibchen bewacht und bebrütet. In Gefangenschaft wurden bis zu 18 Eier abgelegt, aus denen nach ca. 40 Tagen die etwa 30 cm langen Jungtiere schlüpften.

Die taxonomische Bearbeitung der australischen Pythons ist noch nicht abgeschlossen, und so ist auch die Namengebung dieser Art verwirrend; früher wurde sie z. B. als *Morelia argus* oder *M. spilotes* bezeichnet. Derzeit sind drei Unterarten anerkannt, wobei *M. s. imbricata* im südlichen Westaustralien vorkommt, *M. s. spilota* (Rautenpython) auf das Küstengebiet von New South Wales beschränkt ist und *M. s. variegata* (Teppichpython) unter Ausbildung zahlreicher Lokalvarianten im ganzen übrigen Areal der Art vorkommt.

Haltung: *Morelia spilota* ist in Gefangenschaft nicht schwer zu halten; sie benötigt Temperaturen von 25–29 °C, die nachts nur wenig absinken sollen, genügend Kletter- und Versteckmöglichkeiten und eine sorgfältige Ernährung mit toten Nagetieren oder Küken. Regelmäßiges Sprühen mit temperiertem Wasser hilft, Schwierigkeiten bei der Häutung zu vermeiden. Die verschiedenen Formen werden regelmäßig in Gefangenschaft nachgezogen. **§: WA II**.

Die Unterart *Morelia s. spilota* wird wegen der Form ihrer hellen Flecken als „Rautenpython" bezeichnet. Auch der englische Name „Diamond Python" leitet sich vom Aussehen dieser Flecken ab.

Weißlippenpython
Morelia albertisii

Verbreitung: Südliches Neuguinea und kleinere Inseln der Torres-Straße.

Lebensraum: Regenwald, Sumpfgebiete.

Wissenswertes: Mittelgroßer, einfarbig brauner Python mit weißlicher Unterseite; nur die Formen aus Neuguinea besitzen einen schwarzen Kopf mit weißen Lippenmarkierungen. Diese Art wird selten länger als 2 m.

Weißlippenpythons finden sich fast immer in der Nähe von Gewässern; bei Gefahr oder Beunruhigung erfolgt die Flucht stets ins Wasser. Sie ernähren sich von verschiedenen Säugetier- und Vogelarten. Das Gelege besteht aus etwa einem Dutzend Eiern, die vom Weibchen ca. zwei Monate bebrütet werden. Die Schlüpflinge sind 35–40 cm lang.

Die genannte Art wurde lange Zeit als Unterart des Braunen Wasserpythons (*Morelia fusca*) angesehen, einer ähnlich aussehenden, ca. 2 m lang werdenden Art, die Nordaustralien, Neuguinea und Timor bewohnt. Um die Verwirrung zu vergrößern, wurden für einige Zeit *M. fusca* und Macklots Python (*M. mackloti*), eine schwarzbraune Art mit heller Lippenbeschuppung, zu einer Art zusammengefaßt. Weiterhin ist noch ungeklärt, ob es sich bei verschiedenen Populationen von *M. albertisii* nicht vielleicht um verschiedene Arten handelt.

Eine weitere wenig bekannte Schlange ist der seltene Boelens Python (*M. boeleni*) aus einem kleinen Verbreitungsgebiet in den Bergwäldern des nördlichen Zentralneuguinea, der bis in Höhen von über 3000 m vorkommt. Es handelt sich um eine blauschwarze Schlange mit weißlichem Bauch, wobei die Bauchfärbung in Form schräger Streifen auf die Seiten übergreift; die Lippenbeschuppung zeigt ebenfalls weiße Markierungen.

Haltung: Die Haltungsbedingungen sind ähnlich wie für den Amethystpython (*M. amethistina*). Außer genügend großen Terrarien mit Kletter-

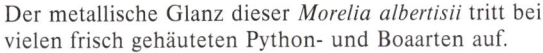

Der metallische Glanz dieser *Morelia albertisii* tritt bei vielen frisch gehäuteten Python- und Boaarten auf.

Ein Weibchen von *Morelia mackloti* bei der Bebrütung des Geleges. Brütende Pythons erhöhen ihre Körpertemperatur durch Muskelkontraktionen.

Boelens Python (*Morelia boeleni*) ist eine seltene Art aus den Bergwäldern Neuguineas, über deren Lebensweise sehr wenig bekannt ist. Typisch für diese Art sind die schräg nach vorn gerichteten „Ausläufer" der weißen Bauchfärbung. Boelens Python ist vermutlich am nächsten mit dem Amethystpython (*Morelia amethistina*) verwandt.

möglichkeiten ist ein großer Wasserbehälter zum Baden besonders wichtig. Als Futter werden Nagetiere, Küken, Hühner etc. akzeptiert. Weißlippenpython, Brauner Wasserpython und Macklots Python wurden bereits in Gefangenschaft nachgezogen. §: **WA II**.

Amethystpython
Morelia amethistina

Verbreitung: Südliche Philippinen, Bismarck-Archipel, Molukken, Timor, Neuguinea, Nordostaustralien (Queensland).

Lebensraum: Regenwald, Mangrovensümpfe, offenes Wald- und Buschland, meist in der Nähe von Flüssen. Gelegentlich auch auf kleinen Koralleninseln anzutreffen.

Wissenswertes: Eine große, aber schlanke Pythonart von unauffälliger Färbung: meist mit zu Querbändern angeordneten dunklen Flecken auf gelbbraunem Untergrund. Der deutsche Name bezieht sich auf den bläulich-schillernden Glanz der Schuppen, der besonders bei frisch gehäuteten Exemplaren auffällt. Die durchschnittliche Länge liegt bei 2,50 m, einzelne Tiere wurden allerdings nachweislich über 8 m lang. Durch den schlanken Körperbau wird jedoch bei weitem nicht das Gewicht von *Python*-Arten vergleichbarer Länge erreicht.

Amethystpythons sind gute Schwimmer, die auch das offene Meer nicht scheuen und sich auf diese Weise auf zahllosen südostasiatischen Inseln etabliert haben. Im allgemeinen sind sie in der Nähe von Wasser anzutreffen. Kleinere Tiere leben meist auf Bäumen, während große Exemplare eine vorwiegend terrestrische Lebensweise führen. Sie erbeuten ein breites Spektrum verschiedener Säuger- und Vogelarten, fressen bei Gelegenheit aber auch große Reptilien (z. B. Warane). Das Gelege besteht aus etwa einem Dutzend Eiern, die in der bei Pythons üblichen Weise vom Weibchen bebrütet werden. Unter Gefangenschaftsbedingungen schlüpfen die Jungtiere in weniger als zwei Monaten; sie fressen sofort kleine Mäuse.

In der älteren Literatur über australische Pythons wird gelegentlich Kinghorns Python (ssp. *kinghorni*) erwähnt, eine Unterart aus trockeneren und offeneren Habitaten Queenslands. Nach heutigem Stand beziehen sich diese Angaben auf eine lokale Population, deren Status als Unterart nicht mehr anerkannt wird.

Haltung: Amethystpythons leben lange in Gefangenschaft, wenn große Terrarien mit ausreichenden Klettermöglichkeiten zur Verfügung stehen; wichtig ist ein großer Wasserbehälter, in dem die Tiere vollständig untertauchen können. Als Nahrung werden tote Nagetiere, Hühner etc. akzeptiert. Temperaturen sollten bei 25–29 °C liegen, wobei eine leichte nächtliche Abkühlung erwünscht ist. Zuchtpaare sollten nur zeitweise zusammen gehalten werden. Im Umgang mit großen Exemplaren ist zu beachten, daß Amethystpythons beim Zustoßen eine enorme Reichweite besitzen und bis zur Hälfte ihrer Körperlänge vorschnellen können. **§: WA II.**

Der Gefleckte Python (*Morelia childreni*) ist eine kleine, anpassungsfähige Art, die in den verschiedensten Lebensräumen (vom Regenwald bis in die Wüste) in fast ganz Australien mit Ausnahme des Südens anzutreffen ist. Er wird höchstens 1 m lang, ist nachtaktiv, kommt sowohl auf dem Boden als auch auf Bäumen vor und ernährt sich von Säugern, Vögeln und Echsen; in extremen Trockengebieten bewohnt er z. T. Termitenbauten und jagt die ebenfalls dort hausenden Geckos. Verschiedene Populationen von *M. childreni* werden z. T. als eigene Arten angesehen (z. B. *M. maculosa*, *M. stimsoni*).

Neuguinea-Zwergpython
Morelia boa

Verbreitung: Bismarck-Archipel, nordöstliches Neuguinea.

Lebensraum: Lichtungen in Regenwäldern, auch in Kulturland.

Wissenswertes: Trotz des abgelegenen Verbreitungsgebietes ist diese Schlange der Wissenschaft seit 1837 bekannt. Ihre Verwandtschaftsverhältnisse waren jedoch immer unklar, was an der langen Liste von Gattungsnamen (*Bothrochilus*, *Liasis* etc.) deutlich wird, zu denen diese Art schon gestellt wurde. Gegenwärtig wird sie der Gattung *Morelia* zugeordnet. Das kontrastreiche schwarz-orange geringelte Jugendkleid verblaßt mit zunehmendem Alter; ältere Tiere sind meist bräunlich mit dunklen Ringen oder einfarbig braun gefärbt. Hinter dem Auge befindet sich meistens ein heller Fleck. Sie werden bis zu 2 m lang.

Neuguinea-Zwergpythons sind nachtaktiv und ernähren sich überwiegend von kleinen Nagetieren. Auf der Jagd nach Beutetieren dringen sie auch in Häuser und Stallungen ein. Ein Gelege besteht aus bis zu zwölf Eiern, die manchmal – nicht immer – vom Weibchen bebrütet werden. Aus Terrarienzuchten ist bekannt, daß sich die Schlüpflinge in den Bodengrund eingraben; in der

Eine Gruppe schlüpfender Neuguinea-Zwergpythons (*Morelia boa*) aus einem künstlich erbrüteten Gelege. Die ungewöhnlich gefärbten Jungtiere dieser Art versuchen sich stets in den Bodengrund einzugraben; im Freiland leben sie vermutlich in der Laubschicht am Waldboden. Die nächsten Verwandten dieser Art sind wahrscheinlich *M. childreni* und *M. albertisii*.

Natur leben Jungschlangen wohl in der Fallaubschicht am Waldboden.

Haltung: Diese Art wird selten in Terrarien gehalten, obwohl mehrere Paare in Gefangenschaft regelmäßig nachzüchten. Die Temperatur sollte 26–29 °C betragen. Wichtig sind Versteckmöglichkeiten, eine schwache Beleuchtung und ausreichende Versorgung mit Wasser. **§: WA II.**

Die kontrastreiche Färbung dieses jungen Neuguinea-Zwergpythons wird innerhalb etwa eines Jahres zur schlichteren Adultfärbung verblassen; ältere Tiere sind unauffällig braun (z. T. mit dunkleren Ringen).

Grüner Baumpython
Morelia viridis

Verbreitung: Neuguinea und extremer Nordosten Australiens (Cape York Halbinsel).

Lebensraum: Regenwälder (ausschließlich auf Bäumen oder im Gebüsch).

Wissenswertes: Der Grüne Baumpython liefert ein perfektes Beispiel für Parallelentwicklung (Konvergenz), da er sowohl in der Lebensweise als auch in Körperform und -färbung der südamerikanischen Grünen Hundskopfboa (*Corallus caninus*) bis in Einzelheiten gleicht, ohne mit ihr näher verwandt zu sein. Dennoch gibt es Unterschiede; so sind die auffälligen Labialgruben der Hundskopfboa bei *M. viridis* nur an der Oberlippe zu finden, und die Kopfoberseite ist beim Python mit viel kleineren Schuppen bedeckt. Auch die Fortpflanzung erfolgt wie bei anderen Pythons durch Ablage von Eiern, die vom Weibchen bewacht und bebrütet werden.

Die Färbung des Grünen Baumpythons ist kräftig grün mit durchgehender oder unterbrochener Rückenzeichnung aus weißen und gelblichen Schuppen; auch an anderen Stellen des Körpers können einzelne solcher Schuppen auftreten. Gelegentlich kommen hellblaue Flecke vor, und sogar Exemplare mit ausgedehnter Blaufärbung sind in seltenen Fällen bekannt geworden. Schlüpflinge sind zitronengelb mit unterbrochenen braunen oder dunkelroten Streifen und Flekken; gelegentlich treten orange- oder goldfarbene Exemplare neben normal gelben Geschwistern auf. Die Umfärbung zum Grün der Alttiere erfolgt meist innerhalb des ersten Jahres. Diese Art wird meist nicht länger als 1,50 m, erreicht in Ausnahmefällen aber deutlich über 2 m.

Morelia viridis ist völlig ans Baumleben angepaßt; tagsüber hält sie sich meist zwischen epiphytischen Pflanzen auf, wo sie dank ihrer Färbung nur schwer zu entdecken ist. Die Nahrung besteht aus Nagetieren, Vögeln und wahrschein-

typischen Gattung *Chondropython* seit kurzem der Gattung *Morelia* zugerechnet wird.

Haltung: Grüne Baumpythons benötigen hohe Terrarien und ausreichend Kletteräste mit rechtwinkligen Gabelungen (die als „sichere" Ruheplätze wichtig sind); sie sollten mit Laub (Kletterpflanzen etc.) versehen sein. Die meisten Exem-

Die meisten frisch geschlüpften Grünen Baumpythons sind zitronengelb gefärbt und erinnern dadurch in ihrer natürlichen Umgebung an abgestorbene Blätter (wobei die braune Rückenzeichnung sogar die Blattrippen andeutet). Innerhalb etwa eines Jahres wird die typische grüne Färbung der älteren Tiere angenommen. Auch das südamerikanische „Gegenstück" zu dieser Art, die Grüne Hundskopfboa (*Corallus caninus*), zeigt eine solche altersbedingte Umfärbung; ihre Jungtiere sind allerdings nicht gelb, sondern ziegelrot.

lich auch Fledermäusen; oft wird die Beute verschlungen, während die Schlange frei vom Ast hängt und sich nur mit dem kräftigen Greifschwanz festklammert.

Trotz der hochgradigen Spezialisierung des Grünen Baumpythons ist er mit den anderen australischen Pythons – mit Ausnahme des Schwarzkopfpythons (Gattung *Aspidites*) – so nahe verwandt, daß er statt der geläufigen mono-

plare sind in der Ernährung nicht wählerisch und können mit toten Mäusen und Küken gefüttert werden. Die Temperatur kann am Tag um 25 °C liegen und sollte nachts etwas abfallen. Diese Art läßt sich bei richtiger Haltung problemlos züchten, wobei die Paarungsbereitschaft durch Veränderungen der Tageslänge, Beleuchtung, Feuchtigkeit und Temperatur ausgelöst und beeinflußt wird. §: **WA II.**

Spitzkopfpython
Loxocemus bicolor

Verbreitung: Pazifikküste von Mittelmexiko bis Costa Rica, nordwestliches Honduras.

Lebensraum: Im Fallaub, unter Steinen und totem Holz; in Gebieten mit lockerem Boden auch unterirdisch grabend.

Wissenswertes: Diese aberrante, urtümliche Schlange zeigt viele Merkmale der asiatischen Flachkopfschlangen (Xenopeltidae), wird aber meist in einer eigenen Unterfamilie (Loxoceminae) zu den Riesenschlangen gestellt.

Typisch für grabende und wühlende Schlangen sind der zylindrische Körper, die glatte Oberfläche und der keilförmige, spitz endende Kopf. Die Färbung variiert zwischen verschieden dunklen Brauntönen mit weißlicher oder gelblicher Unterseite; gelegentlich kommen helle Seitenflecke

vor. Aftersporne sind vorhanden. Spitzkopfpythons werden bis 1,50 m lang.

Über die Lebensweise im Freiland ist wenig bekannt; vermutlich sind die Tiere nachtaktiv. Erbeutet werden kleine Nagetiere und wahrscheinlich bodenbrütende Vögel, die durch Umschlingen getötet werden. Diese Art ist eierlegend.

Haltung: Spitzkopfpythons sind selten in Gefangenschaft anzutreffen, scheinen sich aber Terrarienbedingungen gut anzupassen. Wichtig ist eine tiefe Schicht lockeren Substrats zum Graben mit daraufliegenden Versteckmöglichkeiten; zuviel Feuchtigkeit ist zu vermeiden. Die Vorzugstemperatur liegt bei 22–25 °C. Tote Küken und kleine Mäuse werden meist akzeptiert. **§: WA II**.

Die Färbung des Spitz-
kopfpythons variiert von
Tier zu Tier.

Warzenschlangen

Die Familie Acrochordidae besteht nur aus einer Gattung wasserlebender Schlangen. Ihr Körperbau weist sowohl Merkmale urtümlicher als auch „moderner" Familien auf. Obwohl Warzenschlangen gelegentlich als Unterfamilie zu den Colubridae (Nattern) gestellt werden, verbleiben sie zumindest vorläufig wohl besser in einer eigenen Familie.

Javanische Warzenschlange
Acrochordus javanicus

Verbreitung: Südostasien, von Burma über die Malaiische Halbinsel bis zu den Philippinen.
Lebensraum: Flüsse und Meeresbuchten; sowohl in Süß- als auch in Brackwasser; dringt gelegentlich sogar ins Meerwasser vor.
Wissenswertes: Die vollständig aquatisch lebende Schlange ist schwarzgrau bis braun gefärbt mit undeutlicher dunkler Musterung. Rücken- und Bauchseite sind von körnigen Schuppen bedeckt, die nebeneinander stehen und sich nicht überlappen; das Fehlen breiter Bauchschuppen stellt eine Anpassung an die aquatische Lebensweise dar. Durch eine Hautfalte können die inneren Nasenöffnungen verschlossen werden, das gleiche gilt

für die Aussparung der vorderen Maulränder, durch die die Zunge läuft. Die Lunge (nur ein Flügel ist entwickelt) ist sehr groß.

Aus dem Wasser genommen, wirkt die faltige Schlange äußerst unbeholfen; in ihrer natürlichen Umgebung ist sie jedoch ein ausdauernder und gewandter Schwimmer. Entgegen Berichten aus dem 19. Jahrhundert, wonach diese Tiere sich von Wasserinsekten und Früchten (!) ernähren, fressen Warzenschlangen ausschließlich Fische, die mit einer raschen Seitwärtsbewegung des Kopfes erbeutet werden. Auch die rauhe Körperbeschuppung erfüllt eine Funktion beim Nahrungserwerb: Warzenschlangen lauern am Gewässerboden mit zusammmengewundenem Körper; kommen neugierige Fische zu nahe, werden sie zwischen den Schlingen festgeklemmt. Beobachtungen an Tieren in Gefangenschaft zeigen, daß diese Technik regelmäßig angewandt werden kann.

Warzenschlangen sind ovovivipar, wobei pro Wurf 20 bis 30 Jungtiere mit einer Länge von ca. 20 cm zur Welt gebracht werden. Ausgewachsene Tiere werden über 2 m lang.

Eine andere Art, *A. granulatus*, wurde früher in die eigene Gattung *Chersydrus* gestellt. Sie besitzt ein ähnliches Verbreitungsgebiet wie *A. javanicus*, dringt jedoch weiter westlich nach Indien und Sri Lanka und östlich bis Nordaustralien vor. Sie ist kleiner (ausgewachsene Tiere werden selten länger als 1,30 m) und frißt außer Fischen auch kleine Krabben.

Unglücklicherweise läßt sich aus der Haut von Warzenschlangen ein haltbares und schönes Leder herstellen, so daß jedes Jahr Tausende von Tieren zu diesem Zweck getötet werden.

Haltung: Warzenschlangen können in entsprechend großen, gut abgedeckten Aquarien gehalten werden. Steine, die als Verstecke eingebracht werden, sind gut zu befestigen. Als Bodengrund dient eine dicke Schicht Kies. Das 26-29 °C warme Wasser sollte gefiltert werden, wobei die Zugabe kleiner Mengen von Seesalz günstig ist. Die Tiere sind nachtaktiv und benötigen nur schwache Beleuchtung. Goldfische werden im allgemeinen als Futter akzeptiert.

Die Kleine Warzenschlange (*Acrochordus granulatus*) kommt an den Küsten des gesamten südostasiatischen und nordaustralischen Raums vor. Sie wird höchstens 1,20 m lang und ist unregelmäßig quergebändert. Diese Art bevorzugt Meer- und Brackwasser, wo sie meist in der Gezeitenzone lebt und Fische oder Krebse erbeutet.

NATTERN

Die fast 3000 bekannten Schlangenarten werden ca. zehn Familien zugeordnet; dabei entfallen auf eine einzige Familie, die Colubridae (Nattern), über zwei Drittel aller Arten! Nattern gelten, zusammen mit den beiden „giftigen" Familien Elapidae (Giftnattern) und Viperidae (Vipern), als hochentwickelte oder „moderne" Schlangen. Von den bisher vorgestellten urtümlichen Schlangen unterscheiden sie sich v. a. durch das Fehlen jeglicher Reste von Hintergliedmaßen und das Vorhandensein nur der rechten Lungenhälfte, die stark verlängert ist.

Die Anzahl der Unterfamilien schwankt je nach Autor von 8 bis 13, wie überhaupt die Verwandtschaftsverhältnisse innerhalb der Nattern noch ziemlich ungeklärt sind; vermutlich stellen die Colubridae gar keine natürliche Verwandtschaftsgruppe dar. Fest steht, daß es sich nicht nur um die Schlangenfamilie mit den meisten Arten, sondern auch um die mit der größten Formenvielfalt handelt. Nattern haben praktisch alle Gegenden der Erde, die überhaupt für poikilotherme (wechselwarme) Tiere geeignet sind, besiedelt; lediglich die Erschließung der Meere als Lebensraum blieb den Giftnattern (Elapidae) vorbehalten. Auf allen Kontinenten außer Australien, wo die Giftnattern dominieren, sind die Colubridae die vorherrschende Schlangenfamilie. Sie besiedeln fast alle denkbaren Lebensräume im tropischen Regenwald, in Savannen, Wüsten, im Gebirge und im nordischen Nadelwald; es gibt baumlebende, bodenlebende und aquatische Formen, und das Nahrungsspektrum umfaßt so gut wie alles, was zu Lande oder zu Wasser kreucht und fleucht (oder auch nicht: manche Arten haben sich auf den Verzehr von Vogeleiern spezialisiert). Auch kleinere Schlangen stehen auf dem Speisezettel vieler Arten. Auf der einen Seite gibt es unspezialisierte, opportunistische Arten, die sich in verschiedenartigsten Lebensräumen von einem breiten Beutespektrum ernähren. Auf der anderen Seite findet sich z. B. die Gattung *Dipsas*, die ausschließlich Gehäuseschnecken frißt; zu den

hochspezialisierten Nattern gehören auch die bereits erwähnten Eierschlangen (*Dasypeltis*), die ihre Beuteobjekte mit Hilfe von Fortsätzen der Halswirbel „aufschneiden". Die Beutetiere der Nattern werden entweder vor dem Verzehr wie bei Riesenschlangen durch Umschlingen getötet (z. B. bei Kletternattern, Gattung *Elaphe*), oder sie werden lebend verschlungen (z. B. bei Wassernattern, Gattung *Natrix*).

Einige Gattungen der Colubridae können sogar als Giftschlangen bezeichnet werden; sie besitzen eine zur Giftdrüse umgewandelte Speicheldrüse, wobei das Gift bei manchen Arten durch verlängerte und gefurchte Zähne im hinteren Teil des Oberkiefers beim Schlingakt in das Beutetier eingearbeitet wird. Diese „opisthoglyphen" Schlangen oder Trugnattern sind aber meist nur für die Beutetiere gefährlich, denn zu „giftigen" Abwehrbissen ist dieser Mechanismus wenig geeignet; es gibt nur sehr wenige Arten (z. B. die afrikanische Boomslang, *Dispholidus typus*, die Vogelschlange, *Thelotornis kirtlandii*, oder Arten der Gattung *Rhabdophis*), die dem Menschen gefährlich werden können und schon Todesfälle verursacht haben.

Auch bei der Fortpflanzung gibt es Unterschiede: landlebende Formen aus warmen Gebieten legen meist Eier, während wasserlebende Nattern und solche in kühlen Klimaten oft ovovivipar sind; im Gegensatz zu den Riesenschlangen kommt es bei einigen Arten der Nattern (z. B. *Thamnophis*) sogar zur echten Viviparie, bei der der Embryo nicht durch Eidotter, sondern über eine Plazenta durch den mütterlichen Organismus ernährt wird.

Die zahlreichen Gattungen und Arten, die ausgewählt wurden, auf den folgenden Seiten die Familie Colubridae zu repräsentieren, wurden der Übersichtlichkeit halber in mehrere Gruppen zusammengefaßt; diese Gruppen beruhen oft auf Verwandtschaft, manchmal aber nur auf Ähnlichkeit in Aussehen und Lebensweise. Eine taxonomische Bedeutung ist ihnen keinesfalls beizumessen. Auch die Reihenfolge, in der die einzelnen Kapitel angeordnet sind, sagt nichts über die Verwandtschaftsbeziehungen (die in den meisten Fällen noch unzureichend erforscht sind) aus.

Die auffällig gefärbte Kornnatter (*Elaphe g. guttata*) ist eine der bekanntesten nordamerikanischen Schlangen.

Kletternattern

Innerhalb der Unterfamilie der Colubrinae (Land- und Baumnattern) werden die Vertreter der Gattungen *Elaphe* und *Gonyosoma* oft als „Kletternattern" (englisch: „Rat Snakes") bezeichnet.

Über 50 Arten dieser Gattungen sind vorwiegend in gemäßigten und subtropischen Gebieten Europas, Asiens und Nordamerikas verbreitet. Sie fehlen in Afrika und Australien. Die europäischen Arten sind – abgesehen von der Äskulapnatter (*Elaphe longissima*), die bis nach Mitteleuropa vordringt – hauptsächlich auf den Mittelmeerraum beschränkt. Verschiedene europäische Formen, z. B. die Vierstreifennatter (*E. quatuorlineata*) aus Südeuropa und Südwestasien, haben eine bemerkenswerte Ähnlichkeit mit manchen nordamerikanischen Arten. Ein Verbreitungsschwerpunkt der Kletternattern ist Ost- und Südostasien; von dort sind zahlreiche Arten bekannt. In Japan kommt nur *E. climacophora* vor; die Albinoform dieser Art gilt dort als Verkörperung der Fruchtbarkeitsgöttin Benzai-ten. Fünf Arten der Gattung *Elaphe* sind mit zahlreichen Unterarten über Nordamerika verbreitet; sie werden dort oft auch als „Chicken Snakes" bezeichnet, ein Hinweis auf ihre Vorliebe für den Verzehr von Hühnereiern und Küken.

Die Beutetiere werden – ähnlich wie bei Riesenschlangen – durch Umschlingung erdrosselt und erst im toten Zustand verschlungen. Bei Bedrohung verteidigen sich alle Kletternattern vehement; als Drohgebärde wird der Vorderkörper in horizontale S-förmige Schlingen gelegt, wobei häufig der Schwanz vibriert. Manche nordamerikanischen Arten (z. B. die Fuchsnatter, *E. vulpina*) können durch dieses Verhalten mit Klapperschlangen verwechselt werden. In Gefangenschaft legen die meisten Arten solches Gehabe schnell ab und gewöhnen sich problemlos an die Haltung im Terrarium. Unter den Kletternattern gibt es sowohl tag- als auch nachtaktive Arten, wobei meist die in kühleren Klimaten lebenden Tiere die Wärme des Tages zur Aktivität nutzen (z. B. die Äskulapnatter), während Arten aus wärmeren Gebieten häufig nachtaktiv sind (z. B. die Trans-Pecos-Natter); wieder andere, etwa die Erdnatter (*E. obsoleta*) aus Nordamerika, sind in der warmen Jahreszeit nacht- und in der kühlen Jahreszeit tagaktiv. Alle *Elaphe*-Arten legen Eier, wobei zumindest bei der aus dem gemäßigten Ostasien stammenden Amurnatter ein Teil der Embryonalentwicklung im Mutterleib stattfinden kann.

Gelbe Erdnatter (*Elaphe obsoleta quadrivittata*)

Kornnatter *Elaphe guttata*

Verbreitung: Östliche und südliche USA bis Mittelmexiko.

Lebensraum: Offene Nadel- und Laubwälder in Gebieten mit Sandböden; häufig in Holzstößen, Steinhaufen etc.; auch in verlassenen Häusern und an stillgelegten Eisenbahnlinien, wo die Schienenschwellen als Versteck genutzt werden. Immer in der Nähe von offenem Wasser. In den südlichen USA angeblich häufig in städtischen Abwassersystemen.

Wissenswertes: Die Färbung dieser Art ist sehr variabel und besteht aus verschieden großen roten, grauen oder braunen Flecken mit schwarzer Umrandung auf orangefarbenem, rotem, hellbraunem oder grauem Grund. Einige Populationen sind sehr schlicht gefärbt, andere dagegen gehören zu den farbigsten Schlangen überhaupt. Diese Art wird maximal über 1,80 m lang, bleibt aber meist viel kleiner.

Kornnattern leben im Freiland tagsüber versteckt unter totem Holz, in Nagetierbauen etc.

Dieses Exemplar von *Elaphe guttata rosacea* wurde auf Long Key (Florida) fotografiert.

und werden zumindest im Sommer erst in der Dämmerung aktiv. Beutetiere sind Nagetiere, Fledermäuse, Vögel und kleine Reptilien, wobei sich einige Populationen aus Südflorida fast ausschließlich von letzteren ernähren. Kornnattern legen im späten Frühjahr bis zu 20 Eier, aus denen im Spätsommer die 25–40 cm langen Jungschlangen schlüpfen.

Die Nominatform *E. g. guttata* (Abbildung links oben) kommt von New Jersey bis Louisiana vor; im südlichen Florida existiert eine schlecht defi-

Der fest eingebürgerte deutsche Name Kornnatter leitet sich vom englischen „Corn Snake" (corn = Mais) ab und ist ein Paradebeispiel für unsinnige Übersetzung; der englische Name bezieht sich auf die Ähnlichkeit der Bauchschuppenfärbung (schwarze Sprenkel auf hellem Grund) mit den Kolben mancher Maissorten.

Haltung: Kornnattern gehören zu den am besten für die Terrarienhaltung geeigneten Schlangen überhaupt; die Haltungstemperatur sollte tagsüber bei ca. 25 °C liegen und nachts deutlich

Die Prärie-Kornnatter (*Elaphe guttata emoryi*) dringt auch in ziemlich trockene Gebiete vor, ist dort aber immer an die Nähe von Gewässern gebunden; ihre Färbung ist hauptsächlich durch das Fehlen der Rottöne gekennzeichnet. In der Lebensweise unterscheidet sie sich nicht von anderen Unterarten der Kornnatter.

nierte Unterart (*E. g. rosacea*), die öfter als die Nominatform in Bäumen und Büschen angetroffen wird. Die Prärie-Kornnatter (*E. g. emoryi*) aus den trockeneren Gebieten vom Mittelwesten der USA bis Mexiko ist ähnlich gezeichnet, in der Färbung jedoch ohne Rottöne. Sie kommt immer in der Nähe permanenter Gewässer vor.

abfallen. Sie vermehren sich so gut, daß es inzwischen schon verschieden gefärbte „Terrarienstämme" gibt (Albinos, rote, gelbe und schwarze Formen). Diese Art benötigt eine Winterruhe von mindestens zwei Monaten. Kornnattern lebten über 21 Jahre in Gefangenschaft.

Schwarze Erdnatter
Elaphe obsoleta obsoleta

Verbreitung: Diese Unterart der Erdnatter ist hauptsächlich in den zentralen und nordöstlichen US-Staaten verbreitet.

Lebensraum: Häufig in felsigem Gelände, z. B. in Bergwäldern; vielfach in leerstehenden Gebäuden, Holzstößen, Steinmauern etc., auch auf Bäumen.

Wissenswertes: Eine typische Kletternatter, die bis über 2,50 m Länge erreichen kann, obwohl die meisten Exemplare 2 m nicht überschreiten. Die Schwarze Erdnatter ist eine von (je nach Autor) sechs bis acht Unterarten von *E. obsoleta*; typisch ist die glänzend schwarze Färbung mit heller Bauchseite. An den Grenzen der jeweiligen Unterart-Areale kommt es zu Mischlingspopulationen.

Die Nahrung besteht aus einem breiten Spektrum von Nagetier- und Vogelarten (einschließlich Vogeleiern), sowie kleinen Echsen; Erdnattern dringen auf der Suche nach Beute oft in Stallungen ein und erklettern auch hohe Bäume. Sie sind tagaktiv und gehen nur an heißen Sommertagen zu einer mehr nächtlichen Lebensweise über. Die Paarung erfolgt kurz nach dem Erwachen aus der Winterruhe (im April/Mai); die Gelege von bis zu über 30 Eiern werden meist in sich zersetzendem Pflanzenmaterial abgelegt. Die dunkel gefleckten, bis ca. 40 cm langen Jungschlangen schlüpfen im Spätsommer.

Schwarze Erdnattern überwintern oft in großer Zahl in geeigneten Quartieren (Höhlen, Felsspalten etc.) zusammen mit Kupferköpfen (*Agkistro-*

Albinismus kommt auch bei Schlangen vor. Diese Erdnatter (*Elaphe obsoleta*) stammt aus einer Terrarienzucht; im Freiland hätte sie aufgrund ihrer auffälligen Färbung keine Überlebenschance.

don contortrix) und Waldklapperschlangen (*Crotalus horridus*). Die in den nordöstlichen US-Staaten gebräuchlichen Bezeichnungen „Pilot Snake" oder „Rattlesnake Pilot" beruhen auf der (irrigen) Annahme, daß Erdnattern den anderen Arten den Weg zu solchen Quartieren zeigen. Im nördlichen Teil des Verbreitungsgebietes kann die Winterruhe bis zu sieben Monate dauern.

Haltung: Alle Unterarten der Erdnatter sind im Freiland äußerst anpassungsfähige Tiere, die sich auch problemlos an das Dasein in Terrarien gewöhnen, sofern artgerechte Haltungsbedingungen herrschen. Die Nachzucht dieser Art gelingt ohne Probleme, und wie bei der Kornnatter ist eine Anzahl abweichend gefärbter Zuchtformen (z. B. Albinos) im Handel, die vor allem von privaten Haltern geschätzt werden. Europäische

Terrarienfreunde bevorzugen meist „natürlich" eingerichtete Biotop-Terrarien, während Schlangen in Amerika meist in „sterilen" Behältern (Papierauslage – Schlupfkiste – Wassergefäß – Kletterast) untergebracht werden. Den Schlangen scheint es egal zu sein, vorausgesetzt, die Behälter sind trocken (zu hohe Substrat- oder Luftfeuchtigkeit führt zu Haut- und Atemwegsinfektionen). Als Futter werden tote Nagetiere und Küken akzeptiert. Manche Exemplare fressen auch Hühnereier, aber diese sind nur als Zukost, keinesfalls als Hauptnahrung geeignet. Temperaturen von 22–25 °C sind ausreichend. Eine Winterruhe bei herabgesetzten Temperaturen ist günstig. Auch einzelne Exemplare dieser Art lebten schon länger als 20 Jahre in Terrarien.

Texas-Erdnatter
Elaphe obsoleta lindheimeri

Verbreitung: Diese Unterart stammt aus Zentral-
und Osttexas, Louisiana und Westarkansas.
Lebensraum: Offenes Waldland in der Nähe von
Gewässern (Flüsse, Sümpfe etc.); in Zentraltexas
werden Felsenschluchten bevorzugt. Auch in der
Nähe von Stallungen.
Wissenswertes: Eine Unterart mit schwärzlichen
oder braunen Flecken auf gelbbraunem oder
grauem Grund; nicht so kontrastreich gefärbt wie
E. o. spiloides. Bei einigen texanischen Populationen sind die Schuppenränder und die Haut zwischen den Schuppen rot oder orange gefärbt.

Auch diese Unterart ist nicht auf bestimmte
Beutetierarten spezialisiert; als Hauptnahrung
dienen Nagetiere. Jungschlangen erbeuten auch
kleine Echsen und Frösche. Wie die meisten
Schlangen fressen sie bei Nahrungsüberfluß bis
zur Aufnahmekapazität; ein über 2 m großes Exemplar aus Texas würgte nach seiner „Gefangen-

nahme" sieben Jungkaninchen aus. Texas-Erd-
nattern dringen häufig auf der Suche nach Eiern,
Küken und Mäusen in Ställe ein; in manchen
ländlichen Gegenden von Texas werden zur
Schlangenbekämpfung Porzellan-Türknöpfe in
die Hühnerboxen gelegt, die zusammen mit den
echten Eiern von der Schlange verschlungen werden und wohl zum Tod führen. Abgesehen von
einigen Wochen im Frühjahr sind Texas-Erdnat-
tern nachtaktiv. Man bekommt sie meist in über-
fahrenem Zustand zu Gesicht, da sie sich nachts
gerne auf warmen Teerstraßen aufhalten.

Von Südtexas bis ins nördliche Mexiko erstreckt
sich das Areal einer weiteren Unterart, Bairds
Erdnatter (*E. o. bairdii*). Sie bleibt etwas kleiner,
besitzt fast keine dunkle Zeichnung und kommt
in ähnlichen Lebensräumen wie die Texas-Erdnatter vor.
Haltung: Siehe *E. o. obsoleta*.

Ein Jungtier der Texas-Erdnatter (*Elaphe obsoleta lindheimeri*) mit der typischen, bei allen Unterarten ähnlichen, kontrastreich gefleckten Jugendfärbung von *E. obsoleta*. Mit dem Wachstum wird die Färbung zunehmend dunkler.

Eine Gruppe von Bairds Erdnattern (*Elaphe obsoleta bairdii*) im Terrarium; man beachte die unterschiedlichen Zeichnungen. Diese Unterart besitzt fast keine dunkle Fleckung und kommt in Trockengebieten von Südtexas und Nordmexiko vor.

Gelbe Erdnatter
Elaphe obsoleta quadrivittata

Verbreitung: Südöstliche USA, von Georgia und Florida bis North Carolina.

Lebensraum: Meist in der Nähe permanenter Gewässer (Bäche, Bewässerungsgräben etc.); auf Farmgelände häufig in verlassenen Gebäuden, unter Holzstößen, Steinhaufen etc.; hält sich häufig auf dickästigen Bäumen auf.

Wissenswertes: Diese Unterart besitzt vier kräftige, dunkle Längsstreifen auf hellbraunem bis orangegelbem Grund. In den nördlichsten Gebieten ihres Areals kommt eine grünlich wirkende Farbform vor; dabei handelt es sich um Mischlinge mit der Schwarzen Erdnatter (*E. o. obsoleta*). *E. o. quadrivittata* erreicht ähnliche Längen wie die Nominatrasse.

Wie vielen anderen Schlangen kommt Gelben Erdnattern große Bedeutung bei der Kontrolle von Schadnager-Populationen in landwirtschaftlich genutzten Gebieten zu. Ältere Exemplare sind häufig mit Narben übersät, die auf Bisse unvollkommen überwältigter Ratten und anderer Nagetiere zurückzuführen sind. Gelbe Erdnattern sind geschickte Kletterer, die sich häufig den Inhalt von Vogelnestern einverleiben. Auch die hier genannte Unterart besitzt eine Vorliebe für Hühnereier und -küken, weshalb sie in Teilen ihres Verbreitungsgebietes als „Chicken Snake" bezeichnet wird. Die Paarungszeit beginnt bereits Ende März. Das Gelege wird an warmen und feuchten Örtlichkeiten deponiert, z. B. in verrottenden Baumstämmen, aber auch in feuchtem Sägemehl etc. Die Jungschlangen sind beim Schlupf mit kontrastreichen Flecken versehen; die Erwachsenenfärbung wird erst später angenommen. Im Gegensatz zu älteren Tieren fressen Jungschlangen auch Echsen und Frösche.

Die Key-Erdnatter (*E. o. deckerti*) kommt auf den nördlichen Florida Keys vor. Ungewöhnlicherweise verschwindet das gefleckte Jugendkleid nicht wie bei der Gelben und der Everglades-Erdnatter, sondern wird von der allmählich auftretenden Längsstreifung nur überlagert. In der

Die Everglades-Erdnatter (*Elaphe obsoleta rossalleni*) aus Südflorida. Sie ist schlanker als die Gelbe Erdnatter und meist kräftig orange gefärbt mit stark verblaßten Längsstreifen. Sie wird häufiger als andere Unterarten von *E. obsoleta* auf Bäumen angetroffen.

Im südlichen Florida wird die Gelbe Erdnatter von der Everglades-Erdnatter (*E. o. rossalleni*) ersetzt. Sie ist normalerweise orange gefärbt, wobei die Längsstreifung nur sehr blaß und undeutlich in Erscheinung tritt. Bei gleicher Länge ist sie von schlankerem Körperbau als die Gelbe Erdnatter. Häufiger als diese ist sie auf Bäumen anzutreffen, und ihre Populationen profitierten von den Anpflanzungen australischer *Casuarina*-Bäume entlang der Straßen in Südflorida.

Lebensweise ähnelt sie den beiden zuvor genannten Unterarten.

Haltung: Alle drei hier genannten Unterarten stellen ähnliche Anforderungen an die Unterbringung wie die Schwarze Erdnatter oder die Kornnatter: Stabil eingerichtete Terrarien mit einer Tagestemperatur von ca. 25 °C und nächtlicher Abkühlung. Eine Winterruhe ist in jedem Fall günstig.

Graue Erdnatter
Elaphe obsoleta spiloides

Verbreitung: Illinois und Indiana bis Mississippi und Georgia.

Lebensraum: Bevorzugt lichte Wälder auf sandigen Böden. In landwirtschaftlich genutzten Gebieten oft in leerstehenden Gebäuden, unter Holzstößen, Abfallhaufen etc.

Wissenswertes: Die verschiedenen Populationen unterscheiden sich in der Färbung z. T. erheblich. Das Muster besteht aus dunklen Flecken auf einem kontrastierenden hell- oder dunkelbraunen, manchmal fast weißen Untergrund. In der Musterung ist sie eine der attraktivsten nordamerikanischen Kletternattern. Hinsichtlich der erreichbaren Maximalgröße entspricht sie der Schwarzen und Gelben Erdnatter; die meisten Exemplare überschreiten aber kaum eine Länge von 1,80 m.

Sie klettert ausgezeichnet und ist besonders häufig auf Eichen anzutreffen; in manchen Gegenden wird sie deshalb als „Oak Snake" bezeichnet. Die Lebensweise der Grauen Erdnatter ist mit derjenigen der Nominatrasse weitgehend identisch; an den Arealgrenzen finden sich häufig Unterart-Bastarde. Im Gegensatz zu anderen nordamerikanischen Kletternattern ähneln die beim Schlupf etwa 30 cm langen Jungschlangen den Adulttieren in Zeichnung und Färbung.

Die Populationen des nordwestlichen Florida wurden als eigene Unterart *E. o. williamsi* beschrieben. Sie ähneln der Grauen Erdnatter aber

Elaphe obsoleta williamsi aus Nordwestflorida ist vermutlich nur eine lokale Variante der Grauen Erdnatter (*E. o. spiloides*).

so sehr in Aussehen und Lebensweise, daß der Rang einer Unterart aller Wahrscheinlichkeit nach nicht gerechtfertigt ist.

Haltung: Auch diese Unterart der Erdnatter paßt sich problemlos an das Leben in Terrarien an, sofern artgerechte Haltungsbedingungen herrschen. Die Nachzucht dieser Unterart gelingt ohne Probleme. Die Behälter sollten trocken gehalten werden (zu hohe Substrat- oder Luftfeuch-

tigkeit führt oft zu Haut- und Atemwegsinfektionen). Als Futter werden tote Nagetiere und Küken akzeptiert. Manche Exemplare fressen auch Hühnereier, aber diese sind keinesfalls als Hauptnahrung geeignet. Tagestemperaturen von 22–25 °C mit nächtlicher Abkühlung sind ausreichend. Eine Winterruhe bei herabgesetzten Temperaturen ist günstig. Auch Graue Erdnattern sind in Gefangenschaft sehr langlebig.

Trans-Pecos-Natter
Elaphe subocularis

Verbreitung: Südwestliches Texas bis Mittelmexiko (Chihuahua-Wüste).

Lebensraum: Steinige, felsige Wüstengebiete; häufig in Bauen von Gürteltieren, Gopherschildkröten und Nagetieren.

Wissenswertes: Eine schlanke, kleinere Kletternatter, die auf gelbbraunem Grund ein dunkles Muster aus zwei auf dem Rücken durch Flecke verbundenen Längsstreifen trägt; die Längsstreifen können v. a. in der hinteren Körperhälfte unterbrochen sein. Typisch sind die großen Augen, durch die sie sich von allen anderen amerikanischen Kletternattern unterscheidet. Sie wird bis fast 1,70 m lang, bleibt aber meist viel kleiner.

Trans-Pecos-Nattern sind nachtaktiv und verbringen den Tag in Verstecken. Die Nahrung besteht aus Nagetieren, Vögeln und gelegentlich Fledermäusen; Jungtiere fressen kleine Echsen.

Haltung: Auch diese Art ist gut im Terrarium zu halten. Wichtig ist ein dunkles Versteck. Sie vermehrt sich problemlos: die meisten im Handel befindlichen Exemplare sind Nachzuchten.

Grüne Kletternatter
Elaphe triaspis

Verbreitung: Vom extremen Südosten Arizonas bis Costa Rica.

Lebensraum: Mit Bäumen und Büschen bewachsene Felsenschluchten in der Nähe von Flüssen und Bächen.

Wissenswertes: Eine grün, graugrün oder oliv gefärbte schlanke Art mit hellem Bauch; ohne dunkle Musterung. Grüne Kletternattern werden maximal 1,30 m lang.

Über die Lebensweise dieser Art im Freiland ist wenig bekannt: sie ist hauptsächlich in der Dämmerung aktiv und verbringt den Tag vermutlich in Bäumen. Dort jagt sie auch ihre Beutetiere, hauptsächlich Vögel, gelegentlich kleine Säugetiere. Die ungewöhnlich kleinen Gelege bestehen meist nur aus etwa sechs Eiern, die unter Steinen, in Felsspalten etc. deponiert werden; die Schlüpflinge fressen zunächst kleine Echsen und nestjunge Nagetiere. Die oben abgebildete nördlichste Unterart *E. t. intermedia* kommt von Arizona bis Nordmexiko vor; das Areal der Nominatform *E. t. triaspis* erstreckt sich von der mexikanischen

Die Mexikanische Kletternatter (*Elaphe flaviru-fa*) ist mit vier Unterarten von der Küste Ostmexikos bis Guatemala und Nikaragua verbreitet; mit ihrer kräftigen, kontrastreichen Färbung ähnelt sie der Kornnatter (*E. guttata*) und der Trans-Pecos-Natter (*E. subocularis*).

Yucatan-Halbinsel bis Nordostguatemala; südlich daran anschließend (bis Costa Rica) lebt *E. t. mutabilis*.

Haltung: Wie bei anderen Arten der Gattung, wobei ausreichend Klettermöglichkeiten und eine lokale Wärmequelle zum Aufwärmen wichtig sind. Die Temperatur sollte 25–29 °C betragen. Im allgemeinen werden tote Nagetiere als Futter akzeptiert.

Fuchsnatter
Elaphe vulpina

Verbreitung: Zentrales Nordamerika: um die Großen Seen, bis Nebraska und Indiana.

Lebensraum: Sümpfe, Grasland und Waldgebiete in der Nähe von Gewässern; auch im Kulturland.

Wissenswertes: Sowohl die westliche (*E. v. vulpina*) als auch die östliche Unterart (*E. v. gloydi*) sind kontrastreich gemusterte Schlangen mit einer typischen Kletternatter-Zeichnung: dunkle Flecken auf gelblichem bis hellbraunem Grund. Länge bis 1,80 m. Manche Exemplare besitzen rötliche Köpfe und werden deshalb häufig mit Kupferköpfen (*Agkistrodon contortrix*) verwechselt. Ihre Färbung und die für eine *Elaphe*-Art gedrungene Gestalt machen auch Verwechslungen mit der Waldklapperschlange (*Crotalus horridus*) möglich, besonders in der Drohstellung (S-förmig gebogener Vorderkörper, offenes Maul und heftig vibrierender Schwanz). Diese Giftschlangen-Mimese hilft wohl bei der Abwehr räuberischer Tiere, beim Menschen ist sie eher von Nachteil: Fuchsnattern werden oft mit Giftschlangen verwechselt und getötet.

Diese Art ist plumper als andere *Elaphe*-Arten und klettert nicht so gut, schwimmt dafür ausgezeichnet. Sie frißt Nager, Vögel und deren Eier. Bei Bedrohung wird ein übelriechendes Analsekret mit der Duftnote „Fuchs" abgegeben; daher der Name. An Überwinterungsplätzen sammeln sich Fuchsnattern oft in großer Zahl.

Haltung: Wildgefangene Fuchsnattern bleiben scheu und aggressiv; auch Nachzuchttiere verlangen aufmerksamste Pflege und Fütterung.

Äskulapnatter
Elaphe longissima

Verbreitung: Vom Nordiran über die Türkei, den Balkan und Italien bis Nordspanien; isolierte Vorkommen auch in Mitteleuropa.

Lebensraum: Sonnige Biotope, oft in Wassernähe: spärlich bewaldete Berghänge, landwirtschaftlich genutzte Gebiete mit Steinmauern oder Hecken; auch an felsigen Stellen, in Ruinen etc.

Wissenswertes: Eine elegant wirkende Schlange von gelbbrauner bis schwärzlicher Färbung mit hellerer Bauchseite; die Rückenschuppen haben teilweise weißliche Ränder. Eine der größten Schlangen Europas, Länge meist bis 1,60 m, in Ausnahmefällen bis 2 m.

Der Name dieser Art leitet sich ab von Aesculapius, dem griechisch-römischen Gott der Heilkunde; die Äskulapnatter wurde als dessen irdische Manifestation angesehen und in Tempeln gehalten. Auf diese Weise wurde die Äskulapnatter über fast den gesamten römischen Machtbereich verschleppt, worauf sich wohl das heutige erratische Verbreitungsgebiet v. a. in Mitteleuropa zurückführen läßt. Ursprünglich war diese Art vielleicht in Kleinasien zu Hause. Auch heute ist die Äskulapnatter noch auf dem Symbol der Ärzte dargestellt, dem von zwei Schlangen umwundenen Hermesstab.

Äskulapnattern sind tagaktiv und leben vorwiegend am Boden oder in niedrigen Sträuchern; sie klettern jedoch gut und können sogar dicke Baumstämme erklimmen, vorausgesetzt, die Rinde ist rauh und bietet den Bauchschuppen Ansatzpunkte. Die Beute besteht aus Nagetieren, Echsen, Vögeln und Vogeleiern. Wie bei allen Kletternattern werden die Beutetiere vor dem Fressen durch Umschlingen getötet.

Zur Paarungszeit im Mai lassen sich ritualisierte Kämpfe der Männchen beobachten, bei denen die Tiere niemals beißen, sondern sich mit hoch erhobenem Vorderkörper gegenüberstehen und den Gegner niederzudrücken versuchen. Ähnliche „Kommentkämpfe" kommen bei vielen anderen Schlangenarten vor, aber bei wenigen sind sie von solch fast vogelartiger Komplexität wie bei der Äskulapnatter; komplizierte Zeremonien finden auch vor der Paarung statt. Das Gelege besteht aus meist nicht mehr als zehn Eiern, die in feuchte Erde, verrottende Baumstämme oder anderes sich zersetzendes Pflanzenmaterial abgelegt werden. Die Jungschlangen schlüpfen im Frühherbst und sind dann ca. 20 cm lang; sie tragen ein geflecktes Jugendkleid.

Die verschiedenen Unterarten der Äskulapnatter unterscheiden sich in ihrer Lebensweise kaum. *E. l. persica* kommt im Nordiran vor, *E. l. romana* bewohnt Mittel- und Süditalien sowie Sizilien, und *E. l. rechingeri* ist auf die Ägäis-Insel Amorgos beschränkt. Im ganzen übrigen Areal der Art ist die abgebildete Nominatform (*E. l. longissima*) verbreitet.

Haltung: Äskulapnattern sind im Gegensatz zu den meisten anderen Kletternattern in Gefangenschaft nicht einfach zu halten. Sie benötigen große, trockene Terrarien mit Kletter- und Versteckmöglichkeiten. Um das Sonnenlicht zu ersetzen, sollte eine künstliche UV-Quelle zur Verfügung stehen. Bei der Nahrung sind sie wählerisch, und viele Exemplare fressen nur bestimmte Futtertierarten; meist werden verschiedene Arten von Nagetieren, Küken oder andere kleine Vögel akzeptiert. Die Temperatur sollte 20–28 °C betragen und nachts um ein paar Grad abfallen. Eine mehrmonatige Winterruhe bei 5–15 °C ist zumindest für die Zucht absolut notwendig, um die Paarungsbereitschaft von Männchen und Weibchen zu synchronisieren. Die Nachzucht in Gefangenschaft gelingt nur gelegentlich. **§: BA.**

Stinknatter
Elaphe carinata

Verbreitung: China, von Szechuan und Yünnan bis zur Küste; Taiwan.

Lebensraum: Bergwälder, Bambusdickichte, Fels-schluchten; auch in Kulturland.

Wissenswertes: Die Grundfarbe dieser Schlange ist gelbbraun, oliv oder bronzefarben, wobei die rauhen, kräftig gekielten Schuppen schwarz ein-gefaßt sind und den Tieren ein gesprenkeltes Aussehen verleihen; auch eine undeutliche Bän-derung kann auftreten. Neben normal gefärbten Individuen treten häufig melanistische (schwarze) Tiere auf. Diese Art wird meist 2 m bis maximal 2,40 m lang.

Der deutsche Name nimmt Bezug auf die au-ßergewöhnlich großen Analdrüsen, die ihren überriechenden Inhalt bei Bedrohung rasch ent-leeren.

Stinknattern fressen bevorzugt Schlangen; auch Nagetiere werden erbeutet. Die Gelege bestehen aus bis zu einem Dutzend großer Eier, die meist in verrottendes Pflanzenmaterial gelegt werden. Nach etwa zwei Monaten schlüpfen die 30–35 cm langen Jungtiere, die ein blasses Jugendkleid mit undeutlicher Zeichnung tragen.

Haltung: Wie die Amurnatter, *Elaphe schrenckii*, bei nicht zu hohen Temperaturen.

Manche Stinknattern weisen eine undeutliche helle, v. a. vorne ausgeprägte Bänderung auf.

Moellendorffs Kletternatter
Elaphe moellendorffi

Verbreitung: Extremer Südosten Chinas (Kwantung, Kwangsi), Nordvietnam.

Der langgestreckte Kopf von *Elaphe moellendorffi* ist typisch für viele asiatische *Elaphe*-Arten.

Lebensraum: Felsige, bewaldete Berghänge, Wiesen, Bambusdickichte.

Wissenswertes: Eine außergewöhnlich schöne Schlange mit sehr variabler Färbung und Zeichnung. Das abgebildete Exemplar ist typisch für die Art (der weiße Fleck hinter dem Kopf ist eine alte Narbe). Die ausdrucksvolle chinesische Bezeichnung lautet in der Übersetzung „Hundert-Blumen-Schlange". Sie wird bis über 2 m lang.

Die Nahrung besteht aus Nagetieren und Vögeln. Die Inkubationszeit der Eier beträgt nach Beobachtungen in Gefangenschaft zwei Monate. Ansonsten ist über die Lebensweise und Verbreitung dieser Art nicht viel mehr bekannt als im Jahre 1886, in dem sie beschrieben und nach dem Naturforscher von Moellendorff benannt wurde.

Haltung: Eine selten gehaltene Schlange; Wildfänge sind meist stark von Parasiten befallen; entsprechende Untersuchungen und Behandlungen sind wichtig. Die Unterbringung erfolgt wie bei anderen *Elaphe*-Arten, wobei Temperaturen von 21–24 °C nicht überschritten werden sollten; wichtig sind ausreichend dunkle Verstecke. Tote Mäuse und Küken werden akzeptiert.

Amurnatter
Elaphe schrenckii

Verbreitung: Südostsibirien, Nordostchina, Korea.
Lebensraum: Offenes Wald- oder Buschland von der Ebene bis ins Gebirge.
Wissenswertes: Ein Bewohner gemäßigter Klimate. Die abgebildete Nominatrasse (*E. s. schrenckii*) ähnelt in ihrer Färbung (schwarz mit weißen oder gelben Querbändern, Bauchseite gelblich mit schwarzen Flecken) oberflächlich manchen Unterarten der amerikanischen Kettennatter (z. B. *Lampropeltis g. getulus*). Amurnattern werden bis zu 1,80 m lang.

Das Nahrungsspektrum umfaßt Kleinsäuger, Vögel und Vogeleier; auf der Suche nach Ratten halten sich Amurnattern häufig in und um menschliche Behausungen und Ställe auf. Häufig werden Bäume und Sträucher erklettert, wo sich die Tiere in der Sonne wärmen und nach Vögeln und deren Nestern suchen. Bei dieser Art können die legereifen und befruchteten Eier einige Zeit zurückgehalten werden, so daß ein Teil der Embryonalentwicklung im Mutterleib stattfindet; es kommt jedoch nicht zur Ovoviviparie. Die bis zu 30 Eier werden Mitte Juli abgelegt, der Schlupf erfolgt Ende August. Schlüpflinge sind ca. 30 cm lang und zeigen eine völlig unterschiedliche Jugendfärbung: schwarze und rotbraune Flecken auf grauweißem Grund. Jungschlangen ernähren sich oft von nestjungen Nagern und Kleinvögeln.

Neben der beschriebenen Nominatform aus dem sibirischen Teil des Verbreitungsgebietes kommt in Nordostchina und Korea die Unterart *E. s. anomala* vor, eine in der Adultfärbung brau-

Die auffällig gezeichneten Jungschlangen der Amurnatter nehmen innerhalb von 18 Monaten die Erwachsenenfärbung an. Während sich ältere Tiere der beiden Unterarten von *Elaphe schrenckii* deutlich unterscheiden, sind die Jungtiere fast identisch gefärbt.

ne Schlange mit schwarzen Flecken und Bändern. Die Jungtiere der beiden Unterarten sehen praktisch identisch aus.

Haltung: Diese Art kann wie die nordamerikanischen Erdnattern (*Elaphe obsoleta*) gehalten werden, wobei hohe Temperaturen zu vermeiden sind (ca. 23 °C reichen aus). Nächtliche Abküh-

lung ist notwendig. Amurnattern akzeptieren tote Nagetiere und Küken als Futter. Voraussetzung für die Paarung ist eine mehrmonatige Winterruhe; unter dieser Voraussetzung können Amurnattern regelmäßig und ohne Probleme nachgezüchtet werden.

Strahlennatter
Elaphe radiata

Verbreitung: Südostasien: von Malaysia und Burma bis Südostchina.

Lebensraum: Grasland und andere offene Landschaften in Gewässernähe; auch Kulturland.

Wissenswertes: Eine Schlange von gelblicher bis rotbrauner Grundfarbe mit dunklen Längsstreifen auf dem Rücken und den Körperseiten, die nach hinten zunehmend verblassen. Charakteristisch ist ein dünnes dunkles Querband hinter dem Kopf und eine vom Auge ausgehende dunkle Strahlenzeichnung. Diese Art wird meist ca. 1,80 m lang.

Strahlennattern bewohnen offene Lebensräume und sind tagaktiv; lediglich die Jungtiere zeigen eine mehr nächtliche Lebensweise, was vermutlich durch die Aktivitätsphase ihrer bevorzugten Beutetiere - Frösche - bedingt ist. Ältere Tiere ernähren sich von kleinen Säugetieren und Vögeln; bei der Jagd auf letztere werden auch Sträucher erklettert. Ein Gelege besteht aus bis zu zwölf Eiern. Wie viele andere asiatische Kletternattern legt auch diese Art bei Bedrohung ihren Vorderkörper in S-förmige Schlingen und flacht ihn vertikal ab, wodurch die kontrastierende helle Haut zwischen den dunklen Schuppen sichtbar wird.

Diese Schlangen sind in ihren Herkunftsgebieten nicht selten; sie sind häufig auf Tiermärkten in Südostasien anzutreffen und werden z. B. in Bangkok als „Copperheaded Racers" zum Export angeboten.

Haltung: Wie andere südasiatische Nattern.

Elaphe radiata in typischer Drohstellung mit vertikal abgeflachtem, S-förmig gekrümmtem Vorderkörper.

Spitzkopfnatter
Gonyosoma oxycephalum

Verbreitung: Südostasien, Philippinen.

Lebensraum: Dicht bewaldete Flußniederungen, Galeriewälder, Mangrovensümpfe.

Wissenswertes: Eine sehr schlanke Art mit spitz zulaufendem Kopf und dunkler Längslinie durchs Auge. Die Oberseite ist einfarbig grün mit gelbbraunem, in der Farbe scharf abgesetztem Schwanz; das oben abgebildete Exemplar ist farblich untypisch, da sich die Schwanzfärbung hier auf den ganzen Körper erstreckt. Spitzkopfnattern werden meist ca. 1,60 m lang, können aber auch über 2,10 m erreichen.

Diese Art wurde früher zur Gattung *Elaphe* gestellt. Sie lebt vor allem in Bäumen, jagt aber auch am Boden; im Geäst bewegt sie sich äußerst schnell und stellt meist Vögeln nach, frißt aber auch Vogeleier und kleine Säugetiere; die Beute wird durch Umschlingen getötet. Wie andere Kletternattern legt sie Eier. Die nach einer Inkubationszeit von ca. drei Monaten schlüpfenden Jungschlangen haben eine Länge von etwa 45 cm. In den ersten Monaten erbeuten sie vermutlich auch Echsen und Frösche.

Haltung: Spitzkopfnattern benötigen große, dicht bepflanzte und mit vielen Kletterästen ausgestattete Terrarien. Wichtig ist eine sehr hohe Luftfeuchtigkeit bei Temperaturen von mindestens 27 °C mit leichter nächtlicher Abkühlung. Als Futter sind tote Küken und Nagetiere geeignet. Importierte Exemplare sind oft dehydriert und stark von Parasiten befallen; solche Tiere erholen sich oft auch bei guter Pflege nicht mehr. Gesunde und gut gehaltene Spitzkopfnattern pflanzen sich auch in Gefangenschaft fort.

Die Mandarinnatter (*Elaphe mandarina*) ist eine spektakulär gefärbte Art aus Südchina, die noch nicht lange in Terrarien westlicher Länder zu sehen ist. Ihre Lebensweise im Freiland ist kaum bekannt; in Gefangenschaft ist sie nicht einfach zu halten.

Japanische Kletternatter oder Aodaisho (*Elaphe climacophora*); eine Albinoform dieser Art wird traditionell mit der japanischen Göttin für Liebe und Fruchtbarkeit in Verbindung gebracht und bewohnt die entsprechenden Tempel.

Elaphe taeniura ist vom östlichen Indien bis nach Südchina und Indochina verbreitet; die Unterart *E. t. friesei* kommt auf Taiwan vor. Während der Vorderkörper mit einem dunklen Netzmuster versehen ist, sind Hinterleib und Schwanz kräftig längsgestreift. Diese Art wird oft zur Rattenbekämpfung in Häusern gehalten.

Elaphe helena kommt auf dem indischen Subkontinent vor; sie wird bis 1,70 m lang. Bei Bedrohung wird, wie hier zu sehen, der Hals vertikal abgeflacht; diese Drohhaltung, bei der die helle Haut zwischen den Schuppen sichtbar wird, ist mehreren asiatischen Kletternattern der Gattung *Elaphe* zu eigen.

Kiefern- und Arizonanattern

Sonora-Gopherschlange (*Pituophis melanoleucus affinis*)

Die großen, kräftig gebauten und oftmals lebhaft gefärbten Schlangen der Gattung *Pituophis* wurden bis vor einigen Jahren zwei Arten zugeordnet: die verschiedenen als „Kiefernnattern" bezeichneten Formen wurden der Art *P. melanoleucus* zugerechnet, während sich die Bullennatter und die verschiedenen „Gopherschlangen" in der Art *P. catenifer* versammelten. Neuere taxonomische Arbeiten ergaben jedoch, daß all die genannten Formen einer Art angehören und aufgrund der internationalen Nomenklaturregeln als Unterarten von *P. melanoleucus* zu führen sind; die Nominatform ist somit die Nördliche Kiefernnatter *P. m. melanoleucus*. Zehn Unterarten, die sich in Aussehen und Lebensweise z. T. deutlich unterscheiden, kommen auf dem Gebiet der USA und im südwestlichen Kanada vor, fünf weitere in Mittelamerika. Auffallend ist ihr Fehlen im nordöstlichen Nordamerika. Auch die nahe mit *Pituophis* verwandte Gattung *Arizona* ist in den südwestlichen USA und in Mexiko verbreitet.

Die Bezeichnung „Kiefernnatter" (Pine Snake) bezieht sich auf den bevorzugten Lebensraum der nördlichen Unterarten, lichte Kiefernwälder mit sandigen Böden. Die Unterarten des südwestlichen Nordamerika sind als „Gopherschlangen" (Gopher Snakes) bekannt, da sie sich in diesen Trockengebieten oft in den unterirdischen Wohngängen der Gopherschildkröten aufhalten. Auch in den nördlicheren Gebieten ist diese Art meist auf Trockenbiotope beschränkt. Sie jagt meist am Boden und verbringt viel Zeit in Nagetierbauen oder in selbstgegrabenen Gängen; die Kiefernnatter klettert nur selten.

Der überwiegende Teil ihrer Nahrung besteht aus verschiedenen Arten von Nagetieren, weshalb sie in Ackerbaugebieten gern gesehen ist; oft werden z. B. Bullennattern (*P. m. sayi*) gefangen oder sogar gekauft, um in Scheunen, Vorratslagern etc. ausgesetzt zu werden. Bei der Rattenbekämpfung sind diese Schlangen weitaus effektiver als Katzen.

Bei Bedrohung oder Belästigung zeigen diese Tiere ein charakteristisches Abwehrverhalten: der Vorderkörper wird S-förmig gekrümmt, wobei der Schwanz zittert und der Kopf mit seinen beweglichen Knochen abgeflacht wird; bei geöffnetem Maul werden Lunge und Luftsäcke gefüllt, wodurch die Schlange größer wirkt, als sie ist, und durch schnelles Ausstoßen der Luft entsteht ein lautes Zischen, das normalerweise von Abwehrbissen begleitet wird. Diese Vorstellung wirkt äußerst eindrucksvoll, vor allem, wenn sie von großen Exemplaren gezeigt wird. Sie dient jedoch ausschließlich der Abschreckung, und wenn der Schlange eine Möglichkeit zum Entkommen geboten wird, so ergreift sie diese meist ohne Zögern.

Nördliche Kiefernnatter
Pituophis melanoleucus melanoleucus

Verbreitung: USA (Nordalabama, Tennessee, Kentucky, Virginia bis südlichstes New Jersey).

Lebensraum: Lichte Kiefernwälder mit Sandboden und andere trockene Biotope.

Wissenswertes: Diese Unterart gehört zu den am kontrastreichsten gemusterten Nattern Nordamerikas: manche Exemplare sind emailleweiß mit schwarzen oder rotbraunen Flecken. Wegen der durch die grabende Lebensweise bedingten Abrasionen ist diese Zeichnung allerdings nur bei frisch gehäuteten Tieren eindrucksvoll und verblaßt schnell. Diese Schlange kann über 2,30 m Länge erreichen.

Obwohl zumindest in kühleren Gebieten tagaktiv, sind diese Tiere selten zu sehen, da sie viel Zeit in Nagetierbauen oder in selbstgegrabenen Röhren verbringen; dort stellen sie auch ihrer Nahrung nach. Oft werden mehrere Beutetiere gleichzeitig gefangen, indem sie in den engen Gängen von der Schlange an die Wand gedrückt oder halb umschlungen werden. Ein Gelege besteht aus bis zu 24 weißlichen Eiern, die unterirdisch in feuchte Gänge etc. abgelegt werden. Die Inkubationszeit hängt von der Temperatur ab und

Südliche Kiefernnatter (*Pituophis melanoleucus mugitus*)

beträgt meist zweieinhalb bis drei Monate. Bereits die Schlüpflinge besitzen den kräftigen, gedrungenen Körperbau der älteren Tiere und sind bis zu 46 cm lang.

Ähnlich groß, oft sogar noch größer, wird die Südliche Kiefernnatter (*P. m. mugitus*), die von Florida bis Alabama und Südcarolina vorkommt. Sie ist von beiger oder hellbrauner Grundfarbe, wobei die dunkle Musterung meist nur undeutlich und verwaschen zum Ausdruck kommt. In der Lebensweise und den Biotopansprüchen gleicht sie der Nördlichen Kiefernnatter.

Haltung: Jungtiere und – besser – Nachzuchten machen bei der Terrarienhaltung keine Probleme und akzeptieren tote Nagetiere als Futter; ältere Wildfänge verweigern oft die Nahrung.

Ein ungewöhnlich gefärbtes Exemplar der Südlichen Kiefernnatter (*Pituophis melanoleucus mugitus*) ohne Zeichnung.

Louisiana-Kiefernnatter (*Pituophis melanoleucus ruthveni*), eine seltenere Unterart aus den Kiefernwäldern von Westlouisiana und Osttexas.

Die Schwarze Kiefernnatter (*Pituophis melanoleucus lodingi*) ist eine sehr dunkel gefärbte Unterart, die Kiefernwälder mit sandigen Böden in Südwestalabama und Ostlouisiana bewohnt.

Bullennatter
Pituophis melanoleucus sayi

Verbreitung: Zentrales Nordamerika östlich der Rocky Mountains, von Südkanada bis Nordostmexiko.

Lebensraum: Grasebenen, Prärien, kakteenbestandene Halbwüsten, auch in landwirtschaftlich genutzten Gebieten (Weizenfelder etc.).

Wissenswertes: Eine hellbraune bis gelbliche Schlange mit intensiver brauner oder rötlicher Fleckung. Die Zeichnung variiert wenig, wohl aber die Farbintensität; so sind Tiere aus Trockengebieten mit hellem Sandboden meist sehr blaß gefärbt. Eine der größten nordamerikanischen Schlangen, die in Ausnahmefällen 2,70 m Länge erreichen kann.

Als Verstecke dienen meist Nagetierbaue oder andere unterirdische Hohlräume; Bullennattern können auch selbst Gänge im Erdreich graben. Im südlichen Texas findet sich diese Art häufig in Dickichten von Feigenkakteen (*Opuntia*). Bei Be-

lästigung wird das arttypische Drohverhalten ausgelöst; große Exemplare stoßen dabei Laute aus, die an Rinder erinnern: daher der landläufige Name „Bullsnake". Der größte Teil der Nahrung besteht aus Nagetieren, obwohl gelegentlich auch Vögel und deren Eier vertilgt werden. Die Jungschlangen sind beim Schlupf bereits ca. 45 cm lang und in der Lage, mittelgroße Mäuse zu bewältigen.

Haltung: Ähnlich wie die Kiefernnatter; Bullennattern benötigen große, trockene Terrarien mit ausreichenden Versteckmöglichkeiten und einem gut verankerten großen Stein oder Holzstück mit rauher Oberfläche, die bei der Häutung wichtig ist, um die alte Haut abzustreifen. Die Bodentemperatur sollte 23-27 °C betragen. Ältere Wildfänge sind schwer einzugewöhnen, während Nachzuchttiere keinerlei Probleme bereiten. Als Nahrung werden tote Nagetiere bevorzugt.

Die Mexikanische Bullennatter (*Pituophis melanoleucus deppei*) erinnert in Färbung und Musterung an die nördliche Unterart *P. m. sayi.*

Pituophis melanoleucus deserticola, eine der als „Gopherschlangen" bezeichneten westlichen Unterarten der Kiefernnatter; sie ist in Südwestkanada und über weite Teile der westlichen USA verbreitet.

Die ungewöhnlich farbige Baja-Bullennatter (*Pituophis melanoleucus vertebralis*), eine der fünf mexikanischen Unterarten, ist in den Trockengebieten von Baja California verbreitet.

Arizonanatter
Arizona elegans

Verbreitung: Südwestliches Nordamerika: von Kansas bis Kalifornien und Nordmexiko.

Lebensraum: Offene Sandgebiete, Buschland, lichte Wälder.

Wissenswertes: Eine mit *Pituophis* nah verwandte Schlange mit glatten Schuppen, die ihr ein „poliert" wirkendes Äußeres verleihen. Die Färbung ist meist beige mit hell- oder dunkelbraunen Flecken. Typisch ist ein dunkler Streifen zwischen Auge und Mundwinkel. Die westlichen Formen sind blaß gefärbt und werden oft als „Faded Snakes" bezeichnet (faded = ausgebleicht). Diese Art wird selten länger als 1 m.

Arizonanattern können geschickt graben und verbringen die meiste Zeit im Boden. Nur nachts oder in den frühen Morgenstunden kommen sie an die Oberfläche, um Jagd auf Echsen und Säugetiere zu machen. Im Frühsommer werden bis zu 23 Eier abgelegt, aus denen nach ca. drei Monaten bis zu 30 cm lange Jungtiere schlüpfen. Sie sind gefärbt wie die Alttiere.

Die meisten der neun beschriebenen Unterarten der Arizona- oder Glanznatter sind unzureichend abgegrenzt. Die Nominatform (*A. e. elegans*) kommt von Kansas bis Mexiko, die oben abgebildete *A. e. arenicola* in Südosttexas vor. *A. e. noctivaga* ist von Sinaloa (Mexiko) bis Arizona verbreitet, *A. e. occidentalis* kommt aus Südkalifornien.

Haltung: Wie die Bullennatter.

Königsnattern

Florida-Kettennatter (*Lampropeltis getulus floridana*)

Als „Königsnattern" werden die zahlreichen Arten und Unterarten der Gattung *Lampropeltis* zusammengefaßt. Ihr Verbreitungsgebiet erstreckt sich vom Osten und Süden der USA bis ins nördliche Südamerika, wobei allein aus den USA sechs Arten mit über 30 Unterarten bekannt sind. Habitus und Lebensweise der einzelnen Formen sind z. T. sehr unterschiedlich.

Die großen, als „Kettennattern" bekannten Unterarten von *L. getulus* kommen im Süden der USA und in Nordmexiko von der Atlantik- bis zur Pazifikküste vor. Zusätzlich zu Nagetieren, Vögeln und Eiern stehen auch Schlangen (einschließlich giftiger Arten) auf ihrem Speisezettel. Obwohl sie gegen die Gifte nordamerikanischer Grubenottern (z. B. Klapperschlangen) zumindest teilweise resistent sind, werden diese keinesfalls bevorzugt erbeutet, wie es von großen Teilen der ländlichen Bevölkerung allgemein angenommen wird. Aufgrund dieses Irrglaubens stehen Kettennattern fast überall in gutem Ruf, ein Umstand, der zweifellos schon zahlreichen Exemplaren das Leben gerettet hat.

Die Rote Königsnatter (*L. triangulum*) ist mit ihren Unterarten in einem riesigen Areal von Südostkanada über große Gebiete der USA und Mittelamerika bis nach Kolumbien und Venezuela verbreitet. In den USA wird sie als „Milk Snake" bezeichnet, was auf das offenbar nicht auszurottende Märchen zurückgeht, daß diese Schlangen große Mengen von Milch auf direktem Wege aus den Eutern von Kühen saugen (wobei sie sich vermutlich um die Hinterbeine wickeln). Eigenartigerweise existieren über die ganze Welt verteilt verschiedene Versionen solcher Milchschlangen-Märchen.

Einige *L. triangulum*-Unterarten sind – wie auch weitere *Lampropeltis*-Arten – rot, schwarz, weiß oder gelb geringelt und werden auch als „Falsche Korallenschlangen" bezeichnet, da sie mit den ähnlich gemusterten Giftnattern der Gattungen *Micrurus* und *Micruroides* (Korallenschlangen) verwechselt werden können. Diese bunten Königsnattern werden oft in Terrarien gehalten, und eine Anzahl von Formen wird auf kommerzieller Basis für diesen Zweck gezüchtet.

Prärie-Königsnatter
Lampropeltis calligaster

Verbreitung: Zentrale und südöstliche USA (mit Ausnahme Südfloridas).

Lebensraum: Offene Wälder, Busch- und Grasland; auch auf Weideland und in Ackerbaugebieten.

Wissenswertes: Eine schlanke Königsnatter mit interessanter und variabler Färbung und Zeichnung. Die meisten Exemplare sind graubraun mit dunkelbrauner bis rötlicher Fleckenzeichnung; diese ist vor allem bei Jungtieren deutlich, während die älteren Tiere mancher Populationen nur noch ein undeutlich gestreiftes oder gar kein Muster aufweisen. Prärie-Königsnattern werden häufig mit Grauen Erdnattern (*Elaphe obsoleta spiloides*) verwechselt; gestreifte Exemplare besitzen eine oberflächliche Ähnlichkeit mit Mischlingen der Schwarzen und Gelben Erdnatter (*E. o. obsoleta* und *E. o. quadrivittata*). Diese Art wird bis zu 1,30 m lang.

Prärie-Königsnattern sind nachtaktive Schlan-

Eine weibliche Prärie-Königsnatter aus Osttexas.

gen mit sehr versteckter Lebensweise, die man am ehesten noch nachts auf Straßen mit Teerbelag zu sehen bekommt, zu denen sie sich wegen der gespeicherten Wärme hingezogen fühlen. Sie halten sich meist in unterirdischen Hohlräumen, unter Baumstämmen, Steinen etc. auf, wobei sie auch selbst in der Lage sind, Gänge im Erdreich zu graben. Sie ernähren sich hauptsächlich von kleinen Schlangen, Nagetieren und Spitzmäusen, wobei nur gelegentlich auch kleine Vögel und Frösche erbeutet werden. Die etwa 25 cm langen

östlichen und südöstlichen USA wird wegen ihrer grabenden Lebensweise auch als „Maulwurfsschlange" (Mole Snake) bezeichnet; die Rückenfleckung ist meist nur bei Jungtieren deutlich, während die älteren Exemplare einfarbig braun gefärbt sind (sie wird daher auch „Braune Königsnatter" genannt). Die Biologie der beiden Unterarten ist weitgehend identisch; an den Arealgrenzen existieren Mischpopulationen.

Haltung: Dunkle Verstecke sind wichtig für das Wohlbefinden dieser Art. Als Substrat sollte trok-

Ein junges Exemplar von *Lampropeltis calligaster rhombomaculata*. Diese Unterart aus dem Osten der USA lebt vorwiegend im Boden und wird daher als „Maulwurfsschlange" (Mole Snake) bezeichnet; die auffällige Rückenfleckung der Jungtiere weicht mit zunehmendem Alter einem eintönigen Braun.

Jungtiere schlüpfen im Frühherbst nach einer Inkubationszeit von weniger als zwei Monaten.

Die eigentliche Prärie-Königsnatter (*L. c. calligaster*, Bild links oben) besitzt auch als Adulttier meist noch deutliche Rückenflecken und bewohnt die zentralen und südlichen Staaten der USA. Die Unterart *L. c. rhombomaculata* aus den

kenes Laub oder Rindenmulm gewählt werden; Sand oder Kies sind wenig geeignet (im Laub versteckte Plastikrohre werden gerne als Ruheplatz angenommen). Die Bodentemperatur sollte 23–27 °C betragen. Als Futter werden tote Mäuse akzeptiert. Die meisten Exemplare sind wenig aggressiv.

Östliche Kettennatter
Lampropeltis getulus getulus

Verbreitung: Östliche USA, von New Jersey bis Nordflorida und Alabama.

Lebensraum: Offenes Waldland (v. a. Kiefern- und Eichenwälder); auch in der Nähe von Gewässern.

Wissenswertes: Eine große, auffällig gezeichnete Schlange mit versteckter Lebensweise. Die Farbe ist dunkelbraun bis blauschwarz mit typischem weißem „Kettenmuster"; Kettennattern können bis über 1,80 m lang werden.

Der allgemein verbreitete Irrglaube, daß sie sich bevorzugt von Giftschlangen ernährt, erspart dieser leicht kenntlichen Art im allgemeinen das Schicksal der meisten Schlangen, die die Pfade des Menschen kreuzen. In Wirklichkeit besitzt sie ein breites Nahrungsspektrum, das außer Schlangen auch Säugetiere, Vögel und Echsen umfaßt. Ein Gelege besteht aus bis zu 24 Eiern; nach einer Inkubationszeit von zwei bis zweieinhalb Monaten schlüpfen die kontrastreich gefärbten Jungschlangen, die sich von kleinen Schlangen, Echsen und Nagern ernähren.

Auf Inseln vor der Küste North Carolinas existiert eine als *L. g. sticticeps* bezeichnete Form mit weißem Flecken- oder Ringmuster auf braunem Grund; ihr Unterart-Status ist zweifelhaft.

Haltung: Eine problemlos zu haltende Art, die im Terrarium ein hohes Alter erreichen kann; einzelne Exemplare lebten bis über 25 Jahre in Gefangenschaft. Wie bei allen Schlangenfressern empfiehlt sich Einzelhaltung, um Überraschungen zu vermeiden! Tote Nagetiere und Küken werden als Nahrung akzeptiert. Die Haltungstemperatur sollte tagsüber ca. 25 °C betragen und nachts abfallen. Zur Zucht ist eine Winterruhe erforderlich.

Die Gesprenkelte Kettennatter (*Lampropeltis getulus holbrooki*) besitzt dunkle Rückenschuppen mit zentralem hellem Fleck; sie ist von Südiowa und Illinois bis Osttexas, Mississippi und Alabama verbreitet.

Die Schwarze Kettennatter (*Lampropeltis getulus niger*) zeigt nur gelegentlich ein schwaches „Kettenmuster"; sie kommt von Südohio und West Virginia bis Nordalabama und Georgia vor.

Die Sonora-Kettennatter (*Lampropeltis getulus splendida*) bewohnt Halbwüsten vom zentralen Texas und südöstlichen Arizona bis nach Mittelmexiko.

Die Yuma-Kettennatter (*Lampropeltis getulus yumensis*) aus den Halbwüsten Südostarizonas wird nicht immer als Unterart anerkannt.

Florida-Kettennatter
Lampropeltis getulus floridana

Verbreitung: Mittleres und südliches Florida.

Lebensraum: Im allgemeinen in der Nähe von Gewässern, Sümpfen etc. Häufig auch in Zuckerrohrfeldern.

Wissenswertes: Eine Unterart der Kettennatter mit charakteristisch getüpfelter Erscheinung. An der Arealgrenze bastardiert sie mit der Östlichen Kettennatter, so daß in diesem Gebiet intermediär gefärbte Formen anzutreffen sind. Möglicherweise kommt in Nordwestflorida eine weitere, noch unbeschriebene Unterart vor.

Die sehr hellen, manchmal mit rötlichen Querbinden versehenen Kettennattern des südlichsten Teils von Florida werden manchmal als *L. g. brooksi* bezeichnet; wahrscheinlich handelt es sich dabei nur um eine Form von *L. g. floridana*.

Wie alle Kettennattern ist auch diese Unterart tagaktiv, standorttreu und führt eine sehr versteckte Lebensweise unter totem Holz, in dichter Vegetation etc.

Haltung: Wie die Östliche Kettennatter, *L. g. getulus*.

Die südlichsten Populationen der Florida-Kettennatter sind sehr hell gefärbt und werden manchmal als eigene Unterart (*Lampropeltis getulus brooksi*) angesehen.

120

Kalifornische Kettennatter
Lampropeltis getulus californiae

Ein längsgestreiftes Exemplar der individuell sehr unterschiedlich gefärbten Kalifornischen Kettennatter (*Lampropeltis getulus californiae*).

Verbreitung: Von Oregon und Utah bis Baja California (Mexiko).

Lebensraum: Meist in trockenem Buschland und felsigen Gebieten; auch in Kiefernwäldern.

Wissenswertes: Eine äußerst variabel gefärbte Unterart, deren verschiedene Formen früher sogar als getrennte Arten angesehen wurden! Aus einem Gelege können schwarze Tiere mit weißer Ringelung, braune Tiere mit gelben Längsstreifen, gefleckte Exemplare oder solche mit den verschiedensten Kombinationen schlüpfen.

Auch diese Unterart lebt versteckt; in den heißen Monaten des Jahres geht sie zu mehr nächtlicher Lebensweise über. Die Nahrung besteht wie bei den anderen Unterarten aus giftigen und ungiftigen Schlangen, Nagetieren, Vögeln und Echsen. Die bis zu 24 Eier werden in verrottendes Holz oder anderes sich zersetzendes Pflanzenmaterial abgelegt.

Haltung: Wie bei anderen Kettennattern sollten ein geeignetes Substrat zum Graben und einige Versteckmöglichkeiten vorhanden sein.

Trans-Pecos-Königsnatter
Lampropeltis mexicana

Verbreitung: Südwestliches Texas bis Südmexiko.
Lebensraum: Sehr unterschiedlich; meist trockenes Buschland und felsige Gebiete, aber auch feuchte Bergwälder.
Wissenswertes: Das einzig konstante Element in der Färbung dieser Art ist die mehr oder weniger breite graue Ringelung; einige Varianten sind hier im Bild dargestellt. Alle Unterarten und Formen sind verhältnismäßig schlank und werden meist ca. 1 m lang.

Die Trans-Pecos-Königsnatter lebt wohl noch heimlicher als andere *Lampropeltis*-Arten; den Tag verbringt sie in unterirdischen Verstecken und erscheint nur nachts an der Oberfläche, um Jagd auf Schlangen, Echsen, Kleinsäuger und gelegentlich Frösche zu machen. Die kleinen Gelege (bis zu neun Eier) werden im Frühsommer an warm-feuchten Stellen unter Steinen, totem Holz etc. abgelegt; die nach ca. zwei Monaten schlüpfenden, etwa 25 cm langen Jungschlangen ähneln in der Färbung nicht unbedingt ihren Eltern oder Geschwistern.

Verschiedene Unterarten wurden beschrieben, aber ohne Kenntnis des Fundorts lassen sich individuelle Tiere kaum zuordnen. Die nördlichste, bis nach Texas reichende Unterart ist *L. m. alterna* (oberes Bild), weitere, schlecht definierte Unterarten aus Mexiko sind *L. m. blairi*, *L. m. thayeri* und *L. m. greeri*.
Haltung: Die farbigen Trans-Pecos-Königsnattern werden häufig in Terrarien gehalten, wobei heute fast alle Tiere aus Terrarienzuchten stammen. Die Haltungsbedingungen entsprechen denen anderer Königsnattern.

Dieses Tier gehört der Unterart *Lampropeltis mexicana thayeri* an, die wiederum in mehreren Farbformen auftritt; die hier abgebildete ähnelt der Roten Königsnatter (*L. triangulum*). Dank dieser Variabilität sind die Unterarten der Trans-Pecos-Königsnatter schwer zu definieren; eine eindeutige Zuordnung gelingt meist nur bei Kenntnis des genauen Fundorts.

Lampropeltis mexicana greeri, eine ebenfalls individuell sehr variable Unterart aus Mexiko (das abgebildete Exemplar stammt aus Guerrero im Südwesten Mexikos). Die allen Formen von *L. mexicana* gemeinsamen grauen Ringel sind hier miteinander verschmolzen und lassen nur schmale dunkle Sattelflecken übrig.

Berg-Königsnatter
Lampropeltis pyromelana

Verbreitung: Von Arizona und New Mexico bis Nordwestmexiko; isolierte Populationen in Utah und Nevada.

Lebensraum: Offenes Nadelwald- und Buschland in gebirgigen Regionen (bis 2800 m Höhe).

Wissenswertes: Eine der schwarz-weiß-rot geringelten Arten; typisch sind die schwarze Kopfoberseite und helle Schnauzenspitze. Die weiße Ringelung kann ins Gelbliche gehen, und die schwarzen Ringel sind meistens auf die Oberseite beschränkt. Eine kleinere Art, die meist weniger als 1 m lang wird.

Diese Königsnatter lebt im Gebirge von ca. 900 bis 2800 m Höhe in deckungsreichen Biotopen (Felsen, Totholz), meist in Gewässernähe. Sie wird erst in der Dämmerung munter, ist aber in den kühleren Monaten auch tagaktiv und kann beim Aufwärmen in der Sonne beobachtet werden. Die Beute besteht aus kleinen Säugetieren, Schlangen und Echsen, die sie durch Umschlingung erdrosselt. Die Gelege bestehen aus maximal sechs Eiern, die im Juni oder Juli abgelegt werden. Nach ca. drei Monaten schlüpfen die etwa 25 cm langen Jungtiere, die in der Färbung und Zeichnung den erwachsenen Tieren gleichen.

Die Nominatform *L. p. pyromelana* kommt von Ostarizona und New Mexico bis nach Nordwestmexiko vor. In den westlich davon gelegenen Gebieten Arizonas und Nordmexikos ist die oben abgebildete *L. p. woodini* verbreitet; sie zeichnet sich durch eine geringere Anzahl von Ringeln aus. *L. p. infralabialis* bewohnt das Grand Canyon-Gebiet in Nevada, Nordarizona und Utah, während *L. p. knoblochi* auf Nordmexiko (Chihuahua) beschränkt ist.

Haltung: Die Ansprüche dieser Art ensprechen denen der Roten Königsnatter (*L. triangulum*). Wichtig ist ein ausreichendes Angebot an Trinkwasser. Alle Formen dieser beliebten Art werden regelmäßig in Gefangenschaft nachgezogen. Manche Exemplare lebten über 15 Jahre in Terrarien.

Auch innerhalb der Unterarten der Berg-Königsnatter gibt es Farbvarianten: bei diesem Exemplar von *Lampropeltis pyromelana woodini* sind (im Gegensatz zu dem auf S. 124 abgebildeten Tier) die schwarzen Abschnitte schmal und scharf gegen die roten Bänder abgegrenzt. Diese Unterart ist aus Arizona und Nordmexiko bekannt.

Die Nominatform *Lampropeltis p. pyromelana* kommt östlich des Verbreitungsgebietes von *L. p. woodini* vor und besitzt eine größere Anzahl von „Ringeln" (bzw. Triaden). Als weiteres Merkmal zur Unterscheidung der einzelnen Unterarten der Berg-Königsnatter wird die Zahl der Schuppen an der Unterlippe herangezogen.

Rote Königsnatter
Lampropeltis triangulum

Verbreitung: Vom äußersten Südosten Kanadas (Quebec) über die östlichen und zentralen Staaten der USA bis Mittelamerika, Venezuela und Ekuador.

Lebensraum: Sehr unterschiedlich; von trockenem Buschland bis zu feuchten Tropenwäldern; auch in Grasland und Ackerbaugebieten.

Wissenswertes: Je nach Unterart rot (oder braun) gefleckt auf hellem Untergrund, oder schwarz-weiß-rot geringelt (statt Rot kann Orange und statt Weiß kann Gelb auftreten). Die nordamerikanischen Unterarten werden selten über 1 m lang, während mittel- und südamerikanische Formen eine Maximallänge von ca. 1,80 m erreichen können.

In den USA wird diese Art als „Milk Snake" bezeichnet, was auf den Irrglauben zurückgeht, daß diese Schlangen Kühe melken. Zwar dringen sie häufig in Stallungen ein, sind dort aber nicht auf der Suche nach Kuheutern, sondern nach Nagetieren. Außerdem ernähren sie sich von kleinen Schlangen und Echsen, gelegentlich auch von Vögeln. Wie die meisten *Lampropeltis*-Arten sind auch Rote Königsnattern nachtaktiv und tagsüber kaum außerhalb ihrer Schlupfwinkel anzutreffen. Die Gelege von bis zu 17 Eiern werden meist in verrottendem Holz oder an anderen feuchten Stellen deponiert. Die nach ca. zwei Monaten schlüpfenden Jungschlangen sind kräftiger gefärbt als ältere Tiere.

Von *L. triangulum* gibt es mindestens 17 Unterarten, von denen allein zehn in den USA vorkommen. Manche der schwarz-weiß-rot gebänderten Formen können mit giftigen Korallenschlangen (z. B. *Micrurus fulvius*) verwechselt werden. Viele der Unterarten bilden an den Arealgrenzen Mischpopulationen, die die Formenvielfalt noch weiter vergrößern. Die Nominatform (*L. t. triangulum*) aus dem nordöstlichen Teil des Verbreitungsgebietes ist nicht geringelt, sondern trägt rote bis dunkelbraune Flecken auf hellem Grund (das links oben abgebildete Tier ist ungewöhnlich dunkel). *L. t. elapsoides* aus den südöstlichen USA mit schwarz-gelb-roter Ringelung ist – abgesehen von der Reihenfolge der Farben – einer der besten Korallenschlangen-Nachahmer. Bei *L. t. multistriata* aus den (ehemaligen) Präriegebieten des amerikanischen Mittelwestens ist die rote Färbung durch Orange ersetzt. *L. t. annulata* aus Nordmexiko und Texas besitzt eine schwarze Unterseite. *L. t. arctifera* und *L. t. nelsoni* stammen aus höheren Lagen mexikanischer Gebirge. Die tropischen Formen übertreffen die nordamerikanischen an Größe, z. B. *L. t. abnorma* aus Guatemala oder *L. t. hondurensis* aus Honduras. Die südlichste Form, *L. t. micropholis*, ist von Costa Rica bis Ekuador verbreitet und ziemlich dunkel gefärbt.

Haltung: Die interessante Färbung, Anspruchslosigkeit und das umgängliche Temperament machen Rote Königsnattern zu beliebten Terrarientieren, wobei die Mehrheit der gehaltenen Tiere wohl aus Gefangenschaftsnachzuchten stammt. Wichtig sind zugfreie Behälter mit ausreichend Trinkwasser, aber geringer Bodenfeuchtigkeit. Temperaturen von 26 °C sind für die meisten

Lampropeltis triangulum gentilis ist eine Form aus dem Mittelwesten der USA (Südnebraska bis Nordtexas); abgebildet sind zwei Farbvarianten. Typisch für diese Unterart ist die gesprenkelte Schnauze.

Lampropeltis triangulum syspila ist eine der größten nordamerikanischen Unterarten. Sie ist nordöstlich von

L. t. gentilis verbreitet (von Nordoklahoma bis Indiana, Illinois, Iowa und South Dakota).

Lampropeltis triangulum annulata kommt von Südtexas bis weit in den Norden Mexikos vor; typisch sind die schwarze Schnauze und schwarze Unterseite.

Lampropeltis triangulum sinaloae ist eine besonders schlanke Form der Roten Königsnatter; sie ist aus Westmexiko bekannt.

Lampropeltis triangulum campbelli aus dem südlichen Zentralmexiko besitzt eine äußerst kontrastreiche Zeichnung mit fast weißen Querbinden.

Lampropeltis triangulum gaigae, eine Bergform aus Panama und Costa Rica, ist sehr dunkel gefärbt mit nur undeutlich sichtbarer Ringelung.

Lampropeltis triangulum hondurensis aus Honduras übertrifft die nordamerikanischen Formen deutlich an Körpergröße. Ihre Färbung ist individuell sehr varia-

bel, wobei vor allem die Färbung der hellen Binden unterschiedlich ausfällt; links eine rote Variante, rechts ein „normal" gefärbtes Tier.

Bei diesen beiden Exemplaren von *Lampropeltis triangulum hondurensis* haben sich die normalerweise hellen Binden farblich den roten Binden fast vollständig angeglichen; sie sind nur noch durch ihre geringere Breite zu erkennen.

Formen angemessen, sollten für Tiere aus tropischen oder ariden Gebieten aber höher liegen. Vor allem die tropischen Formen wühlen gerne in einer Schicht von Laub oder Rindenmulm. Tote Mäuse werden meist als Futter akzeptiert. Für die nördlichen Formen ist eine Winterruhe wichtig. Um kannibalistischen Neigungen vorzubeugen, dürfen unterschiedlich große Tiere nicht im gleichen Behälter untergebracht werden. Exemplare dieser Art lebten schon über 20 Jahre in Gefangenschaft.

Lampropeltis triangulum elapsoides besitzt ein weites Verbreitungsgebiet im Südosten der USA und wird oft mit Korallenschlangen verwechselt.

Korallen-Königsnatter
Lampropeltis zonata

Verbreitung: Verschiedene isolierte Populationen entlang der Westküste Nordamerikas vom südlichsten Washington bis in den Norden von Baja California.

Lebensraum: Feuchte Waldgebiete, hauptsächlich in Gewässernähe.

Wissenswertes: Eine der schwarz-weiß-rot geringelten Arten. Im Gegensatz zu *L. pyromelana* ist die Schnauzenspitze schwarz, und im Gegensatz zu *L. triangulum* verbreitern sich die weißen Binden nicht an der Bauchseite. Die meisten Exemplare werden nicht länger als 75 cm (maximal 1 m).

In der Lebensweise ist *L. zonata* der Berg-Königsnatter ähnlich, und wie diese sind zumindest die Gebirgspopulationen auch am Tage aktiv und wärmen sich häufig in der Sonne. Sie liebt deckungsreiches Gelände in der Nähe von Bächen.

Das Beutespektrum umfaßt Nagetiere, Echsen und kleine Schlangen; auf der Suche nach Vogelnestern erklettert sie auch niedrige Büsche. Die Gelege sind klein (maximal acht Eier), werden im Juni oder Juli abgelegt und benötigen etwas mehr als zwei Monate Inkubationszeit. Die Jungtiere sind beim Schlupf ca. 20 cm lang.

Von dieser Art sind sieben Unterarten bekannt. Die Nominatform *L. z. zonata* kommt im nördlichen Kalifornien vor, während *L. z. multicincta* die Westhänge der Sierra Nevada bis in 2400 m Höhe bewohnt. *L. z. parvirubra* ist in Südkalifornien verbreitet, und die seltene *L. z. agalma* stammt aus dem nördlichen Baja California (Mexiko).

Haltung: Ähnlich wie die Rote Königsnatter (*L. triangulum*). Manche Exemplare lebten über 24 Jahre in Terrarien.

Eine frisch geschlüpfte
Korallen-Königsnatter der
Unterart *Lampropeltis zonata pulchra*; diese Form
kommt in den Bergen der
Umgebung von San Die-
go in Südkalifornien vor.
Die insgesamt sieben Un-
terarten der Korallen-Kö-
nigsnatter unterscheiden
sich meist durch die An-
zahl der Ringel und die
Farbe der Schnauzenpar-
tie.

Zornnattern und Verwandte

Münzennatter (*Coluber nummifer*)

In diesem Abschnitt werden Schlangen zusammengefaßt, die in Aussehen oder Lebensweise den Zornnattern ähneln, deren Gattung (*Coluber*) nicht nur für die Unterfamilie Colubrinae, sondern für die ganze Familie der Nattern (Colubridae) namengebend war.

Es handelt sich um schnelle, bewegliche Tiere von oft ungestümem Temperament, die ein weites Spektrum von Lebensräumen (von Wüsten über Grasland bis zu offenen Wäldern) bewohnen und sich meist von Nagetieren und Vögeln ernähren; bei manchen Arten stehen auch Echsen, Schlangen, Insekten und sogar kleine Schildkröten auf dem Speisezettel. Im Gegensatz zu den vorstehend besprochenen, ebenfalls zu den Colubrinae gehörigen Gattungen (*Elaphe, Lampropeltis* u. a.) töten die meisten der hier zusammengestellten Arten ihre Beutetiere nicht durch Umschlingen; die Beute wird vielmehr gepackt, zu Boden gedrückt oder durch eine Körperdrehung immobilisiert und sofort lebend verschlungen.

Alle Arten legen Eier, die zur weiteren Entwicklung in verrottendem Holz, Komposthaufen oder an anderen warmen und feuchten Stellen deponiert werden. Bei manchen Zornnattern tragen die Jungtiere ein Jugendkleid und sind völlig anders gefärbt als die Adulten.

Indigonattern, in Südamerika als „Cribos" bezeichnet, sind große, kräftige Tiere, deren verschiedene Formen alle derselben Art (*Drymarchon corais*) angehören; sie ist vom Süden der USA bis nach Nordargentinien verbreitet.

Die langen und schlanken Peitschennattern der Gattung *Masticophis* kommen von Nordamerika bis ins nördliche Südamerika vor.

Die Gattung *Coluber* (Zornnattern) ist in Nord- und Mittelamerika, Europa, Nordafrika und den gemäßigten Gebieten West- und Zentralasiens verbreitet; die altweltlichen Arten werden manchmal von *Coluber* abgetrennt und in eine eigene Gattung (*Hemorrhois*) gestellt.

Nahe mit den Zornnattern verwandt sind die Rennattern der Gattung *Drymobius*, die mit mehreren Arten in Mittel- und Südamerika verbreitet sind. Ebenfalls südamerikanisch sind die wenig bekannten Gattungen *Drymoluber* und *Chironius*.

Amerikanische Zornnatter, Schwarznatter
Coluber constrictor

Verbreitung: Vom extremen Süden Kanadas über fast die gesamten USA und Mexiko bis Nordguatemala.

Lebensraum: Wiesen, Weiden, offenes Buschland, Flußauen etc.

Wissenswertes: Eine schlanke, große Art mit je nach Unterart einfarbig grauer, schwarzer, bläulicher, grünlicher oder brauner Oberseite; Unterseite meist weiß bis gelblich. Jungtiere besitzen ein völlig anderes Jugendkleid mit auffälligen dunklen Flecken und Punkten auf hellgrauem Grund. Diese schnelle und agile Art wird über 1,80 m lang, bleibt aber meist kleiner.

Die Nahrung besteht aus kleinen Nagetieren, Vögeln, Echsen, Schlangen und Fröschen; auch Insekten (z. B. Heuschrecken) stehen auf dem Speisezettel. Die Beutetiere werden aktiv aufgestöbert und bei Flucht mit hocherhobenem Kopf verfolgt. Trotz des zoologischen Artnamens „*constrictor*" werden die Beutetiere nicht erdrosselt, sondern nur zu Boden gedrückt und gleich verschlungen. Bis zu 24 Eier werden im Frühsommer in faulende Baumstümpfe, verrottendes Laub etc. abgelegt. Bei Mangel an geeigneten Eiablageplätzen können auch mehrere Weibchen ihre Eier in das gleiche Nest ablegen. Die Jungschlangen schlüpfen nach ca. zwei Monaten und sind dann etwa 25 cm lang.

Diese als „Racer" bekannte Art ist eine der häufigsten nordamerikanischen Schlangen. Sie ist tagaktiv und sehr scheu, in die Enge getrieben verteidigt sie sich jedoch durch heftige Bisse.

Von der Amerikanischen Zornnatter wurden zahlreiche (schlecht abgrenzbare) Unterarten be-

135

schrieben. Die Nominatform *C. c. constrictor* („Black Racer") aus den nordöstlichen USA ist fast völlig schwarz; sehr ähnlich, mit mehr Weiß am Kinn, ist *C. c. priapus* aus den südöstlichen USA. Im zentralen und westlichen Teil der USA sind zwei gelbbäuchige Formen verbreitet: *C. c. flaviventris* im Osten und die auf S. 135 abgebildete *C. c. mormon* im Westen. Die blaugrau gefärbte *C. c. foxi* aus dem Gebiet der westlichen Großen Seen dringt bis nach Südontario (Kanada) vor. Von Südtexas bis nach Mexiko findet sich *C. c.*

Haltung: Diese Art ist für die Terrarienhaltung grundsätzlich ungeeignet; dies gilt mit Einschränkung auch für Nachzuchttiere. Viele Exemplare bleiben scheu und schreckhaft, verweigern die Nahrungsaufnahme und erkranken an Infektionen verschiedenster Art. Auf jeden Fall benötigen diese Tiere ihrem Bewegungsdrang entsprechend große, abwechslungreich eingerichtete Behälter. Eine geeignete UV-Quelle darf nicht fehlen; die Tagestemperatur sollte um 27 °C (mit nächtlicher Abkühlung) liegen. Wichtig ist eine mehrmona-

Die östliche der beiden gelbbäuchigen Unterarten der Amerikanischen Zornnatter, *Coluber constrictor flaviventris*.

Coluber constrictor foxi aus dem Gebiet der Großen Seen weist eine bläuliche Körperoberseite auf und wird in ihrer Heimat als „Blue Racer" bezeichnet.

oaxaca. Einige Unterarten besitzen auch als erwachsene Tiere eine undeutliche Zeichnung, wie beispielsweise *C. c. etheridgei* aus Osttexas und die gelblich-weiß gesprenkelte *C. c. anthicus* („Buttermilk Racer") aus Arkansas und Louisiana.

tige Winterruhe bei niedrigen Temperaturen. Falls möglich, sollten die Tiere an tote kleine Mäuse als Nahrung gewöhnt werden.

Indigonatter
Drymarchon corais couperi

Verbreitung: Georgia und Florida einschließlich der Florida Keys.

Lebensraum: Offenes Waldland mit Sandboden, v. a. Gebiete mit Palmen, Kiefern und Zwergeichen.

Wissenswertes: Eine große, glänzend blauschwarze Schlange mit rötlicher Kehle. Sie wird meist ca. 2 m lang, kann aber in Ausnahmefällen ca. 2,70 m erreichen.

Indigonattern sind tagaktive Tiere mit sehr großem Beutespektrum, das von Nagetieren und anderen Kleinsäugern über Vögel, Echsen und Schlangen bis hin zu kleinen Schildkröten (eine für Schlangen außergewöhnliche Diät) und Fröschen reicht. Wie die Königsnattern der Gattung *Lampropeltis* erbeuten Indigonattern auch Giftschlangen. Von Tieren in Gefangenschaft ist bekannt, daß sie sogar Fische fressen. Die Paarung findet bei dieser Unterart im Spätherbst und Winter statt; das Gelege von bis zu zwölf Eiern wird im April und Mai meist in verrottenden Baumstümpfen, aber auch in unterirdischen Bauen von Nagetieren oder Gopherschildkröten (*Gopherus polyphemus*) deponiert (die Assoziation mit Schildkrötenbauen, die sie auch als Versteck und zur Nahrungssuche aufsucht, trug ihr in Florida die Bezeichnung „Gopher Snake" ein, womit in den westlichen USA verschiedene Unterarten der Kiefernnatter, *Pituophis melanoleucus*, gemeint sind). Die von Juli bis Oktober schlüpfenden

Jungtiere besitzen ein weißgebändertes Jugendkleid und können beim Schlupf bereits über 60 cm lang sein.

Diese eindrucksvolle Unterart ist im Freiland im Schwinden begriffen. Schuld trägt vor allem die durch die zunehmende Ausbreitung der Städte verursachte Zerstörung ihres Lebensraums. Zwar ist – wie so oft – die Tierart durch Gesetze geschützt, nicht jedoch die Biotope, auf die sie für ihre weitere Existenz angewiesen ist.

Die zweite nordamerikanische Unterart, die Texas-Indigonatter (*D. c. erebennus*), ist von den texanischen Halbwüsten bis ins zentrale Nordmexiko verbreitet. Während sie in Gestalt und Lebensweise weitgehend der östlichen Unterart entspricht, unterscheidet sie sich in der Färbung: der vordere Körperbereich ist gelb- bis rotbraun gefärbt, wobei vom Auge ausgehend auffällige dunkle Linien zur Maulspalte ziehen.

Haltung: Eine problemlos in Terrarien zu haltende Art, sofern große, trockene Behälter mit Versteckmöglichkeiten und ausreichendem Wasserangebot zur Verfügung stehen. Die Temperatur sollte ca. 27 °C betragen und nachts deutlich absinken; eine örtliche Bodenheizung ist günstig, da sich die Tiere gern auf warmem Untergrund aufwärmen. Die meisten Exemplare werden völlig zahm und fressen tote Nagetiere und Küken. Auch die Nachzucht gelingt häufig und bereitet meist keine Schwierigkeiten.

Ein frisch geschlüpftes Exemplar von *Drymarchon corais couperi* mit der typischen Jugendzeichnung.

Die Texas-Indigonatter (*Drymarchon corais erebennus*) mit ausgeprägter schwarzer Zeichnung unter den Augen.

Cribo
Drymarchon corais corais

Verbreitung: Von Venezuela, Trinidad, Tobago und den Guyana-Ländern bis Paraguay und Argentinien.

Lebensraum: Offenes Waldland, Savannen, Sumpfgebiete in Waldnähe.

Wissenswertes: Die Unterart mit der weitesten geographischen Verbreitung; in Gestalt und Größe ähnelt sie den nordamerikanischen Formen, unterscheidet sich aber deutlich in der Färbung: Die vordere Körperhälfte ist oberseits meist dunkelbraun bis schwarz, wird nach hinten aber zunehmend blasser und geht in eine hellbraune bis gelbe Grundfarbe über, die ein dunkles Muster aufweisen kann.

In der Lebensweise ähneln Cribos der Indigonatter; sie sind tagaktiv und stöbern in der Vegetation auf der Suche nach Beutetieren. Diese bestehen aus kleinen Säugetieren, Vögeln, Fröschen und Reptilien (einschließlich Schlangen); bei Ge-

legenheit fressen sie auch Fische. Versteck- und Eiablageplätze sind z. B. hohle Baumstämme, Laubansammlungen und Tierbaue.

In Mittel- und Südamerika gibt es noch einige weitere Unterarten von *D. corais*, die ebenfalls als „Cribo" bezeichnet werden. *D. c. rubidus* aus Mittelamerika (von Westmexiko bis Südwestguatemala) besitzt einen rötlich gefärbten Schwanz, während *D. c. unicolor* aus Nikaragua und Südmexiko – wie der Name besagt – einfarbig braun gefärbt ist. Besonders attraktiv wirkt der „Graue Cribo" (*D. c. melanurus*) mit dunkler Zeichnung auf hell- bis dunkelgrauem Grund; er ist von Südmexiko bis ins nördliche Südamerika verbreitet.

Haltung: Die süd- und mittelamerikanischen Unterarten stellen, soweit bekannt, ähnliche Ansprüche an Unterbringung und Ernährung wie die Indigonatter.

Drymarchon corais rubidus, einer der mittelamerikanischen „Cribos", kommt von Westmexiko bis Südwestguatemala vor. Der Unterartname bezieht sich auf die Rotfärbung des Schwanzes.

Hufeisennatter
Coluber hippocrepis

Verbreitung: Spanien, Portugal und nordwestliches Afrika.

Lebensraum: Trockenes, felsiges Buschland mit spärlicher Vegetation.

Wissenswertes: Eine kontrastreich gefärbte Art mit dunklen Flecken und Punkten auf hellem (meist gelbem oder orangefarbenem) Grund; gelegentlich kommen sehr dunkle Exemplare vor. Die Bauchseite ist meist gelb bis rot. Namengebend ist die schwarze, hufeisenförmige Zeichnung auf dem Hinterkopf. Diese Art wird ca. 1,50 m lang, selten länger.

Wie alle altweltlichen Zornnattern ist auch die Hufeisennatter tagaktiv und heizt sich am Morgen in der Sonne auf, bis die optimale „Betriebstemperatur" erreicht ist; während der heißen Tageszeit zieht sie sich in Verstecke zurück. Sie jagt ihre Beute meist am Boden, erklettert aber auch Sträucher. Ihre Nahrung besteht hauptsächlich aus Echsen und Vögeln; gelegentlich werden auch Kleinsäuger und Frösche gefressen. Die Paarung findet im Frühjahr statt. Die kleinen, bis zu neun Eier umfassenden Gelege werden unter Steinen, totem Holz oder in Tierbauen deponiert. Die schlanken, ca. 25 cm langen Jungschlangen schlüpfen im Spätsommer und ernähren sich hauptsächlich von kleinen Echsen.

Neben der oben abgebildeten Nominatform (*C. h. hippocrepis*) ist die Unterart *C. h. intermedius* aus den Sahara-Gebieten Marokkos und Algeriens bekannt.

Haltung: Wie die meisten Zornnattern sind auch Hufeisennattern wenig für die Haltung in Terrarien geeignet; meist bleiben sie scheu und aggres-

Die Münzennatter (*Coluber nummifer*) ist von Ägypten bis in die Türkei verbreitet. Sie wurde bis vor kurzem als Unterart der ähnlichen Ravergiers Zornnatter (*C. ravergieri*) angesehen, die vom südöstlichsten Europa bis nach China vorkommt.

siv. Sie benötigen große, trockene Terrarien bei einer Tagestemperatur um 29 °C, die nachts um mindestens fünf Grad abfallen sollte. Falls ungefiltertes Sonnenlicht nicht zur Verfügung steht, wird eine geeignete UV-Quelle benötigt. Erwachsene Tiere akzeptieren meist tote Mäuse, während Jungschlangen mit kleinen Echsen, nestjungen Mäusen und eventuell großen Insekten gefüttert werden müssen. Hufeisennattern benötigen eine Winterruhe. **§: BA**.

Peitschennatter
Masticophis flagellum

Verbreitung: Südliche Hälfte der USA bis Nordmexiko.

Lebensraum: Trockene Biotope: von Prärien bis zu felsigen Halbwüstengebieten und Trockenbusch. Auch auf Weideland.

Wissenswertes: Eine große, sehr schlanke Art mit lang ausgezogenem Schwanz, die in der Färbung nicht nur geographisch, sondern auch innerhalb der einzelnen Unterarten erheblich variiert. Die westlichen Formen sind meist einfarbig gelblich bis braun gefärbt, wobei eine Musterung, abgesehen von dunklen Querbinden am Hals, meist fehlt; bei der östlichen Form sind der Kopf und Halsbereich sehr dunkel oder völlig schwarz, während sich die Färbung nach hinten zunehmend aufhellt. Peitschennattern können Längen von fast 2,10 m erreichen, die meisten Exemplare bleiben aber unter 1,80 m.

Peitschennattern, in ihrer Heimat auch „Coachwhip" (Kutscherpeitsche) genannt, sind vielleicht die schnellsten Schlangen Nordamerikas. Es sind agile, tagaktive Tiere, die Jagd auf Vögel, Echsen, Schlangen, kleine Säugetiere und große Insekten machen, bei deren Verfolgung sie erstaunliche Geschwindigkeiten erreichen können. Um diese Schnelligkeit ranken sich die verschiedensten Märchen; so sollen sie beispielsweise in der Lage sein, ihre Gegner zu züchtigen, indem sie den eigenen Körper als Peitsche verwenden! In Wirklichkeit ringeln sich Peitschennattern bei Bedrohung zusammen und beißen wild um sich. Die Paarung erfolgt im Frühjahr; im Juni und Juli

Westliche Peitschennatter
(*Masticophis flagellum testaceus*)

werden bis zu 18 Eier abgelegt, aus denen nach zwei bis zweieinhalb Monaten die bis zu 40 cm langen, kontrastreich gezeichneten Jungschlangen schlüpfen. In der Lebensweise gleichen sie den Erwachsenen, wobei Heuschrecken einen erheblichen Teil ihrer Nahrung ausmachen. Die nördlichen Populationen überwintern in geeigneten Verstecken, die auch mit anderen Schlangenarten (z. B. Klapperschlangen) geteilt werden.

Von den zahlreichen Unterarten sei die Östliche Peitschennatter (*M. f. flagellum*) erwähnt, bei der die vordere Körperhälfte sehr dunkel gefärbt ist; sie kommt in den südöstlichen USA vor. Die

Westliche Peitschennatter (*M. f. testaceus*) ist von Nordmexiko bis Colorado, Kansas und Oklahoma verbreitet; sie ist sehr variabel gefärbt, wobei neben einfarbigen Exemplaren auch solche mit dunklen Querstreifen auf gelblichem Grund auftreten. Die auf S. 143 abgebildete Rote Peitschennatter (*M. f. piceus*) ist von den Halbwüstengebieten Nordwestmexikos bis nach Südkalifornien, Arizona und Nevada verbreitet; sie tritt in einer „roten" Phase (rötliche Grundfarbe mit dunklen Querbändern im Halsabschnitt) und einer „schwarzen" Phase (einfarbig schwarz, manchmal mit rötlicher Schwanzunterseite) auf. *M. f. rud-*

docki und *M. f. fuliginosus* kommen im südlichen Kalifornien vor, während sich die Areale von *M. f. cingulum* und *M. f. lineatulus* von Arizona bzw. New Mexico nach Mexiko erstrecken.

Haltung: Erwachsene Wildfänge bleiben meist scheue und aggressive Terrarienbewohner. Dagegen gewöhnen sich Jungtiere sehr viel besser an die Gefangenschaft und wurden schon über 15 Jahre lang gepflegt. Ähnlich wie Zornnattern be-

nötigen sie große, trockene und gut belüftete Terrarien mit ausreichend Versteckmöglichkeiten, Kletterästen, lokaler Bodenheizung und einem (möglichst kleinen) Wassergefäß. Die Temperaturen sollten bei 26–29 °C liegen. Wichtig ist eine geeignete UV-Quelle. Tote Nagetiere und Küken werden meist akzeptiert. Zur erfolgreichen Nachzucht ist eine Winterruhe notwendig.

Die Östliche Peitschennatter (*Masticophis f. flagellum*) bewohnt die südöstlichen Staaten der USA; die Westgrenze ihrer Verbreitung liegt in Osttexas.

Eine ungewöhnliche, hell gebänderte Farbvariante der Östlichen Peitschennatter (*Masticophis f. flagellum*).

Die Sonora-Peitschennatter (*Masticophis bilineatus*) ist von Nordmexiko bis Arizona und New Mexico verbreitet. Abgebildet ist die Unterart *M. b. lineolatus*; sie ist in ihrer Verbreitung auf die Ajo Mountains in Arizona beschränkt.

Masticophis striolatus ist eine große mexikanische Art, die häufig auch auf Kulturland angetroffen wird. Sie ist tagaktiv und lebt meist am Boden, kann aber auf der Suche nach Vogelnestern auch Bäume erklettern. Jungtiere besitzen ein typisches Jugendkleid mit heller Bänderung in der Halsregion.

146

Gestreifte Peitschennatter
Masticophis taeniatus

Verbreitung: Westliches Nordamerika: zwischen Rocky Mountains und Sierra Nevada, von Südwashington bis Zentralmexiko.

Lebensraum: Grasland, trockenes Buschland, felsiges Gelände.

Wissenswertes: Lange, schlanke Art mit sehr variabler Grundfarbe, deren Palette von graublau bis rotbraun reicht; typischerweise mit zwei hellen seitlichen Längsstreifen, die je nach Herkunft zu undeutlichen Fleckenreihen reduziert sein können. Meist mit weiß gerandeten Kopfschuppen. Die Maximallänge dieser Art liegt bei über 1,80 m; die meisten Exemplare bleiben jedoch erheblich kleiner.

Eine tagaktive Art von schneller Bewegungsweise, die sich meist mit hocherhobenem Kopf bewegt und dabei nach Beutetieren Ausschau hält. Fliehende Tiere werden verfolgt, wobei aufgrund ihrer Schnelligkeit nur wenige Tierarten in der Lage sind, ihr im offenen Gelände zu entkommen. Hauptsächlich ernährt sie sich von Echsen und kleinen Nagetieren, frißt aber auch kleine Schlangen (giftig und ungiftig) und Vögel. Obwohl sie sich hauptsächlich am Boden aufhält, erklettert sie gelegentlich auch große Bäume (meist auf der Suche nach Vogelnestern, oder um sich in der Sonne aufzuwärmen). Gestreifte Peitschennattern sind scheu und verschwinden bei Beunruhigung blitzartig im Gebüsch, in Nagetierbauen etc. Das Gelege besteht aus bis zu zwölf

Eiern und wird im Juni oder Juli meist unter verrottendem Pflanzenmaterial oder in alten Tierbauen abgelegt. Die Jungschlangen sind beim Schlupf (im August) ca. 40 cm lang.

Von dieser Art werden fünf Unterarten anerkannt:

Westmexiko. Die südlichste Unterart, *M. t. australis*, bewohnt das trockene Grasland des mexikanischen Hochplateaus.

Haltung: Diese Art benötigt ähnliche Bedingungen wie *M. flagellum*. Wie für diese ist die Bereit-

Derart dunkle Exemplare von *Masticophis taeniatus ornatus* treten häufig in Populationen aus Westtexas auf.

kannt: Neben der auf S. 147 abgebildeten *M. t. ornatus* aus Texas und Nordmexiko sind dies die Nominatform *M. t. taeniatus*, die vom südlichen Washington bis ins westliche Nordmexiko vorkommt, *M. t. ruthveni*, eine blaugrüne Schlange aus dem östlichen und zentralen Mexiko und die ähnlich gefärbte *M. t. schotti* aus Südtexas und

stellung von Trinkwasser unbedingt notwendig; die möglichst kleinen Wassergefäße sollten aber nicht ständig im Terrarium verbleiben, um die Luftfeuchtigkeit nicht unnötig zu erhöhen. Beide besprochenen *Masticophis*-Arten sind als Bewohner von Trockengebieten gegenüber jedweder Feuchtigkeit sehr empfindlich.

Perlnatter
Drymobius margaritiferus

Verbreitung: Vom äußersten Süden von Texas über die Ostküste Mittelamerikas bis ins nördliche Südamerika (Kolumbien).

Lebensraum: Dickichte und buschbestandene Berghänge, immer in der Nähe von Gewässern. Im Flach- und Bergland.

Wissenswertes: Durch die blaue und gelbe Sprenkelung dieser attraktiv gefärbten Art ergibt sich der Eindruck einer grünen Schlange, vor allem, wenn das Tier in Bewegung gesehen wird. Perlnattern werden selten länger als 1,30 m.

Eine bodenlebende, schnelle und scheue Art, über deren Lebensweise im Freiland sehr wenig bekannt ist. Wie Zornnattern und Peitschennattern ernähren sich Perlnattern von einem breiten Spektrum von Beutetieren; manche Populationen konzentrieren sich jedoch auf die jeweils häufigste Art und ignorieren andere. Frösche werden meist bevorzugt erbeutet, aber auch Echsen, Säugetiere und Vögel werden gefressen. Aus kleinen Gelegen von vier bis acht Eiern, die von April bis Juli abgelegt werden, schlüpfen nach einer Entwicklungszeit von weniger als zwei Monaten Jungtiere, die im Aussehen den Adulten weitgehend gleichen, wobei Farbe und Musterung noch nicht so deutlich sind.

Neben der oben abgebildeten Nominatform (*D. m. margaritiferus*) aus dem nördlichen Teil des Verbreitungsgebietes kommen noch drei weitere Unterarten vor. Die Gattung *Drymobius* enthält außer dieser noch drei weitere Arten von Rennnattern.

Haltung: Perlnattern werden trotz ihrer attraktiven Färbung selten in Gefangenschaft gehalten. Sie benötigen ihrem Bewegungsdrang entsprechend geräumige Terrarien, wobei Versteckplätze, Klettermöglichkeiten und ein Wassergefäß wichtig sind. Die Temperatur sollte bei 26–29 °C liegen und nachts leicht absinken. Eine geeignete UV-Quelle sollte nicht fehlen. Tote Mäuse oder Küken werden meist als Futter akzeptiert, wobei manchmal die Aufmerksamkeit der Schlange durch Bewegen der Futtertiere erregt werden muß.

Drymoluber dichrous

Verbreitung: Nördliches Südamerika: von Peru und Ekuador bis Südvenezuela und Nordbrasilien.

Lebensraum: Offene Waldgebiete.

Wissenswertes: Eine ungemusterte Schlange, deren Grundfärbung von schwarzblau bis bläulichgrün variiert; die Lippen sind weißlich beschildert. Frischgeschlüpfte Exemplare und Jungtiere weisen eine schwarze Querbänderung auf rotbraunem Grund auf; die Querbänder sind manchmal weiß abgesetzt. Erwachsene Tiere können eine Länge von bis zu 1,50 m erreichen.

Die Arten der Gattung *Drymoluber* sind tagaktiv und durchstöbern den Waldboden nach ihren hauptsächlichen Beutetieren, Fröschen und kleinen Echsen. Wie viele andere Bewohner der Tropen mit ihren gleichförmigen Lebensbedingungen besitzt auch diese Art offenbar keinen jahreszeitlich fixierten Fortpflanzungsrhythmus; frischgeschlüpfte Tiere wurden schon zu den verschiedensten Jahreszeiten beobachtet.

Aus dem südlichen Brasilien ist eine zweite Art, *D. brazili*, bekannt.

Haltung: Über die Terrarienhaltung dieser Art gibt es kaum Informationen; vermutlich entsprechen die Haltungsbedingungen denen der Perlnatter (*Drymobius margaritiferus*).

Grünkopf-Baumnatter
Chironius scurulus

Verbreitung: Amazonasbecken.

Lebensraum: Waldränder, Überschwemmungsgebiete, auch offene Flächen in Waldnähe.

Wissenswertes: Eine großwüchsige Baumschlange von schlankem Körperbau, deren Grundfärbung von hell- bis rotbraun variiert, wobei einzelne blaue und/oder schwarze Schuppen über den Körper verteilt sein können. Die Färbung des Kopfbereichs ist meist unregelmäßig mit Grün oder Gelb durchsetzt. Frischgeschlüpfte und juvenile Exemplare sind vollständig grün gefärbt und nehmen erst mit der Zeit die dunkle Färbung erwachsener Tiere an. Auffällig sind die sehr großen Augen dieser Art. Grünkopf-Baumnattern können Längen von über 1,80 m erreichen.

Die Angehörigen der Gattung *Chironius* sind tagaktiv und stöbern sowohl auf dem Boden als auch auf Bäumen und Sträuchern nach Beutetieren. Ihre Hauptnahrung bilden Frösche und Reptilien. Die Gelege sind klein und bestehen aus höchstens sieben bis acht Eiern.

Von der Gattung *Chironius* sind mindestens 15 verschiedene Arten beschrieben, die von Nikaragua im Norden bis Südbrasilien und Argentinien verbreitet sind. Ob all diese Formen valide Arten darstellen, ist unsicher; sie scheinen sehr variabel zu sein. Zudem kommen die meisten Formen in schwer zugänglichen Gebieten vor und sind nur unzureichend bekannt; mit zunehmender Kenntnis dieser Gattung wird sich vermutlich die Vielzahl der Arten stark reduzieren.

Haltung: Alle *Chironius*-Arten sind nur äußerst selten in Terrarien anzutreffen, so daß die Erfahrungen mit der Haltung dieser Tiere begrenzt

151

Chironius fuscus, eine Baumschlange, die im zentralen und nördlichen Südamerika vorkommt (von Peru bis Französisch Guiana); in der Lebensweise ist sie der Grünkopf-Baumnatter (*C. scurulus*) sehr ähnlich.

sind. Jungtiere scheinen sich an Gefangenschaftsbedingungen besser anzupassen als erwachsene Wildfänge. Importierte Tiere sind meist stark mit Parasiten befallen, so daß entsprechende Untersuchungen und Behandlungen in jedem Fall anzuraten und sofort durchzuführen sind. Zwar sind die Tiere (dies gilt für fast alle Reptilien) auch im Freiland parasitiert, ohne daß eine Erkrankung oder Schwächung zu bemerken wäre; durch die ungewohnten Bedingungen in der ersten Zeit der Gefangenschaft ist die Abwehrkraft der Schlange jedoch meist so geschwächt, daß Parasiten, die im Freiland symptomlos toleriert werden, zum Tode führen können.

Chironius-Arten benötigen große – vor allem hohe – Terrarien mit ausreichend Kletterästen und einer Stelle zum Aufwärmen. Von *C. carinatus*, einer Art aus Mittelamerika und Trinidad, sind Exemplare bekannt, die in Gefangenschaft tote Mäuse als Nahrung akzeptierten; meist werden jedoch nur Frösche gefressen. Die Temperaturen sollten knapp unter 30 °C betragen, wobei eine leichte nächtliche Abkühlung erwünscht ist.

Wassernattern

Thamnophis sirtalis tetrataenia, eine Unterart der Gemeinen Strumpfbandnatter.

Die nachfolgend besprochenen Arten gehören zu einer Gruppe mit weltweiter Verbreitung, deren Vertreter meist amphibisch leben oder zumindest in feuchten Biotopen zu Hause sind. Wegen verschiedener Gemeinsamkeiten ihres Körperbaus wird ihnen innerhalb der Nattern (Colubridae) der Rang einer eigenen Unterfamilie (Natricinae – Wassernattern) zugewiesen.

Weltweit sind etwa 80 Arten von Wassernattern bekannt, wobei der größte Anteil der Arten auf Asien entfällt.

Im europäischen Raum kommen vier Arten vor, von denen die Ringelnatter (*Natrix natrix*) die wohl bekannteste und häufigste europäische Schlange ist. Weitere Arten sind die Würfelnatter (*N. tessellata*), Vipernatter (*N. maura*) und die erst kürzlich beschriebene Großkopfringelnatter (*N. megalocephala*) aus dem Kaukasus.

Aus der endlos erscheinenden Artenliste asiatischer Wassernattern (die vor Ort meist als „Reisfeldschlangen" oder „Kielrückenschlangen" bezeichnet werden) seien *N. piscator* und *N. macrophthalmus* genannt; sie besitzen verlängerte Rippen im Halsbereich, die bei Bedrohung abgespreizt werden können, wodurch ein abschreckender „Kobra-Effekt" erzielt wird.

In Nordamerika kommen mehrere Gattungen mit über 25 Arten und zahlreichen Unterarten vor. Sie dringen südlich bis nach Mexiko vor, fehlen aber mit einer Ausnahme (*Nerodia fasciata*, die mit einer Unterart auf Kuba repräsentiert ist) in Mittel- und Südamerika einschließlich der Karibischen Inseln. Diejenigen amerikanischen Wassernattern, die lange Zeit in der Gattung *Natrix* geführt wurden, werden aus taxonomischen Gründen jetzt zu anderen Gattungen (*Nerodia*, *Regina*) gestellt; dabei ist zu berücksichtigen, daß viele Publikationen noch den alten Gattungsnamen verwenden.

Während die Areale von Ringel- und Vipernatter von Europa aus auf das nordwestliche Afrika übergreifen, sind südlich der Sahara ebenfalls einige Natternarten verbreitet, die vermutlich zu den Natricinae zu zählen sind. Dazu gehören drei Arten der Gattung *Natriciteres*, von denen zwei (*N. olivacea* und *N. variegata*) mit mehreren Unterarten weit verbreitet sind (West-, Ost- und Südafrika); als Besonderheit sind diese kleinen, unauffällig gefärbten, amphibisch lebenden Schlangen ähnlich wie Eidechsen und Geckos zur Autotomie des Schwanzes befähigt. *Afronatrix anoscopus* ist ein westafrikanischer Endemit und auf Liberia und Sierra Leone beschränkt, während *Limnophis bicolor* im Einzugsgebiet von Okawango und Sambesi verbreitet ist.

Wassernattern ernähren sich hauptsächlich von Fröschen, Kröten und anderen Amphibien, häufig auch von Fischen. Einige Arten erbeuten zusätzlich kleine Säugetiere, Vögel und Wirbellose, andere dagegen sind auf eine bestimmte Beute spezialisiert – etwa die amerikanischen *Regina*-Arten, die sich fast ausschließlich von Süßwasserkrebsen ernähren.

Alle amerikanischen Wassernattern sind ovovivipar (Arten der Gattung *Thamnophis* sogar vivipar), wobei manche Arten fast 100 Jungtiere zur Welt bringen können; die europäischen und asiatischen Vertreter dagegen legen Eier.

Wassernattern werden zu den ungiftigen Nattern gezählt, da sie im Gegensatz zu den Trugnattern keine gefurchten verlängerten Zähne in Verbindung mit einer Giftdrüse besitzen. Von einigen asiatischen Arten der Gattung *Rhabdophis* ist jedoch bekannt, daß ihr Speichel Substanzen enthält, die nicht nur auf Frösche, sondern z. B. auch auf den Menschen giftig (sogar tödlich) wirken können. Dies ist nicht so erstaunlich, wie es zunächst scheinen mag, da auch der Speichel „ungiftiger" Tiere verdauende (d. h. gewebszersetzende) Eiweiße (Enzyme) enthält; die Giftdrüsen der „etablierten" Giftschlangen sind nichts anderes als umgewandelte Speicheldrüsen. Es existiert somit keine scharfe Trennung zwischen giftigen und ungiftigen Schlangen, wobei z. B. Trugnattern und *Rhabdophis*-Arten als Übergangsformen anzusehen sind.

Grüne Wassernatter
Nerodia cyclopion

Verbreitung: Küstennahe Gebiete der südöstlichen USA bis Osttexas; im Bereich des Mississippi auch weiter nach Norden.

Lebensraum: Sümpfe, Flußufer; bevorzugt dicht bewachsene Stillgewässer.

Wissenswertes: Eine große, gedrungene Art von gelegentlich grünlicher, öfter aber braunoliver bis rotbrauner Färbung mit undeutlicher dunkler „Würfelzeichnung". Sie wird bis 1,90 m lang, bleibt aber meist kleiner.

Grüne Wassernattern ernähren sich hauptsächlich von Fischen, v. a. kleinen Karpfenfischen. Sie sind tagaktiv und lassen sich häufig am Ufer auf überhängenden Sträuchern oder Ästen beobachten; dort wärmen sie sich in der Sonne auf und lassen sich bei Gefahr ins Wasser fallen. Sie gehören zu den vermehrungsfreudigsten aller Nattern und gebären im Sommer bis zu 100 Jungtiere von ca. 25 cm Länge.

Die Nominatform (*N. c. cyclopion*) ist im westlichen Teil des Verbreitungsgebietes (einschließlich des Mississippi-Raums) zu Hause; sie ist der östlichen Form *N. c. floridana* sehr ähnlich und unterscheidet sich vor allem durch die dunkel gefärbte Bauchseite.

Wegen der Größe und Häufigkeit dieser Art waren in den 40er Jahren Bestrebungen im Gange, in Florida eine Schlangenleder-Industrie zu begründen; glücklicherweise wurde dieses Vorhaben nicht verwirklicht.

Haltung: Trotz ihrer „amphibischen" Lebensweise darf diese Art keinesfalls in permanent feuchten Terrarien gehalten werden; die Folge wären verschiedenste Hautinfektionen. Eine Bodentemperatur von 23–27 °C ist ausreichend; wichtig ist eine geeignete Quelle für UV-Licht. Als Futter dienen kleine Fische, z. B. Goldfische; auch Streifen von Fischfilet werden gefressen, enthalten aber nicht alle notwendigen Nährstoffe und sollten nur gelegentlich verfüttert werden.

Gebänderte Wassernatter
Nerodia fasciata

Verbreitung: Südöstliche USA und Nordkuba, im Einzugsbereich der Küste (von North Carolina bis Osttexas); nur im Mississippi-Tal weiter ins Inland (bis Südillinois).

Lebensraum: Süßwasser- und Mangrovensümpfe, See- und Flußufer.

Wissenswertes: Eine kleinere, farblich sehr variable Wassernatter von gedrungenem Körperbau. Meist mehr oder weniger deutlich quergebändert, aber auch einfarbig; von der sehr ähnlichen *N. sipedon* am besten durch die rechteckigen dunklen Bauchflecken und das (nicht immer vorhandene) dunkle Band zwischen Auge und Mundwinkel (das bei *N. sipedon* nie vorkommt) zu unterscheiden. Diese Art wird meist ca. 90 cm, in Ausnahmefällen bis 1,50 m lang.

Gebänderte Wassernattern lassen sich tagsüber häufig beim Aufwärmen beobachten, jagen jedoch (zumindest in der warmen Jahreszeit) vorwiegend nachts. Sie schwimmen gut und ernähren sich in der Hauptsache von kleinen Fischen. In Süßwasser-Biotopen werden zusätzlich Frösche erbeutet. Wie andere *Nerodia*-Arten sind sie ovovivipar und bringen im Sommer bis zu 50 Jungschlangen zur Welt; diese sind bei der Geburt 20–25 cm lang und kontrastreicher gefärbt als die erwachsenen Tiere. Sie leben zunächst sehr versteckt und gehen nur nachts auf Beutefang.

Von dieser Art existieren sechs Unterarten. Die Nominatform *N. f. fasciata* ist schwarz bis rötlich quergebändert und bewohnt die Atlantikküste bis Nordflorida. *N. f. confluens* aus dem Mississippi-

Links: Die einfarbig rötliche Form von *Nerodia fasciata compressicauda* aus Florida. Diese Unterart bewohnt küstennahe Gebiete und hat sowohl die Florida Keys als auch Nordkuba besiedelt.

Rechts: Die „normale" Farbform von *Nerodia fasciata compressicauda* mit rötlichen Querbinden auf grünlich-braunem Grund und hellerer Unterseite.

Die rötliche, ungebänderte Variante von *Nerodia fasciata compressicauda* aus Florida.

Nerodia fasciata pictiventris; sie vermischt sich an den Arealgrenzen mit *N. f. compressicauda*.

157

Die breitgebänderte *Nerodia fasciata confluens* aus dem Mississippigebiet; sie dringt am weitesten von allen Unterarten nach Norden vor (entlang dem Mississippi bis ins südliche Illinois).

Becken besitzt sehr breite dunkle Querbinden. *N. f. clarki* ist entlang der Golfküste von Westflorida bis Osttexas zu Hause und bewohnt meist Salzwasser-Biotope. Letzteres gilt auch für *N. f. taeniata* und *N. f. compressicauda* aus Küstengebieten Floridas. Die letztgenannte Form hat außer den Florida Keys auch das nördliche Kuba besiedelt; sie kommt häufig in einer einfarbig rötlichen Variante vor. Eine weitere Unterart aus Florida ist *N. f. pictiventris*. All die genannten, ohnehin stark variierenden Formen bilden an den Arealgrenzen Mischpopulationen mit intermediären Merkmalen, so daß die Zuordnung zu einer Unterart ohne Kenntnis des Fundorts oft unmöglich ist.

Haltung: Wie die Grüne Wassernatter; auch diese Art verträgt keine feucht-stickigen Terrarien. Da sie sich gerne im Gesträuch sitzend aufwärmt, sollte eine Stelle im Bereich der Kletteräste von einer Wärmequelle angestrahlt werden. Auch UV-Licht sollte nicht fehlen. Die Lufttemperatur muß nicht höher als 21–24 °C sein. Als Futter werden z. B. kleine Goldfische akzeptiert.

Nerodia fasciata pictiventris, die in Florida vorkommende Unterart der Gebänderten Wassernatter, wurde vom Menschen auch in Texas angesiedelt.

Siegelringnatter
Nerodia sipedon

Verbreitung: Gesamte östliche und zentrale USA mit Ausnahme des Küstenbereichs im Südosten; äußerster Südosten Kanadas (Ontario, Quebec).

Lebensraum: Sümpfe, Gewässerufer und andere Feuchtgebiete.

Wissenswertes: Eine Wassernatter von grauer bis rotbrauner Grundfarbe mit dunkler Querbänderung im Halsbereich; nach hinten geht die Bänderung in Flecken über, die alternierend auf dem Rücken und den Seiten angeordnet sind. Die oben abgebildete Unterart *N. s. insularum* kommt nur auf einigen Inseln im Erie-See vor und besitzt meist keine dunkle Zeichnung. Siegelringnattern werden selten länger als 1 m (bis 1,35 m).

Diese Art ist tag- und nachtaktiv; tagsüber wärmt sie sich gern auf Zweigen auf, die über das Wasser hängen, oder stellt Fröschen nach, während sie nachts hauptsächlich schlafende Fische erbeutet. Auch Krebse werden gefressen. Im Frühherbst werden bis zu ca. 30 Jungtiere geboren.

Haltung: Wie bei der Grünen Wassernatter, bei Temperaturen von 22–24 °C. Der Speichel dieser Art ist nicht giftig, hemmt aber die Blutgerinnung, so daß Bißwunden lange nachbluten.

Die Nominatform *Nerodia s. sipedon* unterscheidet sich deutlich von der oben abgebildeten einfarbigen Inselform aus dem Erie-See (*N. s. insularum*).

Braune Wassernatter
Nerodia taxispilota

Verbreitung: Südöstliche USA, von Virginia bis Alabama.

Lebensraum: Sümpfe, Fluß- und Seeufer.

Wissenswertes: Eine große, gedrungene Wassernatter, die auf hell- bis dunkelbraunem Grund drei Reihen mehr oder weniger quadratischer, versetzt angeordneter Flecken trägt. Die Bauchseite ist gelb mit auffälliger Fleckung. Sie wird 1,20 m bis 1,70 m lang.

Braune Wassernattern sind tagaktiv und ernähren sich hauptsächlich von Fischen und Fröschen. Sie klettern ausgezeichnet und sonnen sich oft auf über der Wasserfläche hängendem Gezweig. Die Paarung erfolgt im April oder Mai; im Sommer werden bis zu 50 Jungtiere zur Welt gebracht, die beim Schlupf ca. 25 cm lang sind. Eine wehr- hafte Art, die sich nicht nur durch das Entleeren übelriechenden Analsekrets, sondern auch durch heftige und schmerzhafte Bisse verteidigt.

Haltung: Wie andere *Nerodia*-Arten. Wildfänge gewöhnen sich oft schlecht an das Leben in Terrarien.

Rauten-Wassernatter
Nerodia rhombifera

Verbreitung: Von Mexiko bis Alabama, im Bereich des Mississippi nördlich bis Illinois.

Lebensraum: Sümpfe, Fluß- und Seeufer und andere Feuchtgebiete.

Wissenswertes: Eine große und gedrungene, im Körperbau der Braunen Wassernatter sehr ähnliche Art; auch die Färbung ist ähnlich, wobei das „Schachbrett"-Muster von *N. taxispilota* zusammenfließt und eine Netzzeichnung bildet, die die hellere Grundfarbe zu einem Rautenmuster reduziert. Die Männchen besitzen gehöckerte Schuppen an der Kopfunterseite. Diese Art wird maximal 1,60 m lang.

Rauten-Wassernattern sind tagaktiv und sonnen sich häufig auf der Ufervegetation; lediglich in den warmen Sommermonaten gehen sie zu mehr nächtlicher Lebensweise über. Sie ernähren sich von Fröschen und Fischen, gelegentlich auch von Krebsen; sogar kleine Schildkröten werden angeblich verzehrt. Die Paarung findet im Frühjahr statt; die z. T. über 60 Jungschlangen erblicken zwischen Juni und Oktober das Licht der Welt. Wie *N. taxispilota* ist auch diese Art von aggressiver Natur und zögert nicht, bei Belästigung zuzubeißen, wobei sie schmerzhafte und meist schlecht heilende Wunden zufügen kann. Aufgrund dieses wilden Gehabes wird sie in ihrer Heimat häufig mit der giftigen Wassermokassinschlange (*Agkistrodon piscivorus*), die in denselben Biotopen vorkommt, verwechselt.

Außer der oben abgebildeten Nominatform *N. r. rhombifera* aus dem nördlichen Teil des Verbreitungsgebietes kommen in Mexiko noch zwei weitere Unterarten (*N. r. blanchardi* und *N. r. werleri*) vor; alle bilden an den Arealgrenzen Mischpopulationen.

Haltung: Wie andere *Nerodia*-Arten. Wildfänge sind äußerst aggressiv und gewöhnen sich nur langsam an die Gefangenschaft. Zur Zucht ist eine Winterruhe notwendig.

Ringelnatter
Natrix natrix

Verbreitung: Europa (außer Irland, Schottland und Nordskandinavien), Nordwestafrika, Türkei, Kaukasus, gemäßigtes Asien vom Nordiran bis zum Baikalsee.

Lebensraum: Sümpfe, Moore, Feuchtwiesen, Uferbereich von Flüssen und Seen; im Gebirge bis 2300 m.

Wissenswertes: Die am weitesten verbreitete der europäischen *Natrix*-Arten. Typisch sind die je nach Unterart weißlichen bis gelborangen halbmondförmigen Flecken hinter dem Kopf, die bei einzelnen Exemplaren jedoch fehlen oder undeutlich ausgeprägt sein können; stets fehlen sie

bei *N. n. astreptophora* aus Spanien und Nordafrika. Die Färbung variiert von silbergrau bis braunoliv mit dunkler Musterung, die sich bei den zahlreichen Unterarten stark unterscheidet; die oben abgebildete Nominatform *N. n. natrix* ist meist schwarz gesprenkelt, es kommen jedoch auch völlig schwarze Tiere vor. Die Unterseite ist weißlich bis gelblich mit dunklem „Schachbrettmuster". Eine verhältnismäßig schlanke Art, die meist bis 1 m lang wird; sehr große Weibchen können jedoch bis 2 m Länge erreichen (Weibchen werden erheblich länger und kräftiger als Männchen).

Ringelnattern sind weitgehend tagaktiv und ernähren sich von Amphibien (hauptsächlich Fröschen) und Fischen; große Exemplare erbeuten zusätzlich auch Nagetiere. Die Beutetiere werden nicht erdrosselt, sondern lebend verschlungen. Wie alle altweltlichen Wassernattern sind Ringelnattern eierlegend; ungewöhnlich ist, daß die Eier nach der Befruchtung nicht sofort abgelegt werden, sondern sich bis zu zwei Monaten im Mutterleib entwickeln und erst dann (im Juli oder August) in Komposthaufen oder anderem verrottenden Pflanzenmaterial deponiert werden. Ein Gelege besteht aus 20 bis 50 Eiern; manchmal werden die gleichen Eiablageplätze von mehreren Weibchen benutzt, wodurch Ansammlungen von über 1000 Eiern entstehen können. Die Jungschlangen schlüpfen bereits nach vier bis acht Wochen. Durch die verkürzte Embryonalentwicklung nach der Eiablage war die Ringelnatter in der Lage, ihr Verbreitungsgebiet weiter nach Norden auszudehnen als andere eierlegende Reptilien, deren Eier sich in den kurzen Sommern nicht entwickeln können. In der kalten Jahreszeit legen Ringelnattern eine Winterruhe ein, wozu sie sich in Erdhöhlen, Komposthaufen und andere frostfreie Orte zurückziehen. Sie beißen selten, sondern entleeren bei Bedrohung ihr übelriechendes, lange in der Wirkung anhaltendes Analsekret und geben zischende Laute von sich. Bei Fortdauer der Belästigung kommt es manchmal zu einem „Totstell"-Reflex, indem sie unbeweglich mit verdrehtem Körper, erschlaffter Muskulatur, geöffnetem Maul und herausgestreckter Zunge verharren. Ihre Wahrnehmungsfähigkeit bleibt dabei jedoch erhalten, und sobald die Bedrohung vorüber ist, „erwachen" sie und suchen das Weite. Dieses Verhalten kommt in ähnlicher Form bei amerikanischen Hakennattern der Gattung *Heterodon* vor.

Im großen Verbreitungsgebiet der Ringelnatter haben sich zahlreiche geographische Formen herausgebildet; je nach Autor werden bis zu zehn Unterarten unterschieden. *N. n. natrix* besiedelt Mittel-, Nord- und Osteuropa bis zur Ukraine und Weißrußland. Östlich davon kommt *N. n. scutata* vor, deren Halbmondflecken orange gefärbt sind. Die besonders große *N. n. persa* ist vom Balkan über die Türkei bis in den Nordiran verbreitet; zusätzlich zur dunklen Fleckenzeichnung trägt sie meist noch zwei helle Längsstreifen. Die Barrenringelnatter (*N. n. helvetica*) mit seitlicher schwarzer Barrenzeichnung kommt von Nordkroatien und Nord- und Mittelitalien über die Alpenländer und Frankreich bis nach England vor. *N. n. astreptophora* ist von der Iberischen Halbinsel und Nordwestafrika bekannt; sie ist von gedrungenem Körperbau mit meist reduzierter dunkler Körperzeichnung und ohne helle Halbmondflecken. Weitere Unterarten, die sich meist in der Körpermusterung unterscheiden, sind *N. n. sicula* aus Süditalien und Sizilien, *N. n. cetti* von Sardinien, *N. n. corsa* von Korsika und *N. n. schweizeri* von einigen Inseln der Ägäis.

Haltung: Wie andere Wassernattern benötigt die Ringelnatter gut belüftete Terrarien ohne ständig feuchten Bodengrund. Wichtig ist ein großes Wassergefäß zum Baden, dagegen kann auf Kletteräste verzichtet werden. Temperaturen von 20–25 °C (mit nächtlicher Abkühlung) reichen aus; zum Aufwärmen sollte eine geeignete (lokale) Strahlungsquelle zur Verfügung stehen. Auch UV-Licht ist wichtig. Kleine Fische (z. B. Goldfische) werden als Futter akzeptiert; auch Streifen von Fischfilet werden gefressen, stellen aber eine einseitige Ernährung dar, auf die nur in Ausnahmefällen zurückgegriffen werden sollte. Eine mehrmonatige Überwinterung bei 5–10 °C ist in jedem Fall von Vorteil; zur Zucht ist sie essentiell, da sich die Tiere nach dem Erwachen aus der Winterruhe paaren. **§: BA.**

Würfelnatter
Natrix tessellata

Verbreitung: Italien, Südosteuropa, Kleinasien, Südrußland; im gemäßigten Asien bis Westchina. Einige kleine Restpopulationen in Mitteleuropa.

Lebensraum: Deckungsreiche Ufer von stehenden oder langsam fließenden Gewässern; bevorzugt flache, warme Gewässer.

Wissenswertes: Der deutsche Name dieser Wassernatter bezieht sich auf die Zeichnung, ein dunkles würfel- oder schachbrettartiges Muster auf graubraunem Grund. In der Gestalt ähnelt sie der Ringelnatter; mit 60–90 cm Länge (maximal 1,50 m) bleibt sie jedoch etwas kleiner.

Würfelnattern sind weitaus stärker auf das Wasser als Lebensraum angewiesen als die anpassungsfähigen Ringelnattern; ihre Nahrung (fast ausschließlich Fische, seltener Amphibien) fangen sie grundsätzlich im Wasser, wobei sie mehrere Stunden (!) untergetaucht bleiben können, um am Gewässergrund auf Beute zu lauern. Zumindest am Schwarzen Meer jagen Würfelnattern auch im Seewasser. Das Land wird aufgesucht, um sich im Ufergesträuch zu sonnen, aber auch, um große Beutetiere zu verschlingen. In der Fortpflanzungsbiologie ähnelt diese Art der Ringelnatter; die Entwicklungszeit der Eier ist mit acht bis zehn Wochen aber deutlich länger. Jungtiere ernähren sich von kleinen Fischen und Kaulquappen.

Haltung: Ähnlich der Ringelnatter. Als Wasserschlange benötigt sie einen großen Wasserbehälter, in dem sie vollständig untertauchen kann; auch die Futterfische werden gern aus dem Wasser gefangen. Wichtig ist ein Ast mit Wärmequelle zum Trocknen und Aufwärmen. **§: BA.**

Rothals-Wassernatter
Rhabdophis subminiatus

Verbreitung: Vom Osten Indiens bis Südchina (einschließlich Taiwan), Malaysia und Indonesien.

Lebensraum: Vegetationsreiche Zonen in der Nähe von Teichen, Flüssen, Reisfeldern und anderen Feuchtgebieten.

Wissenswertes: Eine kleine, schlanke Wassernatter von olivgrüner bis bräunlicher Grundfärbung mit undeutlichen schwarzen und gelben Sprenkeln. Die dunklen Flecken können zu einem Netzmuster oder zu einem Längsstrich am Rükken zusammenfließen. Die Oberseite von Hals und Vorderkörper ist meist kräftig rot; Seiten von Kopf und Hals sind gelb gefärbt, wobei sich ein auffälliger schwarzer Strich zwischen Auge und Mundspalte erstreckt. Diese Art wird kaum länger als 1 m.

In der Lebensweise erinnern diese Schlangen an die amerikanischen Strumpfbandnattern (*Thamnophis* spp.); auch sie sind nachtaktiv und verbringen den Tag in Verstecken. Hauptsächlich ernähren sie sich von Amphibien, v. a. Fröschen; gelegentlich fressen sie auch kleinere Fische. Wie die altweltlichen *Natrix*-Arten legen auch die Angehörigen der Gattung *Rhabdophis* Eier, wobei die Gelege von *R. subminiatus* aus bis zu 15 Eiern bestehen. Die 20–25 cm langen Jungschlangen schlüpfen meist im Juli und August; sie unterscheiden sich von den Adulten durch ein gelb gerandetes, schwarzes Querband am Hals, das während des Wachstums zunehmend verblaßt und schließlich verschwindet.

Wie andere *Rhabdophis*- (und manche *Natrix*-) Arten sind diese Tiere Kobra-Nachahmer: bei

Bedrohung oder Belästigung richten sie den Vorderkörper auf und verbreitern den Hals mit Hilfe verlängerter, abspreizbarer Rippen. Bei dieser Art kommt dabei die Rotfärbung des Halses besonders zur Geltung.

Aus Südostasien sind zwölf *Rhabdophis*-Arten bekannt; eine weitere Art, *R. tigrinus*, kommt in China, Korea und Japan vor. Alle sind typische Wassernattern, die sogar lange Zeit als Angehörige der Gattung *Natrix* geführt wurden. Zwar besitzen sie verlängerte Zähne im hinteren Teil der Oberkiefer, diese sind jedoch im Gegensatz zu denen der giftigen Trugnattern ungefurcht (ohne

dieser Tiere zu Vergiftungen, und die meisten Exemplare sind in keiner Weise als bissig oder aggressiv zu bezeichnen (das abgebildete Exemplar mußte massiv geärgert werden, um wenigstens eine kleine „Haube" zu zeigen; dennoch teilte es keine Bisse aus).

Haltung: Als Wassernatter ist diese Art ähnlich wie *Natrix*- oder *Nerodia*-Arten zu halten. Sie benötigt ein ausreichend großes Wassergefäß zum Baden sowie trockene Versteck- und Klettermöglichkeiten. Als Futter werden Fische akzeptiert. Die Temperaturen sollten bei 23–27 °C liegen.

Verschiedene *Rhabdophis*-Arten werden aus

Rothals-Wassernattern (*Rhabdophis subminiatus*) sind, wie einige andere südasiatische Nattern, Kobranachahmer; bei Bedrohung verbreitern sie den Hals und bilden eine „Haube".

Giftkanal), so daß kein Anlaß bestand, diese Arten der Giftigkeit zu verdächtigen. 1974 wurden zum erstenmal bei einem Menschen Vergiftungserscheinungen nach einem Biß der japanischen *R. tigrinus* (in ihrer Heimat „Yamakagashi" genannt) bekannt. Ein weiterer Fall schwerer Vergiftung wurde aus England nach dem Biß einer gefangen gehaltenen *R. subminiatus* berichtet, und inzwischen liegt auch der Nachweis mindestens eines Todesfalles (wiederum durch *R. tigrinus* verursacht) vor. Es kommt jedoch nicht bei allen Bissen

Asien nach wie vor unter dem alten Gattungsnamen *Natrix* ausgeführt (z. B. „*Natrix tigrina*"); bei der Haltung ist stets zu bedenken, daß es sich dabei um Giftschlangen handelt, die Todesfälle verursachen können und mit denen entsprechend vorsichtig umgegangen werden muß. Bedacht werden sollte auch, daß Antiseren, wie sie zur Behandlung von Vergiftungen durch viele Vipern, Kobras etc. erhältlich sind, für solche „Gelegenheits-Giftschlangen" (z. B. auch für viele Trugnattern) im Notfall nicht zur Verfügung stehen!

Amerikanische Sumpfnatter
Seminatrix pygaea

Verbreitung: Südöstliche USA, von North Carolina bis Florida.

Lebensraum: Sümpfe und Gewässer mit dichtem Schwimmpflanzenbewuchs.

Wissenswertes: Sumpfnattern sind kleine Verwandte der *Nerodia*-Arten mit glatten, glänzenden Schuppen. Sie sind schwarz mit rotem Bauch, wobei die Schwarzfärbung auch seitlich auf die Bauchschuppen übergreift. Ausgewachsene Tiere sind nur 25–47 cm lang.

Sumpfnattern leben meist auf und zwischen Teppichen schwimmender Wasserpflanzen, besonders solchen der eingeschleppten und als Unkraut berüchtigten Wasserhyazinthe. Nur in warmen und feuchten Nächten werden sie auch außerhalb des Wassers angetroffen. Sie ernähren sich von Kaulquappen, kleinen Fröschen und Fischen, aber auch Wirbellosen (z. B. Blutegeln). Wie die *Nerodia*-Arten sind sie ovovivipar. Die verhältnismäßig großen, bis zu 14 cm langen Jungtiere werden im Spätsommer geboren, wobei ein Wurf aus 2 bis 13 Exemplaren besteht.

Außer der oben abgebildeten Nominatform *S. p. pygaea* aus Georgia und Nordflorida werden noch die Unterarten *S. p. cyclas* aus Südflorida und *S. p. paludis* aus North und South Carolina anerkannt; sie unterscheiden sich durch die Zahl der Bauchschuppen.

Haltung: Amerikanische Sumpfnattern lassen sich in geräumigen Aquarien mit niedrigem Wasserstand, Schwimmpflanzen und aus dem Wasser ragenden Kletterästen halten. Die Temperatur sollte 23–27 °C betragen. Als Futter werden kleine Fische und Regenwürmer akzeptiert.

Königinnennatter
Regina septemvittata

Verbreitung: Östliche USA (außer dem Küstenbereich und Florida), westlich bis Arkansas.

Lebensraum: Kleine Flüsse und Bäche mit felsigen Ufern oder steinigem Grund (Krebsbiotope).

Wissenswertes: Die *Regina*-Arten sind eng mit anderen amerikanischen Wassernattern verwandt und wurden wie diese früher in der Gattung *Natrix* geführt. *R. septemvittata* ist braun bis schwärzlich mit hellen Längsstreifen an den Flanken und am Bauch. Sie wird bis 90 cm lang.

Diese tag- und nachtaktive Art hält sich meist im Wasser auf, das sie nur verläßt, um sich auf Uferbüschen zu sonnen. Sie ernährt sich fast ausschließlich von Krebsen, bevorzugt von frisch gehäuteten mit ihrem noch weichen Exoskelett. Sie ist ovovivipar und wirft im Hochsommer bis über 20 Jungtiere.

Haltung: Wegen der Nahrungsspezialisierung auf Süßwasserkrebse ist eine Haltung längerfristig kaum möglich.

Gemeine Strumpfbandnatter
Thamnophis sirtalis

Verbreitung: Fast ganz Nordamerika mit Ausnahme der nördlichen Hälfte Kanadas und der Wüstengebiete im Südwesten.

Lebensraum: Verschiedenste Arten von Feuchtgebieten (Sümpfe, Ufer, Feuchtwiesen, Farmland etc.).

Wissenswertes: Diese tagaktive Schlange ist die am weitesten verbreitete und meist auch häufigste der 13 nord- und mittelamerikanischen *Thamnophis*-Arten. Der Name Strumpfbandnatter (Garter Snake, Ribbon Snake) bezieht sich auf die oft bunten Längsstreifen der meisten Arten oder Unterarten, die wohl in ähnlicher Form den genannten, für längere Zeit in Vergessenheit geratenen Modeartikel zierten. Die Färbung der zahlreichen Unterarten von *T. sirtalis* ist sehr variabel; meist sind jedoch drei deutliche helle Längsbänder auf dunklem Grund vorhanden, von denen die beiden seitlichen zu Fleckenreihen reduziert sein können. Der Bereich zwischen Rücken- und Seitenbändern ist oft rot gemustert (wie bei der oben abgebildeten *T. s. tetrataenia*). Diese Art gehört zu den größeren Strumpfbandnattern und wird maximal 1,30 m lang, bleibt aber meist unter 1 m.

T. sirtalis ist anpassungsfähig und wird sowohl in Küstengebieten als auch im Gebirge (bis 2400 m Höhe) angetroffen. In trockeneren Gebieten kommt sie nie weit von Gewässern entfernt vor, während sie in feuchteren Landstrichen in den verschiedensten Biotopen zu finden ist (sogar in Städten, wo sie Parks und Friedhöfe besiedelt). Das Beutespektrum ist sehr groß und umfaßt kleine Säugetiere, Vögel, Amphibien und Fische, aber auch Wirbellose wie Regenwürmer und Blutegel; auch Aas, z. B. tote Fische, wird nicht verschmäht (eine verwandte Art, *T. couchi*, frißt sogar Fischlaich). Gemeine Strumpfbandnattern sind wenig kälteempfindlich und bleiben im südlichen Teil ihres Verbreitungsgebietes fast das ganze Jahr über aktiv. Die nördlichen Populationen überwintern oft in großer Zahl in geeigneten „Gemeinschaftsquartieren". Das synchrone massenhafte Hervorkommen im Frühjahr ist an manchen Orten eine Touristenattraktion. Die Paarung erfolgt meist im April. Im Sommer (im Norden im Frühherbst) werden bis über 80 Jungschlangen geboren, die 13–23 cm lang sind und innerhalb von zwei Jahren zur Geschlechtsreife heranwachsen. Bei Gefahr entleeren Strumpfbandnattern den Inhalt der Kloake mit einer Beigabe von Analdrüsensekret. Sie können schmerzhafte Bisse austeilen; die Wunden bluten meist längere Zeit nach, was auf einen blutgerinnungshemmenden Faktor im Speichel hinweist.

Von *T. sirtalis* sind zwölf Unterarten bekannt, deren Aussehen sich z. T. erheblich unterscheidet. Das größte Verbreitungsgebiet besitzt *T. s. sirtalis* (fast gesamter Osten bis Iowa und Missouri). Zu den schönsten Formen gehören *T. s. similis* aus Nordflorida und *T. s. tetrataenia* aus der Umgebung von San Francisco. *T. s. annectens* aus Texas besitzt ein auffällig breites gelbes Rückenband. *T. s. concinnus* aus Oregon ist schwarz mit hellem Rückenband und roten Seitenflecken. Ebenfalls rote Seitenpartien besitzen *T. s. parietalis* aus Südkanada und dem Mittleren Westen und *T. s. infernalis* von der kalifornischen Küste. *T. s. pallidula* aus Ostkanada und New England ist eine gefleckte Form mit reduzierten Längsstreifen. Einige Unterarten, wie *T. s. tetrataenia*, sind durch Entwässerungsprojekte und andere Biotopzerstörungen in ihrer Existenz bedroht.

Als Beispiele für andere *Thamnophis*-Arten seien genannt die eng an aquatische Biotope angepaßte Bändernatter (*T. sauritus*) aus den östlichen US-Staaten und *T. proximus*, die von den zentralen USA bis nach Costa Rica vorkommt und ebenfalls an Gewässer gebunden ist. Die größte Art, *T. couchi* von der amerikanischen Westküste, ist sogar eine ausgesprochene Wasser-

Die östliche Unterart der Gemeinen Strumpfbandnatter (*Thamnophis s. sirtalis*) besitzt ein riesiges Verbreitungsgebiet im Osten der USA.

Eine der schönsten Unterarten ist *Thamnophis sirtalis similis*; sie kommt nur in einem kleinen Gebiet im nordwestlichen Florida vor.

Thamnophis couchi ist enger als andere Strumpfbandnattern an das Wasserleben angepaßt. Sie ist überwiegend am Tage aktiv und frißt Amphibien und Fische, aber gelegentlich auch Wirbellose. Die abgebildete Unterart *T. c. hammondi* ist an zwei hellen Seitenstreifen zu erkennen; sie bewohnt die kalifornische Küste von San Francisco bis ins nördliche Baja California (Mexiko).

Thamnophis marcianus (abgebildet ist die Nominatform) wird wegen ihrer schwarzen Zeichnung auch als „Checkered Garter Snake" (Schachbrett-Strumpfbandnatter) bezeichnet. Sie kommt in den trockenen Südweststaaten der USA und in Mittelamerika (bis Costa Rica) vor, wo sie an permanenten Gewässern lebt und sich hauptsächlich von Fröschen, Fischen und Krebsen ernährt.

Thamnophis sauritus und *T. proximus* sind schlanker als ihre Gattungsgenossen und werden in ihrer Heimat „Ribbon Snakes" genannt; abgebildet ist *T. sauritus sakkeni* aus dem Südosten der USA.

schlange, die sowohl im Brackwasser des Küstenbereichs als auch in schnellfließenden Bächen der Sierra Nevada vorkommt und sich dort von Fischen und Amphibien ernährt.

Haltung: *T. sirtalis* ist eine der geeignetsten Schlangenarten für die Terrarienhaltung. Sie stellt kaum Ansprüche an ihre Unterbringung, vorausgesetzt, der Untergrund ist trocken; die Haltung in ständig feuchten Terrarien ohne die Möglichkeit, sich an einem trockenen Platz aufzuwärmen, hat Hautinfektionen zur Folge. Zur Einrichtung gehören ein möglichst großes Wassergefäß, Kletteräste, eine UV-Quelle und eine lokale Wärmequelle. Temperaturen von 20–25 °C sind ausreichend und sollten in der Nacht um einige Grade abfallen. Gefressen werden u. a. Fische (lebend und tot) und Regenwürmer. Streifen von Fischfilet werden auch akzeptiert, rufen aber bei ständiger Verfütterung Mangelerscheinungen hervor. Die Zucht gelingt meist problemlos; eine ca. zweimonatige Winterruhe bei herabgesetzten Temperaturen ist anzuraten. Wildfänge sind zunächst bissig und aggressiv, werden aber schnell zahm.

Rotbauch-Braunschlange
Storeria occipitomaculata

Verbreitung: Östliches Nordamerika (von Osttexas und Florida bis Südkanada).

Lebensraum: Bewaldetes Hügelland, Hochmoore und andere Feuchtgebiete.

Wissenswertes: Eine kleine, oberseits einfarbig braune, graue oder schwarze Schlange; von der nahe verwandten *S. dekayi* unterscheidet sie sich durch die hellrote bis gelbe Bauchfärbung. Sie wird nur bis zu 40 cm lang.

Rotbauch-Braunschlangen sind vorwiegend nachtaktiv und verbergen sich am Tag unter Steinen, Holz etc. In der Nähe menschlicher Behausungen gehören sie zu den häufigsten Schlangen und sind sogar regelmäßig in Städten anzutreffen. Sie ernähren sich von Nacktschnecken, Regenwürmern und Insekten. Die nördlichen Populationen überwintern in Gemeinschaftsquartieren, oft zusammen mit *Thamnophis*- und *Nerodia*-Arten. Die bis über 20 Jungtiere werden im Sommer geboren und sind dann ca. 8 cm lang. Bei Bedrohung werden die Oberlippen aufgeklappt und die Zahnreihen entblößt. Außer der abgebildeten *S. o. occipitomaculata* mit drei getrennten hellen Flecken hinter dem Kopf ist aus Georgia und Florida *S. o. obscura* (mit zu einem Band verschmolzenen Flecken), und aus South Dakota und Wyoming *S. o. pahasapae* (ohne Halsflecken) bekannt.

Storeria-Arten leben ähnlich wie Strumpfbandnattern, gehören jedoch zur Unterfamilie Colubrinae.

Haltung: Rotbauch-Braunschlangen stellen ähnliche Ansprüche wie Strumpfbandnattern. Wichtig sind Verstecke und ständiger Zugang zu einem Wasserbehälter, dagegen kann auf Bodenheizung und Beleuchtung verzichtet werden. Als Nahrung dienen Regenwürmer, Nacktschnecken und Insekten.

Andere ungiftige Nattern

Die Östliche Hakennatter (*Heterodon platyrhinos*) in Drohhaltung mit abgeflachtem Hals.

In den vorangegangenen Kapiteln waren jeweils Natternarten zusammengefaßt, die entweder verwandtschaftlich zusammengehörten (z. B. Königsnattern) oder sich in ihrer Lebensweise ähnelten. In diesem Abschnitt finden sich dagegen Arten, die sich aufgrund ihrer Verwandtschaft oder Lebensweise keinem anderen der hier aufgestellten Kapitel zuordnen lassen. Sowohl aberrante Vertreter der Colubrinae als auch Arten aus anderen Unterfamilien (z. B. Dasypeltinae, Dipsadinae, Xenodontinae) werden hier in alphabetischer Reihenfolge vorgestellt.

Wurmnatter
Carphophis amoenus

Verbreitung: Östliche und zentrale USA mit Ausnahme des Gebietes der Großen Seen im Norden und Floridas im Süden.

Lebensraum: Feuchte Wälder v. a. im Hügelland, bewaldete Ufer von Gewässern, auch Kulturland in Waldnähe.

Wissenswertes: Wurmnattern sind kleine Schlangen mit glatter, glänzender Beschuppung, deren Kopf sich nur wenig vom Hals absetzt. Der kurze Schwanz besitzt ein sehr spitzes Hinterende. Sie sind oberseits blaßbraun ohne Musterung, unterseits auffällig hellrosa, wobei Rücken- und Bauchfärbung graduell ineinander übergehen. Diese Art wird meist nur 20–30 cm lang.

Wurmnattern leben versteckt in unterirdischen Gängen, die in feuchtem Erdreich angelegt werden; an die Oberfläche kommen sie höchstens nach starken Regenfällen, um sich vor dem Ertrinken zu retten. Am ehesten sind sie im Frühjahr an feuchten Stellen unter Steinen, Fallholz etc. zu finden; in den trockeneren Sommermonaten ziehen sie sich in tiefere Bodenschichten zurück. Ihre Nahrung besteht aus Regenwürmern und weichhäutigen, bodenbewohnenden Insektenlarven. Die Paarung der Wurmnattern findet im Frühjahr und Herbst statt; die aus bis zu acht Eiern bestehenden Gelege werden im Juni und Juli abgelegt und benötigen eine Inkubationszeit von etwa sieben Wochen. Die Jungschlangen sind beim Schlupf etwa 9 cm lang und wachsen innerhalb von drei Jahren zur Geschlechtsreife heran. Wurmnattern sind häufige Beutetiere verschiedener Königsnattern (*Lampropeltis* spp.).

Von der Wurmnatter gibt es drei anerkannte Unterarten: Die oben abgebildete Nominatform (*C. a. amoenus*) ist im östlichen Teil des Verbreitungsgebietes (von New England bis Alabama) anzutreffen. *C. a. helenae* kommt in den Staaten des Mittelwestens östlich des Mississippi vor, während *C. a. vermis* das Gebiet westlich des Mississippi bis Kansas und Oklahoma bewohnt. *C. a. helenae* unterscheidet sich in der Beschuppung der Kopfspitze, *C. a. vermis* ist auf der Oberseite schwarz statt braun gefärbt.

Haltung: Als Terrarientiere wenig attraktiv, da sie sich ständig im Substrat aufhalten.

Oben: Die Halsbandnatter (*Diadophis punctatus*) ist mit zwölf Unterarten über weite Teile Nordamerikas (von Südostkanada bis Mittelmexiko) verbreitet. Typisch für diese Art ist die helle Halsbinde und die gelb bis rot gefärbte Unterseite, die bei Gefahr nach oben gekehrt wird. Halsbandnattern sind kleine Tiere von meist unter 60 cm Länge; sie leben versteckt und sind meist unter Steinen etc. zu finden. Abgebildet ist die Unterart *D. p. edwardsi* aus dem nordöstlichen Teil des Areals.

Unten: *Diadophis punctatus similis*, eine weitere Unterart der Halsbandnatter, die von der südkalifornischen Küste bis nach Baja California (Mexiko) vorkommt. Wie auch andere rotbäuchige Formen ringeln diese Tiere bei Belästigung das angehobene Hinterende zu einer engen Spirale zusammen. Halsbandnattern fressen Regenwürmer und Nacktschnecken, seltener kleine Amphibien und Reptilien. Sie legen bis zu zehn Eier, die häufig in Gemeinschaftsnestern deponiert werden.

Scharlachnatter
Cemophora coccinea

Verbreitung: Südöstliche USA, von New Jersey bis Texas.

Lebensraum: Laub- und Nadelwälder auf lockeren, sandigen, gut entwässerten Böden.

Wissenswertes: Scharlachnattern werden aufgrund ihrer Färbung oft mit (giftigen) Korallenschlangen oder den schwarz-weiß-rot geringelten *Lampropeltis*-Arten verwechselt. Die Zeichnung der Scharlachnattern besteht jedoch nicht aus Ringeln, sondern aus Sattelflecken, die nicht auf den Bauch übergreifen; letzterer ist einfarbig weißlich oder gelblich. Weitere Unterscheidungsmerkmale sind der zugespitzte Kopf und die stets rote Schnauzenspitze. Diese Art wird meist bis 60 cm, selten bis 80 cm lang.

Scharlachnattern leben in selbstgegrabenen Gängen im Boden, unter Steinen, verrottendem Holz etc. und kommen höchstens nachts an die Oberfläche; hin und wieder werden sie durch den Pflug ans Tageslicht befördert. Obwohl sie in der Lage sind, kleine Schlangen, Echsen und nestjunge Mäuse zu erbeuten (sie werden vor dem Verschlingen erdrosselt), werden Reptilieneier als Nahrung allem anderen vorgezogen. Wie die asiatische Gattung *Oligodon* (Kukrinattern) mit gleicher Nahrungspräferenz sind sie mit spezialisierten Zähnen im Oberkiefer ausgestattet, mit deren Hilfe die Eier beim Verzehr aufgeschlitzt werden. Gelege von Scharlachnattern bestehen aus wenigen (bis zu acht) Eiern; die ca. 15 cm langen Jungschlangen schlüpfen im Spätsommer.

Innerhalb des Gesamtverbreitungsgebietes lassen sich drei Unterarten unterscheiden. Die abgebildete Form (*C. c. coccinea*) ist auf die Halbinsel

Eine ungewöhnliche, teil-albinotische Mutante von *Cemophora c. coccinea.* Aufgrund erblicher Defekte ist das gezeigte Tier zwar in der Lage, gelbe und rote, nicht aber schwarze Pigmente zu bilden.

von Florida beschränkt. *C. c. lineri* kommt in einem kleinen, vom restlichen Artareal isolierten Gebiet in Südtexas vor, während das gesamte restliche Verbreitungsgebiet von *C. c. copei* eingenommen wird. Die Unterarten zeigen leichte Unterschiede in der Färbung.

Haltung: Viele Exemplare bestehen auch in Gefangenschaft auf Reptilieneiern und verweigern jede andere Nahrung. Sie eignen sich daher nur in den wenigsten Fällen als Terrarientiere, sofern der Halter nicht gewillt ist, Fütterungsempfehlungen mit einem Hauch von Kuriosität zu folgen (z. B. das Füllen von Reptilien-Eischalen mit Hühnereidotter, oder die Verabreichung verquirlter Hühnereier mit dem Trinkwasser).

Schaufelnasennatter
Chionactis occipitalis

Verbreitung: Wüstengebiete des südwestlichen Nordamerikas (von Nevada bis Nordwestmexiko).
Lebensraum: Sandwüste, felsige Berghänge, Trockenbusch.
Wissenswertes: Eine weißliche bis gelbe Schlange mit sattelförmigen dunklen Querbändern; die Schnauzenspitze ist keilförmig zugespitzt. Die meisten Exemplare werden nicht länger als 30 cm (maximal 43 cm).

Schaufelnasennattern bewegen sich geschickt und schnell in lockerem, feinem Sand; als Anpassungen an diesen Lebensraum sind der zum Graben befähigte Kopf, die glatte Beschuppung und die verschließbaren Nasenöffnungen zu verstehen. Wie die meisten Wüstenbewohner sind auch diese Tiere nachtaktiv und suchen dann die Oberfläche nach Beutetieren ab; gefressen werden Spinnen, Skorpione, Tausendfüßer und Insekten. Tagsüber verstecken sie sich im Sand, in den sie bei Gefahr mit erstaunlicher Geschwindigkeit „eintauchen" können. Die kleinen Gelege bestehen aus bis zu vier Eiern; die Jungschlangen sind beim Schlupf ca. 10 cm lang.

Außer der abgebildeten *C. o. occipitalis* aus Südostkalifornien und Westarizona werden noch die Formen *C. o. annulatus* (Südkalifornien und Arizona bis Nordwestmexiko) mit geringerer Bänderzahl sowie *C. o. talpina* aus Nevada und *C. o. klauberi* aus Arizona mit zusätzlichen sekundären Ringeln unterschieden.
Haltung: Stellt besondere Ansprüche an Unterbringung und Ernährung; nur für Spezialisten.

Girondische Schlingnatter
Coronella girondica

Verbreitung: Italien, Südfrankreich, Iberische Halbinsel, Nordwestafrika.

Lebensraum: Trockenes Buschland, steinige Berghänge etc.

Wissenswertes: Eine kleine Schlange von grauer bis rotbrauner Grundfärbung; der Rücken ist mit Reihen dunkler, gegeneinander versetzter Flecken versehen. Der Bauch ist gelb bis rötlich mit dunklen Flecken. Auf dem Hinterkopf befindet sich eine nach vorn offene Hufeisenzeichnung. Girondische Schlingnattern werden meist 60 cm, selten bis 80 cm lang.

Den Lebensraum (sonnige Biotope mit vielen Versteckmöglichkeiten, z. B. Geröllhalden, Trockenmauern etc.) teilen sie mit ihren bevorzugten Beutetieren, den Eidechsen; gelegentlich werden auch kleine Schlangen und nestjunge Mäuse verspeist. Die Beute wird vor dem Verzehr durch Umschlingen getötet. Im Gegensatz zu ihrer nahen Verwandten, der Schlingnatter (*C. austriaca*), ist *C. girondica* nachtaktiv und durchstöbert Felsspalten etc. nach schlafenden Eidechsen. Sie legt Eier, wobei ein Gelege aus bis zu zehn Eiern besteht. Die Jungschlangen schlüpfen ab Ende August und ernähren sich zunächst von Insekten (Grillen, Heuschrecken u. a.). Die Färbung, der plumpe Körperbau und die bedächtige Fortbewegungsweise lassen Verwechslungen mit Kreuzottern oder Aspisvipern zu; der vipernartige Eindruck wird dadurch verstärkt, daß *Coronella*-Arten bei Gefahr ihren Kopf abflachen und dreieckig erscheinen lassen.

Die zweite Art der Gattung, die Schling- oder Glattnatter (*C. austriaca*) ist über weite Teile Europas (im Norden bis nach England und Südskandinavien) verbreitet; im Gegensatz zu der auf wärmere Gefilde beschränkten *C. girondica* ist sie

Von der Nominatform *C. a. austriaca*, die den größten Teil des Areals besiedelt, wird *C. a. fitzingeri* aus Süditalien und Sizilien unterschieden.

Die Gattung *Coronella* ist eng mit der amerikanischen Gattung *Lampropeltis* verwandt.

Die eigentliche Schling- oder Glattnatter (*Coronella austriaca*) ist bis weit in den Norden Europas verbreitet. Im Gegensatz zu *C. girondica* ist sie tagaktiv und bringt fertig entwickelte Jungtiere zur Welt. Bei Gefahr wird der Kopf dreieckig abgeflacht und verstärkt dadurch das vipernartige Erscheinungsbild dieser bissigen, für den Menschen jedoch harmlosen Art.

tagaktiv und ovovivipar; sie bringt im Spätsommer bis zu 15 Jungtiere zur Welt (im nördlichen Teil des Areals kommt es zu verzögerter Entwicklung, und die Geburt findet erst im nächsten Frühjahr statt). Oft sind die Geschlechter unterschiedlich gefärbt, wobei die Männchen zu Rotbraun und die Weibchen zu Graubraun tendieren.

Haltung: Als Terrarientiere sind beide Arten wenig geeignet, da sie sich von ihrer Eidechsennahrung oft nicht auf andere Futtertiere umstellen lassen. Sie sollten höchstens zu wissenschaftlichen Zwecken gehalten werden und verbleiben ansonsten am besten im Freiland. **§: BA**.

Gemeine Eierschlange
Dasypeltis scabra

Verbreitung: Afrika, vom Kapland bis Gambia im Westen und zum Sudan im Norden; auch in Südarabien.

Lebensraum: Fast überall, außer in Wüsten und geschlossenen Regenwaldgebieten.

Wissenswertes: Eierschlangen sind schlanke Tiere mit kleinem, abgerundetem Kopf und etwas hervortretenden Augen. Die verschiedenen Populationen sind sehr unterschiedlich gefärbt, da sie sich nicht nur in der Grundfärbung den örtlichen Böden anpassen (grau bis rötlich), sondern in der Musterung auch verschiedene Giftschlangen nachahmen, die im jeweiligen Gebiet vorkommen. Rücken und Seiten tragen meist je eine Reihe verschieden geformter dunkler Flecken, die zu einem „Zickzackband" zusammenfließen kön-

nen; auf Kopf und Nacken finden sich dunkle V-Muster. Die Bauchseite ist weiß und trägt manchmal dunkle Flecken. Die Rücken- und unteren Seitenschuppen sind stark gekielt, wobei die Kiele der letzteren gesägt sind. *D. scabra* wird meist 70 cm, selten bis 1,10 m lang.

Eierschlangen sind weitgehend nachtaktive Tiere, die sowohl auf dem Boden als auch auf Bäumen angetroffen werden; häufig halten sie sich in allseitig umschlossenen Nestern von Vögeln, v. a. von Webervögeln, auf. Sie sind hochgradige Nahrungsspezialisten, die sich ausschließlich von Vogeleiern ernähren.

Ihr Körperbau weist zahlreiche Anpassungen an diese Ernährungsweise auf. Ober- und Unterkiefer besitzen nur wenige und äußerst kurze Zähne.

Kopf- und Halsregion sind außerordentlich dehnbar, so daß Eier gefressen werden können, die einen bis zu dreimal größeren Durchmesser aufweisen als der Kopf der Schlange. Nach der Aufnahme (vom „spitzen" Ende her) wird das Ei im Halsbereich hin und her bewegt. Dabei wird die Schale mit Hilfe verlängerter, in die Speiseröhre ragender und von einer schmelzartigen Substanz umkleideter Fortsätze des 22. und 28. Halswirbels durchbohrt. Anschließend wird die Partie zwischen den entstandenen Löchern mit Hilfe von Muskelkraft und den Wirbeln 23–27 eingedrückt. Nur der auslaufende Inhalt findet seinen Weg in den Magen, während die leere Schale zu einem länglichen Paket geformt und wieder ausgewürgt wird. Eierschlangen erkennen meist durch „Beriechen" mit der Zunge, ob sich Eier in einem fortgeschrittenen Entwicklungsstadium befinden; nur frische oder kurz angebrütete Eier werden gefressen. Wenn irrtümlich Eier mit weit entwickelten Embryonen verschlungen werden, werden diese meist nicht hinuntergeschluckt, sondern finden zusammen mit den Eischalen ihren Weg ins Freie.

In weiten Teilen ihres Verbreitungsgebietes findet die Brut der Vögel weitgehend synchron zu bestimmten Jahreszeiten statt; in Südafrika zu Beginn der warmen Jahreszeit, in den Tropengebieten zu Beginn der ein- bis zweimal im Jahr eintretenden Regenzeiten. Eierschlangen sind somit daran angepaßt, für kurze Zeit ein Überangebot an Nahrung vorzufinden und dazwischen viele Monate ohne ein einziges Vogelei überdauern zu müssen. Aus diesem Grund fressen Eierschlangen während der Vogelbrut fast ohne Unterlaß und bilden (unterstützt durch die leichte Verdaulichkeit der Nahrung) rasch Fettreserven, von denen sie während der trockenen oder kalten Zeit des Jahres zehren.

Eierschlangen fressen nicht nur Eier, sondern legen auch solche, und zwar je nach Herkunft zu verschiedenen Jahreszeiten; in Südafrika findet die Eiablage im Dezember und Januar statt. Die bis zu 25 Eier werden nicht wie bei den meisten anderen Schlangen in einem einzigen Gelege deponiert, sondern innerhalb etwa eines Tages einzeln oder in kleinen Gruppen auf verschiedene Stellen verteilt. Nach einer etwa dreimonatigen Entwicklungszeit schlüpfen die ca. 24 cm langen Jungtiere; sie ernähren sich von Anfang an von Vogeleiern.

Eierschlangen sind durch ihre schwache Bezahnung nicht in der Lage, ihren Feinden irgendwelche Verletzungen zuzufügen; bei Gefahr sind sie ausschließlich auf ein abschreckend wirkendes Gehabe angewiesen, das entsprechend gut entwickelt ist; im nördlichen Afrika ist die äußerst giftige Sandrasselotter (*Echis carinatus*) ein beliebtes Vorbild, wobei Eierschlangen nicht nur die Färbung, sondern auch das „rasselnde" Drohgeräusch durch Aneinanderreiben ihrer mit gekielten Schuppen versehenen Körperseiten imitieren. Außerhalb des Areals von *E. carinatus* wird meist die weit verbreitete Krötenotter (*Causus rhombeatus*) nachgeahmt, wobei sich Vorbild wie Nachahmer zur Verteidigung aufblähen, laut zischen und wild um sich beißen. Im westlichen Südafrika ist die Gehörnte Puffotter (*Bitis caudalis*) ein weiteres Vorbild.

Eierschlangen werden in eine eigene Unterfamilie (Dasypeltinae) gestellt, zu der neben sechs afrikanischen *Dasypeltis*-Arten auch die asiatische Gattung *Elachistodon* gehört. Die Braune Eierschlange (*D. inornata*) kommt nur im Küstenbereich des östlichen Südafrikas vor und lebt ähnlich wie *D. scabra*. Die Ostafrikanische Eierschlange (*D. medici*) ist von Mosambik bis Somalia verbreitet und bevorzugt dichte Wälder im Tiefland. Ebenfalls in Wäldern lebt *D. atra* aus Zaire, Uganda und Kenia. *D. palmarum* ist aus Zaire und Angola bekannt, *D. fasciata* kommt nördlich davon von Westuganda bis Gambia vor. Die Indische Eierschlange (*Elachistodon westermanni*) weicht von den afrikanischen Arten durch den Besitz verlängerter und gefurchter Zähne im hinteren Oberkiefer ab; solche Zähne sind von Trugnattern bekannt und dienen zum Einspritzen von Gift in die Beutetiere. Welchen Zweck sie bei einer eierfressenden Schlangenart erfüllen, ist nicht bekannt. *E. westermanni* wird etwa 70 cm lang, kommt im Osten des indischen Subkontinents vor und gilt als bedroht.

Haltung: Eierschlangen benötigen trockene Terrarien mit einem kleinen, ständig vorhandenen Wassergefäß, Versteckmöglichkeiten und Kletterästen. Die Temperatur sollte 25–29 °C betragen und nachts abfallen. Die Ernährung erfolgt am besten mit Wachtel–, Tauben- oder sehr kleinen Hühnereiern. Sauber gewaschene Eier werden wegen des fehlenden Vogel-Geruchs nicht gefressen! Wie in der Natur, legen die Tiere manchmal monatelange Freßpausen ein. *E. westermanni*: §: **WA II**.

Hühnerfresser
Spilotes pullatus

Verbreitung: Von Südmexiko über fast das gesamte tropische Südamerika bis Nordargentinien.

Lebensraum: Regenwald und andere vegetationsreiche Gebiete; nie weit von Gewässern.

Wissenswertes: Eine große, schlanke, auffällig gefärbte Schlange. Farbton und Verteilung von Gelb und Schwarz sind individuell sehr variabel; die Palette reicht von zitronengelben Tieren mit schwarzen Flecken und Bändern bis zu fast völlig schwarzen Exemplaren mit vereinzelten gelben oder orangefarbenen Sprenkeln. Der Körper ist seitlich abgeflacht mit kielartigem Rücken und langem Schwanz. Diese Art erreicht meist 2 m, in Ausnahmefällen bis 3,60 m Länge.

Hühnerfresser klettern hervorragend und sind in allen Etagen des tropischen Regenwalds zu Hause. Sie stöbern sowohl auf Bäumen als auch am Boden nach Beute, die aus Säugetieren, Fröschen, Echsen und Schlangen besteht; größere Tiere werden vor dem Verzehr durch Umschlingen erdrosselt. Häufig werden Hühnerfresser durch das regelmäßige Vorkommen von Ratten in menschliche Siedlungen gelockt; falls sich die Gelegenheit bietet, wird Hausgeflügel jedoch keineswegs verschmäht, was in der populären Benennung dieser Art seinen Niederschlag findet. Das Drohverhalten von Hühnerfressern wirkt besonders bei großen Exemplaren eindrucksvoll: bei erhobenem und S-förmig gekrümmtem Vorderkörper wird der Hals vertikal aufgebläht (siehe Bild), während der Schwanz schnelle Schläge ausführt. Hühnerfresser sind eierlegend; die Schlüpflinge ernähren sich zunächst von kleinen Fröschen und Echsen.

Um Hühnerfresser rankt sich in manchen Gegenden eine originelle Variante des „Milchschlangenmärchens": Durch den Atem dieser Tiere würden stillende Mütter in Tiefschlaf versetzt und der von der Milchquelle verdrängte Säugling durch den als Spielzeug dargebotenen Schlangenschwanz ruhiggestellt!

Haltung: Die meisten der angebotenen Tiere sind Wildfänge, die auf Parasiten untersucht und bei Bedarf behandelt werden müssen. Hühnerfresser bleiben meist wild und angriffslustig und werden selten zahm. Sie benötigen große Behälter mit Kletterästen und ausreichend Wasser bei Temperaturen von 26–29 °C.

Schneckennatter
Dipsas variegata

Verbreitung: Nördliches Südamerika (von Peru bis Französisch Guiana und Panama).

Lebensraum: Büsche und Bäume feuchter Waldgebiete.

Wissenswertes: *D. variegata* ist eine baumlebende Art mit kurzem, breitem Kopf (weshalb *Dipsas*-Arten manchmal auch als „Dickkopfnattern" bezeichnet werden), schlankem Körper und sehr langem Schwanz. Die Färbung des abgebildeten, in Surinam gefangenen Exemplars ist typisch für die Art. Schneckennattern werden kaum länger als 60 cm.

Schneckennattern sind Nahrungsspezialisten, die sich ausschließlich von Gehäuseschnecken ernähren. In Anpassung an diese Nahrung ist der Unterkiefer durch Verwachsung der Hautschup-pen verfestigt und nicht mehr dehnbar; die vorderen Zähne der Unterkieferäste sind stark verlängert, und das Kiefergelenk ermöglicht eine vom Oberkiefer unabhängige Vor- und Rückwärtsbewegung. Um die Schnecken aus ihrem Gehäuse (das nicht mitverzehrt wird) zu ziehen, wird der Unterkiefer in die Gehäuseöffnung geschoben und Fuß und Eingeweidesack der Schnecke mit Hilfe drehender Bewegungen herausgezogen. Während die Schnecke gefressen wird, ist die Atmung der Schlange meist durch den von der Schnecke produzierten Schleim unterbrochen. Entsprechend der gemächlichen Fortbewegungsweise ihrer Beutetiere bewegen sich auch Schneckennattern in gemäßigtem Tempo. Im Gegensatz zu vielen anderen baumbewohnenden Schlangen ist ihr langer Schwanz nicht zum Greifen geeignet; er wird beim Klettern vielmehr lang ausgestreckt gehalten und fungiert als Gegengewicht. Über die Fortpflanzung von Schneckennattern ist – außer der Tatsache, daß sie Eier legen – wenig bekannt.

Wegen der zahlreichen anatomischen Spezialisierungen der Schneckennattern werden sie innerhalb der Colubridae in die Unterfamilie Dipsadinae gestellt. Sie sind mit mehreren Gattungen in Mittel- und Südamerika verbreitet. Die größte und am besten bekannte Gattung ist *Dipsas* mit etwa 30 beschriebenen Arten. Weitere Gattungen sind *Sibon* und *Sibynomorphus*, die aufgrund des weniger spezialisierten Kieferapparates als primitiver anzusehen sind, und *Tropidodipsas*, deren Arten vorwiegend auf dem Boden leben und nur gelegentlich auf niedrige Büsche klettern (*Tropidodipsas* wird manchmal als Synonym zu *Sibon* angesehen).

Auch in Asien gibt es schneckenfressende Nattern (z. B. Arten der Gattung *Pareas*), die aber trotz ähnlicher Anatomie und Lebensweise mit den amerikanischen Formen nur entfernt verwandt sind und in die eigene Unterfamilie Pareinae gestellt werden.

Die afrikanischen *Duberria*-Arten ernähren sich ebenfalls von Schnecken. Sie sind weder mit den amerikanischen noch mit den asiatischen Schneckennattern verwandt und unterscheiden sich auch dadurch, daß bevorzugt Nacktschnecken verzehrt werden. Ihre Technik im Umgang mit Gehäuseschnecken ist weniger elegant: der herausragende Fuß wird gepackt und das Gehäuse durch wiederholtes Schleudern auf Steine zertrümmert. Sie sind lebendgebärend (ovovivipar). Bei Gefahr rollen sie sich zu einer engen Spirale zusammen und werden deshalb in Südafrika als „tabakrolletjie" bezeichnet. Während *D. lutrix* in Süd- und Ostafrika weit verbreitet ist, kommt *D. variegata* nur an der südafrikanischen Ostküste vor.

Haltung: Nur für Spezialisten zu empfehlen.

Tropidodipsas sartori gehört zu den bodenbewohnenden Arten der Schneckennattern (Dipsadinae). Sie ist mit drei Unterarten von Südmexiko bis Guatemala verbreitet und ernährt sich ausschließlich von Gehäuseschnecken.

Schlammnatter
Farancia abacura

Verbreitung: Küstenbereich der südöstlichen USA von Virginia bis Texas; im Mississippi-Becken nördlich bis Südillinois.

Lebensweise: Sumpfige Seeufer, Überschwemmungsflächen, verschlammte Gräben etc.

Wissenswertes: Eine relativ große, glatt und glänzend beschuppte Schlange. Der sehr kurze Schwanz läuft in einen spitzen, konischen Stachel aus. Die Färbung ist blauschwarz mit roter oder rosa Würfelzeichnung an Bauch und Flanken. Die Maximallänge dieser Art liegt bei über 2 m, wobei aber die meisten Exemplare nur ca. 1,20 m erreichen.

Schlammnattern sind weitgehend nachtaktiv und durchstöbern den feuchten Uferschlamm nach ihren hauptsächlichen Beutetieren, den mit nur winzigen Beinstummeln versehenen, aalartigen Schwanzlurchen der Gattungen *Siren* und *Amphiuma*; nur gelegentlich werden auch andere Amphibien und kleine Fische gefressen. Um die schlüpfrigen Beutetiere vor dem Verschlingen in die richtige Position zu bringen, wird der Stachel an der Schwanzspitze als „Werkzeug" eingesetzt. Schlammnattern sind harmlos und verteidigen sich nicht durch Bisse, sondern versuchen höchstens, den Feind mit der Schwanzspitze zu bearbeiten. Im Sommer werden bis zu 100 Eier in nicht allzu feuchte Hohlräume am Ufer, unter

Baumstämmen etc. abgelegt; während der Entwicklungszeit werden die Eier meist vom Weibchen bewacht, das sich um das Gelege ringelt. Die ca. 20 cm langen Jungschlangen schlüpfen nach knapp zwei Monaten und fressen zunächst Kaulquappen und andere kleine Amphibien.

Neben der links abgebildeten Nominatform (*F. a. abacura*) aus dem östlichen Teil des Areals (Virginia bis Florida und Alabama) kommt im Mississippi-Becken (bis Texas und Alabama) *F. a. reinhardti* vor; sie unterscheidet sich durch eine geringere Anzahl roter „Bauchbinden".

Farancia-Arten gehören zur Unterfamilie der Wolfszahnnattern (Lycodontinae).

Haltung: Meist werden nur Schwanzlurche der genannten Gattungen gefressen, so daß eine Haltung nur in Ausnahmefällen sinnvoll ist. Empfehlungen, Fisch- oder Fleischstreifen durch Einlegen in Aquarien mit den entsprechenden Molchen den richtigen Geschmack zu verschaffen, klingen eher abenteuerlich. Neben einem Aquarienteil mit sehr feuchter Erde benötigen Schlammnattern unbedingt auch einen trockenen Platz zum Aufwärmen.

Die Weibchen der Schlammnatter ringeln sich zur Bewachung während der gesamten für die Eientwicklung benötigten Zeit um ihr Gelege, das in Erdhöhlen am Ufer abgelegt wird. Das abgebildete Tier gehört der westlichen Unterart *Farancia abacura reinhardti* an.

Ein Jungtier von *Farancia abacura reinhardti* demonstriert die Abwehrstellung der Schlammnattern: durch Aufrichten des Hinterkörpers und Schwanzes wird die rote Unterseite präsentiert, ein Verhalten, das in ähnlicher Weise auch verschiedene andere wehrlose Schlangenarten zeigen.

Regenbogennatter
Farancia erytrogramma

Verbreitung: Küstenbereich der südöstlichen USA von Maryland bis zur Mississippi-Mündung.

Lebensraum: Lockere Sandböden in Gewässernähe (Zypressensümpfe, Flüsse, Bäche etc.).

Wissenswertes: Eine in Gestalt und Beschuppung der Schlammnatter sehr ähnliche Schlange; auf der blauschwarzen Grundfarbe trägt sie jedoch über die gesamte Länge des Körpers drei schmale, rote Längsstreifen; am Übergang zur Bauchbeschuppung befindet sich auf jeder Seite ein gelbes Längsband. Die Unterseite ist rot mit einer Doppelreihe schwarzer Flecken. Regenbogennattern werden meist ca. 1,20 m lang, können aber bis zu 1,65 m erreichen.

Diese Art ist vorwiegend nachtaktiv und hält sich meist im lockeren Ufersand oder in dichter Ufervegetation auf. Ihre Beutetiere sind fast aus-schließlich Aale. Im Sommer werden bis zu 50 Eier im feuchten Sandboden deponiert; die ca. 20 cm langen Jungschlangen ernähren sich in der ersten Zeit v. a. von Kaulquappen, kleinen Fröschen und Molchen.

Während die abgebildete Nominatform (*F. e. erytrogramma*) fast das gesamte Artareal bewohnt, wird eine kleine isolierte Population in Südflorida als eigene Unterart (*F. e. seminola*) angesehen; sie unterscheidet sich durch eine überwiegend schwarze Bauchfärbung.

Haltung: Als Futter werden fast nur Aale akzeptiert. Sonst kann die Art wie die Schlammnatter gehalten werden: Sie benötigt feuchte Sanderde zum Graben und einen trockenen Platz zum Aufwärmen sowie Versteckmöglichkeiten. Die Temperatur sollte 23–27 °C betragen.

Östliche Hakennatter
Heterodon platyrhinos

Verbreitung: Fast die gesamte östliche Hälfte Nordamerikas zwischen der kanadischen Grenze und Südtexas; im Westen bis Westkansas.

Lebensraum: Gebiete mit lockeren Sandböden: Wiesen, Felder, offene Wälder.

Wissenswertes: Eine plumpe Schlange mit kurzem Kopf, zugespitzter, etwas nach oben gekehrter Schnauze und auffällig breitem Hals. Die Färbung dieser Art ist extrem variabel und reicht von völlig schwarzen Tieren bis zu gelblichen Exemplaren mit großen dunklen, gegeneinander versetzten Rücken- und Seitenflecken. Diese Art wird meist ca. 90 cm, maximal 1,15 m lang.

Eine tagaktive Art, die in lockeren Sandböden nach Beutetieren gräbt, wobei sie sich ihrer aufgeworfenen Schnauze als Grabinstrument bedient. Sie ernährt sich hauptsächlich von Kröten und Fröschen, selten von Reptilien und Wirbellosen. Mit Hilfe verlängerter (aber ungefurchter) Zähne im hinteren Oberkiefer läßt sie nach dem Fang Speichel in das Beutetier fließen, der offenbar eine Giftwirkung auf Amphibien ausübt; für den Menschen ist der Biß dieser Art ungefährlich. *H. platyrhinos* legt bis zu 60 Eier in Sandböden ab, die eine Entwicklungszeit von ca. zwei Monaten benötigen. Den Winter überdauert diese Art tief im lockeren Boden eingegraben. Bei Gefahr verstärken diese Tiere den giftschlangenartigen Eindruck, indem sie sich aufblähen, laut zischen und wild zustoßen (meist mit geschlossenem Maul). Bei fortdauernder Belästigung stellen sie sich tot, indem sie mit geöffnetem Maul auf den Rücken rollen und den Kloakeninhalt entleeren.

Die Gattung *Heterodon* ist mit drei Arten auf

Nordamerika beschränkt und wird in die Unterfamilie Xenodontinae gestellt. Die südamerikanischen Arten, die früher unter diesem Gattungsnamen geführt wurden, werden heute der Gattung *Lystrophis* zugeordnet; sie kommen in Brasilien, Argentinien, Paraguay und Bolivien vor. Die verwandte Gattung *Xenodon* ist in Mittel- und Südamerika verbreitet.

Haltung: Da diese Art nur Kröten und Frösche als Futter akzeptiert, ist eine Haltung in jedem Fall problematisch. Hakennattern benötigen trockene Terrarien mit lockerem Substrat zum Graben und ständigem Zugang zu Wasser. Die Temperaturen sollten 23–27 °C betragen und nachts abfallen. Eingewöhnte Exemplare sind nicht mehr gewillt, ihre Totstell-Rituale aufzuführen.

Das Endstadium des komplexen Abwehr-Rituals der Östlichen Hakennatter. Trotz des „bewußtlos" wirkenden Zustands nimmt das Tier dabei seine Umgebung offenbar wahr, da es sich bei Verschwinden der Gefahr sofort davonmacht.

Lystrophis semicinctus, eine bunt gefärbte südamerikanische Verwandte der Hakennattern (auch sie gehört in die Unterfamilie Xenodontinae). Diese Art ähnelt in ihrer Färbung Korallenschlangen und zeigt ebenfalls ein kompliziertes Abwehrverhalten.

Westliche Hakennatter
Heterodon nasicus

Verbreitung: Mittlerer Westen Nordamerikas von Südkanada bis Nordmexiko; im Westen bis zu den Rocky Mountains, im Osten überlappt sich das Areal mit dem von *H. platyrhinos* (v. a. in Kansas, Oklahoma und Texas).

Lebensraum: V. a. Gebiete mit Sandböden: Grasland, lockere Wälder etc.

Wissenswertes: Eine gedrungene Schlange mit kurzem Kopf und steil aufgebogener Schnauzenspitze. Die Färbung der Oberseite ist meist sehr hell mit z. T. deutlichen, z. T. verblaßten Fleckenreihen; die Unterseite trägt große dunkle Flecken, die oft nur wenig von der hellen Grundfarbe übrig lassen. Diese Art wird meist bis 60 cm, ausnahmsweise bis fast 90 cm lang.

Ähnlich wie die Östliche Hakennatter gräbt auch diese Art oft in lockeren Böden nach Beute, die aber nicht nur aus Amphibien, sondern auch aus Mäusen, Echsen und kleinen Vögeln besteht; auch Reptilieneier werden gefressen. Sie ist meist in der Dämmerung aktiv und verbringt die heiße Tages- und kalte Nachtzeit im Boden eingegraben. Die bis zu 23 Eier werden im Sommer in den Boden abgelegt und benötigen ca. zwei Monate bis zum Schlupf der Jungschlangen; die Geschlechtsreife wird innerhalb von zwei Jahren erreicht. Das Verteidigungsritual dieser Art ist nicht so ausgeprägt wie bei ihren Gattungsgenossen.

Außer der abgebildeten *H. n. nasicus* aus dem nördlichen Teil des Areals werden noch *H. n. gloydi* aus dem Südosten und *H. n. kennerlyi* aus dem Süden des Areals unterschieden.

Haltung: Ähnlich wie die Östliche Hakennatter, wobei die meisten Exemplare kleine tote Mäuse als Futter akzeptieren.

Die Südliche Hakennatter (*Heterodon simus*) ist die dritte Art der Gattung *Heterodon*. Sie bewohnt die Südoststaaten der USA von North Carolina bis Mississippi. Sie kommt in trockenen, sandigen Gebieten vor und ernährt sich von Amphibien, seltener von kleinen Nagetieren.

Auch *Xenodon rhabdocephalus*, eine südamerikanische Verwandte der Hakennattern, ahmt Giftschlangen nach und wird auch als „Falsche Lanzenotter" bezeichnet. Die Gattung *Xenodon* ist mit etwa sieben Arten über Mittel- und Südamerika verbreitet. Auch sie fressen in der Hauptsache Amphibien.

Buntnatter
Liophis poecilogyrus

Verbreitung: Weite Teile des zentralen Südamerikas, im Süden bis Nordargentinien.

Lebensraum: Gewässerufer, Sumpfgebiete.

Wissenswertes: Eine je nach Herkunft sehr variabel gefärbte Art, deren zwölf bekannte Unterarten von dunkelrosa bis flaschengrün gefärbt sind und mit Streifen-, Flecken- oder Zickzackmustern versehen sein können. Das abgebildete Exemplar ist typisch für die Unterart *L. p. reticulatus* aus Nordargentinien, Südbrasilien, Paraguay und Bolivien. *L. poecilogyrus* wird bis 1,20 m lang.

Diese Tiere erinnern in ihrer Lebensweise an die amerikanischen Schwimmnattern der Gattungen *Nerodia* und *Thamnophis*, mit denen sie als Angehörige der Xenodontinae jedoch nicht näher verwandt sind; sie leben nicht ständig im Wasser, sind aber gute Schwimmer und durchstöbern Gewässerufer und Sumpfgebiete nach Beutetieren, wobei hauptsächlich Amphibien und Fische gefangen werden. Einige der Unterarten aus trockeneren Gegenden fressen auch kleine Echsen und Nagetiere. Obwohl sie innerhalb ihres Areals relativ häufig vorkommt, gibt es kaum Hinweise auf die Fortpflanzungsbiologie dieser Art im Freiland. Gefangene Exemplare produzierten Gelege von bis zu sieben Eiern, die bei 27 °C ca. 40 Tage Entwicklungszeit benötigen; die ca. 25 cm langen Jungschlangen fressen kleine Frösche.

Alle hier vorgestellten *Liophis*-Arten wurden früher (oder werden noch immer) der Gattung *Leimadophis* zugerechnet. Die Taxonomie dieser äußerst arten- und formenreichen Verwandtschaftsgruppe (über 40 Arten), deren Vertreter fast ganz Lateinamerika besiedeln, ist auch heute noch weitestgehend ungeklärt.

Haltung: Wie amerikanische Wassernattern *(Nerodia)*. Fische werden als Nahrung akzeptiert, während Mäuse kaum Begeisterung erwecken.

Liophis typhlus, eine bodenbewohnende Buntnatter aus den Wäldern Südamerikas. Die über fast ganz Lateinamerika verbreitete Gattung *Liophis* enthält eine Vielzahl von Arten, die verschiedenste Lebensräume besiedeln; sie wird z. T. in mehrere Gattungen aufgespalten (z. B. *Leimadophis*).

Liophis regina kommt mit zwei Unterarten im nördlichen und östlichen Südamerika (östlich der Anden) vor. Auch diese Art wird z. T. zu *Leimadophis* gestellt.

Macropisthodon rudis

Verbreitung: Süd- und Südostchina, Taiwan.
Lebensraum: Bergwiesen, bewaldete Berghänge und andere Waldgebiete.
Wissenswertes: Eine grau, braun oder rötlich gefärbte Schlange, die mit mehreren Reihen dunkler, verschieden geformter Flecke gemustert ist; an den Kopfseiten erstreckt sich ein helles Band. Die Schuppen sind stark gekielt, so daß die Oberfläche der Tiere raspelartig rauh wirkt. Sie werden kaum länger als 90 cm.

Diese Art ist in ihrer Heimat verhältnismäßig selten, und von ihrer Lebensweise im Freiland ist kaum etwas bekannt. Sie ernährt sich hauptsächlich von Fröschen und anderen Amphibien; auch kleine Schlangen werden gefressen. Sie legt Eier; die schlüpfenden Jungschlangen gleichen in der Färbung den erwachsenen Tieren.

Macropisthodon flacht bei Bedrohung oder Belästigung den Körper ab; auch der Kopf nimmt dann eine flache und „dreieckige" Viperngestalt an. Sie ringelt sich dabei in der für viele Vipern und Grubenottern typischen Weise und biegt den Vorderkörper S-förmig zurück. Mit diesem Verhalten ahmt sie die in ihrem Verbreitungsgebiet vorkommenden giftigen Grubenottern der Gattungen *Gloydius*, *Deinagkistrodon* und *Trimeresurus* nach; von der einheimischen Bevölkerung wird sie als Giftschlange angesehen, obwohl sie eine Natter ist. Ihre hinteren Maxillarzähne sind stark vergrößert, was auf eine potentielle Giftigkeit hinweist, zumal sie verwandtschaftlich nicht weit von der Gattung *Rhabdophis* entfernt ist.
Haltung: *Macropisthodon*-Arten sind außerhalb Chinas höchst selten in Terrarien anzutreffen. Die begrenzten Erfahrungen zeigen, daß Frösche als Nahrung akzeptiert werden; die Haltungstemperatur sollte 22-24 °C betragen, wobei Sonnenlicht oder eine künstliche UV-Quelle wichtig ist.

Rauhe Grasnatter
Opheodrys aestivus

Verbreitung: Südöstliches Nordamerika (von New Jersey und Missouri bis Ostmexiko).

Lebensraum: Büsche, Sträucher und niedrige Bäume, meist in Gewässernähe.

Wissenswertes: Rauhe Grasnattern sind schlanke Tiere mit langem, spitz zulaufendem Schwanz, gekielten („rauhen") Schuppen und einfarbig grüner Färbung. Sie werden meist 80 cm bis 1 m lang, manchmal auch länger.

Die deutsche Bezeichnung „Grasnatter" ist zumindest für diese Art mißverständlich; sie bezieht sich auf die grasgrüne Färbung, nicht aber auf den Lebensraum, da diese in ihrer Heimat einfach und treffend „Green Snake" genannten Tiere sich weniger im Gras, sondern meist auf Büschen und Sträuchern aufhalten. Sie sind tagaktiv und durchstöbern das Gebüsch nach Gliedertieren wie Heuschrecken und Spinnen, von denen sie sich hauptsächlich ernähren; gelegentlich werden auch kleine Frösche und Echsen verspeist. Rauhe Grasnattern legen im Sommer bis zu zwölf Eier, die je nach Temperatur ein bis drei Monate zur Entwicklung benötigen. Die Jungschlangen sind beim Schlupf ca. 20 cm lang und grünlichgrau gefärbt. Sie werden in ein bis zwei Jahren geschlechtsreif.

Die kleinere, kaum mehr als 50 cm Länge erreichende Glatte Grasnatter (*O. vernalis*) bewohnt ein Areal, das sich nördlich und westlich an das von *O. aestivus* anschließt und nach Südkanada bzw. New Mexico reicht. Sie lebt eher am Boden.

In Asien sind ähnliche und nahe verwandte Arten verbreitet. *Entechinus major* wird über 1 m lang, kommt von Taiwan über Südostchina bis ins nördliche Vietnam vor, bewohnt meist Bambusdickichte und Berghänge in gebirgigen Gegenden und ernährt sich zum Großteil von Würmern. *E. herminae* ist von Südjapan und den Ryu-Kyu-Inseln bekannt.

Haltung: Grasnattern sind friedlich und gut für die Terrarienhaltung geeignet. *O. aestivus* benötigt viele Kletteräste, während sich *O. vernalis* mehr am Boden aufhält. Die Temperatur sollte 23–24 °C betragen und nachts abfallen; wichtig ist UV-Licht. Die amerikanischen Arten fressen Grillen und Heimchen, während die asiatischen Arten Regenwürmer bevorzugen.

Die Rauhe Grasnatter (*Opheodrys aestivus*) lebt hauptsächlich im Gesträuch, bewegt sich langsam und ist aufgrund ihrer Tarnfärbung auch auf kurze Distanz kaum zu entdecken.

Die Glatte Grasnatter (*Opheodrys vernalis*) lebt vorwiegend zwischen der Vegetation am Boden, kann aber beim Stöbern nach Beute auch Büsche erklettern.

Die relativ große Chinesische Grünschlange (*Entechinus major*) bewohnt hauptsächlich Bergwälder und ernährt sich von Regenwürmern und anderen Wirbellosen.

197

Maulwurfsnatter
Pseudaspis cana

Verbreitung: Von Südafrika und Angola bis Kenia.
Lebensraum: Grasland und Baumsavannen; auch Gebirgsregionen und Halbwüsten.
Wissenswertes: Eine einfarbig braune bis grauschwarze Schlange von kräftigem Körperbau, die meist bis 1,50 m, manchmal über 2 m lang wird. Diese muskulöse Natter ist mit dem zugespitzten, kaum vom Hals abgesetzten Kopf, den kleinen, geschützt liegenden Augen und der glatten Beschuppung hervorragend an das Wühlen im Boden und das Kriechen durch Gänge und Baue unterirdisch lebender Säugetiere angepaßt. Sie ernährt sich hauptsächlich von Nagetieren, die sie unter der Erde aufspürt, z. B. von Rennmäusen, Grasmäusen und Mullen, niemals jedoch von Maulwürfen, die es in Afrika nicht gibt; der deutsche Name ist daher, wie so oft, unglücklich gewählt. Bei knappem Angebot ihrer bevorzugten Beutetiere frißt die Maulwurfsnatter auch Vögel und Eier. Die männlichen Tiere liefern sich zur Paarungszeit heftige Kämpfe. *P. cana* ist ovovivipar; die meist 30 bis 40 (gelegentlich bis zu 95) Jungtiere sind bei der Geburt ca. 20 cm lang und tragen ein von der Adultfärbung völlig verschiedenes Jugendkleid mit dunklen Fleckenreihen auf hellem Grund, die zu einem Zickzackmuster verschmelzen können; die Tiere färben sich jedoch bald um, und auf 60 cm langen Exemplaren ist die Fleckung kaum noch erkennbar.

Maulwurfsnattern sind wehrhaft und können, in die Enge getrieben, ernsthafte Bißwunden verursachen.

Haltung: *P. cana* gewöhnt sich auch als Wildfang schnell an das Dasein im Terrarium und frißt problemlos tote Nagetiere. Sie benötigt trockene Behälter mit ausreichend Versteckmöglichkeiten und Substrat zum Graben. Die Temperatur sollte am Tag 26–29 °C betragen und nachts abfallen.

Zischnatter
Pseustes poecilonotus

Verbreitung: Von Mexiko bis Brasilien, Bolivien und Peru.

Lebensraum: Bäume und Sträucher in offenen Wäldern und Savannen.

Wissenswertes: Eine große Schlange von hellbrauner bis schwarzer Färbung mit weißgrauer Unterseite; erwachsene Tiere sind nicht gemustert, jugendliche Exemplare besitzen dagegen eine undeutliche graue Querbänderung. Die Schuppen dieser Art sind gekielt, wodurch der Eindruck einer feinen Längsstreifung erweckt wird. Der Kopf mit den großen Augen ist deutlich vom Hals abgesetzt; wie bei vielen Baumschlangen ist der Körper seitlich stark abgeflacht und somit im Querschnitt höher als breit. Ausgewachsene Zischnattern werden im Mittel 1,50 m lang, obwohl einzelne Tiere deutlich größer werden können.

Diese Schlangen klettern außerordentlich gut und erklimmen auf der Suche nach Beutetieren Bäume von beträchtlicher Höhe. Sie sind jedoch nicht ausschließlich an das Leben auf Bäumen gebunden und werden häufig auch am Boden angetroffen. Ihr Nahrungsspektrum besteht aus kleinen Säugetieren, Vögeln, Eiern und vermutlich auch größeren Echsen; Jungtiere erbeuten auch kleine Frösche. Bei Bedrohung flachen *Pseustes*-Arten ihren Körper ab, blähen Kehle und Hals auf und zischen laut; bei fortgesetzter Belästigung teilen sie Bisse aus, wobei große Exemplare beim Zustoßen eine nicht zu unterschätzende Reichweite besitzen, v. a. von erhöhter Position in Büschen und Sträuchern aus.

Von *P. poecilonotus* sind vier Unterarten beschrieben, von denen die oben abgebildete *P. p. polylepis* („Mahagoninatter") den gesamten südamerikanischen Teil des Verbreitungsgebietes bewohnt; die Nominatform (*P. p. poecilonotus*) und

Zwei Unterarten der Gelbkehl-Zischnatter (*Pseustes sulphureus*) sind aus dem nördlichen Südamerika bekannt; das abgebildete Exemplar gehört der Nominatform an und stammt aus Surinam. Diese Art wird bis zu 2,70 m lang.

P. p. argus kommen in Mexiko, Guatemala und Honduras vor, während die attraktiv schwarz und grau gefärbte *P. p. chrysobronchus* aus Nikaragua und Costa Rica bekannt ist.

Eine weitere Art, die Gelbkehl-Zischnatter (*P. sulphureus*), ist mit zwei Unterarten im nördlichen Südamerika verbreitet (von Zentralbrasilien bis Trinidad); sie wird größer als *P. poecilonotus* und kann Längen von bis zu 2,70 m erreichen.

Haltung: Eine selten in Terrarien gehaltene Art. Die angebotenen Exemplare sind wohl ausschließlich Wildfänge, die (was bei allen importierten Reptilien selbstverständlich sein sollte) auf Darmparasiten untersucht und bei Bedarf behandelt werden müssen. Die Haltung entspricht weitgehend der des Hühnerfressers (*Spilotes pullatus*); das Terrarium sollte groß (vor allem hoch) und mit zahlreichen Kletterästen ausgestattet sein. Wichtig ist ein großes Wassergefäß zum Baden. Die Temperaturen sollten am Tag 26–29 °C betragen und nachts geringfügig abfallen. Von Vorteil ist eine lokale, auf einen Teil der Kletteräste gerichtete Quelle für Wärmestrahlung sowie UV-Licht. Als Nahrung werden meist tote Nagetiere und Küken akzeptiert.

Nasennatter
Rhinocheilus lecontei

Verbreitung: Südwestliches Nordamerika: von Nevada und Südkansas bis Mittelmexiko.

Lebensraum: Trockenes Gras- und Buschland; im Gebirge bis 1600 m Höhe.

Wissenswertes: Eine glatt beschuppte Schlange mit zugespitzter, über den Unterkiefer vorstehender Schnauze. Die Zeichnung besteht aus je nach Unterart mehr oder weniger breiten schwarzen, hell gesäumten Sattelflecken mit dazwischenliegenden rötlichen bis rosafarbenen Flächen; die Bauchseite ist gleichförmig hell mit wenigen dunklen Sprenkeln. Nasennattern werden meist ca. 80 cm, selten über 1 m lang.

Der Körperbau (keilförmiger, nicht abgesetzter Kopf, glatte Schuppen) weist auf eine grabende Lebensweise hin; tatsächlich verbringen diese Tiere den Tag in selbstgegrabenen Höhlen, Fels-spalten oder anderen Verstecken, um nachts auf Nahrungssuche zu gehen. Nasennattern ernähren sich von kleinen Säugetieren, Schlangen, Echsen und sogar Reptilieneiern. Sie sind eierlegend und deponieren ihre kleinen, aus vier bis neun Eiern bestehenden Gelege im Sommer in Erdhöhlen; die Entwicklungszeit der Eier beträgt zwei bis drei Monate. Die Jungschlangen sind beim Schlupf etwa 25 cm lang und ernähren sich zunächst hauptsächlich von kleinen Echsen. Nasennattern sind wenig aggressiv und beißen nur selten. Bei Bedrohung wird oft ein eigenartiges Ritual vorgeführt: die Tiere verstecken ihren Kopf, knäueln sich zusammen und führen Schläge mit dem Schwanz aus, wobei gleichzeitig der Kloakeninhalt, vermischt mit Analdrüsensekret und Blut, entleert wird. Nasennattern halten je nach Her-

kunft eine kurze Winterruhe, nach deren Ende die Paarungen stattfinden.

Von der Nasennatter sind drei Unterarten beschrieben. Die Nominatform *R. l. lecontei* kommt in Nevada, Utah, Kalifornien und Baja California (Mexiko) vor; auch die am weitesten im Norden lebenden Tiere, eine isolierte Population im südlichen Idaho, gehören zu dieser Unterart. *R. l. tessellatus* besitzt eine etwas aufgebogene Schnauze, ist durch verschiedenfarbige Sprenkel weniger klar gezeichnet und bewohnt Texas, New Mexico und das zentralmexikanische Hochland von Chihuahua bis San Luis Potosí. Die auf S. 201 abgebildete *R. l. antonii*, die wohl am deutlichsten und schönsten gemusterte Art, ist auf Westmexiko (Sonora und Sinaloa) beschränkt.

Haltung: Nasennattern gewöhnen sich meist ohne Probleme an das Leben in Terrarien. Sie benötigen ein geeignetes trockenes Substrat zum Graben und möglichst zusätzliche Versteckmöglichkeiten (flache Holz- oder Rindenstücke etc.), sowie einen kleinen Wasserbehälter zum Trinken. Obwohl die Tiere meist am Boden leben, kann ein kleiner Kletterast gute Dienste bei der Häutung leisten. Der Boden sollte lokal erwärmt werden; die Vorzugstemperatur beträgt 26–29 °C und kann nachts leicht abfallen. Die meisten Exemplare akzeptieren kleine Mäuse als Nahrung. Bei artgerechter Haltung sind Nasennattern langlebig und wurden schon bis zu 18 Jahre im Terrarium gehalten.

Vielzahnnatter
Scaphiodontophis annulatus

Verbreitung: Honduras, Guatemala, Belize.

Lebensraum: Felsige Biotope in feuchten Waldgebieten; meist in Gewässernähe.

Wissenswertes: Eine seltene und ungewöhnliche Natter, deren vordere Körperoberseite rot, grau und schwarz gebändert ist; der restliche Körper ist einfarbig braun mit undeutlichen dunklen Längsstreifen. Diese Art wird ca. 80 cm lang.

Die Tiere sind vorwiegend in den frühen Morgenstunden oder nach Regenfällen zu sehen; die übrige Zeit verbringen sie unter Baumstämmen, in Felsspalten und anderen Verstecken, wo sie ihren Beutetieren nachstellen. Vielzahnnattern fressen ausschließlich Skinke (Glattechsen); ihre Bezahnung ist an die glatte und harte Beschuppung ihrer Beutetiere dadurch angepaßt, daß die sehr zahlreichen und seitlich abgeflachten Zähne zusammenhängende Schneidekanten bilden. *S. annulatus* legt Eier, ansonsten ist kaum etwas über die Fortpflanzung dieser Art bekannt.

Die oben abgebildete *S. a. hondurensis* kommt im südlichen Honduras vor, während *S. a. annulatus* in Guatemala und *S. a. carpicinctus* in Guatemala und Belize verbreitet sind.

Aus Mittelamerika sind ca. fünf *Scaphiodontophis*-Arten bekannt; zusammen mit den Gattungen *Sibynophis* aus Südasien und *Liophidium* aus Madagaskar bilden sie die Unterfamilie Sibynophinae (Vielzahnnattern); alle besitzen spezialisierte Zähne und fressen Skinke.

Haltung: Da wohl die wenigsten Terrarianer über einen unerschöpflichen Vorrat an Skinken als Futtertiere verfügen, verbleibt diese Art am besten in ihren angestammten Biotopen.

Bodennatter
Sonora semiannulata

Verbreitung: Südwestliches Nordamerika: von Idaho und Missouri bis Nordmexiko.

Lebensraum: Trockengebiete mit lockeren Sandböden: Grasland, Trockenbusch, Halbwüsten etc.

Wissenswertes: Eine kleine, glatt und glänzend beschuppte Schlange, deren Färbung auch innerhalb des gleichen Gebietes extrem variiert. Manche Tiere sind einfarbig hellbraun bis rötlich, andere besitzen ein breites rotes bis gelbliches Längsband auf dem Rücken, und wieder andere sind mit einzelnen bis vielen dunklen sattelförmigen Querbinden gezeichnet; all diese Färbungen kommen auch in Kombination vor. Die meisten Tiere werden nicht länger als 30 cm (bis 48 cm).

Bodennattern sind nachtaktiv und verbringen den Tag unter Steinen etc. oder in selbstgegrabenen Höhlen. Sie ernähren sich von Skorpionen, Spinnen, Tausendfüßern und Insekten. Sie legen im Sommer bis zu sechs Eier, aus denen nach ca. zwei Monaten die über 10 cm (!) langen Jungtiere schlüpfen.

Bis vor kurzem wurden zwei Arten mit einer Vielzahl von Unterarten unterschieden; inzwischen werden all diese Formen zu einer einzigen variablen Art – *S. semiannulata* – gerechnet.

Haltung: Eine Art für Spezialisten, die nur gehalten werden kann, wenn der Nachschub an Futterinsekten oder -spinnen gewährleistet ist. Sonstige Ansprüche wie bei anderen nachtaktiven, grabenden Arten aus Trockengebieten.

Diademnatter
Spalerosophis diadema

Verbreitung: Von Nordafrika über Vorderasien bis ins nordwestliche Indien.

S. arenarius ist in den Trockengebieten Pakistans und Nordwestindiens verbreitet; sie lebt am Boden und frißt Echsen und kleine Nagetiere.

Lebensraum: Sand- und Steinwüsten.

Wissenswertes: Eine schlanke Art mit großen Augen und deutlich abgesetztem Kopf. Auf grauer bis hellbrauner Grundfarbe finden sich meist rhombenförmige dunkle Flecke; namengebend ist die braune Stirnzeichnung. Diese Art wird ca. 1,50 m, gelegentlich bis 2 m lang.

Diademnattern sind schnelle Wüstenschlangen, die in der kühleren Jahreszeit am Tage, in den heißen Monaten aber nachts aktiv sind; sie ernähren sich von Echsen, Schlangen, Kleinsäugern und Vögeln. Die bis zu 15 Eier werden in Erdhöhlen oder unter Steinen deponiert. Die Jungtiere ernähren sich hauptsächlich von kleinen Echsen. Das abgebildete Tier stammt aus Ägypten und gehört der Unterart *S. d. cliffordi* an.

Haltung: Entsprechend ihrer Herkunft benötigt diese Art möglichst große Trockenterrarien mit Versteckmöglichkeiten. Wichtig ist eine Bodenheizung. Die Temperatur sollte am Tag bis zu 30 °C betragen und nachts stark abfallen. Tiere aus nördlicheren Herkunftsgebieten benötigen eine Winterruhe. Als Futter werden Nagetiere und Küken akzeptiert.

Australische Bronzenatter
Dendrelaphis punctulata

Verbreitung: Küstenbereich von Nord- und Ostaustralien, Neuguinea.

Lebensraum: Bäume und Sträucher in Wäldern oder an Gewässerufern.

Wissenswertes: Sehr schlanke, einfarbige Schlange, die je nach Herkunft grau, oliv oder hell- bis schwarzbraun gefärbt ist; die Bauchseite ist meist gelblich. Sie wird ca. 1,20 m, maximal bis 2 m lang.

Eine der nur neun in Australien vorkommenden Natternarten. Sie bewohnt Bäume in verschiedensten Biotopen, jagt aber auch auf dem Boden. Sie ist tagaktiv und ernährt sich hauptsächlich von Fröschen und Vögeln, selten von Reptilien oder Säugetieren. Bis zu zwölf Eier werden zur Entwicklung in verrottendes Pflanzenmaterial abgelegt. Bei Erregung wird der Körper vertikal aufgebläht, wobei die hellblaue Haut zwischen den Schuppen sichtbar wird.

Neben einer zweiten Art *(D. calligastra)* in Australien kommen weitere *Dendrelaphis*-Arten in Südostasien vor.

Haltung: Wie für Hühnerfresser *(Spilotes pullatus)* oder Zischnattern *(Pseustes* spp.) angegeben.

Ein sehr hell gefärbtes Exemplar von *Dendrelaphis punctulata*; Australische Bronzenattern bewohnen die Wäl-

der der Nord- und Ostküste Australiens und dringen nur entlang von Flüssen weiter ins trockenere Hinterland vor.

Gekielte Rattennatter
Zaocys dhumnades

Verbreitung: Südchina (einschließlich Taiwan) bis Burma.

Lebensraum: Gras- und Kulturland, offene Wälder; oft in Gewässernähe.

Wissenswertes: Eine schlanke, langschwänzige Schlange mit ungewöhnlich großen Augen; die Färbung variiert von olivgrün bis schwarz mit hellen Längsstreifen. Die meisten Exemplare dieser Art werden bis zu 1,80 m lang.

Wie alle *Zaocys*-Arten ist auch *Z. dhumnades* tagaktiv, äußerst flink und stöbert meist am Boden nach Beutetieren; sie klettert allerdings auch ausgezeichnet und sonnt sich häufig in niedrigen Büschen. Oft findet man diese Art an Gewässerufern, wo sie auf Frösche lauert; bei Störungen flüchtet sie ins Wasser. Als Beutetiere dienen vor allem Nagetiere und Frösche. *Z. dhumnades* legt Eier; die Jungtiere sind zunächst sehr dunkel gefärbt (die helle Längsstreifung erscheint erst im Laufe der Zeit) und fressen in der Hauptsache Frösche.

Über Südostasien sind noch weitere *Zaocys*-Arten verbreitet; *Z. carinatus* trägt gelbe Flecke auf schwarzem Grund, wird bis zu 3,70 m lang und ist damit wohl die größte Natternart überhaupt. Nahe Verwandte sind die großen asiatischen Rattennattern der Gattung *Ptyas*.

Haltung: *Zaocys*-Arten sind außerhalb ihrer Heimat höchst selten in Terrarien anzutreffen; wegen ihrer Größe und Schnelligkeit benötigen sie in jedem Fall sehr geräumige Behälter; vermutlich sind sie ähnlich zu halten wie Zornnattern, wobei Temperatur- und Feuchtigkeitsverhältnisse ihrer tropischen Heimat entsprechend zu wählen sind.

Trugnattern

Giftige Substanzen werden von einer Vielzahl von Lebewesen produziert. Beispiele für den Einsatz von Giften im Tierreich sind die Hohltiere (z. B. Quallen), deren in Nesselzellen gespeichertes Gift zur Lähmung von Beutetieren oder zur Abschreckung von Räubern dient. Verschiedene Gruppen von Gliedertieren setzen ihre Gifte ein zum Töten oder Lähmen der Beute (z. B. Spinnen), zur Abwehr von Feinden (z. B. Bienen), oder für beide Zwecke (z. B. Skorpione, viele Hautflügler). Auch viele Wirbeltiere sind „giftig": unter den Fischen gibt es eine Reihe von Arten, denen verschiedenste Formen von Giftstacheln zur Abwehr dienen (Stachelrochen, Rotfeuerfisch etc.). Viele Amphibien produzieren Hautgifte, die sie für Freßfeinde unbekömmlich machen. Sogar ein giftiges Säugetier gibt es: das Männchen des australischen Schnabeltiers besitzt Giftsporne an den Hinterfüßen, die vermutlich bei innerartlichen Auseinandersetzungen eine Rolle spielen.

Von allen Wirbeltieren ist es aber nur zwei Gruppen von Kriechtieren gelungen, einen wirkungsvollen Giftapparat für den Beuteerwerb zu entwickeln: zum einen der aus nur zwei nordamerikanischen Arten bestehenden Familie der Krustenechsen (Helodermatidae), deren giftiger Speichel mit Hilfe gefurchter Zähne beim Biß in Beutetiere eingebracht wird und diese durch Lähmung des Atemzentrums tötet, und zum anderen der vielgestaltigen Gruppe der Schlangen, deren Speichel bei mehreren Verwandtschaftsgruppen Eiweiße und andere Substanzen enthält, die Beutetiere immobilisieren oder töten können; nur bei den höchstentwickelten aller Schlangen, den Giftnattern (Elapidae) und Vipern (Viperidae), werden die Gifte nicht nur zum Beuteerwerb, sondern auch zur Abwehr von Feinden verwendet.

Neben den genannten „echten Giftschlangen" gibt es innerhalb der Familie Colubridae (Nattern) eine Anzahl von Arten, deren Speichel auf Beutetiere giftig wirkt und mit Hilfe gefurchter und verlängerter Zähne des hinteren Oberkiefers in die Beutetiere gelangt; die tiefe Längsfurche wirkt dabei als Kapillare, durch die das Sekret der an der Basis des Zahns mündenden Giftdrüse wirkungsvoll in die Wunde gezogen wird. Herkömmlicherweise werden diejenigen Nattern, die im Besitz solcher gefurchter Zähne sind, zwei Unterfamilien zugeordnet: den wasserlebenden Trugnattern (Homalopsinae) und den landlebenden Trugnattern (Boiginae). Die Existenzberechtigung zumindest der letzteren Unterfamilie ist jedoch zweifelhaft, so daß heute – je nach Autor – ein und dieselbe Art landlebender Trugnattern sich bei den Boiginae, Homalopsinae, Colubrinae oder Psammophinae finden kann. Hier ist nicht der Platz, die Gründe für diesen Disput im einzelnen darzulegen; die Basis für diese taxonomische Verwirrung ist letztlich, daß sich Gifte und Giftzähne verschiedenster Form innerhalb der Nattern vermutlich mehrfach und unabhängig voneinander entwickelt haben, so daß manche Arten von „Trugnattern" untereinander weniger eng verwandt sind als mit ungiftigen Arten.

In diesem Abschnitt werden Schlangen aus mehreren Verwandtschaftsgruppen zusammengefaßt. Die Mehrzahl der Arten ist „opisthoglyph", d. h. die hinteren Zähne des Oberkiefers sind gefurcht, andere sind lediglich „opisthodont" und besitzen vergrößerte, aber ungefurchte Zähne; nicht bei allen Arten der letzteren Kategorie ist eine Giftwirkung nachgewiesen.

Vermutlich können nur wenige der opisthoglyphen Arten dem Menschen gefährlich werden. Dies liegt zum einen daran, daß die Stellung der Giftzähne im hintersten Bereich des Oberkiefers eine Giftinjektion meist nur während des Verschlingens eines Beutetiers erlaubt, nicht aber bei einem Abwehrbiß; zum anderen handelt es sich bei vielen Trugnattern um Amphibien- und Reptilienjäger, deren Gift für diese Tiergruppen hoch toxisch ist, auf Säugetiere dagegen nur schwach wirkt. Es ist wohl kein Zufall, daß beide Arten, die nachweislich Todesfälle beim Menschen verursacht haben, sich zumindest zum Teil von Säugetieren und Vögeln ernähren; es handelt sich dabei um die afrikanische Boomslang (*Dispholidus typus*) und die ebenfalls afrikanische Lianennatter *Thelotornis kirtlandii*. Das Gift opisthoglypher Schlangen verursacht massive Blutungen der inneren Organe und der Schleimhäute; die im Handel befindlichen polyvalenten Antiseren sind unwirksam. Es empfiehlt sich in jedem Fall, solche Arten als potentiell gefährlich anzusehen und entsprechend mit ihnen umzugehen.

Uromacer frenatus, eine Spitzkopfnatter aus Haiti. *Uromacer*-Arten ernähren sich hauptsächlich von baumbewohnenden Echsen (z. B. *Anolis*-Arten); ihr Gift ist für ihre Beutetiere tödlich, während es beim Menschen offenbar keine Wirkung zeigt.

Baumschnüffler
Ahaetulla prasina

Verbreitung: Südostasien (Thailand, Indochina, Sundainseln).

Lebensraum: Bäume und Büsche in Waldgebieten.

Wissenswertes: Eine sehr schlanke Baumschlange von blattgrüner Färbung. Der vom Hals abgesetzte Kopf ist ungewöhnlich geformt mit sehr langer, kantiger Schnauze und großen Augen mit Pupillen in Form eines quergestellten Schlüssellochs. Diese Art kann bis 1,80 m lang werden, wobei der Körper kaum die Dicke eines Fingers erreicht.

Ahaetulla-Arten sind prinzipiell baumlebende Tiere, die nur selten am Boden anzutreffen sind; ihren Wasserbedarf decken sie durch Regentropfen bzw. Wasseransammlungen in Astgabeln, Epiphyten etc.; sie sind tagaktiv und verbringen die meiste Zeit damit, unbeweglich auf Beute zu lauern. Diese besteht meist aus Echsen und Fröschen, aber auch kleinen Säugetieren und Vögeln. Die Beute wird nicht erdrosselt, sondern nach dem Fang schnell verschlungen, wobei das durch die gefurchten Zähne eingebrachte Gift wirksam wird. Baumschnüffler sind ovovivipar und können bis zu 23 Jungtiere zur Welt bringen; ein Jahresrhythmus bei der Fortpflanzung ist nicht erkennbar. Bei Gefahr wird der Körper aufgebläht, wobei die hell- bis dunkelblaue Haut zwischen den Schuppen sichtbar wird; der Kopf wird abgeflacht und das Maul weit aufgerissen. Baumschnüffler haben meist keine Hemmung, zuzubeißen; sofern die Giftzähne beteiligt waren, stellen sich beim Menschen lokale Symptome an der Bißstelle ein (Schmerzen, Taubheitsgefühl und Schwellungen).

Haltung: Nur für Spezialisten; vor allem die Wasseraufnahme muß überwacht werden.

Bahama-Rennatter
Alsophis vudii

Verbreitung: Bahamas.

Lebensraum: Sehr verschieden: von Sanddünen über Grasland bis zu offenen Waldgebieten.

Wissenswertes: Unauffällig, meist bräunlich gefärbte Schlange, die bis zu 1,20 m Länge erreichen kann.

Die Gattung *Alsophis* ist mit mindestens zehn Arten über die Inselwelt der Karibik verbreitet. Das fragmentierte Areal führte dabei zur Aufspaltung in eine Vielzahl von Lokalformen; von der Art *A. vudii* allein sind fünf Unterarten beschrieben, u. a. die oben abgebildete *A. v. picticeps* von den Bimini-Inseln der Bahama-Gruppe. Alle Arten produzieren ein giftiges Speichelsekret, das auf ein breites Spektrum von Beutetieren wirkt. Aussehen und Lebensweise erinnern an Zornnattern. Sie sind tag- oder dämmerungsaktiv und ernähren sich von kleinen Säugetieren, Vögeln, Echsen und Amphibien. Bahama-Rennattern legen Eier. Bei Bedrohung richten sie den vorderen Teil des Körpers auf, flachen den Hals ab und führen Abwehrbisse aus. Das Gift dieser Tiere ist nicht ungefährlich und kann auch beim Menschen ernsthafte Reaktionen hervorrufen.

Haltung: Die Terrarien sollten für diese bewegungsfreudigen Tiere von möglichst großer Grundfläche, trocken und gut belüftet sein. Versteckplätze müssen vorhanden sein, dagegen sind Kletteräste für diese vorwiegend bodenlebende Art weniger wichtig. Die Temperaturen sollten tagsüber hoch sein (bis 30 °C) und nachts deutlich abfallen; wie bei allen tagaktiven Reptilien ist eine UV-Quelle wichtig. Als Futter werden meist tote Nagetiere und Küken akzeptiert. Der Biß dieser Tiere ist potentiell gefährlich, was beim Umgang unbedingt zu berücksichtigen ist.

Mangroven-Nachtbaumnatter
Boiga dendrophila

Verbreitung: Südostasien (Südthailand, Indochina, Malaysia, Indonesien, Philippinen).

Lebensraum: Mangrovensümpfe, Regenwälder.

Wissenswertes: Eine große Baumschlange von tiefschwarzer Grundfarbe mit kräftig gelber, scharf abgesetzter Zeichnung in Form dreieckiger, zum Bauch sich verbreiternder Seitenflecke sowie gelber Lippenbeschilderung. Diese Art kann eine Länge von maximal 2,10 m erreichen.

Die Mangroven-Nachtbaumnatter lebt hauptsächlich im Geäst der Bäume und kommt nur selten auf den Boden herab. Obwohl sie vorwiegend dämmerungs- und nachtaktiv ist, kann sie am Tag beim Aufwärmen in der Sonne beobachtet werden; die Tiere liegen dabei meist in mehreren Metern Höhe locker über das Gezweig ausgebreitet. Sie ernähren sich vorwiegend von Vögeln und kleinen Säugetieren, fressen aber auch Schlangen, Echsen und Frösche. Die kleinen Gelege von bis zu zehn Eiern werden meist in Baumhöhlen, aber auch an geeigneten Stellen am Erdboden abgelegt; die Jungschlangen sind beim Schlupf ca. 30 cm lang und bereits wie die Alttiere gefärbt und gezeichnet. *B. dendrophila* gilt als wehrhaft und bissig, wobei sie bei Gefahr zunächst den Hals S-förmig krümmt und mit dem Schwanz zittert. In Einzelfällen kam es beim Biß dieser opisthoglyphen Art zu schweren Vergiftungserscheinungen bei Menschen, so daß sie keinesfalls als harmlos angesehen werden kann.

Von *B. dendrophila* sind sieben Unterarten beschrieben, die sich in Zahl, Form und Ausdehnung der gelben Binden sowie der Anzahl der Körperschuppen unterscheiden. Die abgebildete Form *B. d. melanota* bewohnt das südostasiatische Festland und Sumatra. Die Nominatform, *B. d. dendrophila*, kommt auf Java, *B. d. annectens* auf Borneo und *B. d. geminicincta* auf Celebes vor. Von den Philippinen sind drei Unterarten bekannt, wobei *B. d. multicincta* auf Palawan, *B. d. divergens* auf Luzon und *B. d. latifasciata* auf Mindanao beschränkt ist.

Die Gattung *Boiga* ist mit über 20 Arten in den Tropen der Alten Welt weit verbreitet; außer im tropischen Asien kommt sie in Afrika und der australischen Region vor. Einer der auffälligsten Vertreter ist die weit über die Waldgebiete des tropischen Afrika verbreitete *B. blandingii* mit großem, flachem Kopf, der kaum zu dem schlanken, seitlich komprimierten Körper zu passen scheint; sie wird über 3 m lang. Von ähnlicher Gestalt ist die von Indonesien bis Nord- und Ostaustralien verbreitete Braune Baumschlange (*B. irregularis*); wie die meisten *Boiga*-Arten ernährt sie sich vorwiegend von Vögeln, die sie abends und nachts an ihren Schlafplätzen erbeutet. Ihre Effizienz bei der Jagd stellte diese Art auf der pazifischen Insel Guam unter Beweis, wo sie (vermutlich unabsichtlich) eingeschleppt worden war, sich in Abwesenheit jeglichen Feinddrucks ungehemmt vermehrte und die endemische Vogelwelt an den Rand des Aussterbens brachte, während die von anderen Teilen der Welt auf Guam eingebürgerten Vogelarten sich weniger beeindruckt zeigten. Ob Programme zur Bekämpfung dieser Schlangenart Wirkung zeigen, bleibt abzuwarten, zumal es vermutlich noch andere Ursachen für die Dezimierung der einheimischen Vogelwelt gibt; möglicherweise spielen von Mücken übertragene Krankheiten eine weit größere Rolle.

Haltung: In großen Terrarien für tropische Baumschlangen (ähnlich wie *Corallus caninus*).

Eine Mangroven-Nachtbaumnatter in Abwehrhaltung; dabei krümmt sie, wie viele andere Schlangenarten, den Hals S-förmig zurück. Der Biß von *Boiga*-Arten verläuft meist glimpflich, in einzelnen Fällen traten aber schwere, lebensbedrohende Symptome auf, so daß diese Trugnattern als potentiell gefährlich anzusehen sind.

Boiga cyanea kommt im Nordosten des indischen Subkontinents vor; sie bewohnt Wälder und ernährt sich vorwiegend von Fröschen, Echsen und kleinen Vögeln. Der längsgeschlitzten Pupille wegen werden *Boiga*-Arten manchmal als „Katzenaugen-Nattern" bezeichnet.

Boiga trigonata ist über weite Gebiete Indiens verbreitet; sie wird ca. 1,20 m lang und verbringt den Tag häufig in strohgedeckten Dächern, Palmwipfeln und anderer dichter Vegetation. Sie frißt hauptsächlich Geckos, Kleinvögel und Nagetiere.

Die afrikanischen *Boiga*-Arten werden manchmal in die Gattung *Toxicodryas* gestellt. *Boiga blandingii* besitzt einen ungewöhnlich breiten Kopf; sie ist in Wäldern von Westafrika bis ins westliche Ostafrika verbreitet.

Boiga pulverulenta ist eine kleinere Verwandte von *B. blandingii* mit ähnlicher Verbreitung; sie ist rötlichbraun und wird ca. 1,50 m lang. Sie ernährt sich vorwiegend von Geckos, Chamäleons und Fröschen.

Mussurana
Clelia clelia

Verbreitung: Mittel- und Südamerika (von Guatemala bis Argentinien und Ekuador).

Lebensraum: Sehr verschieden: Savannen, Waldgebiete etc.

Wissenswertes: Eine große opisthoglyphe Schlange mit kaum vom Hals abgesetztem Kopf. Die Oberseite ist einfarbig dunkelbraun oder schwarz, die Unterseite hell. Sie wird über 2 m lang.

Mussuranas sind nachtaktiv; ihre Kopfform, die glatten Schuppen und kleinen Augen sind deutliche Zeichen ihrer Lebensweise: sie stöbert auf der Suche nach Beute durch Nagetierbaue, Fallaubschichten etc. Ihre Nahrung besteht vorwiegend aus Nagetieren und Schlangen, einschließlich giftiger Arten; ihrer Eigenschaft als „Schlangentöter" wegen erfreut sie sich in ihrer Heimat einer gewissen Popularität. Während das Gift der Mussurana auf Kleinsäuger sehr toxisch wirkt, zeigen gebissene Schlangen wenig Wirkung; diese werden mit Hilfe des äußerst muskulösen Körpers durch Umschlingen getötet. Mussuranas sind gegen Bisse von Giftschlangen weitgehend resistent. Das Gelege besteht aus bis zu 50 Eiern, aus denen kräftig rot gefärbte, ca. 35 cm lange Jung-Mussuranas schlüpfen.

Außer der genannten sind noch fünf andere *Clelia*-Arten bekannt; weitere harren vermutlich ihrer Beschreibung.

Haltung: Da Mussuranas auch Artgenossen ähnlicher Größe mit Appetit verzehren, ist Einzelhaltung nötig. Manche Exemplare fressen tote Nagetiere, andere akzeptieren nur Schlangen als Futter, was ihre Eignung als Terrarientiere in Frage stellt. **§: WA II.**

Rotlippenschlange
Crotaphopeltis hotamboeia

Verbreitung: Tropisches Afrika mit Ausnahme der Regenwälder und der Trockengebiete im Norden und Südwesten.

Lebensraum: Feuchte Biotope in Savannen und offenen Waldgebieten.

Wissenswertes: Eine kleine, unauffällig gefärbte opisthoglyphe Schlange mit breitem Kopf. Die Oberseite ist meist dunkeloliv bis schwarz, oft mit kleinen weißen Punkten; der Bauch ist weiß. Der Kopf wirkt bei frisch gehäuteten Exemplaren irisierend; die Lippenschilder sind bei südafrikanischen Tieren meist kräftig rot, sonst weiß oder dunkel gefärbt. Diese Art wird bis ca. 75 cm lang.

Rotlippenschlangen sind nachtaktiv; den Tag verbringen sie in Verstecken unter Steinen etc. Die Beute besteht fast ausschließlich aus Fröschen und Kröten, die nicht erwürgt, sondern nach dem Ergreifen so lange festgehalten werden, bis sie durch die Giftwirkung immobilisiert sind; bei Nahrungsmangel werden auch kleine Fische, Reptilien und Kleinsäuger erbeutet. Rotlippenschlangen schwimmen gut und suchen auch im flachen Wasser nach Beute; niedrige Sträucher werden auf der Suche nach Baumfröschen erklettert. Die ein bis zwei Dutzend Eier werden meist in Laubhaufen abgelegt; nach ca. zwei Monaten schlüpfen etwa 15 cm lange Jungtiere. *C. hotamboeia* wird häufig Opfer von anderen Schlangen oder von Greifvögeln; sogar große Frösche (etwa *Pyxicephalus* spp.) können gelegentlich die normale Räuber-Beute-Beziehung umkehren. Bei Bedrohung versuchen Rotlippenschlangen, durch Ringeln des Körpers und Abflachen des Kopfes einen möglichst giftschlangenartigen Eindruck zu machen; auch beißen sie meist ohne Zögern zu.

In Südafrika ist diese Art als „Herald Snake" bekannt, da der erste Bericht über ihr Vorkommen in Südafrika in einer Zeitung namens „Eastern Province Herald" verkündet wurde.

Je nach Autor kommen in Afrika noch drei bis fünf weitere *Crotaphopeltis*-Arten vor.

Haltung: Die meisten Exemplare fressen auch in Gefangenschaft nur Frösche oder Kröten, weshalb diese Art kaum als geeignetes Terrarientier zu bezeichnen ist.

Brasilianische Glattnatter
Hydrodynastes gigas

Verbreitung: Brasilien bis Paraguay, Ostbolivien und Nordargentinien.

Lebensraum: Trockenes Buschland, Kakteendikkichte etc., oft in der Nähe von Gewässern.

Wissenswertes: Eine große, gedrungene und sehr muskulöse Schlangenart, bei der die Geschlechter Unterschiede in der Färbung aufweisen: während Männchen mit deutlichen, scharf begrenzten Querbändern und Flecken gezeichnet sind, ist diese Fleckung bei Weibchen meist nur verwaschen und undeutlich. Beide Geschlechter zeigen die typischen schrägen Binden an den hinteren Kopfseiten. Diese Art wird bis über 2 m lang.

Brasilianische Glattnattern sind tagaktiv und ähneln in ihrer Lebensweise den südamerikanischen Cribos (*Drymarchon corais*). Sie jagen vorzugsweise am Boden zwischen dichtem Gestrüpp und verfolgen die Beute mit schnellen Bewegungen. Sie ernähren sich von einem breiten Spektrum von Beutetieren; in trockenen Biotopen fangen sie meist Kleinsäuger und Vögel, während in Wassernähe Frösche, Kröten und Fische erbeutet werden. Die gefangenen Tiere werden meist erdrosselt, kleinere Beute wird lebend verschlungen. *H. gigas* besitzt verlängerte Zähne im hinteren Oberkiefer, über die Giftwirkung gibt es jedoch widersprüchliche Angaben. Bei Bedrohung wird der Vorderkörper etwas angehoben und der Hals abgeflacht. Über die Fortpflanzungsbiologie dieser Art ist kaum etwas bekannt; ein gefangenes Weibchen legte in einem Fall 36 Eier. Die schlüpfenden Jungschlangen sind ca. 40 cm lang und bei gutem Nahrungsangebot äußerst schnellwüchsig.

Diese Art wird z. T. zur Gattung *Cyclagras* gestellt. Wie unklar ihre taxonomische Stellung ist, zeigt sich daran, daß die Gattung *Cyclagras* zu den Xenodontinae, die Gattung *Hydrodynastes* zu den Boiginae gezählt wird; dieselbe Art gehört also – je nach Autor – zu verschiedenen Unterfamilien.

Haltung: Diese großen Tiere benötigen entsprechend geräumige, robust eingerichtete Terrarien. Wichtig sind ausreichende Verstecke und ein großer Wasserbehälter zum Baden; Kletteräste werden kaum benutzt. Sie fressen alle gängigen Futtertiere, neigen aber bei zu reichlichem Nahrungsangebot zur Verfettung. **§: WA II**.

Boomslang
Dispholidus typus

Verbreitung: Afrika südlich der Sahara (von Äthiopien und Senegal bis ins Kapland).

Lebensraum: Büsche und Bäume, v. a. in Baumsavannen und Galeriewäldern in trockenen Gebieten.

Wissenswertes: Eine schlanke, langschwänzige Baumschlange mit deutlich abgesetztem Kopf, auffallend kurzer Schnauze und großen Augen. Die Farbvarianten sind zahllos; viele Exemplare sind einfarbig grün, braun oder schwarz, oft sind die Schuppen mit schwarzer Zeichnung versehen. Die auffällig gemusterten Tiere sind meist Männchen, während die Weibchen oft einfarbig braun aussehen. Die Rückenschuppen sind gekielt, wobei die der Halsregion einen eigenartig gefalteten Eindruck machen. Die Boomslang wird meist bis 1,50 m, selten bis 2 m lang.

Diese Art ist tagaktiv und bewegt sich mit großem Geschick im dichten Gezweig von Bäumen und Büschen, wobei sie häufig mit aufgerichtetem Körper in der Bewegung innehält und auf Beute lauert; auf dem Boden ist sie nur selten anzutreffen. Sie ernährt sich vorwiegend von Chamäleons, seltener von Vögeln, anderen Echsen, kleinen baumlebenden Säugetieren, Fröschen und Vogeleiern. Die Beute wird nicht erdrosselt, sondern solange mit den Zähnen festgehalten, bis die Giftwirkung eintritt. Die Giftzähne dieser opisthoglyphen Art sind außergewöhnlich weit nach vorn gerückt, so daß sie auch bei einem Abwehrbiß in die menschliche Haut eindringen können. Das äußerst wirksame Gift bewirkt Blutungen der inneren Organe, der Schleimhäute und unter der Haut, wobei die Vergiftungssymptome z. T. mit erheblicher Verspätung (nach bis zu 48 Stunden) einsetzen können. Boomslangs haben schon mehrfach menschliche Todesfälle verursacht, wobei allerdings Boomslang-Bisse in ihrer Heimat zu den großen Seltenheiten gehören; die meisten Unfälle passieren beim Fang dieser Tiere. Für gewöhnlich sind sie scheu und keineswegs beißfreudig; in die Enge getrieben blähen sie den Körper auf und öffnen das Maul zur Abschreckung. *D. typus* legt 10 bis 25 Eier in

Baumhöhlen, Ansammlungen von Laub etc., die eine außergewöhnlich lange Entwicklungszeit von drei bis sechs Monaten benötigen. Die Jungschlangen sind bräunlich gefärbt und besitzen einen relativ großen Kopf, der nur aus den kräftig smaragdgrünen Augen zu bestehen scheint.

Über die Aufspaltung in Unterarten besteht emplare fressen nur Chamäleons, die als Futtertiere wohl in den seltensten Fällen in ausreichender Menge verfügbar sind; die sogenannte „Zwangsfütterung" mit anderen Futtertieren stellt bei einer derart giftigen Schlange sicher keine allgemein zu empfehlende Lösung dar. Zwar wird zumindest in Südafrika ein monovalentes (d. h.

Eine dunkelgrüne Variante der Boomslang (*Dispholidus typus*) mit schwarzer Zeichnung auf den Schuppen; solche auffallend gefärbten Tiere sind fast immer Männchen; Weibchen sind oft einheitlich braun. Deutlich sichtbar sind die stark gekielten Schuppen des Halsbereichs.

wenig Einigkeit; neben der hier abgebildeten *D. t. typus* wird meist noch *D. t. punctatus* aus Südzaire, Angola und Sambia anerkannt.

Haltung: Als Terrarientier sollte die Boomslang nur von Spezialisten gehalten werden. Viele Ex-

nur gegen diese Art wirksames) Antiserum hergestellt, dieses ist jedoch bei weitem nicht überall und sofort erhältlich. Polyvalente Afrika-Antiseren sind völlig unwirksam.

Fühlerschlange
Erpeton tentaculatum

Verbreitung: Südostthailand, Kambodscha, Südvietnam.

Lebensraum: Flache Gewässer (Tümpel, Sümpfe, Reisfelder etc.); in Süß- und Brackwasser.

Wissenswertes: Eine vollkommen aquatisch lebende Schlange von dunkelbrauner bis grauer Grundfarbe; manche Exemplare sind längsgestreift, andere mit verschieden geformten Flecken versehen. Die Schuppen sind rauh und fühlen sich an wie Sandpapier. Auffällig und namensgebend sind zwei nach vorn gerichtete tentakelartige Auswüchse an der Schnauzenspitze. Fühlerschlangen werden meist ca. 50 cm, maximal 90 cm lang.

Fühlerschlangen leben in flachen Gewässern, die sie freiwillig nie verlassen; an Land sind sie hilflos und bewegen sich langsam und ungeschickt. Auch im Wasser sind sie nicht besonders

lebhaft und verharren zumindest tagsüber meist reglos; dabei erinnern sie in Farbe und Aussehen an einen ins Wasser gefallenen Ast. Bei Berührung versuchen sie nicht zu beißen oder zu entfliehen, sondern werden völlig starr, was vermutlich potentiellen Feinden ein unbelebtes Objekt vortäuschen soll. Als Anpassung an ihren aquatischen Lebensraum liegen die Nasenöffnungen an der Oberseite und sind durch Klappen verschließbar. Über die Funktion der eigenartigen, schuppenbesetzten und beweglichen Auswüchse am Kopf ist nichts Sicheres bekannt, Spekulationen gibt es dagegen zuhauf: so sollen sie als Sinnesorgane die Lokalisation der Beutetiere im schlammigen Wasser ermöglichen, der Tarnung dienen, indem sie die Form des Kopfes „auflösen", und sogar als Köderattrappe Fische anlocken. Kleine Fische stellen die ausschließliche Nahrung der

Fühlerschlange dar, die den Beutetieren nicht aktiv nachstellt, sondern lediglich wartet, bis sie zufällig in Reichweite kommen und dann zupackt; bei der Immobilisierung hilft das Gift dieser opisthoglyphen Art, das auf Fische spezialisiert zu sein scheint und bei anderen Tiergruppen angeblich nur sehr schwache Wirkung zeigt. Fühlerschlangen sind ovovivipar.

Zusammen mit anderen Gattungen wasserlebender Trugnattern, die auf die südostasiatische und australische Region beschränkt sind, wird die nur aus der Fühlerschlange (*E. tentaculatum*) be-

ßig das Wasser verläßt und Landausflüge unternimmt; außer Fischen frißt sie auch Frösche und Krebse. *Cerberus rhynchops* wird bis zu 1,20 m lang und lebt hauptsächlich in Brackwasserbiotopen, z. B. Mangrovensümpfen. Letzteres gilt auch für *Fordonia leucobalia*, die sogar auf dem offenen Meer angetroffen wurde und auf diese Weise die gesamte Inselwelt (auch abgelegene Gruppen wie die Nikobaren) zwischen Asien und Australien besiedelt hat.

Haltung: Fühlerschlangen werden häufig aus Thailand exportiert, sind aber meist in Aquarien

Enhydris polylepis ist eine Wassertrugnatter aus Neuguinea und Nordaustralien; sie ist vorwiegend in Süßwasser-Biotopen anzutreffen (vegetationsreiche Flußufer etc.). Sie wird maximal 80 cm lang.

Enhydris bocourti kommt im Gegensatz zu ihren Gattungsgenossen häufig auch im Brackwasser vor (z. B. Mangroven- und andere küstennahe Sümpfe). *Enhydris*-Arten fressen außer Fischen auch Amphibien.

stehende Gattung *Erpeton* in die Unterfamilie Homalopsinae gestellt. Nach manchen Autoren gehören auch einige landlebende „Trugnattern" zu dieser Unterfamilie. Alle wasserlebenden Trugnattern sind lebendgebärend, besitzen gefurchte Zähne im hinteren Oberkiefer und eine Giftdrüse. Die bis zu 1 m lang werdenden Arten der Gattung *Enhydris* leben ebenfalls von Fischen. Die Boa-Trugnatter (*Homalopsis buccata*) ist die einzige Art der Unterfamilie, die regelmä-

nicht sonderlich langlebig. Vermutlich trägt diese wasserlebende Art bleibende Schäden durch den Versand davon, der meist wie bei anderen Reptilien in trockenen Säcken erfolgt; Exemplare, die in Wasser versandt wurden, sind dagegen problemlos in großen Aquarien zu halten, die bepflanzt und mit Ästen etc. versehen sein sollten. Die Wassertemperatur beträgt 26–29 °C. Als Futter dienen kleine Fische, z. B. Goldfische.

Homalopsis buccata, Enhydris spp.: **§: BA**.

Falsche Korallenschlange
Erythrolamprus bizonus

Verbreitung: Mittelamerika und nördliches Südamerika (Costa Rica bis Venezuela).

Lebensraum: Am Waldboden; in der Laubschicht, zwischen totem Holz etc.

Wissenswertes: Eine der schwarz-weiß-rot geringelten *Erythrolamprus*-Arten, die in ihrer Färbung den giftigen Korallenschlangen (z. B. *Micrurus* spp.) ähneln und vielleicht sogar deren Vorbilder darstellen (vgl. S. 274). Typisch ist die schwarze Sprenkelung dieser Art. Sie wird ca. 75 cm lang.

Falsche Korallenschlangen sind nachtaktiv; lediglich bei starkem Regen sind sie auch tagsüber zu sehen. Sie ernähren sich vorwiegend von kleinen Schlangen und Echsen, seltener von Kleinsäugern. Die Eier werden meist in verrottendem Holz oder unter Laub deponiert. Die Jungschlangen sind beim Schlupf 15–20 cm lang und bereits wie die Alttiere gefärbt.

Außer *E. bizonus* sind noch weitere fünf *Erythrolamprus*-Arten beschrieben; die bekannteste ist wohl die mit fünf Unterarten vom nördlichen Teil Südamerikas bis nach Zentralbrasilien und Bolivien verbreitete *E. aesculapii*.

Haltung: Eine nicht einfach zu haltende Art, die meist auf kleinen Schlangen oder Echsen als Nahrung besteht. Nur für Spezialisten.

Das abgebildete Exemplar stammt aus dem südlichen Surinam und gehört vermutlich der Nominatform *E. a. aesculapii* an.

Riemennatter
Imantodes cenchoa

Verbreitung: Mittelamerika bis ins zentrale Südamerika (von Südmexiko bis Bolivien und Paraguay).

Lebensraum: Bäume und Gebüsch in feuchten Waldgebieten; bevorzugt epiphytischen Bewuchs mit Bromeliaceen.

Wissenswertes: Eine extrem schlanke Baumschlange mit seitlich komprimiertem Körper und rundlichem, stark abgesetztem Kopf mit sehr großen Augen; bei Tageslicht ist die Pupille zu einem senkrechten Spalt verengt. Die Grundfärbung ist blaß orangerot bis hellbraun, die Musterung besteht aus großen dunkelbraunen Sattelflecken, die an den Seiten manchmal dreieckig verengt sind. Die Tiere können etwa 1 m lang werden.

Riemennattern (der Name leitet sich von dem extrem flachen und dünnen „riemenförmigen" Körper her) sind hauptsächlich in der Dämmerung und nachts aktiv; sie verbringen den Tag zusammengerollt zwischen dichtem Laub; falls Bromelien vorhanden sind, bevorzugen sie den zentralen Trichter dieser Epiphyten als Aufenthaltsort. Das einmal gewählte Versteck wird tagtäglich aufgesucht, wobei sich manchmal mehrere Schlangen einen geeigneten Platz teilen. Riemennattern sind opisthoglyphe Schlangen und ernähren sich hauptsächlich von kleinen Echsen (z. B. Anolis und Geckos); gelegentlich werden auch kleine Frösche verzehrt. Auch Reptilieneier wurden schon im Magen-Darm-Trakt dieser Art gefunden, doch könnte dies auch durch den Verzehr einer graviden weiblichen Echse erklärt werden.

Imantodes-Arten sind hervorragend an das Baumleben angepaßt und können beim Klettern von Ast zu Ast die halbe Länge ihres Körpers waagrecht frei in den Luftraum strecken; hierbei wird der Körper seitlich so stark komprimiert, daß er sich zwischen Wirbelsäule und Bauchschuppen konkav einbuchtet. Von der Fortpflanzungsbiolo-

Honduras und gehört vermutlich zu *I. c. leucomelas.*

Weitere *Imantodes*-Arten sind *I. gemmistratus,* die mit sechs Unterarten von Nordmexiko bis Panama verbreitet ist, sowie *I. inornatus* und *I. lentiferus* aus dem südlichen Mittel- und dem nördlichen Südamerika.

Typisch für Riemennattern (*Imantodes cenchoa*) ist der relativ große, stumpf endende Kopf mit sehr großen Augen. Die Pupillen der nachtaktiven Tiere sind am Tag – wie bei vielen anderen Trugnattern – zu einem senkrechten Schlitz verengt. Riemennattern ernähren sich von kleinen Echsen und Fröschen.

gie der Riemennatter ist außer der Tatsache, daß sie Eier legt, wenig bekannt.

Innerhalb des weiten Verbreitungsgebietes bildet die Riemennatter drei Unterarten: *I. c. semifasciatus* kommt von Guatemala bis Panama vor, während die Nominatform *I. c. cenchoa* den gesamten südamerikanischen Teil des Areals bewohnt; das abgebildete Exemplar stammt aus

Haltung: Als Baumschlangen benötigen *Imantodes*-Arten hohe Terrarien mit Ästen, die möglichst mit Kletterpflanzen und Bromelien bewachsen sein sollten. Die Temperatur sollte 23–27 °C betragen. Wasser wird fast nur in Tropfenform von Blättern aufgenommen; als Futter werden nur Echsen (z. B. kleine *Anolis*-Arten) akzeptiert.

Gebänderte Katzenaugennatter
Leptodeira septentrionalis

Verbreitung: Vom äußersten Süden von Texas über Mittelamerika bis ins nördliche Peru.

Lebensraum: Von Galeriewäldern in Trockengebieten bis hin zu Regenwald.

Wissenswertes: Eine kräftige, glatt beschuppte Schlange, deren breiter Kopf sich deutlich vom Hals absetzt; wie bei vielen Trugnattern sind die Pupillen am Tage „katzenartig" senkrecht verengt. Die Färbung ist hellbraun mit dunklen Sattelflecken. Diese Art wird ca. 90 cm lang.

L. septentrionalis ist nachtaktiv und stöbert sowohl auf Bäumen als auch am Boden nach Beute. Sie fängt hauptsächlich Frösche, gelegentlich auch kleine Reptilien. Sie legt sechs bis zwölf Eier, aus denen nach ca. drei Monaten die über 20 cm langen Jungtiere schlüpfen; deren Grundfärbung ist fast immer orange.

Außer der abgebildeten *L. s. septentrionalis* (Texas bis Costa Rica) sind noch drei weitere Unterarten beschrieben.

Eine Reihe anderer *Leptodeira*-Arten bewohnt große Teile von Mittel- und Südamerika (bis Nordargentinien).

Haltung: Diese Art bevorzugt trockene und gut belüftete Terrarien bei Temperaturen von maximal 27 °C. Wichtig sind Kletteräste, dunkle Verstecke und ausreichend Wasser; gefressen werden Frösche, manchmal auch junge Mäuse.

Schlanknatter
Leptophis ahaetulla

Verbreitung: Mittel- und Südamerika (von Südmexiko bis Zentralargentinien).

Lebensraum: Büsche und kleine Bäume in Gewässernähe.

Wissenswertes: Eine schlanke Art mit langgestrecktem Kopf und lang ausgezogenem Schwanz. Die Oberseite ist grün bis blaugrün, manchmal mit bronzefarbenen Anteilen; die Unterseite ist weiß bis gelblich. Diese Art wird maximal 1,50 m lang.

Schlanknattern sind tagaktiv und leben meist in niedrigem, dichtem Gesträuch, wo sie kleinen Echsen und Baumfröschen nachstellen; fliehende Beutetiere werden auch auf dem Boden verfolgt. Die zu den Colubrinae gezählten *Leptophis*-Arten sind nicht opisthoglyph, sondern opisthodont, d. h. die verlängerten Zähne im hinteren Oberkiefer sind ungefurcht; dennoch besitzt ihr Speichel giftige Eigenschaften, ist aber offenbar an die Beutetiere angepaßt und zeigt beim Menschen nur geringe Wirkung. Trotzdem sollten auch solche opisthodonten Arten als potentiell giftig angesehen werden (vgl. *Rhabdophis* spp.!). Schlanknattern sind nicht bissig, sondern verteidigen sich bei Bedrohung durch abschreckende Gesten: sie krümmen den Vorderkörper, flachen den Kopf ab und öffnen das Maul. Sie legen Eier, wobei die Weibchen ihre kleinen Gelege in verrottender Vegetation deponieren; sogar zwischen Epiphyten auf Ästen wurden Eier dieser Art gefunden. Die schlüpfenden Jungtiere sind bis zu 30 cm lang.

L. ahaetulla hat in ihrem riesigen Verbreitungsgebiet zahlreiche Unterarten entwickelt; das abgebildete Exemplar stammt aus Südsurinam und gehört vermutlich der Nominatform an.

Sechs bis sieben weitere *Leptophis-Arten* sind

Die Schlanknatter *Leptophis mexicana* kommt in den Waldgebieten Mittelamerikas vor. Die kryptische Färbung macht diese Tiere im Gebüsch praktisch unsichtbar. Angehörige dieser Gattung fanden gelegentlich mit Bananensendungen ihren Weg nach Europa. Schlanknattern besitzen keine gefurchten Zähne, ihr Speichel enthält dennoch giftige Substanzen, die zumindest auf Echsen und Frösche eine starke Wirkung ausüben.

aus Mittelamerika und der nördlichen Hälfte Südamerikas bekannt; die Lebensweise all dieser Formen ist mehr oder weniger ähnlich. Sie kommen häufig in Pflanzungen vor; dies sind die „Bananenschlangen", die früher gelegentlich ohne Absicht mit Bananen nach Europa und Nordamerika exportiert wurden.

Haltung: Angemessen sind große, vor allem hohe Terrarien mit dicht bewachsenen Kletterästen und ständig vorhandenem Wassergefäß. Als tagaktive Schlangen benötigen sie lokale Strahlungswärme und UV-Licht. Die Temperatur sollte zwischen 23 °C und 27 °C schwanken. Ernährt werden können Schlanknattern nur mit kleinen Echsen (z. B. *Anolis* spp.) oder Fröschen. Als potentiell giftige Schlangen sind sie mit Respekt zu behandeln.

Die Schmuckbaumnattern der Gattung *Chrysopelea* sind mit fünf Arten über Süd- und Südostasien verbreitet. Sie sind opisthoglyph und ernähren sich vorwiegend von kleinen Echsen. Schmuckbaumnattern leben auf Bäumen, wobei aber geschlossene Waldgebiete meist gemieden werden. Durch horizontales Abflachen des Körpers sind die einzelnen Arten unterschiedlich gut befähigt, in gebremstem Fall von Bäumen zu springen, weshalb sie manchmal als „Fliegende Schlangen" bezeichnet werden. Abgebildet ist ein unbestimmtes Exemplar aus Thailand.

Chrysopelea ornata wird recht häufig in Terrarien gehalten; sie wird ca. 1,40 m lang und stellt ähnliche Anforderungen wie *Boiga dendrophila*. Manche Tiere fressen Mäuse, andere bestehen auf Echsen.

Die sehr schön gefärbte *Chrysopelea paradisi* ist am besten an das „Fallschirmspringen" angepaßt; sie kann dadurch von höheren auf niedrige Bäume überwechseln, ohne den Boden aufsuchen zu müssen.

Madagaskar-Natter
Leioheterodon madagascariensis

Verbreitung: Madagaskar.

Lebensraum: Grasland, Baumsavannen, Waldränder.

Wissenswertes: Eine relativ große, stämmige Boidennatter mit dunkel gefleckter Ober- und heller Unterseite. Der kurze Kopf mit etwas aufgeworfener Schnauzenspitze erinnert stark an die amerikanischen Hakennattern der Gattung *Heterodon*, mit denen diese Art jedoch nicht näher verwandt ist. Sie wird bis ca. 1,50 m lang.

Madagaskar-Nattern sind in der Dämmerung aktiv und verbringen den Tag in selbstgegrabenen Erdhöhlen, Felsspalten etc. Sie ernähren sich vorwiegend von Kleinsäugern und Amphibien, vielleicht auch von Vögeln. Die verlängerten ungefurchten hinteren Zähne sind durch eine Lücke vom restlichen Gebiß getrennt; über mögliche Giftwirkungen ist wenig bekannt. Madagaskar-Nattern beißen selten zur Verteidigung, sondern flachen den Hals ab und zischen. Die Gelege bestehen aus bis zu zwölf Eiern, aus denen nach mehr als zweimonatiger Entwicklungszeit die ca. 30 cm langen Jungnattern schlüpfen.

Zwei weitere Arten der Gattung kommen endemisch auf Madagaskar vor: *L. geayi* und *L. modestus*. *Leioheterodon* wird – zusammen mit *Farancia*, *Lycodon*, *Lycophidion* u. a. – den Wolfszahnnattern (Lycodontinae) zugerechnet.

Haltung: Madagaskar-Nattern benötigen große, gut belüftete und nicht zu trockene Terrarien mit Wassergefäß, vielen dunklen Verstecken und Substrat zum Graben. Die Temperaturen sollten tagsüber 25–27 °C betragen. Tote Nagetiere werden meist als Futter akzeptiert.

Wolfszahnnatter
Lycodon aulicus

Verbreitung: Südasien (von Indien und Sri Lanka bis Westindonesien, Südchina und zu den Philippinen).

Lebensraum: Verschieden; häufig in steinigen Biotopen mit vielen Deckungsmöglichkeiten.

Wissenswertes: Eine kleine Art mit langem, deutlich abgesetztem Kopf. Die Färbung ist je nach Herkunft unterschiedlich; das abgebildete Exemplar ist typisch für Tiere aus Thailand. Die meisten werden nicht länger als 75 cm.

Wolfszahnnattern sind nachtaktiv und verbringen den Tag in Felsspalten, unter Steinen und in anderen Verstecken. Sie klettern gut und leben in ländlichen Gebieten häufig in den Dächern der Häuser. Die Nahrung besteht fast ausschließlich aus Echsen, vor allem Geckos; nur gelegentlich werden Frösche oder nestjunge Nagetiere gefressen. *Lycodon*-Arten legen bis zu zwölf Eier; die

Jungschlangen sind beim Schlupf ca. 20 cm lang und kräftiger gefärbt als Alttiere.

Der Name „Wolfszahnnatter" läßt auf besonders kräftig entwickelte Zähne schließen; tatsächlich besitzen *Lycodon*-Arten ein eigenartiges Gebiß, bei dem vor allem die vorderen, in geringerem Maße einige hintere Zähne des Oberkiefers stark vergrößert, aber ungefurcht sind. Über eventuelle Giftwirkungen auf Beutetiere ist wenig bekannt; für den Menschen sind diese Tiere harmlos. Bei Bedrohung bilden sie meist ein lockeres Knäuel, in dem sie den Kopf verbergen; bei stärkerer Provokation beißen sie allerdings zu. Wolfszahnnattern gehören zu den wichtigsten Beutetieren der schlangenfressenden Kraits (*Bungarus* spp.).

Haltung: Als Terrarientiere sind Wolfszahnnattern wenig geeignet, da fast nur Echsen als Futter akzeptiert werden.

Die Gebänderte Wolfs-
zahnnatter (*Lycodon striatus*), eine attraktiv ge-
zeichnete Art, die über
den indischen Subkonti-
nent verbreitet ist. Der
Name leitet sich vom ei-
genartig gestalteten Ge-
biß dieser Tiere ab.

Lycophidion capense ist
eine kleine afrikanische
Art aus der Verwandt-
schaft der Wolfszahnnat-
tern; sie ist von Ägypten
bis ins Kapland verbrei-
tet. Ihre oberen und un-
teren Vorderzähne sind
verlängert und stark nach
hinten gekrümmt. Sie ist
nachtaktiv und erbeutet
schlafende Skinke und
andere Echsen. Aus Afri-
ka sind zwölf *Lycophi-
dion*-Arten bekannt.

Eidechsennatter
Malpolon monspessulanus

Verbreitung: Südeuropa, Nordafrika, Vorderasien bis zum Kaspischen Meer.

Lebensraum: V. a. steinige, deckungsreiche Biotope: Berghänge, trockenes Buschland etc.

Wissenswertes: Eine große, schlanke Schlange mit schmalem Kopf, der durch die großen Augen und die darüberliegenden Leisten ein typisches Aussehen erhält. Die Färbung ist manchmal hellgrau, meist aber dunkelbraun oder grauschwarz; Weibchen sind manchmal dunkel gefleckt (das abgebildete Exemplar trägt das charakteristische Jugendkleid). Diese Art wird meist 1,50 m lang, kann in Ausnahmefällen auch über 2 m Länge erreichen.

Dies ist die größte europäische Trugnatter. Sie lebt vor allem am Boden, wo sie tagsüber Jagd auf Eidechsen, Schlangen und Mäuse macht. Die Beutetiere werden aktiv aufgestöbert, mit großer Schnelligkeit verfolgt und meist ohne Umschlingung durch das wirkungsvolle Gift dieser Art rasch getötet. Eidechsennattern sind äußerst scheu und im Freiland nur selten zu sehen. In die Enge getrieben, zischen sie heftig und beißen auch zu; die weit hinten angebrachten Giftzähne kommen bei diesen Bissen nur selten in Hautkontakt, dennoch ist wegen des wirksamen Gifts Respekt geboten. Diese Art legt im Juli oder August bis zu 18 Eier in Laubansammlungen etc. ab, aus denen nach ca. zwei Monaten die Jungschlangen schlüpfen. Diese besitzen eine typische Fleckenzeichnung und ernähren sich zunächst von Insekten und kleinen Echsen.

Die Nominatform bewohnt den Westteil des Artareals, während *M. m. insignis* vom Balkan und Marokko nach Osten hin verbreitet ist.

Die verwandte Moilanatter (*M. moilensis*) ist von Nordafrika über Arabien bis in den Iran verbreitet; in der Lebensweise ähnelt sie der Eidechsennatter, ist jedoch heller und bleibt kleiner.

Haltung: Eidechsennattern kann man in großen Terrarien bei hohen Tagestemperaturen (bis 32 °C) zwar jahrelang halten, sie lassen sich aber nur selten – wenn überhaupt – nachzüchten und sind somit nur eingeschränkt für die Haltung geeignet. **§: BA.**

Erzspitznatter
Oxybelis aeneus

Verbreitung: Mittel- und Südamerika (vom extremen Südwesten der USA bis Brasilien und Bolivien; auch auf Trinidad und Tobago).
Lebensraum: Gebüsch und Bäume in Wassernä-

he; von Galeriebewuchs in Trockengebieten bis zu tropischem Regenwald.
Wissenswertes: In Körperform und -farbe ahmen diese Trugnattern täuschend die Triebe von Lia-

233

nen nach; der Körper ist extrem schlank und dünn, der Schwanz verlängert, der Kopf zugespitzt, und die Färbung reicht von hellgrau bis bräunlich, z. T. mit unregelmäßiger Fleckung. Die Unterseite ist hell und am Kopf durch einen schwarzen, durchs Auge ziehenden Streif scharf von der Färbung der Oberseite getrennt. Diese Art erreicht meist ca. 1,50 m Länge, selten auch mehr.

Die vorwiegend am Tage aktiven Erzspitznattern kommen häufig in niedrigem Gebüsch vor, zumindest in Trockengebieten meist in der Nähe von Gewässern. Sie sind nur schwer zu entdecken, da sie meist unbeweglich mit waagrecht ausgestrecktem Vorderkörper auf Nahrung lauern; sie können Beutetiere aber auch aktiv aufstöbern, wobei sie mit langsamen Bewegungen und hoch erhobenem Vorderkörper über den Boden oder durchs Geäst wandern. Die Nahrung besteht fast ausschließlich aus Echsen geeigneter Größe, die nach dem Fang schnell durch den Giftbiß dieser opisthoglyphen Art gelähmt und sofort verschlungen werden. Gelegentlich werden auch Frösche und Jungvögel erbeutet. Bei Bedrohung beißt diese Art nur selten; meist öffnet sie „drohend" das Maul und sondert ein übelriechendes Analdrüsensekret ab. Über die Fortpflanzungsbiologie ist nicht allzuviel bekannt; die Gelege sind klein und bestehen aus bis zu sechs Eiern, die zweieinhalb Monate Entwicklungszeit benötigen. Im nördlichen Teil ihres Verbreitungsgebietes findet die Eiablage im Frühsommer statt.

Die Nominatform *O. a. aeneus* bewohnt den gesamten süd- und mittelamerikanischen Teil des Verbreitungsgebietes, nördlich bis Honduras, während die abgebildete *O. a. auratus* in Mexiko und Südarizona vorkommt. In Aussehen und Lebensweise sind sich beide Unterarten sehr ähnlich.

Im gleichen Areal kommen noch einige andere *Oxybelis*-Arten vor. Die Glanzspitznatter (*O. fulgidus*) ist auf der Rückenseite kräftig blattgrün, unten gelbgrün gefärbt. Sie wird größer und kann Längen von über 2,10 m erreichen. Sie ist von Mexiko bis über weite Teile des nördlichen Südamerikas östlich der Anden verbreitet und ernährt sich von Vögeln und Echsen; im Gegensatz zu *O. aeneus* ist sie enger an Bäume als Lebensraum gebunden und steigt freiwillig kaum auf den Erdboden herab.

Haltung: Spitznattern benötigen als baumlebende Schlangen geräumige, hohe Terrarien mit zahlreichen Klettermöglichkeiten und möglichst dichter Bepflanzung. Wie bei vielen Arten von Baumschlangen trinken manche Exemplare nur ungern aus einem Wasserbehälter, sondern nehmen Wasser in Tropfenform von Blättern etc. auf; die Tiere sollten daher regelmäßig mit temperiertem Wasser übersprüht werden. Die Temperaturen sollten bei 25–30 °C liegen. Als Futtertiere akzeptiert *O. aeneus* meist nur Echsen (z. B. kleine *Anolis*-Arten); *O. fulgidus* frißt manchmal tote Küken oder Mäuse, wenn sie mit einer Pinzette vorgehalten werden. Die Ernährung beider Arten ist problematisch.

Westliche Schnabelnatter
Rhamphiophis multimaculatus

Verbreitung: Namibia, Botswana.

Lebensraum: Felsige oder sandige Trockengebiete.

Wissenswertes: Die Einteilung der Schnabelnattern in Arten und Unterarten und Angaben über
deren jeweilige Verbreitung sind höchst wider-
sprüchlich. Je nach Autor gibt es drei bis fünf
Rhamphiophis-Arten. Alle Schnabelnattern sind
mäßig schlank; typisch und namengebend ist die
schnabelartig ausgezogene obere Schnauzenpar-
tie. Die Westliche Schnabelnatter gehört zu den
kleinsten Formen und wird ca. 60 cm lang, andere
Arten erreichen über 1,50 m Länge.

Rhamphiophis-Arten sind tagaktive Boden-
schlangen. Sie sind dennoch selten zu sehen, da
sie die meiste Zeit damit verbringen, im lockeren
Boden zu wühlen bzw. unterirdische Nagetierbaue und Termitenhügel nach eßbaren Bewoh-
nern abzusuchen; über der Erde bewegen sich
diese Tiere langsam durch die Vegetation, wobei
sie den Kopf – fast wie Hühner – ständig hin und
herbewegen. Während die Formen aus Trockengebieten (z. B. *R. multimaculatus*) häufig im lok-
keren Sand graben und sich vorwiegend von kleinen, im Sand lebenden Echsen ernähren, erbeutet
die große und weitverbreitete *R. oxyrhynchus* auch
Kleinsäuger, Schlangen und sogar Insekten.
Schnabelnattern sind opisthoglyphe Schlangen,
deren Gift jedoch zumindest beim Menschen
wenig wirksam ist; bei Bedrohung beißen sie
selten. Die bis zu 18 Eier werden in mehreren
„Portionen" über einige Tage hinweg abgelegt.

Haltung: In trockenen Terrarien mit vielen Verstecken; die größeren Arten fressen Nagetiere.
Mehrere Arten wurden in Gefangenschaft bereits
nachgezüchtet.

Vogelschlange
Thelotornis kirtlandii

Verbreitung: Zentral- und Westafrika.

Lebensraum: Bäume und Gebüsch in Regenwaldgebieten.

Wissenswertes: Eine an das Leben in Bäumen angepaßte, schlanke und langschwänzige Schlange, deren Gestalt und Färbung sie in ihrem natürlichen Lebensraum praktisch unsichtbar macht. Der zugespitzte Kopf setzt sich deutlich vom Hals ab; die Pupillen der relativ großen Augen sind waagrecht gestellt und erinnern in der Form an ein Schlüsselloch. Auf dem Körper sind Flecken verschiedenster Schattierungen von Braun und Grau so vermischt, daß ein baumrindenartiger Effekt entsteht; Seiten von Kopf und Hals sind weiß gemustert. Die Maximallänge dieser Art beträgt etwa 1,70 m.

In Ruhestellung lauern diese Tiere mit halb aufgerichtetem Vorderkörper im Gebüsch auf Beute, wobei sie einem trockenen Zweig täuschend ähnlich sehen; beim Ortswechsel oder auf der Flucht können sie aber auch schnell und behende durch das Geäst von Bäumen und Büschen gleiten. Beim langsamen Anpirschen an Beutetiere schwingen sie ihren aufgerichteten Körper hin und her, wohl um einen vom Wind bewegten Zweig vorzutäuschen. Die optischen Fähigkeiten dieser Art sind außerordentlich hoch entwickelt; vermutlich sind sie zu räumlichem Sehen befähigt und können – im Gegensatz zu anderen Schlangen – sogar unbeweglich verharrende Beutetiere lokalisieren. Vogelschlangen ernähren sich überwiegend von kleinen baumlebenden Echsen; Kleinvögel werden ebenfalls gefangen, seltener auch Frösche und Kleinsäuger. Die Beutetiere werden nicht umschlungen, sondern nur im Maul festgehalten; sie erliegen sehr schnell dem wirksamen Gift dieser opisthoglyphen Art. Die Weibchen legen bis zu zwölf Eier, die zwei bis drei Monate Entwicklungszeit benötigen. Frisch geschlüpfte Tiere sind etwa 25 cm lang und gleichen in ihrer Färbung den Alttieren weitgehend.

von ernsthaften Vergiftungen können die ersten Symptome mit starker Verzögerung von bis zu 48 Stunden nach dem Biß auftreten. Im Gegensatz

Die Vogelschlange (*Thelotornis kirtlandii*) wird auf englisch „Twig Snake" (Zweigschlange) genannt, was sich auf die Tarnfärbung dieser Art bezieht; in reglosem Zustand ähnelt sie einem Zweig oder dem Trieb einer Liane und ist im Gesträuch kaum zu entdecken.

Vogelschlangen sind scheu und fliehen entweder bei Störungen, oder vertrauen auf ihre Tarnung und warten regungslos, bis die Gefahr vorüber ist; in die Enge getrieben, blähen sie ihren Hals zu einem beeindruckenden Umfang auf; unprovozierte Bisse dieser Tiere sind aus dem Freiland nicht bekannt.

Dennoch ist diese Art mit äußerstem Respekt zu behandeln, da ihr Gift in Zusammensetzung und Wirksamkeit dem der Boomslang (*Dispholidus typus*) sehr ähnlich ist; es gibt mehrere Berichte über menschliche Todesfälle nach Vogelschlangen-Bissen, die praktisch immer im Zusammenhang mit dem Fang oder der Terrarienhaltung standen. Das Gift dieser Art unterbindet völlig die Gerinnungsfähigkeit des Blutes, so daß als Folge eines Bisses massive Blutungen der Schleimhäute und der inneren Organe auftreten, die ohne Bluttransfusion kaum zu stillen sind. Sogar im Falle

zur Boomslang gibt es kein Antiserum gegen das Gift dieser Art; das monovalente Boomslang-Antiserum ist unwirksam.

Die zweite Art der Gattung, *T. capensis*, wurde früher als Unterart von *T. kirtlandii* betrachtet, wird heute aber als selbständige Art angesehen. Sie ist mit drei Unterarten über die Savannengebiete von Südafrika bis in den Sudan verbreitet; sie ist ähnlich, aber kontrastreicher gezeichnet als *T. kirtlandii*.

Haltung: Wegen der potentiellen Gefährlichkeit dieser Art sollte sie nur von verantwortungsbewußten Spezialisten gehalten werden. In den Ansprüchen an ihre Umgebung stimmt sie weitgehend mit der Boomslang (*Dispholidus typus*) überein. Manche Exemplare fressen weder Mäuse noch Vögel, sondern bestehen auf kleinen Echsen.

Leiernatter
Trimorphodon biscutatus

Verbreitung: Äußerster Südwesten der USA bis Costa Rica.

Lebensraum: Felsiges, steiniges Gelände in Trockengebieten.

Wissenswertes: Eine mäßig große Schlange mit auffallend breitem Kopf; die großen Augen besitzen eine senkrecht geschlitzte Pupille. Die Färbung ist grau bis braun mit je nach Unterart verschieden geformten Flecken; oft sind große Sattelflecken mit hellem Zentrum ausgebildet. Der deutsche Name leitet sich von der leierförmigen Zeichnung auf der Oberseite des Kopfes ab. Ausgewachsene Tiere werden maximal 1,20 m lang.

Leiernattern sind nachtaktiv und verbringen den Tag in Felsspalten und anderen Verstecken. Nachts kriechen sie auf der Suche nach Echsen umher, die ihre Hauptnahrung bilden; sie fressen aber gelegentlich auch kleine Vögel und Säugetiere. Leiernattern sind opisthoglyphe Schlangen, deren Gift die gefangenen Beutetiere in kürzester Zeit lähmt. Die Fortpflanzungsbiologie ist nur unzureichend bekannt; Gelege von bis zu zwölf Eiern benötigten zwei bis drei Monate Entwicklungszeit. Die Jungtiere sind beim Schlupf ca. 23 cm lang.

Von der Leiernatter sind mehrere Unterarten bekannt, die früher teilweise als echte Arten angesehen wurden. Die Nominatform kommt im südwestlichen Mexiko vor, während die oben abgebildete *T. b. quadruplex* von Westguatemala bis Costa Rica verbreitet ist. *T. b. lambda* ist von Südkalifornien, Arizona und Sonora (Mexiko) bekannt; *T. b. vandenburghi* bewohnt Südwestkalifornien und Baja California; *T. b. vilkinsoni* ist von Südtexas bis Chihuahua (Mexiko) anzutreffen.

Haltung: Für diese nachtaktive Art sind trockene Terrarien mit dunklen Versteckplätzen geeignet; Klettermöglichkeiten sollten nicht fehlen. Die Vorzugstemperatur beträgt 24–26 °C. Tiere, die an Echsen gewöhnt sind, können meist nur schwer davon überzeugt werden, Mäuse zu fressen.

Der Name Leiernatter bezieht sich auf die (mit Phantasie betrachtet) leierförmig erscheinende Zeichnung auf dem Kopf; deutlich sichtbar sind die „katzenartig" senkrecht geschlitzten Pupillen, die auch bei einigen anderen Trugnattern auftreten. Abgebildet ist ein Exemplar von *Trimorphodon biscutatus quadruplex*.

Die am weitesten nach Norden vordringende Unterart *Trimorphodon biscutatus lambda* kommt von Nordwestmexiko (Sonora) bis in die südwestlichen USA (hauptsächlich Südkalifornien und Arizona) vor.

Westliche Schwarzkopfnatter
Tantilla planiceps

Verbreitung: Südwestliche USA, Baja California.
Lebensraum: Wüsten und Halbwüsten, häufig in Gewässernähe.
Wissenswertes: Eine sehr kleine Schlange mit glatter Beschuppung, einfarbig hellbrauner bis grauoliver Oberseite und schwarzem Kopf. Die Bauchseite ist weiß und geht dem Schwanz zu in Orange über; gelegentlich ist ein dunkler Längsstreif auf dem Rücken vorhanden. Die meisten Tiere werden nur 20–35 cm lang.

Schwarzkopfnattern sind nachtaktive Tiere, die den Tag in Felsspalten, unter Steinen etc. verbringen. Sie ernähren sich von Regenwürmern, Tausendfüßern, Insektenlarven und anderen weichhäutigen Wirbellosen. Die Gelege dieser Art sind sehr klein und bestehen aus nur ein bis drei Eiern, die im Mai oder Juni abgelegt werden.

Von der Schwarzkopfnatter sind vier Unterarten bekannt; abgebildet ist ein Exemplar von *T. p.*

eiseni, die in Südkalifornien und Baja California (Mexiko) vorkommt.

Die Gattung *Tantilla* ist mit zehn Arten über das südliche Nordamerika verbreitet, wobei alle Arten von ähnlicher Größe und Färbung sind; die meisten besitzen eine farblich scharf abgesetzte schwarze Kopfkappe. In ihren Ansprüchen an den Lebensraum unterscheiden sie sich dagegen erheblich; die meisten Arten ziehen feuchtere Biotope vor als *T. planiceps*. Die nördlicher vorkommenden Arten (z. B. *T. nigriceps*) überwintern über 2 m tief im Boden eingegraben. *Tantilla*-Arten gehören zu den bevorzugten Beutetieren von Korallenschlangen (z. B. *Micrurus fulvius*).

Haltung: Nur sinnvoll bei ständiger Verfügbarkeit von Regenwürmern, weichen Insektenlarven etc. als Futter. Benötigt möglichst trockene Terrarien mit vielen Versteckmöglichkeiten und Substrat zum Graben.

GIFTSCHLANGEN

Brillenschlange (*Naja n. naja*) aus Sri Lanka mit drohend gespreiztem Hals.

Traditionellerweise werden Schlangen in zwei Kategorien eingeteilt: Giftschlangen und „ungiftige" Schlangen. Wie in den vorangestellten Kapiteln deutlich wurde, läßt sich diese Trennung mit den tatsächlichen Gegebenheiten nicht in Einklang bringen, da der Übergang zwischen beiden Gruppen fließend verläuft; so produzieren nicht nur die als „eingeschränkt giftig" geltenden opisthoglyphen Trugnattern toxische Speichelsekrete, sondern sogar einige Arten aus der näheren Verwandtschaft der Ringelnatter entpuppten sich als potentiell gefährliche Giftschlangen; die Gifte einiger dieser „harmlosen" Nattern (Colubridae) gehören zu den wirksamsten toxischen Substanzen des Tierreichs.

Dennoch lassen sich die „klassischen" Giftschlangen gut von den genannten Formen abgrenzen, und zwar anhand der Bezahnung. Während die giftigen Colubriden ihren Speichel mit Hilfe verlängerter, z. T. mit einer Längsfurche versehener hinterer Zähne des Oberkieferknochens (Maxillare) in die Beutetiere einbringen, sind bei den „echten" Giftnattern (Elapidae) der oder die vordersten Zähne des Oberkiefers zu Giftzähnen modifiziert (proteroglyphe Schlangen). Hierbei verschmelzen die Ränder der ursprünglich offenen Giftrinne außen miteinander und bilden einen im Innern des Zahns liegenden Giftkanal. Die basale Öffnung ist mit einem von der Giftdrüse kommenden Kanal verwachsen; bei jedem Zahnwechsel wird diese Verbindung getrennt und verwächst mit dem nachrückenden Zahn aufs neue. Während die Giftzähne der Trugnattern ihre Wirkung aufgrund ihrer Stellung im Kiefer meist erst beim Verschlingen der Beute entfalten können, sind die echten Giftnattern (Elapidae) in der Lage, auch bei der Abwehr gegen größere Tiere Giftbisse anzubringen. Der Oberkiefer ist gegenüber dem der Colubriden etwas verkürzt, trägt aber außer den vorne liegenden Giftzähnen noch einige kleinere, normale Zähne (Ausnahme: manche Seeschlangen); die Giftzähne sind infolgedessen nicht beweglich, weshalb Elapiden zur Verabreichung des Gifts richtig zubeißen müssen.

Eine weitere Vervollkommnung des Giftapparats finden wir bei der zweiten großen Gruppe „echter" Giftschlangen, den Vipern und Grubenottern (Viperidae). Bei ihnen ist in jeder Oberkieferhälfte nur ein einziger Zahn, der Giftzahn, übriggeblieben; entwicklungsgeschichtlich handelt es sich dabei um den hintersten Maxillar-zahn, der durch die Reduktion des gesamten davor liegenden Oberkiefers ganz nach vorne gerückt ist. Das verkürzte Oberkieferstück ist drehbar gelagert, weshalb der meist stark vergrößerte, je nach Art bis 3 cm lange Giftzahn bei geschlossenem Maul nach hinten geklappt, beim Biß jedoch nach vorn aufgestellt werden kann; die Art der Bezahnung wird als „solenoglyph" bezeichnet. Bei weit zurückgeklapptem Unterkiefer können die aufgerichteten Giftzähne wie Dolche in die Beute- oder Feindtiere geschlagen werden, ohne daß ein wirkliches Zubeißen erfolgt. Viele solenoglyphe Schlangen halten ihre Beutetiere nach dem „Biß" nicht fest, sondern warten die Giftwirkung ab und verschlingen die Beute erst in totem Zustand.

Sowohl Giftnattern als auch Vipern können die Giftmenge, die pro Biß appliziert wird, durch unterschiedlich starken Muskeldruck auf die Giftdrüse dosieren. Während beim Beutefang immer Giftbisse angebracht werden (wobei jeweils nur ein Bruchteil der vorhandenen Giftmenge ausgeschüttet wird), wird bei Abwehrbissen oftmals gar kein Gift eingespritzt.

Wie alle Zähne von Schlangen (und anderen Reptilien) fallen auch die Giftzähne von Elapiden und Viperiden regelmäßig aus und werden durch neue ersetzt; „Reservezähne" in verschiedenen Entwicklungsstadien sind stets in den Schleimhäuten verborgen und können bei Verlust des arbeitenden Zahns innerhalb von Tagen oder wenigen Wochen nachrücken; auch werden nicht beide Zähne gleichzeitig gewechselt, so daß meist mindestens ein funktionsfähiger Giftzahn vorhanden ist. Daraus folgt, daß das Entfernen der Giftzähne allein kein geeignetes Mittel ist, um gefangengehaltene Giftschlangen ungefährlich zu machen; „Schlangenbeschwörer" und dergleichen brechen deshalb oft die gesamten Oberkiefer heraus, wodurch der Schlange natürlich die Nahrungsaufnahme auf Dauer unmöglich gemacht und das Tier dem Hungertod preisgegeben wird.

Da der Verbreitungsschwerpunkt der Giftschlangen in den Tropen und Subtropen liegt, ist auch die menschliche Mortalität durch Schlangenbisse geographisch ungleich verteilt. Während in Europa nur einzelne Todesfälle berichtet werden (Italien: ca. ein Fall pro Jahr), liegt die Zahl der Opfer von Schlangenbissen in den Tropen bei jährlich vielen Tausenden; betroffen ist vor allem die ländliche Bevölkerung.

Schlangengift und Antiserum

Schlangengifte erfüllen im wesentlichen zwei biologische Funktionen: sie töten die Beutetiere, und sie spielen eine wichtige Rolle bei deren Verdauung; dagegen ist ihre Aufgabe bei der Feindabwehr eher sekundär und nur bei den Speikobras hoch entwickelt.

Schlangen ernähren sich meist von – relativ zu ihrem eigenen Körpergewicht – großen und oft wehrhaften Beutetieren, die vor dem langsamen und komplizierten Schlingakt getötet oder zumindest immobilisiert werden müssen; bei den meisten ungiftigen Schlangenarten erfolgt dies durch Umschlingen und Erdrosseln. Daß diese Art der Überwältigung z. B. großer Nagetiere für die Schlange nicht ohne Risiko ist, zeigt die Tatsache, daß u. a. die meisten älteren Exemplare vieler Arten von Kletternattern mit Bißnarben übersät sind; auch bei unsachgemäßer Fütterung von Terrarienschlangen hat schon so manche Ratte den Spieß umgekehrt und mit ihren scharfen Nagezähnen der Schlange den Garaus gemacht. Der Einsatz von Gift verkürzt die Lebenszeit des Beutetiers und reduziert somit dieses Risiko drastisch. Vor allem die Vipern und Grubenottern haben diesen gefahrlosen Weg des Beuteerwerbs perfektioniert, indem der Kontakt mit dem lebenden Beutetier auf ein blitzschnelles Einschlagen der Giftzähne beschränkt bleibt; die Schlangen ziehen sich nach dem Biß meist sofort zurück und folgen mit Hilfe ihres Geruchssinnes der Spur des flüchtenden Tiers, an deren Ende die mundgerechte Nahrung bereit liegt.

Um eine derart drastische und schnelle Wirkung zu erzielen, müssen Schlangengifte biologisch hochaktive Substanzen enthalten, die so rasch wie möglich vitale Körperfunktionen des gebissenen Tiers unterbinden können. Die meisten Arten von Giftschlangen verlassen sich dabei nicht auf einen einzigen Wirkungsmechanismus, sondern produzieren Gemische verschiedenster Eiweißsubstanzen, die ganz unterschiedlich auf den Organismus einwirken. Dabei sind die Giftstoffe oft auf das wichtigste Beutetier der entsprechenden Schlangenart „maßgeschneidert", wobei es hinsichtlich der Empfindlichkeit oder Resistenz nicht nur erhebliche Unterschiede zwischen Tierklassen (z. B. Säugetieren und Reptilien) gibt, sondern auch zwischen verschiedenen Arten von Säugetieren: während z. B. das Gift der Östlichen Diamantklapperschlange (*Crotalus adamanteus*) die hauptsächlichen Beutetiere dieser Art, Kaninchen, in kürzester Zeit tötet, wird eine erheblich größere Giftmenge benötigt, um den gleichen Effekt bei einer deutlich kleineren Ratte zu erzielen. Viele Säugetiere, Vögel und Reptilien, die sich regelmäßig von Giftschlangen ernähren, besitzen verschiedene Grade von Resistenz gegen manche Schlangengifte. Dabei handelt es sich um eine angeborene geringe Empfindlichkeit, die auf verschiedensten physiologischen Eigenschaften beruhen kann; in welchem Maße dabei die Immunität eine Rolle spielt (d. h. eine durch Auseinandersetzung des körpereigenen Abwehrsystems mit eingedrungenen Fremdsubstanzen erworbene Unempfindlichkeit), ist noch weitgehend unklar. Auch ist die Widerstandsfähigkeit immer nur teilweise ausgeprägt; selbst die als besonders giftresistent geltenden Mangusten, Erdmännchen und andere schlangenfressende Schleichkatzen erliegen meist einem gut getroffenen Kobrabiß. Viele schlangenfressende Greifvögel sind nicht so sehr resistent gegen das Gift, sondern sind durch ihr dichtes Federkleid und die beschuppten Beine vor Giftbissen gut geschützt.

Schlangengifte bestehen aus zwei Großgruppen von Eiweißen oder Peptiden mit völlig unterschiedlicher Wirkung: zum einen sind dies Giftstoffe (Toxine), die die Nervenfunktion (Neurotoxine) oder die Herztätigkeit (Cardiotoxine) unterbinden, zum anderen sind es Enzyme, die auf verschiedene Weise gewebszerstörend wirken.

Neurotoxine finden sich hauptsächlich im Gift von Giftnattern (Elapidae), aber auch von manchen Klapperschlangenarten (v. a. der südamerikanischen *Crotalus durissus terrificus*). Neurotoxine unterbinden auf verschiedene Weise die Reizübertragung im peripheren Nervensystem und führen somit zu Lähmungen der Muskulatur; sie wirken meist rasch und können in extremen Fällen (Mamba!) beim Menschen innerhalb von Minuten zum Tode führen. Die Symptomatik reicht von Lähmungen der Augenlider, Speichelfluß, Sprechstörungen und Schluckbeschwerden bis hin zur völligen Lähmung der Brustmuskulatur; der Tod tritt dann durch Atemstillstand ein.

Gewebszerstörende Enzyme sind in fast allen

Schlangengiften enthalten, kommen aber besonders hoch konzentriert bei Vipern und Grubenottern vor. Es handelt sich letztlich um hochspezialisierte Verdauungsenzyme, die gezielt lebenswichtige Strukturen und Funktionen angreifen, aber auch einen wichtigen Beitrag zur Verdauung des Beutetiers leisten. Besonders wichtig sind dabei die Hämorrhagine, die innerhalb weniger Minuten die Basalmembranen der Blutkapillaren und anderer Blutgefäße zerstören, so daß Blut ins Gewebe austritt; nach dem Biß kommt es zu massiven Blutungen, welche bei kleinen Beutetieren den ganzen Körper betreffen, beim gebissenen Menschen aber meist auf die Umgebung der Bißstelle beschränkt sind. In schweren Fällen kommt es dadurch zu Nekrosen, die die Amputation von Gliedmaßen notwendig machen können; durch massiven inneren Blutaustritt ins Gewebe kann es zu Kreislaufversagen mit Todesfolge kommen. Bei dieser Art der Vergiftung ist die Zeitspanne zwischen Biß und dem Auftreten lebensbedrohender Symptome meist ziemlich lang und beträgt mindestens mehrere Stunden.

Einen Sonderfall stellen die verschiedenen Formen von Gerinnungsenzymen dar; sie treten vor allem bei Vipern und Grubenottern auf (besonders effektiv bei der Sandrasselotter, *Echis carinatus*), aber auch bei Trugnattern wie der Boomslang (*Dispholidus typus*) und den Vogelschlangen (*Thelotornis* spp.); sie zerstören die Gerinnungsfähigkeit des Blutes, was v. a. bei Kleintieren in Verbindung mit Bißwunden schnell zum Verbluten führt; auch bei Menschen kann es in schweren Fällen durch unstillbare innere Blutungen zu Todesfällen kommen.

Die Folgen eines Giftschlangenbisses hängen nicht nur von der Schlangenart und damit von der Zusammensetzung des Giftes ab, sondern noch von einer Vielzahl anderer Faktoren. Wichtig ist die Menge des injizierten Giftes (bei Abwehrbissen wird oft gar kein oder nur wenig Gift eingespritzt), der physische Zustand und das Alter des Gebissenen, und natürlich die Art der Behandlung; durch viele der allgemein empfohlenen Sofortmaßnahmen nach dem Biß entsteht mehr Schaden als durch den Schlangenbiß selbst. Wichtig sind die Beruhigung des Patienten und die Ruhigstellung des betroffenen Körperteils, da durch erhöhte Herzfrequenz und Muskelbewegungen das Gift schneller im Körper verteilt wird, und der sofortige Transport zum nächsten Arzt oder Krankenhaus; die Identifizierung oder das Mitbringen der toten Schlange wäre sicher hilfreich, stellt sich in der Praxis aber meist als wenig realistisch dar. Das Aussaugen der Bißwunde ist wirkungslos, richtet aber wenigstens keinen Schaden an. Dagegen sind Maßnahmen wie Einschneiden oder Verbrennen der Bißstelle unbedingt zu unterlassen, da sie meist zu schweren Nekrosen und Infektionen führen; Amputationen sind oftmals erst durch die Folgen derartiger Maßnahmen notwendig geworden. Auch das häufig angewandte Abstauen von Gliedmaßen durch Binden sollte besser unterbleiben; es mag bei Giftnattern-Bissen, fachkundig angewandt, von Vorteil sein, führt aber bei Bissen von Vipern und Grubenottern durch Verstärkung der Ödeme oft zur Verschlimmerung des Zustands.

„Antiserum" ist das Zauberwort bei der Behandlung von Schlangenbissen. Es handelt sich dabei um Fraktionen aus dem Blutserum immunisierter Pferde, die durch regelmäßige niedrig dosierte (symptomlose) Injektion von Schlangengift hohe Konzentrationen von Antikörpern gegen die entsprechenden Toxine und Enzyme gebildet haben. Nach der Injektion in den Patienten binden sich diese Antikörper an die Bestandteile des Schlangengiftes, wodurch letztere inaktiviert werden. Man unterscheidet „monovalente" Antiseren, die nur gegen das Gift einer Schlangenart (oder -unterart) wirken, und „polyvalente" Antiseren, die ein Gemisch von Antikörpern gegen mehrere Arten meist einer bestimmten Region (Australien, Zentralafrika etc.) enthalten. Antiseren müssen in die Blutbahn injiziert werden; das Einspritzen um die Bißstelle herum ist nicht sinnvoll. Bei hämorrhagisch und lokal wirkenden Schlangengiften (v. a. von Vipern) sind Antiseren wenig oder gar nicht wirksam, dagegen sind sie bei allen Vergiftungen mit neurotoxischen Giften unverzüglich in hoher Dosierung anzuwenden; bei schweren Mamba- oder Kobrabissen können bis zu 20 Ampullen (200 ml) notwendig sein. Wegen der Gefahr von Unverträglichkeitsreaktionen (anaphylaktischer Schock gegen Bestandteile des Pferdeserums, Serumkrankheit) dürfen Antiseren nur vom Arzt bei vorbereiteter Schocktherapie verabreicht werden. Aufgrund der oft schwerwiegenden Folgen der Antiserum-Behandlung sollte sie bei leichten Vergiftungen, v. a. durch Vipernbisse, möglichst nicht durchgeführt werden.

Landlebende Giftnattern

Micrurus diastema, eine tropische Korallenschlange.

Die Familie der Giftnattern (Elapidae) ist mit Ausnahme Europas und der Antarktis auf allen Kontinenten verbreitet. Ihre Vertreter zeichnen sich aus durch den Besitz feststehender und daher notwendigerweise relativ kurzer Giftzähne, die vorn im Oberkiefer stehen („proteroglyphe Schlangen"). Die Giftzähne besitzen im Innern einen Giftkanal, der stammesgeschichtlich durch Verwachsung der Außenränder einer Giftfurche entstand, wie wir sie von opisthoglyphen Schlangen kennen; die Verwachsungsstelle ist äußerlich noch durch eine Längsrille sichtbar. Giftnattern sind meist schlanke Schlangen mit großen Kopfschuppen, die eine bemerkenswerte Ähnlichkeit mit vielen Nattern (Colubridae) aufweisen.

Die ältesten fossilen Giftnattern sind aus 15 Millionen Jahre alten miozänen Ablagerungen bekannt; auch ihre frühere Präsenz in Europa ist durch Fossilien belegt.

Die größte Arten- und Formenvielfalt erreichten die Giftnattern in Australien, wo sie die bei weitem dominierende Schlangenfamilie stellen; die größten Vertreter sind die über 2 m Länge erreichenden *Oxyuranus*-Arten (z. B. der Taipan, *O. scutellatus*), während z. B. die verborgen lebenden *Simoselaps*-Arten mit kaum 30 cm Länge zu den „Zwergen" gehören. Die meisten australischen Giftnattern ähneln in ihrem schlanken Habitus Kobras oder Korallenschlangen. In Abwesenheit der höher entwickelten Vipern und Grubenottern besetzten in diesem Kontinent der „lebenden Fossilien" Giftnattern auch deren ökologische Nische: die „Todesottern" (*Acanthophis* spp.) sehen mit ihrem plumpen Körper und dem großen, dreieckigen Kopf Vipern nicht nur täuschend ähnlich, sondern entsprechen ihnen auch weitgehend im Verhalten (sie lauern getarnt auf Beute, anstatt sie zu verfolgen).

Viele Gemeinsamkeiten bestehen zwischen den Giftnatternfaunen Südasiens und Afrikas. Die Arten mit dem größten Bekanntheitsgrad sind zweifellos die verschiedenen Kobras (*Naja, Walterinnesia* u. a.); dies liegt nicht nur an der Giftigkeit dieser Tiere, sondern vor allem an ihrer typischen Drohhaltung mit aufgerichtetem Vorderkörper und gespreiztem Hals mit seiner manchmal auffälligen Rückenzeichnung. Mehrere Arten von Kobras besitzen modifizierte Giftzähne, deren Öffnung nach vorn gerichtet ist und als Düse fungiert, durch die zur Verteidigung vor größeren Tieren Gift versprüht werden kann (es wird nicht gespuckt, wie der Name „Speikobra" glauben läßt). Diese Einrichtung kommt vor allem bei afrikanischen savannenbewohnenden Arten der Gattungen *Naja* und *Hemachatus* vor und dient wohl dem Schutz vor dem Zertreten durch große Grasfresser (Antilopen etc.). Die eindrucksvolle Königskobra (*Ophiophagus hannah*) aus Südasien ist auf Schlangen als Nahrung spezialisiert; sie ist mit einer Maximallänge von weit über 5 m die größte Giftschlange überhaupt. Zur aquatischen Lebensweise ist die fischfressende Wasserkobra (*Boulengerina annulata*) aus Afrika übergegangen. Verhältnismäßig wenige Giftnattern leben auf Bäumen; dazu gehören die Waldkobras (*Pseudohaje* spp.) und vor allem die Mambas (*Dendroaspis* spp.) aus Afrika. Versteckte bis unterirdisch grabende Lebensweise zeichnet die *Bungarus*- und *Maticora*-Arten Asiens sowie die afrikanischen Gattungen *Elaps, Aspidelaps* und *Elapsoidea* aus.

Auf dem amerikanischen Kontinent sind landlebende Giftnattern nur durch die Korallenschlangen der ähnlichen Gattungen *Micrurus* und *Micruroides* vertreten. Sie führen ein sehr verstecktes Dasein; die meisten Arten sind auffällig bunt geringelt.

Herkömmlicherweise wird die Familie der Giftnattern (Elapidae) in drei Unterfamilien unterteilt: die landlebenden Giftnattern (Elapinae), die lebendgebärenden Seeschlangen (Hydrophiinae) und die eierlegenden Seeschlangen (Laticaudinae); gelegentlich werden auch die beiden letzten Gruppen zur Familie Hydrophiidae vereinigt und den landlebenden Elapidae gegenübergestellt. Neuere taxonomische Untersuchungen zeigten, daß all dies mit den tatsächlichen Verwandtschaftsverhältnissen wenig zu tun hat. In Wirklichkeit scheinen die australischen Giftnattern (wie die australischen Riesenschlangen!) eine untereinander eng verwandte Gruppe zu bilden; sie sind wohl näher mit den „Hydrophiinae" verwandt, während die Beziehungen zwischen weiteren vier Verwandtschaftsgruppen (Mambas, amerikanische Korallenschlangen, Kobras und andere afro-asiatische Elapiden, eierlegende Seeschlangen) noch ziemlich unklar sind. Da eine eindeutige Klärung dieser Fragen noch aussteht, wird hier - unter Vorbehalt - die traditionelle Einteilung beibehalten.

Brillenschlange
Naja naja

Verbreitung: Südasien vom Kaspischen Meer bis China, Indonesien und zu den Philippinen.
Lebensraum: Sehr verschieden. Meidet dichte Waldgebiete; häufig in oder in der Nähe von menschlichen Siedlungen.
Wissenswertes: Eine schlanke, aber kräftig wirken-

de Schlange mit kaum vom Hals abgesetztem, von großen Schildern bedecktem Kopf; die Färbung variiert nicht nur zwischen den zahlreichen Unterarten, sondern auch zwischen verschiedenen Individuen; die meisten Exemplare sind einfarbig hellbraun bis fast schwarz, es kommen aber auch gebänderte Tiere vor. Typisch ist die bei Erregung mit Hilfe verlängerter Halsrippen weit abspreizbare „Haube", auf deren Rückenseite eine ebenfalls sehr variable helle Zeichnung sichtbar wird; sie reicht von der namengebenden „brillenartigen" Zeichnung vor allem indischer Tiere über kreisförmige Gebilde („Monokelkobra") bis zu unregelmäßigen Flecken; vor allem im Westen und Osten des Verbreitungsgebietes wird diese Zeichnung undeutlich oder fehlt ganz. Brillenschlangen werden je nach Unterart 90 cm bis über 2 m lang.

Brillenschlangen sind sowohl hinsichtlich ihres Lebensraums als auch ihrer Beutetiere äußerst anpassungsfähig; während die nördlichen Populationen auch tagsüber aktiv sind, sind sie in südlichen Gefilden fast nur in der Dämmerung und nachts unterwegs. Sie kommen in fast allen Biotopen vor, in trockeneren Gebieten vor allem in der Nähe von Gewässern; angezogen durch das zahlreiche Auftreten von Mäusen und Ratten sind sie häufig in der Nähe menschlicher Siedlungen anzutreffen. Sie ernähren sich bevorzugt von Kleinsäugern, können aber den Speisezettel auch durch Vögel, Frösche, Schlangen, Echsen und sogar Eier ergänzen. Die ca. 20, gelegentlich bis zu 45 Eier

werden in verrottende Vegetation, alte Baumstümpfe, Termitenhügel und andere warme Verstecke abgelegt; oftmals wird das Gelege während der zwei bis zweieinhalb Monate dauernden Entwicklungszeit vom Weibchen bewacht, aber nicht bebrütet. Die Jungschlangen sind beim Schlupf ca. 25 cm lang; sie sind kontrastreicher gefärbt und sehr viel aggressiver als erwachsene Tiere. Obwohl auch viele andere Giftnattern zur Abschreckung von Feinden ihre Halsregion spreizen, ist dieses Verhalten bei der Brillenschlange am besten ausgeprägt. In aggressiver Stimmung wird dabei der Vorderkörper mehr oder weniger S-förmig aufgerichtet, dagegen deutet das Spreizen des Halses am Boden auf „Alarmstimmung" und Fluchtbereitschaft hin. Erwachsene Brillenschlangen sind meist nicht besonders angriffslustig und beißen nur bei starker Bedrohung wirklich zu; häufiger sind „Scheinbisse" mit geschlossenem Maul. Sie stoßen nur von oben nach unten zu, wobei die Reichweite etwa der des aufgerichteten Vorderkörpers entspricht; diese (relative!) Berechenbarkeit, die z. B. bei Vipern kaum vorhanden ist, machen sich Schlangenbeschwörer u. ä. zunutze. Manche Unterarten der Brillen-

Die Chinesische Kobra *(Naja naja atra)* ist die östlichste Form des Festlands und trägt eine einfache Ringzeichnung auf dem Hals; die von diesem Exemplar eingenommene Haltung mit gespreiztem Hals und geducktem Vorderkörper deutet auf Fluchtbereitschaft hin.

248

Ein Exemplar von *Naja n. naja* aus Sri Lanka in Drohstellung; die dortigen Populationen der Brillenschlange werden manchmal als *N. n. polyocellata* von der Nominatform abgetrennt.

schlange sind in der Lage, ihr Gift ähnlich wie die afrikanischen Speikobras Angreifern entgegenzusprühen; dieses Verhalten ist v. a. bei *N. n. sputatrix* von der Malaiischen Halbinsel gut entwickelt.

Ohne Zweifel gehören Brillenschlangen innerhalb ihres Verbreitungsgebietes zu den gefährlichsten Giftschlangen. Ihr Gift hat stark neurotoxischen Charakter, wobei der Tod durch Atemlähmung eintritt; Schwellungen an der Bißstelle sind dagegen nur gering ausgeprägt. Dank ihres wenig aggressiven Verhaltens verursachen Brillenschlangen jedoch z. B. in Indien deutlich weniger Todesfälle als die Kettenviper (*Daboia russellii*) und die Sandrasselotter (*Echis carinatus*). Abgesehen von ihrer Gefährlichkeit als Giftschlange ist ihre Rolle bei der Bekämpfung von Schadnagern in ländlichen Gebieten nicht zu unterschätzen; in jedem Fall stellt die massenhafte Vernichtung von Brillenschlangen in weiten Teilen ihres Verbrei-

tungsgebietes zugunsten des Lederhandels einen unverantwortlichen Raubbau dar. *N. naja* gilt als bedrohte Tierart.

Die Brillenschlange wurde lange als die einzige asiatische Vertreterin der Gattung *Naja* angesehen (fünf weitere Arten sind auf Afrika und Arabien beschränkt); innerhalb ihres Areals wurden über zehn Unterarten beschrieben. *N. n. oxiana* aus dem Iran, Turkmenien, Usbekistan und Afghanistan ist eine große, einfarbige (meist glänzend schwarze) Form ohne Halszeichnung; *N. n. naja* vom Indischen Subkontinent (einschließlich Sri Lankas) trägt häufig die typische „Brillenzeichnung"; besonders Exemplare aus Sri Lanka gehören zu den größten Vertretern der Art. Östlich davon (von Nordostindien bis Thailand) ist die auf S. 247 abgebildete und wegen ihrer ringförmigen Halszeichnung „Monokelkobra" genannte *N. n. kaouthia* zu Hause; hierzu gehören die meisten der in Zoos und von Privathaltern gepflegten Terrarien-Kobras (einschließlich der Albinoformen). Ähnlich gefärbt ist die Chinesische Kobra (*N. n. atra*) aus Südchina und Indochina. Die Malaiische Halbinsel wird von der kleinwüchsigen und wegen ihrer „Speikünste" bekannten *N. n. sputatrix* bewohnt; weitere Unterarten finden sich auf den Philippinen, Andamanen, Borneo und Sumatra.

Einige der genannten Unterarten werden heute als eigene Arten betrachtet. Die Taxonomie der asiatischen Kobras ist jedoch noch so wenig geklärt, daß hier unter Vorbehalt die traditionelle Einteilung beibehalten wurde.

Haltung: Brillenschlangen stellen keine besonderen Ansprüche. Obwohl die meisten Tiere zahm werden und kaum noch zur Einnahme ihrer Drohhaltung bewegt werden können, sollten sie nur in öffentlichen Einrichtungen mit Fachpersonal gehalten werden. **§: WA II**

Albinotische Tiere werden in freier Natur wegen ihrer Auffälligkeit meist nicht alt, dagegen sind sie als Ausstellungstiere populär und werden sogar für diesen Zweck gezüchtet. Wie die meisten Brillenschlangen in Gefangenschaft, gehören auch fast alle in Terrarien gehaltenen Albinos (einschließlich des abgebildeten Exemplars) der Unterart *Naja naja kaouthia* an.

Schwarzhalskobra, Speikobra
Naja nigricollis

Verbreitung: Afrika südlich der Sahara, mit Ausnahme von Regenwald- und Wüstengebieten.

Lebensraum: Trockene Gras- und Baumsavannen, felsige Gebiete.

Wissenswertes: Eine schlanke, große Kobra mit je nach Herkunft sehr unterschiedlicher Färbung; die Grundfarbe reicht von hellem Gelbbraun bis zu Schwarz; eine Unterart weist eine dunkle Querbänderung auf. Abgesehen von sehr hellen Exemplaren ist auf der Unterseite mindestens ein breites dunkles Querband im Halsbereich vorhanden, wovon sich der Name dieser Art ableitet. Sie kann bis 2,80 m lang werden.

Schwarzhalskobras sind innerhalb ihres Verbreitungsgebietes meist die häufigsten Vertreter der Gattung. Es sind scheue, fast ausschließlich dämmerungs- und nachtaktive Tiere, die sich tagsüber in Felsspalten, Nagetierbauen, Termitenhügeln etc. verstecken. In der Ernährung sind sie wenig wählerisch und erbeuten eine Vielzahl von Säugetier-, Vogel-, Amphibien- und Reptilienarten, manchmal sogar Fische; Jungtiere fressen häufig Insekten. Die Weibchen können über 20 Eier legen, die zwei bis zweieinhalb Monate Entwicklungszeit benötigen. Die Jungschlangen schlüpfen – wie alle Giftschlangen – mit vollständig gefülltem Giftapparat und sind schon zu „Sprühaktionen" befähigt, bevor sie vollständig das Ei verlassen haben; Jungschlangen sind relativ häufig auch am Tage anzutreffen. Bei Bedrohung richten sich Schwarzhalskobras wie ihre Gattungsverwandten auf, spreizen den Hals und

„spucken" meist ohne zu zögern, wobei das Maul nur wenig geöffnet wird; manchmal fallen sie auch in eine Schreckstarre. Das Versprühen von Gift wird nur zur Abwehr, niemals beim Beutefang angewandt, wobei es über die Treffsicherheit sehr verschiedene Ansichten gibt. Trifft das versprühte Gift ins Auge, treten heftige Schmerzen auf; unbehandelt kann es durch Schädigung der Hornhaut zur Erblindung kommen. Betroffene Augen müssen sofort mit reichlich Flüssigkeit ausgewaschen werden. Sie sollten später ärztlich untersucht und zur Vermeidung von Infektionen der geschädigten Hornhaut mit Antibiotika behandelt werden; die lokale Anwendung von Antiserum ist sinnlos. Auf der intakten Haut richtet das Gift keine Schäden an. Bisse dieser Art sind weniger häufig und haben – wie Vipernbisse – ausgeprägte lokale Hämorrhagien zur Folge; die

neurotoxischen Anteile des Gifts sind geringer als bei anderen Kobras (außer *N. mossambica*).

Von den zahlreichen Formen werden meist nur drei als Unterarten anerkannt. Die Nominatform *N. n. nigricollis* kommt im gesamten Areal von Südsambia nach Norden vor. *N. n. nigricincta* ist relativ klein (bis 1,50 m Länge), von hellbrauner Grundfarbe mit zahlreichen dunklen Querbändern und breit dunkler Halsunterseite; sie ist auf Nordnamibia und Südangola beschränkt. *N. n. woodi*, die südlichste Form aus Südnamibia und dem extremen Westen Südafrikas ist oben einfarbig schwarz und unten dunkelgrau gefärbt (die Jungtiere sind grau mit schwarzem Kopf und Hals); sie ist auch oft tagsüber aktiv.

Haltung: Wie die Brillenschlange; Schwarzhalskobras sind langlebig und wurden schon über 22 Jahre gehalten.

Eine Schwarzhalskobra (*Naja nigricollis nigricollis*) in Drohhaltung; aus dieser Position heraus wird das Gift aus den als Düsen wirkenden Öffnungen der Giftzähne versprüht. Das Maul wird zu diesem Zweck nur wenig geöffnet. Die abgebildete Unterart bewohnt weite Teile des tropischen Afrikas.

Ein im Freiland fotografiertes Exemplar von *Naja nigricollis nigricincta*; diese gut abgegrenzte Unterart bewohnt Südangola und Nordnamibia.

Die einfarbig schwarze *Naja nigricollis woodi* aus Südnamibia und Südafrika ist die am weitesten südlich vorkommende Form der Schwarzhalskobra.

Der ca. 1 m lange Rinkhals (*Hemachatus haemachatus*) kommt vom östlichen Südafrika bis ins Kapland vor (eine isolierte Population existiert in Simbabwe). Er ist nachtaktiv und versprüht zur Abwehr Gift wie die „echten" Speikobras. In Anpassung an das relativ kühle Klima seines Areals ist er ovovivipar.

Mosambik-Speikobra
Naja mossambica

Verbreitung: Vom östlichen Südafrika über Ostafrika bis in den Nordsudan, im Westen bis Ghana.

Lebensraum: Gras- und Baumsavannen, meist in der Nähe von Gewässern.

Wissenswertes: Eine kleine Kobra, deren Färbung je nach Herkunft variiert; die meisten Exemplare sind grau bis olivbraun mit dunkler Halsbinde; manche ostafrikanischen Tiere sind kräftig ziegel- bis orangerot gefärbt. Diese Art wird meist bis 1,20 m, selten bis 1,50 m lang.

Dies ist eine der drei afrikanischen Arten von „Speikobras"; sie ist nachtaktiv (v. a. Jungtiere können aber auch am Tage angetroffen werden) und ernährt sich bevorzugt von Kröten und Fröschen, fängt aber auch Echsen, Schlangen und Kleinsäuger; selbst Vogeleier und nestjunge Vögel werden gefressen. Die Weibchen legen bis zu 22 Eier; die Jungschlangen sind beim Schlupf ca. 25 cm lang. Wie andere Speikobras sprüht auch diese Art Angreifern bei aufgerichtetem Vorderkörper Gift entgegen; bei fortgesetzter Belästigung führt sie komplizierte Totstell-Rituale vor. Die Giftwirkung entspricht der von *N. nigricollis*.

Von Südafrika bis Tansania kommt *N. m. mossambica* vor, während nördlich davon *N. m. pallida* verbreitet ist; die ostafrikanischen „Red Spitters" gehören zur letztgenannten Unterart.

Haltung: Wie die Brillenschlange; afrikanische Kobras werden selten zahm.

Kapkobra
Naja nivea

Verbreitung: Westliches Südafrika bis in den Süden Namibias und Botswanas.

Lebensraum: Trockengebiete, dort in der Nähe von Wasserläufen.

Wissenswertes: Eine schlanke und verhältnismäßig kleine Art mit sehr verschiedener Färbung; häufig ist eine gelbe (manchmal dunkel gefleckte), eine rotbraune und eine völlig schwarze Form. Kapkobras werden meist bis 1,50 m, selten bis 1,70 m lang.

Im Gegensatz zu anderen *Naja*-Arten ist die Kapkobra tagaktiv. Sie jagt Kleinsäuger, Reptilien, Amphibien und erklettert auch niedrige Bäume, wo sie gerne Webervogelkolonien heimsucht; durch das vermehrte Auftreten von Ratten und Mäusen kommt sie häufig auf Farmland und in der Nähe von Siedlungen vor. Kapkobras sind nervös und angriffslustig; sie versprühen kein Gift, sondern beißen beim Zunahekommen meist ohne Zögern zu. Ihr Gift gehört zu den wirksamsten Schlangengiften überhaupt und hat einen ausgeprägt neurotoxischen Charakter; der Tod kann innerhalb von Minuten durch Atemlähmung eintreten. Die meisten Todesfälle durch Schlangenbiß im Kapland werden durch diese Art verursacht. Die bis zu 20 Eier werden in Nagetierbauen oder an anderen feuchten Stellen abgelegt. In der kalten Jahreszeit legen Kapkobras eine „Winter"ruhe ein.

Haltung: Wie Brillenschlangen.

Die Kapkobra (*Naja nivea*) aus dem südlichsten Afrika ist die einzige tagaktive *Naja*-Art Afrikas. Ihr konzentriertes Gift hat für den Menschen die höchste Toxizität aller Kobragifte. Abgebildet ist eine rotbraune Form dieser farblich variablen Art.

Eine ungewöhnliche goldfarbene Variante der Kapkobra; verschiedene Farbformen dieser Art treten zwar in bestimmten Gebieten gehäuft auf, stellen aber keine abgrenzbaren geographischen Unterarten dar.

Die großwüchsige Schwarzweiße Kobra oder Weißlippenkobra (*Naja melanoleuca*) ist in geschlossenen feuchten Waldgebieten Afrikas weit verbreitet. Sie kommt meist in der Nähe von Gewässern vor und schwimmt sehr gut. Ihr Gift ist für den Menschen äußerst toxisch.

Die Uräusschlange (*Naja haje*) wird zwar auch als Ägyptische Kobra bezeichnet, kommt aber mit drei Unterarten in fast ganz Afrika vor; eine Form, *N. h. arabica*, ist in den Halbwüsten Süd- und Westarabiens zu Hause. Abgebildet ist die südostafrikanische Unterart *N. h. annulifera*. Große Uräusschlangen sind mit ihrem kräftigen Körperbau bei Längen von maximal 2,40 m eindrucksvolle Tiere. Sie bewohnen bevorzugt weniger feuchte Gebiete. Sie sind nachtaktiv, fressen fast alle Arten von Wirbeltieren geeigneter Größe und werden daher oft in Geflügelzuchten lästig. Ihr Biß wirkt ohne Behandlung beim Menschen meist tödlich.

257

Südafrikanische Korallenschlange
Aspidelaps lubricus

Verbreitung: Südwestliches Südafrika, Namibia, Südangola.

Lebensraum: Trockene Savannengebiete mit Sandboden.

Wissenswertes: Eine kleine, gedrungene Schlange mit großem Schuppenschild an der Schnauzenspitze. Meist mit rötlich-orangefarbener Grundfärbung und mehr oder weniger deutlichen dunklen Querstreifen, die im Halsbereich komplette Ringe bilden. Der Kopf ist meist rötlich mit schwarzer Binde zwischen den Augen und pfeilförmiger Zeichnung auf dem Hinterkopf. Die meisten Exemplare werden 30–50 cm lang, in Ausnahmefällen bis 80 cm.

Den amerikanischen Korallenschlangen sieht diese Art nur entfernt ähnlich und ist mit ihnen keineswegs näher verwandt; *Aspidelaps*-Arten stehen eher den Kobras nahe. Es sind nachtaktive Tiere, die den Tag in selbstgegrabenen Höhlen, unter Steinen oder in anderen dunklen Verstekken verbringen. Nachts machen sie Jagd auf Echsen, Schlangen und gelegentlich Kleinsäuger; das vergrößerte Schnauzenschild dient zum Graben im sandigen Boden. Über die Fortpflanzungsbiologie ist wenig bekannt; in ihrer Heimat legen sie im Dezember bis zu elf Eier, die ca. zwei Monate Entwicklungszeit benötigen. Die Jungschlangen sind beim Schlupf 17–18 cm lang. In die Enge getrieben, richten sie den Vorderkörper auf und spreizen eine schmale „Haube"; sie produzieren verschiedene, erstaunlich laute Zischgeräusche und stoßen – meist allerdings mit geschlossenem

Maul – zu; oft stellen sie sich bei Gefahr tot. Trotz der eher komisch wirkenden Drohgebärden dieser kleinen Tiere sollte mit ihnen nicht gespaßt werden; ihr Gift ist nicht gut bekannt, besitzt aber auf jeden Fall neurotoxisch wirkende Bestandteile und hat zumindest bei Kindern schon Todesfälle verursacht; mit der Effizienz von Antiseren hat man keine Erfahrungen.

Von *A. lubricus* sind drei Unterarten bekannt.

vorhanden. Im Vergleich mit *A. lubricus* ist das Schnauzenschild noch größer ausgebildet, was auf die stärkere Anpassung an eine grabende Lebensweise hindeutet. Die Biologie dieser Art, von der drei Unterarten beschrieben sind, ist wenig erforscht; Todesfälle durch Bisse von *A. scutatus* sind nicht bekannt.

Die sieben in Afrika verbreiteten Arten der Gattung *Elapsoidea* leben ähnlich wie *Aspidelaps*

Die Unterart *Aspidelaps lubricus infuscatus* aus Zentralnamibia zeigt eine stark verblaßte Querbänderung des Körpers; dabei ist die schwarze Zeichnung an Kopf und Hals noch deutlich ausgeprägt.

Die Nominatform *A. l. lubricus* aus dem Süden und Westen Südafrikas und dem äußersten Süden Namibias bleibt relativ klein und zeigt eine auffällige schwarze Bänderung; sie ist auf S. 258 abgebildet. Bei der größeren *A. l. infuscatus* aus Zentralnamibia ist die schwarze Bänderung stark verblaßt und undeutlich, während die schwarze Kopfzeichnung erhalten bleibt. *Bei A. l. cowlesi* aus Nordnamibia und Südwestangola handelt es sich schließlich um eine einfarbig graubraune Schlange.

Die zweite Art der Gattung, *A. scutatus*, kommt von Zentralnamibia im Westen bis Südmosambik im Osten vor. Sie ist von ähnlicher Größe wie *A. lubricus* und besitzt einen schwarzen Kopf und Hals, während die Färbung des übrigen Körpers von hellgrau bis orange variiert; je nach Herkunft sind mehr oder weniger deutliche dunkle Flecken

spp. Die zahlreichen Formen sind schwierig zu bestimmen, da die Färbung der einzelnen Arten nicht nur lokale Varianten aufweist, sondern auch die verschiedenen Altersstufen ein und derselben Art oft unterschiedlich aussehen. Viele Formen weisen Ringelmuster auf. Sie sind nachtaktiv und ernähren sich meist von Reptilien. Ihre Giftwirkung ist mäßig; menschliche Todesfälle sind nicht bekannt.

Haltung: In Trockenterrarien mit Substrat zum Graben. Sie verstecken sich gerne in Plastikröhren geeigneten Durchmessers. Tote Mäuse werden meist als Futter akzeptiert. *Aspidelaps*-Arten sind in Gefangenschaft langlebig und wurden bereits länger als zehn Jahre gehalten. Sie sollten unbedingt als potentiell gefährliche Giftschlangen angesehen und entsprechend behandelt werden.

Wasserkobra
Boulengerina annulata

Verbreitung: Zentralafrika (Kongobecken), Tanganjikasee.

Lebensraum: Felsige Ufer größerer Gewässer.

Wissenswertes: Eine große und kräftige Schlange, deren Kopf kaum vom Hals abgesetzt ist. Die Färbung ist meist grau bis graubraun mit dunklem Schwanzende und je nach Unterart mehr oder weniger reduzierter schwarzer Querbänderung. Diese Art wird bis 2 m, selten bis 2,70 m lang.

Wasserkobras sind weitgehend nachtaktive Tiere, über deren Biologie so gut wie nichts bekannt ist. Tagsüber werden sie manchmal beim Aufwärmen in niedrigem Ufergebüsch angetroffen; sie sind scheu und flüchten bei Gefahr ins Wasser. Als hervorragende Schwimmer ernähren sie sich hauptsächlich von Fischen, aber auch von Amphibien. Über ihre Fortpflanzung ist nur bekannt, daß sie Eier legen. Wasserkobras werden in ihrer Heimat manchmal mit den großen wasserlebenden Nattern der Gattung *Grayia* verwechselt. Bißunfälle kommen im Freiland offenbar nicht vor; über das Gift dieser Art ist wenig bekannt.

Die oben abgebildete Unterart *B. a. stormsi* ist auf den Tanganjikasee und seine Zuflüsse beschränkt; sie ist graubraun gefärbt mit bis zu fünf schwarzen Halsbinden, von denen die ersten beiden vollständig sind. Die Nominatform *B. a. annulata* ist von hell- bis rotbrauner Grundfarbe mit zahlreichen schwarzen Querbinden; sie kommt im Einzugsbereich des Zaire (Kongo) vor.

Haltung: Wie andere tropische fischfressende Wasserschlangen; unbedingt notwendig ist ein trockener Landteil mit Wärmequelle zum Abtrocknen und Aufwärmen.

Schwarze Mamba
Dendroaspis polylepis

Verbreitung: Afrika, vom Sudan, Somalia und Senegal bis ins nördliche Südafrika.
Lebensraum: Baum- und buschbestandene Savannengebiete.
Wissenswertes: Eine sehr große, schlanke Schlange mit langem, schmalem, kantig wirkendem Kopf. Die Färbung ist oberseits einfarbig dunkelgrau bis olivbraun, die Bauchseite ist heller. Schwarz sind bei der „Schwarzen" Mamba lediglich die Augen und die Mundschleimhäute. Diese Art wird im Durchschnitt 2,50 m lang, kann ausnahmsweise aber bis zu 4,30 m erreichen und ist damit die mit Abstand größte Giftschlange Afrikas.

Im Gegensatz zu den verschiedenen grünen Mamba-Arten, die vorwiegend auf Bäumen leben, kommen Schwarze Mambas eher am Boden vor; dennoch können sie hervorragend klettern und sind auf der Flucht oder bei der Verfolgung von Beutetieren in der Lage, sich blitzschnell durch das Geäst zu bewegen. Schwarze Mambas sind tagsüber aktiv und erbeuten Vögel und Säugetiere (Nagetiere, Klippschliefer etc.). Kleine Tiere werden beim ersten Zupacken festgehalten, größere auf der Flucht verfolgt und wiederholt gebissen, bis sie nach meist wenigen Sekunden der Giftwirkung erliegen. Vor allem größere Exemplare von *D. polylepis* sind sehr ortstreu und territorial; sie kehren Nacht für Nacht in den gleichen Schlupfwinkel zurück, der z. B. in einem Termitenhügel, einem hohlen Baum, einer Felsspalte oder einem unterirdischen Tierbau liegen kann. Zur Paarungszeit, die im südlichen Afrika nach dem Ende der kalten Jahreszeit stattfindet, kommt es zwischen Männchen zu ritualisierten Kämpfen, wobei sich die Kontrahenten aufbäumen und mit dem Vorderkörper umschlingen. Die Weibchen legen bis zu 14 große Eier in einen Termitenbau oder an andere warme und feuchte Stellen; die Jungschlangen schlüpfen nach drei Monaten oder mehr. Sie sind dann schon fast 60 cm lang und zunächst grünlich gefärbt. Schwarze Mambas sind äußerst schnellwüchsige Tiere und können innerhalb ihres ersten Lebensjahres fast 2 m Länge erreichen! Unprovoziert sind sie keineswegs angriffslustig, sondern reagieren auf Störungen mit rascher Flucht; da sie einen nahenden Menschen meist schon auf größere Distanz wahrnehmen und es nicht einfach ist, sich einer Mamba unbemerkt zu nähern, bekommt man diese Tiere im Freiland nur ausnahmsweise zu Gesicht. Überrascht oder in Bedrängnis veteidigen sie sich allerdings äußerst selbstbewußt: sie richten den Vorderkörper auf, flachen den Hals etwas ab und öffnen das Maul, wobei dessen schwarze Innenseite sichtbar wird; dabei bringen sie ein charakteristisches, hohl klingendes Zischen hervor. Aus dieser Position beißen sie ohne zu zögern (oft mehrmals hintereinander) zu; allerdings kann der Zubiß von Mambas – im Gegensatz zu Kobras – auch aus fast allen anderen Positionen erfolgen. Ihr Gift hat stark neurotoxischen Charakter und kann zu fortschreitenden Lähmungserscheinungen mit letztlichem Atemstillstand führen, wobei die lokalen Symptome (Schwellungen, Rötungen und Schmerzen an der Bißstelle) nur schwach ausgeprägt sind; es gehört zusammen mit dem von *Naja nivea* zu den toxischsten Elapiden-Giften. Schwarze Mambas injizieren bei einem gut getroffenen Biß ein Mehrfaches der tödlichen Dosis, so daß in vielen Fällen nur die schnellstmögliche intravenöse Injektion von Antiserum Erfolg verspricht.

Von *D. polylepis* sind zwei Unterarten bekannt, von denen die Nominatform *D. p. polylepis* im südlichen Teil des Areals vorkommt, während *D. p. antinori* aus Nordkenia, Äthiopien und Somalia bekannt ist.

Außer der Schwarzen Mamba gibt es in Afrika drei weitere *Dendroaspis*-Arten, die alle vorwiegend grün gefärbt und an das Leben auf Bäumen gebunden sind.

Die eigentliche Grüne Mamba (*D. viridis*) aus den – ehemaligen – Regenwaldgebieten Westafrikas ist meist einfarbig olivgrün gefärbt, wird selten länger als 2,50 m und ernährt sich von Vögeln und Kleinsäugern. Sie ist äußerst scheu, so daß Bißunfälle wohl nur in besonderen Situationen vorkommen; in der Wirkung ihres Giftes unterscheidet sie sich kaum von der Schwarzen Mamba.

In Verhalten und Lebensweise ähnlich ist die meist kräftig hellgrün gefärbte *D. angusticeps*, die die afrikanische Ostküste von Kenia bis ins nördliche Südafrika bewohnt. Sie ernährt sich fast ausschließlich von Vögeln und baumlebenden Kleinsäugern; in besiedelten Gebieten ist sie häufig auf den dicht belaubten Mangobäumen zu finden. Sie ist scheu und beißt auch in Bedrängnis nicht immer zu; Bisse dieser Art sind äußerst selten und kommen fast nur beim Fang der Tiere vor. Ihr Gift scheint weniger toxisch als das der Schwarzen Mamba zu sein.

Jamesons Mamba (*D. jamesoni*) bewohnt mit zwei Unterarten den west- und zentralafrikanischen Regenwald einschließlich seiner östlichsten Ausläufer in Uganda und Westkenia. Sie ist hell- bis gelbgrün gefärbt, wobei die östliche Unterart *D. j. kaimosae* in den beiden hinteren Körperdritteln zunehmend dunkler wird; ihr Schwanz ist fast schwarz. Sie ist ebenfalls primär auf Bäumen zu Hause, aber weit häufiger als beide anderen „Grünen Mambas" auch am Boden anzutreffen; außer dichten Wald besiedelt sie auch isolierte Baumgruppen und dichtes Gebüsch.

Haltung: Derart giftige Schlangen dürfen nur von erfahrenen Personen gehalten werden. Aufgrund der Schnelligkeit und Behendigkeit dieser Tiere müssen die Wechselbehälter so konstruiert werden, daß alle notwendigen Arbeiten durchgeführt werden können, ohne den Schlangen das Entweichen zu ermöglichen. Die „grünen" Arten benötigen ausreichende Klettermöglichkeiten; ansonsten stellen sie keine besonderen Ansprüche und fressen meist die verschiedensten Arten von Nagetieren und Küken. Sie sind in Gefangenschaft sehr ausdauernd und wurden schon über 15 Jahre in Terrarien gehalten.

Königskobra
Ophiophagus hannah

Verbreitung: Nordindien, Südostasien (östlich bis Bali), Südchina, Philippinen.
Lebensraum: Meist in dichten Wäldern, Bambusdickichten etc; oft in der Nähe von Gewässern. Auch in extensiv genutztem Kulturland.

Wissenswertes: Königskobras sind große, eindrucksvolle Schlangen, die in ihrem riesigen Verbreitungsgebiet eine Anzahl von Farbvarianten hervorgebracht haben, ohne daß Unterarten unterschieden werden. Die meisten der in zoologischen Gärten zu sehenden Tiere stammen aus Thailand; sie sind meist hell- bis gelboliv mit blaßgelber Unterseite. Exemplare aus Indien sind ähnlich gefärbt, aber oft mit gelben Querbinden versehen; sie werden nach hinten zunehmend dunkel, der Schwanz ist schwarz. Aus China stammende Tiere sind braunschwarz mit weißlichen bis gelben Querbinden, schwarzem Schwanz und blaßgelbem Bauch. Mit einer durchschnittlichen Länge von 4 m sind Königskobras die größten Giftschlangen der Welt; das längste bekannte Exemplar maß 5,58 m.

Königskobras sind tag- und dämmerungsaktiv. Wie ihr Gattungsname richtig andeutet („Ophiophagus" = Schlangenfresser), ernähren sie sich fast ausschließlich von Schlangen, die meist am Boden aufgestöbert, bei der Flucht aber auch auf Bäume verfolgt werden. Königskobras sind die einzigen Schlangen, die ein richtiges Nest für ihre Eier konstruieren. Dazu wird mit dem Vorderkörper Pflanzenmaterial zu einem Hügel zusammengescharrt, in den bis zu 50 Eier gelegt werden; gelegentlich werden auch kompliziertere Neststrukturen errichtet, wo die Eier im unteren Teil vergraben sind, während das Weibchen den darüberliegenden Teil bewohnt. Das Weibchen bewacht den Nesthügel während der gesamten zwei bis zweieinhalb Monate dauernden Entwick-

lungszeit, eine Bebrütung (wie bei Pythons) findet jedoch nicht statt. Die Jungtiere sind beim Schlupf ca. 50 cm lang und tragen ein auffälliges schwarz-weiß gebändertes Jugendkleid. Während der Entwicklungszeit wird der Nestbereich vom Weibchen gegen Eindringlinge verteidigt; angeblich hält sich in dieser Zeit auch das Männchen in der Nähe des Nestes auf. Königskobras sind – vor allem zur Fortpflanzungszeit – leicht erregbar. Sie stellen sich ihrem Gegner mit hocherhobenem Vorderkörper und schmal abgespreiztem Hals entgegen und stoßen ein lautes Zischen aus; im Gegensatz zu *Naja*-Arten können sie sich in dieser Stellung auch rasch fortbewegen. Unprovozierte Attacken kommen kaum vor, allerdings beißen Königskobras bei überraschendem Zusammentreffen ohne Zögern zu. Das Gift dieser Art wirkt auf den Menschen zwar weniger toxisch als das der Brillenschlange, wird jedoch in so großen Mengen injiziert, daß gut getroffene Bisse ohne Antiserum-Behandlung meist tödlich verlaufen; sogar Elefanten sind dem Biß innerhalb weniger Stunden erlegen! Das Gift wirkt stark neurotoxisch und führt zum Ersticken durch Atemstillstand.

Haltung: Diese große, gefährliche und in der Ernährung hochspezialisierte Schlange läßt sich nur unter besonderen Bedingungen halten.

Diese gelbliche, ungemusterte Farbvariante der Königskobra (*Ophiophagus hannah*) ist typisch für Tiere aus Südostasien.

Eine weibliche Königskobra bei der Bewachung ihres Geleges. Derart dunkel olivfarbene Tiere kommen häufig im nördlichen Teil des Areals vor.

Waldkobra
Pseudohaje goldii

Verbreitung: West- und Zentralafrika, im Süden bis Angola, im Osten bis Westkenia.

Lebensraum: Bäume in Regenwaldgebieten.

Wissenswertes: Eine große, schlanke Baumschlange mit kleinem, kaum vom Hals abgesetztem Kopf und relativ großen Augen. Der Körper ist glänzend schwarz, nur der vordere Teil des Bauches und die Seiten von Kopf und Hals sind gelblich. Diese Art wird bis zu 2,70 m lang.

Waldkobras sind nachtaktiv und verbringen die meiste Zeit auf Bäumen, wo sie sich schnell und elegant durch das Geäst bewegen; durch ihre Behendigkeit und Größe können sie auch beträchtliche Lücken zwischen Ästen überbrücken. Sie kommen vorwiegend in der Nähe von Gewässern vor, wo sie sich fast ausschließlich von Fröschen und Kröten ernähren. Die Weibchen legen bis zu 18 Eier; die Schlüpflinge sind ca. 45 cm lang und völlig anders als erwachsene Tiere gefärbt: ihr Jugendkleid ist schwarz mit gelben Querbinden und orangefarbenem Bauch. Zumindest in Gefangenschaft sind Waldkobras ziemlich aggressiv, scheinen aber im Freiland weniger angriffslustig zu sein. Bei Bedrohung wird der Hals nicht zu einer Haube verbreitert; lediglich Jungtiere sind dazu in begrenztem Maße befähigt. Das Gift dieser Art gilt als äußerst neurotoxisch und ein Biß verläuft beim Menschen mit hoher Wahrscheinlichkeit tödlich; spezifische Antiseren sind nicht erhältlich, aber polyvalentes Kobra-Antiserum ist angeblich wirksam.

Eine zweite Art, *P. nigra*, bewohnt die westafrikanischen Waldgebiete von Nigeria bis Sierra Leone.

Haltung: Der Fang dieser Tiere im Freiland ist schwierig und gefährlich; sie werden daher kaum angeboten. Für die Haltung gilt das bei den Mambas Gesagte.

Indischer Krait
Bungarus caeruleus

Verbreitung: Pakistan, Indien, Bangladesh.

Lebensraum: Offenes, trockenes Grasland; auch auf Äckern und Feldern.

Wissenswertes: Wie alle *Bungarus*-Arten ist der Indische Krait glatt und glänzend beschuppt; der Kopf ist nicht vom Hals abgesetzt und relativ kurz. Die Grundfarbe variiert von blassem Graublau über Stahlblau bis Blauschwarz, die Musterung besteht aus engen hellen Querbinden, die meist in Paaren zusammenstehen. Gelegentlich treten melanistische Exemplare ohne helle Zeichnung auf. Diese Art wird meist ca. 1,20 m lang, selten länger.

Indische Kraits (auch „Blaue Kraits" genannt) sind streng nachtaktiv und verbringen den Tag in Verstecken, z. B. Nagetierbauen oder Termitenhügeln. Sie ernähren sich vorwiegend von Schlangen, manchmal auch von Echsen, Fröschen und Kleinsäugern; bei häufigem Vorkommen von Wassernattern der Gattung *Rhabdophis* können diese die ausschließlichen Beutetiere darstellen. Die Weibchen legen bis zu zwölf Eier, die während der Entwicklungszeit bewacht werden. Die Jungtiere sind beim Schlupf ca. 25 cm lang und ähneln den älteren Tieren in Färbung und Zeichnung. Tagsüber – vor allem im hellen Sonnenlicht – verhalten sich Kraits wenig aggressiv, sondern knäueln sich bei Störungen zusammen und verstecken den Kopf; die meisten Bißunfälle kommen nachts vor. Das neurotoxische Gift ist beim Menschen äußerst wirksam: von 35 publizierten Bißunfällen verliefen 27 tödlich.

Von *B. caeruleus* sind zwei Unterarten bekannt: das Areal der Nominatform *B. c. caeruleus* reicht von Sri Lanka bis Bangladesh, während der ähnlich aussehende (oben abgebildete) *B. c. sindanus* aus Nordwestindien und Pakistan bekannt ist.

Haltung: Schwierig; nur für Spezialisten.

Bänderkrait
Bungarus fasciatus

Verbreitung: Südostasien, von Südchina bis Nordostindien.

Lebensraum: Offenes Grasland in der Nähe von Gewässern; auch auf Kulturland und in Siedlungen.

Wissenswertes: Eine relativ schlanke Art mit kurzem, kaum abgesetztem Kopf. Der Körper ist durch die breiten Bauchschilder und den scharf gekielten Rücken im Querschnitt dreieckig. Die Färbung ist weißlich, gelb oder orange mit breiten schwarzen Querbinden. Bänderkraits werden ca. 1,70 m, in seltenen Fällen bis zu 2 m lang.

Wie andere Kraits ist auch *B. fasciatus* nachtaktiv; lediglich nach starken Regenfällen kann er am Tage außerhalb seiner Verstecke angetroffen werden. Er ernährt sich fast ausschließlich von anderen Schlangen, selten auch von Echsen und Fischen. Die Weibchen legen sechs bis zehn Eier unter Pflanzenmaterial etc. ab; oft verbleiben die Weibchen während der Entwicklungszeit zur Bewachung auf den Eiern, wobei es aber keine Hinweise auf eine echte Bebrütung (wie bei Pythons) gibt. Die Schlüpflinge sind etwa 30 cm lang und blasser gefärbt als die Alttiere. Tagsüber knäueln sich Bänderkraits bei Bedrohung zu einer Ellipse zusammen und verstecken den Kopf; sie führen zuckende Bewegungen aus, beißen aber fast niemals zu. Nachts tritt diese „Beißhemmung" allerdings nicht auf; obwohl das Gift von *B. fasciatus* weniger wirksam sein soll als das anderer *Bungarus*-Arten, reicht es aus, um einen Menschen innerhalb kurzer Zeit zu töten.

Haltung: Auch diese Art ist für das Terrarium denkbar ungeeignet, da Schlangen als Futtertiere kaum beschaffbar sind, der hoch giftige Pflegling bei Licht in seinem Versteck verbleibt und zudem wegen seiner Nahrungspräferenz nicht mit anderen Schlangen vergesellschaftet werden kann.

Vielbindenkrait
Bungarus multicinctus

Verbreitung: Südchina (einschließlich Taiwan), Ostburma, Laos.

Lebensraum: Verschiedenes Gelände an Gewässern, z. B. Teichen, Flüssen, Reisfeldern. Nur im Tiefland (bis ca. 700 m).

Wissenswertes: Eine glänzend schwarze Schlange mit engen weißlichen Querbinden. Der Kopf ist kurz und kaum abgesetzt, der Körper ist im Querschnitt dreieckig (weniger ausgeprägt als bei *B. fasciatus*). Vielbindenkraits werden knapp 1,50 m lang.

Auch diese *Bungarus*-Art hält sich tagsüber versteckt und geht nur nachts auf Nahrungssuche, bevorzugt bei feuchter Witterung. Die Beute besteht aus Schlangen, aber auch Amphibien, Fischen und gelegentlich kleinen Säugetieren. Die Beutetiere werden nach dem Fang so lange mit den Zähnen festgehalten, bis Lähmung oder Tod durch die Wirkung des neurotoxischen Giftes eingetreten sind; erst dann werden sie langsam vom Kopf her verschlungen. Trotz der relativen Häufigkeit dieser Art in ihrer Heimat ist über die Fortpflanzungsbiologie wenig bekannt; die Weibchen legen eine geringe Anzahl relativ großer Eier. Während auch diese Art nachts durchaus Bißunfälle mit oft tödlichem Ausgang verursacht, beißt sie am Tage selbst bei starker Belästigung kaum zu; sie windet sich zu einem runden Knäuel zusammen, unter dem der Kopf versteckt wird.

Oben abgebildet ist die Nominatform *B. m. multicinctus*, die in Südostchina und Taiwan vorkommt; *B. m. wanghoatingi* ist westlich davon bis Burma verbreitet.

Haltung: Siehe *B. fasciatus*.

Bauchdrüsenotter
Maticora bivirgata

Verbreitung: Thailand, Indochina, Malaysia, Indonesien.

Lebensraum: Laubschicht am Boden dichter, feuchter Wälder.

Wissenswertes: Eine schlanke Art mit kurzem, kaum abgesetztem Kopf. Die Färbung ist dunkelblau mit zwei oder vier hellblauen Längsstreifen; Kopf, Bauch und Schwanz sind rot. Diese Art wird ca. 1,20 m lang.

Der deutsche Name dieser Gattung ist irreführend; sie gehört nicht zu den Vipern oder Ottern, sondern als Verwandte der Kraits zu den Giftnattern (Elapidae). Bauchdrüsenottern sind wohl ausschließlich nachtaktiv; tagsüber verstecken sie sich in der Laubschicht, unter verrottendem Holz etc. am feuchten Waldboden. Offene und trockene Biotope werden gemieden. Die Beute besteht meist aus Schlangen und Echsen, gelegentlich auch Fröschen. *Maticora*-Arten legen Eier, ansonsten ist über ihre Fortpflanzungsbiologie kaum etwas bekannt. Bei Bedrohung verhalten sie sich zumindest tagsüber ähnlich wie Kraits: sie knäueln sich zusammen und verstecken den Kopf, wobei der gleich gefärbte Schwanz aufgerichtet wird und „zustoßende" Bewegungen ausführt. Bauchdrüsenottern sind beißfaul, allerdings sind menschliche Todesfälle durch ihren Biß bekannt; die Giftwirkung scheint neurotoxisch zu sein. Antiseren existieren nicht. Der deutsche Name bezieht sich auf die extrem vergrößerten Giftdrüsen der *Maticora*-Arten, die das gesamte vordere Körperdrittel einnehmen; der Sinn dieser Einrichtung ist unbekannt, da sich weder Menge noch Wirkung des Giftes von dem „normaler" Elapiden zu unterscheiden scheinen.

Haltung: Schwierig, nur für Spezialisten.

Arizona-Korallenschlange
Micruroides euryxanthus

Verbreitung: Südwestliches Nordamerika (südliches Arizona und New Mexico bis Sinaloa (Mexiko).

Lebensraum: Trockenes, felsiges Buschland.

Wissenswertes: Eine schlanke Schlange mit glatter, glänzender Beschuppung. Sie ist mit vollständigen schwarz-gelb-roten Ringeln versehen, wobei die breiten roten und schwarzen Binden jeweils durch schmale gelbliche getrennt sind. Diese Art wird meist nur 30–50 cm lang.

Arizona-Korallenschlangen sind nachtaktiv, können aber bei starker Bewölkung oder nach Regenfällen auch tagsüber außerhalb ihrer Verstecke im Boden angetroffen werden. Sie ernähren sich fast ausschließlich von kleinen Schlangen, meist von Wurmschlangen (Gattung *Leptotyphlops*). Über die weitere Biologie ist wenig bekannt; die Weibchen legen sehr kleine Gelege von zwei oder drei Eiern. Obwohl diese Art ein äußerst wirksames neurotoxisches Gift besitzt, verteidigt sie sich meist passiv, indem sie den Kopf unter die verschlungenen Körperwindungen legt, den zusammengerollten Schwanz aufrichtet und manchmal mit einem knackenden Geräusch die Innenseite der Kloake ausstülpt. Menschliche Bißvergiftungen kommen nur unter außergewöhnlichen Umständen vor, da die Kleinheit von Kopf und Zähnen sowie die geringe Beißbereitschaft unprovozierte Unfälle fast ausschließen.

Außer der abgebildeten *M. e. euryxanthus*, die am weitesten nach Norden vordringt, kommen *M. e. neglectus* im mexikanischen Sinaloa und *M. e. australis* in Sonora (Mexiko) vor.

Haltung: Wie bei *Micrurus*-Arten beschrieben, wobei sie trockenere Bedingungen schätzt und meist nur Schlangen frißt.

Harlekin-Korallenschlange
Micrurus fulvius

Verbreitung: Südöstliche USA (von North Carolina bis Texas) bis Mittelmexiko.

Lebensraum: Feuchte Waldgebiete in Gewässernähe; in trockeneren Gebieten meist in dicht bewachsenen Canyons etc.

Wissenswertes: *Micrurus*-Arten unterscheiden sich von der äußerlich ähnlichen Gattung *Micruroides* durch das Vorhandensein nur eines Zahnes (des Giftzahnes) pro Oberkieferhälfte; bei *Micruroides* sitzt noch ein weiterer, „normaler" Zahn dahinter.

Gestalt und Färbung dieser Art sind ähnlich wie bei der Arizona-Korallenschlange, wobei die roten Binden meist mit unregelmäßigen schwarzen Flecken versehen sind. Wie bei allen nordamerikanischen Korallenschlangen stoßen auch hier die hellen (gelben) an die roten Binden. Hierdurch sind sie von allen ähnlich gefärbten *Lampropeltis*-Formen zu unterscheiden, bei denen die hellen Binden stets beiderseits schwarz eingefaßt sind. Diese „Faustregel" gilt aber nur für Nordamerika; in Mittel- und Südamerika sind manche Korallenschlangen und ungiftige Nattern einander sehr ähnlich. *M. fulvius* gehört mit 60 cm bis 1,20 m Länge zu den größten *Micrurus*-Arten.

Harlekin-Korallenschlangen bleiben tagsüber unter Laub, verrottenden Baumstämmen, in Nagetierbauen etc. versteckt und gehen nur nachts auf Beutefang; höchstens nach stärkeren Regenfällen sind sie auch tagsüber aktiv. Sie ernähren sich von kleinen Schlangen (z. B. *Tantilla*-Arten) und Echsen (v. a. Skinken), gelegentlich auch von nestjungen Mäusen. Wie bei anderen amerikanischen Korallenschlangen wird die Beute mit den Zähnen festgehalten, wobei durch kauende Bewegungen vermehrt Gift in die Bißwunde abgegeben wird. Das Kiefergelenk ist wenig dehnbar, und der Schlingakt dauert verhältnismäßig lange. Die Weibchen legen im Juni bis zu zwölf Eier, oft in das Holzmehl faulender Baumstümpfe. Die Jungschlangen schlüpfen im September; sie sind dann ca. 20 cm lang und gleichen den Alttieren in der Färbung. Bei Belästigung verhält sich auch diese Art wenig aggressiv: die Tiere verstecken meist den Kopf und bieten den aufgerichteten Schwanz als „Ersatz" an. Wegen der relativen Seltenheit, versteckten Lebensweise, geringen Beißwilligkeit und der kleinen Zähne dieser Art sind Bißunfälle auch bei ihr selten und stehen meist im Zusammen-

ken zusammen, während diese bei der westlichen Form *M. f. tenere*, die vom Mississippi bis Nordostmexiko verbreitet ist, sich unregelmäßig über die rote Fläche verteilt. *M. f. maculatus* aus der mexikanischen Provinz Tamaulipas bewohnt vor allem Sümpfe und andere Feuchtgebiete. Südlich davon schließt sich das Areal von *M. f. microgalbineus* an, das sich von Tamaulipas über San Luis Potosí bis Guanajuato erstreckt.

Haltung: Korallenschlangen benötigen Substrat zum Graben und Rindenstücke etc. als Versteckmöglichkeiten. Da sie bei Licht meist in ihrem Versteck verbleiben, kann alternativ eine Glas-

Die westliche Unterart der Harlekin-Korallenschlange (*Micrurus fulvius tenere*) kommt vom Mississippi bis ins nordöstliche Mexiko vor; im Gegensatz zur Nominatform ist bei ihr die schwarze Sprenkelung meist gleichmäßig über die roten Binden verteilt.

menhang mit Fangversuchen oder grober Hantierung falsch identifizierter Exemplare. Kommen Bisse vor, enden sie allerdings – ohne richtige Behandlung – oft tödlich; die Tiere stoßen unverhofft zu und bringen wie beim Beutebiß durch kauende Kieferbewegungen viel Gift in die Wunde. Der Tod tritt, wie bei den meisten Elapiden-Bissen, durch Atemstillstand ein.

Die auf S. 271 abgebildete Nominatform (*M. f. fulvius*) kommt im östlichen Teil des Verbreitungsgebietes (von North Carolina bis zum Mississippi) vor; die schwarze Tüpfelung der roten Binden fließt bei ihr meist zu paarigen Seitenflek-

platte auf dem Substrat angebracht werden, die meist in den Bau integriert wird, so daß das Tier am Tage von oben sichtbar ist. Temperaturen von 22–24 °C reichen aus; *M. fulvius* benötigt zudem eine Winterruhe. Als Nahrung kommen nur kleine Schlangen oder Skinke in Frage, weshalb diese Tiere für die Terrarienhaltung grundsätzlich ungeeignet sind. Zudem verleitet ihr wenig aggressives Wesen zum sorglosen Umgang; Bisse kommen zwar selten vor, führen aber stets zu schweren Vergiftungen und häufig zum Tode. Die Haltung von Korallenschlangen bleibt am besten öffentlichen Einrichtungen vorbehalten.

Micrurus frontalis

Verbreitung: Südbrasilien, Bolivien, Paraguay, Uruguay, Nord- und Zentralargentinien.

Lebensraum: Feuchte Waldböden, meist in der Nähe von Gewässern.

Wissenswertes: Beispielhaft für viele mittel- und südamerikanische Arten besitzt *M. frontalis* ein Ringelmuster, bei dem die roten und die weißlich-gelblichen Bänder durch schwarze Ringe voneinander getrennt sind. Die sich wiederholenden Farbeinheiten (im Fall von *M. frontalis* schwarz-weiß-schwarz-weiß-schwarz-rot) werden „Triaden" genannt; ihre Farbfolge und ihre Anzahl sind wichtige Anhaltspunkte für die Identifizierung der zahlreichen *Micrurus*-Arten. *M. frontalis* gehört mit erreichbaren 1,20 m Länge (selten auch mehr) zu den größten Arten.

Wie bei allen mittel- und südamerikanischen Korallenschlangen ist über die Lebensweise kaum etwas bekannt. Alle leben tagsüber versteckt und sind in der Nacht aktiv. Die waldbewohnenden Arten leben häufig halb unterirdisch, indem sie die Fallaubschicht und anderes lockere organische Material am Waldboden nach Beutetieren durchsuchen. Die meisten Arten ernähren sich von Reptilien (meist von Schlangen), manche fressen aber auch Fische oder kleine Säugetiere (zumindest in Gefangenschaft). Alle *Micrurus*-Arten legen Eier, wobei Angaben über Gelegegröße, Fortpflanzungsperiode, Jugendfärbungen etc. kaum erhältlich sind. *M. frontalis* und die in Südbrasilien vorkommende *M. corallinus* werden manchmal als „Kobra-Korallenschlangen" bezeichnet, was wohl weniger auf das hoch toxische Gift der beiden Arten Bezug nimmt, sondern auf das Abwehrverhalten zurückgeht, bei dem der Kopf versteckt, der Schwanz aber abgeflacht und „kobraartig" dem Angreifer präsentiert wird; es handelt sich dabei natürlich nicht – wie gelegentlich zu lesen – um eine Kobra-Mimikry, da es Kobras als potentielle Vorbilder in Südamerika nicht gibt.

Innerhalb ihres riesigen Verbreitungsgebietes werden fünf bis acht Unterarten von *M. frontalis* anerkannt: Die Nominatform *M. f. frontalis* ist aus Paraguay und den angrenzenden Gebieten von Brasilien und Argentinien bekannt. *M. f. altirostris* ist östlich davon in Südbrasilien, Uruguay und Nordargentinien zu Hause. Die nördlichste und südlichste Form sind *M. f. brasiliensis* aus Brasilien und *M. f. mesopotamicus* aus Argentinien. Das abgebildete Exemplar gehört wahrscheinlich zur Unterart *M. f. pyrrhocryptus*, die aus Bolivien und den angrenzenden Gebieten Brasiliens, Paraguays und Argentiniens bekannt ist.

Als Beispiel für weitere südamerikanische Korallenschlangen sei *M. spixii* genannt, die mit vier Unterarten von Bolivien und Brasilien bis ins nordwestliche Südamerika vorkommt; sie wird bis zu 1,50 m lang und bewohnt feuchte und sumpfige Gebiete. Ebenfalls in Feuchtbiotopen ist *M. surinamensis* zu Hause, die mit zwei Unterarten über den größten Teil des nördlichen Südamerikas verbreitet ist. Nicht alle tropischen Korallenschlangen besitzen eine rote Bänderung: *M. psyches* beispielsweise ist eine dunkelblaue bis schwarze Schlange mit dünnen schmutzig-gelben Ringen; sie bewohnt dichte Waldgebiete und kommt mit drei Unterarten von Trinidad über Venezuela bis Kolumbien und Nordostbrasilien vor.

Die Gattung *Micrurus* umfaßt etwa 50 Arten. Ihr Entwicklungsschwerpunkt liegt deutlich in Mittelamerika; die überwiegende Zahl der Arten kommt zwischen Mexiko und Kolumbien vor, während nördlich und südlich davon ihre Zahl stark abnimmt.

Die frühere Gattung *Leptomicrurus* enthielt nur drei Arten schlanker, schwarzer Schlangen mit schmalen gelben Binden im Hals- und Schwanzbereich. Die Unterseite ist kräftig gelb gefleckt und soll vermutlich potentielle Gegner erschrecken, da bei Bedrohung Schwanz und hinterer Körperbereich angehoben werden und die Unterseite sich dem Angreifer präsentiert. „*Leptomicrurus*"-Arten sind in ihrer Verbreitung auf die nörd-liche Hälfte Südamerikas beschränkt und werden heute der Gattung *Micrurus* zugeordnet.

Korallenschlangen werden oft als Vorbilder für ungiftige Schlangenarten (z. B. *Lampropeltis* spp., *Simophis rhinostoma*) angesehen, wobei letztere die Tracht der giftigen Arten annahmen, um potentiellen Feinden eine nicht vorhandene Gefährlichkeit vorzutäuschen; derartige Fälle von Mimikry sind im Tierreich mit zahllosen Beispielen weit verbreitet. Der Grundgedanke ist stets, daß Freßfeinde durch schmerzhaften oder unangenehmen Kontakt mit einer auffällig gefärbten Art nicht nur diese, sondern auch andere ähnlich gefärbte, aber harmlose Arten künftig unbehelligt lassen. Ein solches Vorbild-Nachahmer-System ist aber im vorliegenden Fall umstritten, da zum einen der Biß einer Korallenschlange bei einem kleinen Raubtier sicher nicht zu einem Lerneffekt, sondern zum Tode führt, und zum anderen in großen Teilen des Verbreitungsgebietes von Korallenschlangen diese sehr viel seltener vorkommen als ihre zahlreichen „Nachahmer"; dies widerspricht aber allen Regeln der Mimikry, denen zufolge die Vorbilder deutlich in der Überzahl sein müssen, um den gewünschten Erfolg zu erzielen. Als mögliche Erklärung wurde vorgeschlagen, daß die „Vorbilder" dieses Systems nicht in den Korallenschlangen, sondern in mäßig giftigen Colubriden-Arten mit „Korallentracht" zu sehen sind, deren Biß wohl meist überlebt wird, der aber dennoch ausreichend schlechte Erinnerungen hinterläßt; geeignete Kandidaten sind vor allem Arten der in Mittel- und Südamerika verbreiteten Gattung *Erythrolamprus* („Falsche Korallenschlangen"), die nicht nur schwach giftig, sondern im Gegensatz zu echten Korallenschlangen auch als bissig bekannt sind und häufig vorkommen. Nach dieser Hypothese wären solche schwach giftigen Arten farbliche Vorbilder sowohl für die ungiftigen als auch die stark giftigen Arten mit „Korallentracht". Ein solches System, bei dem eine äußerst wehrhafte Art eine weniger wehrhafte äußerlich nachahmt, wird auch als „Mertenssche Mimikry", bezeichnet.

Haltung: Die tropischen Korallenschlangen sind – soweit bekannt – nicht einfacher zu halten als *M. fulvius*. Arten, die aus Feuchtgebieten stammen (*M. spixii* und *M. surinamensis*) akzeptierten in Gefangenschaft manchmal Fische als Futtertiere; ob sie sich damit auf Dauer ernähren lassen, ist unklar.

Todesotter
Acanthophis antarcticus

Verbreitung: Süd-, Ost- und Nordaustralien (mit Ausnahme von Victoria), Neuguinea, Molukken.
Lebensraum: Trockene Sandböden in Busch- und lichtem Waldland, gelegentlich auch in feuchteren Biotopen; stets am Boden.
Wissenswertes: Eine Giftnatter mit vipernartiger Körpergestalt. Der große, flache, dreieckige Kopf mit kleinen Augen ist stark vom kurzen und dicken Körper abgesetzt; der Schwanz ist kurz und dünn. Die Färbung reicht von hellgrau bis rotbraun; stets ist eine deutliche Querbänderung vorhanden. Das Schwanzende ist weiß bis beige

und farblich scharf abgesetzt. Die Unterseite ist hell mit dunklen Flecken. Todesottern werden im allgemeinen ca. 40 cm, maximal 1 m lang.

In Abwesenheit echter Vipern auf dem australischen Kontinent wurde deren ökologische Nische von den zu den Giftnattern zählenden *Acanthophis*-Arten besetzt. Sie sind nicht nur im Aussehen, sondern auch im Verhalten vipernähnlich. Als nachtaktive bodenlebende Schlangen verbringen sie den Tag mehr oder weniger im Sand oder in der Laubschicht eingewühlt, oft am Fuß von Bäumen. Sie ernähren sich von kleinen Säugetieren und Vögeln, denen diese „langsamen" Schlangen nicht aktiv nachstellen, sondern die sie, durch ihre Tarnfärbung „unsichtbar", aus dem Hinterhalt erbeuten. Dabei wird die helle Schwanzspitze eingesetzt, indem sie bei Herannahen eines Beutetieres „insektenartig" hin und her bewegt wird und das auf Nahrung hoffende Beutetier in Reichweite lockt. Todesottern besitzen im Vergleich zu anderen Elapiden lange Giftzähne und ein sehr wirksames Gift mit ausgeprägt neurotoxischem Charakter. Im Unterschied zum Fangverhalten von Vipern werden gefangene Beutetiere solange festgehalten, bis sie der Giftwirkung erliegen, was meist nach ein bis zwei Minuten der Fall ist. Todesottern sind ovovivipar und bringen – meist zwischen Dezember und April – bis zu 20 Jungtiere zur Welt. Diese sind bei der Geburt ca. 15 cm lang und ernähren sich zunächst hauptsächlich von kleinen Echsen. Todesottern sind die einzigen australischen Giftschlangen, die bei Herannahen einer Gefahr (z. B. eines Menschen) nicht zu fliehen versuchen, sondern sich unbeweglich mit abgeflachtem Körper auf ihre Tarnfärbung verlassen und erst im letzten Augenblick durch blitzschnelle Giftbisse verteidigen; bei fortgesetzter Belästigung können sie ihren Körper stark aufblähen. Bei einem gut getroffenen Biß wird das Mehrfache der für den Menschen tödlichen Dosis injiziert. Bei unbehandelten Bissen wird über eine Mortalität von 50% berichtet, wobei der Tod stets durch Atemlähmung eintritt; die lokalen Symptome an der Bißstelle sind dagegen unerheblich, da das Gift (wie bei allen australischen Giftnattern) keinerlei Hämorrhagine enthält. In Australien sind sowohl polyvalente als auch monovalente Antiseren erhältlich; obwohl jährlich in Australien schätzungsweise 3000 Menschen von Giftschlangen gebissen werden, kommt es im Mittel nur zu vier Todesfällen pro Jahr. *Acanthophis*-Arten machen sich nicht nur durch Bißunfälle mit Menschen unbeliebt, sondern verursachen in Gebieten mit starkem Vorkommen auch erhebliche Verluste unter Schafen, die beim Weiden unabsichtlich auf die reglosen Schlangen treten.

Die Todesottern Nordaustraliens und Neuguineas werden manchmal als eigene Art (*A. praelongus*) angesehen; es sind schlankere und kleinere Tiere mit rauherer Beschuppung; sie werden höchstens 70 cm lang.

Die zentral- und westaustralischen Halbwüsten und Wüsten werden von *A. pyrrhus* bewohnt. Auch sie ist schlanker als *A. antarcticus*, rauh beschuppt und – in Anpassung an den Wüstenboden – hell rotbraun mit helleren Querstreifen gefärbt, während ihre Schwanzspitze meist schwärzlich ist; über ihre Lebensweise ist kaum etwas bekannt. All die verschiedenen Formen von *Acanthophis* leben allopatrisch (d. h. in getrennten, sich nicht überlappenden Arealen); möglicherweise handelt es sich nicht um echte Arten, sondern um Unterarten einer einzigen, morphologisch und ökologisch sehr variablen Art *A. antarcticus*.

Trotz ihrer abweichenden Erscheinung sind Todesottern mit den übrigen australischen Giftnattern nahe verwandt; diese stellen nach neueren Untersuchungen eine stammesgeschichtliche Einheit dar, die innerhalb der Elapiden wohl den lebendgebärenden Seeschlangen („Hydrophiinae") am nächsten steht und mit den afro-asiatischen und amerikanischen Giftnattern nur weitläufig verwandt ist.

Haltung: Diese nicht schwierig zu haltende Art ist äußerst giftig und bleibt durch ihr erregbares Wesen auch nach langer Haltung völlig unberechenbar, weshalb eine private Terrarienhaltung grundsätzlich abzulehnen ist. Zudem darf sie wie alle australischen Wildtiere legal nicht aus ihrem Heimatland exportiert werden, weshalb es sich bei den zu bizarren Preisen „unter der Hand" angebotenen Tieren oft um Schmuggelware handelt. Die Zucht in Gefangenschaft ist möglich (wenn auch nicht einfach), deckt aber offensichtlich (wie bei vielen anderen Schlangenarten) nicht den „Bedarf" an diesen leider oft aus schierer Sensationslust gehaltenen Tieren.

Tigerotter
Notechis scutatus

Verbreitung: Südöstliches Australien; nicht auf Tasmanien.

Lebensraum: Verschieden: von trockenem Grasland bis zu Feuchtgebieten und Wäldern.

Wissenswertes: Große und kräftig gebaute, „kobraartig" wirkende Schlangen mit kaum abgesetztem Kopf und kleinen Augen. Die Färbung variiert von hellgrau über rotbraun bis olivgrün, oft mit mehr oder weniger deutlichen hellen Querbändern; auch völlig schwarze Exemplare treten auf. Diese Art wird meist ca. 1,20 m lang.

Tigerottern sind, wie viele Schlangen aus kühleren Breiten, tagaktiv und gehen nur in der wärmsten Zeit des Jahres zu mehr nächtlicher Lebensweise über. Sie ernähren sich hauptsächlich von Fröschen, fressen gelegentlich aber auch Echsen und kleine Säugetiere. Die Weibchen sind ovovivipar, wobei Wurfgrößen zwischen 17 und 109 (!) Jungtieren nachgewiesen sind; letztere sind bei der Geburt ca. 25 cm lang und ähneln in der Färbung den Alttieren. Tigerottern fliehen bei Annäherung eines Menschen, können bei Belästigung aber sehr aggressiv werden; sie flachen den Halsbereich ab und stoßen wiederholt zu. Ihr Gift enthält die üblichen Neurotoxine, greift aber auch in den Blutgerinnungsprozeß ein, so daß es zu unstillbaren Blutungen kommen kann. Ein hoher Prozentsatz tödlicher Schlangenbisse in Australien geht auf *Notechis*-Arten zurück.

Tigerottern aus Südwestaustralien, Tasmanien und einigen kleineren Inseln sind größer und schwärzlich gefärbt; sie werden meist in die Art *N. ater* gestellt, wobei aber die verwandtschaftlichen Beziehungen innerhalb der Gattung *Notechis* noch ziemlich unklar sind.

Haltung: Ähnlich wie Brillenschlangen.

Die helle Querbänderung ist für die meisten Exemplare der Tigerotter (*Notechis scutatus*) typisch, allerdings kommen auch einfarbig dunkle Tiere vor. Die meist schwarzen Populationen von Südwestaustralien und Tasmanien werden vorläufig in die Art *N. ater* gestellt.

Tigerottern ergreifen bei Störung meist die Flucht, können aber in Bedrängnis äußerst aggressiv werden; sie flachen den Hals in der abgebildeten Weise ab und beißen mehrmals hintereinander zu. Ein großer Teil der Todesfälle durch Schlangenbiß in Südaustralien wird von Tigerottern verursacht.

Taipan
Oxyuranus scutellatus

Verbreitung: Nord- und Nordostaustralien, südwestliches Neuguinea.

Lebensraum: Sehr verschieden; von feuchtem Tropenwald bis zu Savannen mit spärlichem Baumbestand.

Wissenswertes: Eine große, schlanke Art mit langem, deutlich vom Hals abgesetztem Kopf; Jungtiere besitzen auffällig große Augen. Die Färbung ist meist einfarbig hell- bis dunkelbraun, wobei die Seiten und vor allem der Kopf oft heller sind. Die Unterseite ist beige gefärbt und meist unregelmäßig orange gefleckt. Diese Art wird im allgemeinen bis 2 m lang, aber auch Exemplare von über 3 m Länge sind bekannt.

Taipans sind meist tagaktiv; lediglich in der heißesten Jahreszeit sind sie in der Dämmerung oder nachts unterwegs. Sie leben am Boden, wo sie aktiv nach Beutetieren suchen; diese bestehen vorwiegend aus kleinen Säugetieren, z. B. Ratten, die entweder in ihren Bauen gefangen oder nach einer Verfolgungsjagd durch wiederholte Bisse getötet werden. Taipans legen bis zu 20 Eier in unterirdische Hohlräume; die Jungtiere sind beim Schlupf bis zu 50 cm lang und deutlich heller gefärbt als ältere Exemplare. Sie sind schnellwüchsig und messen nach Ablauf eines Jahres bereits über 1 m. Bei Störungen ziehen sich Taipans rasch in Verstecke oder dichte Vegetation zurück, in die Enge getrieben verteidigen sie sich jedoch mit Vehemenz. Sie schlagen dabei mit dem Schwanz um sich, flachen den Kopf ab und heben den in S-förmige Schlingen gelegten Vorderkörper an; bei fortdauernder Bedrohung beißen sie blitzschnell und mehrfach wiederholt zu. Ihr Gift ist äußerst wirksam und enthält sowohl Neurotoxine als auch Enzyme, die die Gerinnungsfähigkeit des Blutes aufheben; weitere Giftkomponenten wirken zerstörend auf die Skelettmuskulatur. Die langen Giftzähne injizieren ein Mehrfaches der tödlichen Dosis, so daß Taipanbisse ohne Antiserumbehandlung fast immer tödlich verlaufen; einem Bericht zufolge starb ein Pferd fünf Minuten nach einem Biß. Besonders bei Fangversuchen dieser wohl gefährlichsten Giftschlange Australiens kommt es immer wieder zu tödlichen Unfällen. Sowohl polyvalente als auch monovalente Antiseren sind in Australien erhältlich.

O. microlepidotus ist eine dem Taipan nahe verwandte Art, die vor allem im trockenen Westen von Queensland und New South Wales vorkommt und dort häufig auf ausgetrockneten temporären Überschwemmungsflächen zu finden ist. In Größe, Gestalt und Färbung ähnelt sie dem Taipan, wobei ihr Kopf meist dunkel gezeichnet ist und der Körper teilweise eine dunkle Sprenkelung aufweist. Auch diese Art, die in Australien aufgrund ihres Temperaments „Fierce Snake" oder wegen ihrer glatten Beschuppung „Smooth Snake" genannt wird, ist tagaktiv und ernährt sich vorwiegend von Ratten (vor allem von *Rattus villosissimus*). Ihr Gift ist angeblich noch wirksamer als das des Taipans.

Ein Jungtier des Taipans (*Oxyuranus scutellatus*). Seine schlanke Körpergestalt deutet auf die große Schnelligkeit hin, die diese bodenbewohnenden Schlangen bei der Verfolgung von Beutetieren, aber auch bei der Verteidigung entwickeln können. Die beiden Arten der Gattung *Oxyuranus* sind die gefährlichsten Giftschlangen Australiens.

Während *O. s. scutellatus* den australischen Teil des Artareals bewohnt, kommt *O. s. canni* auf Neuguinea bis in Höhenlagen von ca. 700 m vor; sie ist graubraun bis schwarz gefärbt mit rötlicher Streifung des hinteren Körperbereichs.

Haltung: Die vom technischen Standpunkt problemlos zu pflegenden Taipans sind aufgrund ihrer Giftigkeit und Behendigkeit für die private Haltung tabu.

Bandy-Bandy
Vermicella annulata

Verbreitung: Australien (außer dem Südosten, Südwesten und Nordwesten).

Lebensraum: Sehr verschieden: von Wüsten bis zu feuchten Wäldern der Küste.

Wissenswertes: Der nicht vom Hals abgesetzte Kopf, die kleinen Augen und die glatte Beschuppung sind typische Merkmale einer unterirdisch grabenden Lebensweise. Bandy-Bandys sind schwarzweiß quergebändert (z. T. vollständig geringelt), wobei die Anzahl und Breite der Binden je nach Geschlecht und Herkunft variiert. Sie werden ca. 50 cm, selten bis 1 m lang.

Diese kleine Giftnatter lebt weitgehend unterirdisch und kommt höchstens nachts oder nach starkem Regen an die Oberfläche. Obwohl sie keineswegs selten ist, gibt es kaum Informationen über ihre Lebensweise. Die Nahrung besteht offenbar fast ausschließlich aus Blindschlangen der Gattung *Typhlops*, die in den gleichen Biotopen vorkommen; sie legt Eier. Bei Belästigung versucht sie selten zu beißen, sondern legt den Körper in eine oder mehrere aufrecht gehaltene Schlingen; der Sinn dieses merkwürdigen Verhaltens ist unbekannt.

Eine zweite Art, *V. multifasciata*, kommt im nordwestlichen Australien vor.

Haltung: Wegen der hochspezialisierten Ernährungsweise nicht sinnvoll. **§: BA.**

Seeschlangen

Nattern-Plattschwanz (*Laticauda colubrina*)

Alle Seeschlangen sind Giftnattern (Elapidae), die, von landlebenden Vorfahren abstammend, sekundär zum Leben im Meer übergegangen sind. Taxonomische und ökologische Untersuchungen werden durch ihre von den Zentren der Forschung weit abgelegene, fast ausschließlich tropische Verbreitung nicht gerade gefördert. Erst in jüngerer Zeit wurden Arbeiten zur Ökologie, Physiologie und Taxonomie z. B. von Forschungsschiffen aus durchgeführt, um Näheres über diese einzigartigen Reptilien zu erfahren.

Obwohl die verschiedenen Gruppen von Seeschlangen seit vielen Jahren taxonomisch bearbeitet werden, sind ihre Abstammung und Verwandtschaftsverhältnisse noch nicht völlig geklärt. Herkömmlicherweise – so auch in diesem Buch – werden die Seeschlangen in zwei Unterfamilien (Laticaudinae und Hydrophiinae) unterteilt und zusammen mit den landlebenden Giftnattern (Elapinae) zu den Elapidae gestellt. Nach neueren Untersuchungen sind jedoch die „Hydrophiinae" viel näher mit den landlebenden australischen Giftnattern verwandt als mit den „Laticaudinae" oder irgendeiner anderen Gruppe. Da jedoch die Beziehungen der meisten übrigen Elapiden-Gruppen untereinander noch ungeklärt sind, wird hier, um die Verwirrung auf ein Minimum zu begrenzen, das alte System beibehalten.

Die „Laticaudinae" umfassen lediglich die Gattung *Laticauda* mit etwa fünf Arten. Alle kommen in verhältnismäßig flachem Wasser in Küstennähe vor; sie gehen nachts im Meer auf Beutefang und verbringen den Tag an Land, wo sie meist in Höhlen an felsigen Küsten vor der Sonne Schutz suchen. Ihr Körperbau ist weniger stark an das Wasserleben angepaßt, so daß sie sich auch an Land noch verhältnismäßig geschickt bewegen können. Alle *Laticauda*-Arten legen Eier, die oberhalb der Gezeitenzone in Felsspalten etc. deponiert werden.

Die „Hydrophiinae" sind weit artenreicher: es sind etwa 48 Arten bekannt. Es sind vollständig an das Wasserleben angepaßte, seitlich abgeflachte Tiere mit einem ruderförmigen Schwanz. Die Augen sind im Verhältnis zum Körper sehr klein, und die obenliegenden Nasenöffnungen können durch aus schwammartigem Gewebe bestehende Klappen wasserdicht verschlossen werden. Diese Arten gebären vollständig entwickelte Jungtiere, wobei manche Formen zur Geburt die Flachwasserzone von Mangrovensümpfen oder andere geschützte Orte aufsuchen. Diese „echten" Seeschlangen verlassen freiwillig niemals das Wasser und werden höchstens passiv an Land gespült, wo sie fast völlig hilflos sind.

Im Atlantik kommen keine Seeschlangen vor; besonders reich an Arten sind dagegen die tropischen Küstengewässer zwischen Nordaustralien und Südasien. Manche Arten haben ein riesiges Verbreitungsgebiet; die schwarz und gelb gezeichnete hochseebewohnende Art *Pelamis platurus* kommt von der Westküste Mittel- und Südamerikas bis an die Ost- und Südküste Afrikas vor. Arten, die flache Brackwasserbereiche, Mangrovensümpfe etc. bewohnen, sind geographisch meist weniger weit verbreitet. Zwei Arten bewohnen Süßwasser: *Hydrophis semperi* kommt im Taal-See auf den Philippinen vor, während *Laticauda crockeri* vom Tungano-See auf den Salomonen bekannt ist.

Die Beschuppung der Seeschlangen zeigt von Art zu Art erhebliche Unterschiede. Im Gegensatz zu den sich dachziegelartig überlappenden Schuppen landlebender Schlangen stoßen sie bei den auf hoher See lebenden Seeschlangen meist stumpf aneinander. Allerdings überlappen sich die Schuppen einiger *Aipysurus*-Arten, die Korallenriffe bewohnen, und schützen auf diese Weise den Körper vor Verletzungen durch die scharfen und rauhen Korallenstöcke. Die einzelnen Schuppen von Seeschlangen können glatt, gekielt oder gekörnt sein, wobei der letztgenannte Typus häufig warzenförmig ausgebildet ist; auch stachelförmige Schuppen kommen vor. Die Schuppen der pelagischen Art *Pelamis platurus* verleihen dem Körper eine „maiskolbenähnliche" Oberfläche, während der Ruderschwanz mit glatten Schuppen besetzt ist. Die Bauchschuppen der meisten Hochseeformen sind infolge der seitlichen Körperabflachung stark reduziert, während diejenigen der halb terrestrisch lebenden *Laticauda*-Arten ähnlich ausgebildet sind wie bei landlebenden Schlangen; sie werden benötigt, um diesen Tieren das Kriechen auf Felsen zu ermöglichen, in deren Spalten sie sich tagsüber verbergen.

Seeschlangen ernähren sich von einer breiten Palette von Meerestieren, vorwiegend jedoch von Fischen. Manche riffbewohnenden Arten verfügen über einen auffallend kleinen Kopf und dünnen Vorderkörper, mit deren Hilfe sie in der Lage sind, kleine Aale oder Muränen aus ihren Gängen im Sand oder Korallengestein herauszuziehen.

Andere Arten leben in Flächen treibenden Seetangs und ernähren sich von den dort vorkommenden kleinen Fischen. Zwei Gattungen ernähren sich fast ausschließlich von Fischeiern, eine für Giftschlangen sicherlich außergewöhnliche Nahrungsquelle.

Das Gift von Seeschlangen wird als äußerst wirksam angesehen und übertrifft bei manchen Arten die Toxizität von Kobragift um ein Mehrfaches. Es besteht fast nur aus Neurotoxinen; bei der südostasiatischen *Enhydrina schistosa* sind aber auch muskelzerstörende Komponenten enthalten (gegen diese Art wird in Australien ein Antiserum hergestellt). Manche Seeschlangen, wie die erwähnte *Pelamis platurus*, die ihre Beutefische einfach nach Art von Raubfischen einsaugen, setzen ihr Gift wohl primär zur Abwehr von Feinden ein; solche Arten zögern bei Belästigung meist nicht lange mit dem Biß. Andere, z. B. *Laticauda*-Arten, setzen ihr Gift primär beim Beutefang ein, um die gefangenen Tiere vor dem Verschlingen zu immobilisieren; an Land scheinen zumindest einige dieser Arten harmlos zu sein und werden von lokalen Fischern etc. völlig sorglos gehandhabt.

Wie bei anderen meeresbewohnenden Wirbeltieren liegt der Salzgehalt ihrer Körperflüssigkeiten unter dem des Meerwassers. Um das überschüssige, mit dem „Trinkwasser" und der Nahrung aufgenommene Salz ausscheiden zu können, wurden leistungsfähige Drüsen zur Exkretion konzentrierter Salzlösungen entwickelt; ohne solche Drüsen würden die Tiere beim Trinken von Meerwasser „verdursten", wie es bei den meisten Landtieren einschließlich des Menschen der Fall ist. Während diese Drüsen z. B. bei Meeresvögeln in die Nasenöffnungen münden oder bei Meeresschildkröten aus umfunktionierten Tränendrüsen bestehen, münden sie bei Seeschlangen in die Zungenscheide, so daß das überschüssige Salz durch Zungenbewegungen ins Freie befördert wird.

In manchen Gegenden Asiens werden große Zahlen von Seeschlangen zum Vorteil des Lederhandels gefangen; die enthäuteten Tiere werden z. T. geräuchert und so als Delikatesse dem menschlichen Verzehr zugeführt, z. T. aber auch als Schweinefutter verwendet.

Lebende Seeschlangen sind nur ausnahmsweise in Zoologischen Gärten und Aquarien der westlichen Hemisphäre anzutreffen, dagegen werden sie regelmäßig in einigen japanischen Schauaquarien gehalten. Manche Nahrungsspezialisten (z. B. Fischeier-Fresser) sind in Gefangenschaft nicht artgemäß zu ernähren, andere Arten sind außerhalb des Wassers kaum lebensfähig und erleiden auf dem Transport in nassen Säcken etc. irreparable Schäden. Oftmals sterben Seeschlangen an Kreislaufversagen, da ihr Herz nicht in der Lage ist, außerhalb des Wassers den notwendigen Blutdruck zu erhalten, vor allem, wenn sie in vertikale Position geraten. Am widerstandsfähigsten sind die *Laticauda*-Arten, die physisch an regelmäßiges Verlassen des Wassers angepaßt sind; sie können wie landlebende Schlangen in Leinensäcken transportiert werden, während andere Seeschlangen wie lebende Fische in Plastikbehältern mit Seewasser und Sauerstoff-„Atmosphäre" versandt werden müssen.

Laticauda-Arten benötigen gut gefilterte Meerwasserbecken mit ausreichend großem Landteil, der mit Versteckmöglichkeiten und UV-Quelle ausgestattet sein sollte. Die ausschließlich wasserbewohnenden Arten können auf den Landteil verzichten, sind aber für Versteckmöglichkeiten unter Wasser dankbar. Für die meisten Arten ist eine Wassertemperatur von ca. 29 °C angemessen. Als Futtertiere sollten Fische angeboten werden; v. a. Aale sind bei vielen Arten beliebt. Unter solchen Bedingungen wurde z. B. die in asiatischen Küstengewässern weit verbreitete Art *Hydrophis cyanocinctus* erfolgreich gehalten. Die am ehesten erhältliche Seeschlange ist die hochseebewohnende *Pelamis platurus*. Sie muß immer in Seewasser gehalten werden, auch auf dem Transport. Viele Meerestiere stoßen sich in Gefangenschaft die Schnauzen wund, wenn sie an Glasscheiben etc. geraten. Vor allem rechtwinklige Behälterecken sind Phänomene, denen gerade Hochseebewohner meist ratlos gegenüberstehen, da derartiges in ihrer natürlichen Umwelt nicht vorkommt und ihr Verhaltensinventar auf die Lösung solch verzwickter Probleme nicht eingerichtet ist. Die pelagischen Seeschlangen sind hiervon keine Ausnahme; daher sollten die Behälter am besten rund oder oval sein, oder die Ecken durch entsprechende Füllungen „entschärft" werden. *P. platurus* akzeptiert meist kleine Fische verschiedenster Arten als Futter.

Nattern-Plattschwanz
Laticauda colubrina

Verbreitung: Küstengewässer von Sri Lanka über Südostasien und Neuguinea bis Japan und zu den Fidschi-Inseln.

Lebensraum: Flachwasser, Korallenriffe, Lagunen, Mangrovensümpfe.

Wissenswertes: Eine glatt beschuppte, schlanke Art mit seitlich abgeplattetem Schwanz. Die Färbung ist meist blaßblau oder blaugrau mit schwarzer, auch die Bauchseite einschließender Ringelung; Schnauze und Oberlippe sind gelb. Diese Art wird meist ca. 1 m, maximal 1,40 m lang.

L. colubrina ist vorwiegend in der Nacht aktiv, kann aber bei Niedrigwasser auch am Tage auf der Nahrungssuche in Resttümpeln etc. angetroffen werden; sie geht nur zum Beutefang ins Wasser und verbringt den Tag meist in trockenen Felshöhlen oder wärmt sich auf trockengefallenen Riffteilen, Mangroven etc. Alle *Laticauda*-Arten legen ihre Eier in Felsspalten über der Hochwassermarke. Zur Eiablage kommt an geeigneten Stellen oft eine große Anzahl von Tieren zusammen; auf diese Weise werden sie auf den Philippinen in Massen gefangen und zu Leder und Nahrungsmitteln verarbeitet. Ihr Gift besteht fast nur aus Neurotoxinen, so daß lokale Reaktionen oft völlig ausbleiben und der Biß manchmal gar nicht sofort bemerkt wird. *Laticauda*-Arten sind nicht aggressiv, so daß Unfälle selten vorkommen, dann aber lebensbedrohend sind.

Haltung: Siehe S. 284.

Laticauda-Arten gehen nur zur Nahrungssuche (meist nachts) ins Wasser; am Tage verstecken sie sich oft in Felsspalten und Höhlen oberhalb der Hochwassermarke. Dieses Exemplar von *Laticauda colubrina* wurde in Papua Neuguinea fotografiert.

Außer *Laticauda colubrina* gibt es noch vier weitere Arten der eierlegenden Plattschwänze. Alle sind auffällig dunkel gebändert. Abgebildet ist ein artlich nicht bestimmtes Exemplar von den Fidschi-Inseln.

Dubois' Seeschlange
Aipysurus duboisii

Verbreitung: Von Neuguinea und Nordaustralien bis Neukaledonien.

Lebensraum: Korallenriffe.

Wissenswertes: Glatt beschuppte Schlangen mit seitlich abgeplattetem Schwanz, großen Bauchschuppen und äußerst variabler Färbung: viele Tiere sind hellbraun mit oder ohne dunkle, querstehende Rückenflecken; letztere können zusammenfließen und die helle Grundfarbe fast völlig verdrängen, manchmal kommt es auch zu einer netzartigen Zeichnung auf dem Rücken. Diese Art wird ca. 70 cm lang.

A. duboisii kommt häufig im flachen Wasser von Korallenriffen vor, wurde aber auch schon in fast 50 m Wassertiefe angetroffen. Sie ist ovovivipar und bringt pro „Wurf" (wie ihre Gattungsverwandten) maximal vier relativ große Jungtiere zur Welt.

Die sieben *Aipysurus*-Arten sind, bis auf eine Ausnahme, auf die Gewässer zwischen Neuguinea, Neukaledonien und Australien beschränkt. Die am weitesten verbreitete *A. eydouxii* erreicht die südostasiatischen Küsten und kommt westlich bis Malaysia vor. Sie wird ca. 1 m lang und ist meist lachsfarben mit unregelmäßiger dunkler Musterung. Ihre Lebensweise ist wenig bekannt; sie wird häufig aus trüben Wasserzonen in 30–50 m Tiefe gefischt. Die gedrungen gebaute Art *A. laevis* wird meist ca. 1,20 m lang, doch sind 2 m lange Exemplare keine Seltenheit; sie ist damit

Aipysurus duboisii mit ihrem – wie bei allen ovoviviparen Seeschlangen – ruderartig geformten Schwanz.

Ein kontrastreich gefärbtes Exemplar von Aipysurus laevis, der größten Art der Gattung.

Ovovivipare Seeschlangen – hier Aipysurus laevis – besitzen obenliegende, verschließbare Nasenöffnungen.

Aipysurus laevis besitzt einen relativ gedrungenen Körper; abgebildet ist ein besonders helles Exemplar.

die größte Art der Gattung. Ihre Färbung ist sehr
variabel, meist ist die Oberseite dunkelbraun und
die Bauchseite hell. Sie kommt im Korallenmeer
zwischen Australien und Neukaledonien sowie
um Neuguinea vor; sie ist die vielleicht häufigste

Art der Gattung und wird auf bestimmten Riffen
in großer Zahl angetroffen. Sie bringt bis zu fünf
große Jungschlangen zur Welt und ernährt sich
von riffbewohnenden Fischen. A. apraefrontalis
aus dem nordwestlichen Australien ist eine klei-

Aipysurus eydouxii, die am weitesten verbreitete Art der Gattung; sie kommt häufig in tieferen Wasserzonen vor. An den Strand gespülte Exemplare sind hilflos, da sie sich außerhalb des Wassers kaum bewegen können.

Ein ausgewachsenes Exemplar von *Aipysurus eydouxii* mit der für diese Art typischen dunklen Ränderung der hellen Schuppen; die dunkelbraunen Flecken können bei verschiedenen Tieren sehr unterschiedlich ausgeprägt sein. Der Kopf ist fast immer einfarbig braun.

ne, schlanke Art mit ungewöhnlich kleinem Kopf, die sich meist im obersten Riffbereich aufhält. Von ähnlicher Lebensweise sind die ca. 60 cm lang werdenden Arten *A. foliosquama* und *A. fuscus*, die in ihrer Verbreitung auf relativ kleine Riffbereiche vor der Küste Nordwestaustraliens beschränkt sind. Ein ebenfalls sehr kleines Areal an der nordwestaustralischen Küste besitzt die wenig bekannte *A. tenuis*.

Haltung: Siehe S. 284.

Stokes' Seeschlange
Astrotia stokesii

Verbreitung: Indoaustralischer Archipel (westlich bis Sri Lanka).

Lebensraum: Tiefere Wasserzonen an Riffen; in trüben Küstengewässern auch nahe der Wasseroberfläche.

Wissenswertes: Eine große, plumpe Seeschlange mit muskulösem, ruderförmigem Schwanz; der deutlich abgesetzte dreieckige Kopf ist mit großen Schildern versehen, die Körperschuppen überlappen einander und sind gekielt oder höckerig skulpturiert. Die geteilten Bauchschuppen bilden bei älteren Exemplaren einen scharfen Bauchkiel. Die Färbung variiert von Schwarz über verschiedene Schattierungen von Grau und Braun bis zu Hellbeige, oft mit undeutlicher Fleckung oder Gitterzeichnung; die dunkle Musterung ist bei Jungtieren meist deutlich ausgeprägt, kann bei älteren Exemplaren aber auch völlig fehlen. Diese Art wird bis fast 2 m lang und ist wegen ihres massigen Körpers mit bis zu 25 cm Umfang die größte Seeschlange.

Da diese Art – die einzige der monotypischen Gattung *Astrotia* – vor allem in tieferen oder trüben Wasserzonen vorkommt, ist trotz ihrer relativ weiten Verbreitung kaum etwas über ihre Lebensweise bekannt. Sie schwimmt trotz ihrer Größe schnell und gewandt. Die Weibchen bringen etwa ein Dutzend Jungtiere von ca. 30 cm Länge zur Welt. In Australien hält sich diese Art meist im tropischen Bereich auf, dringt aber in der warmen Jahreszeit oftmals weit in die gemäßigten südlicheren Küstengewässer vor.

Haltung: Siehe S. 284.

Emydocephalus annulatus

Verbreitung: Nordaustralische Gewässer bis Timor und Neukaledonien.

Lebensraum: Flachwasserzonen von Korallenriffen, Lagunen.

Wissenswertes: Eine kleine Seeschlange mit Ruderschwanz, glatten, sich überlappenden Schuppen und sehr variabler Färbung: viele Exemplare sind auf Ober- und Unterseite einfarbig dunkelbraun, grau oder schwarz, andere weisen unterschiedlich deutliche helle Querbänder auf. Die Schnauzenspitze ist meist etwas konisch ausgezogen und bei älteren Männchen zu einem stumpfen stachelartigen Fortsatz verlängert, dessen Funktion unbekannt ist. Diese relativ schlanke Art wird im Durchschnitt 75 cm lang.

Wie es bei vielen Seeschlangen der Fall ist, gibt es auch über diese Art kaum Informationen hinsichtlich Lebensweise oder Fortpflanzungsbiologie. Sie kommt in der Flachwasserzone mancher Korallenriffe in großer Zahl vor; Untersuchungen von Mageninhalten ergaben, daß sie wohl ausschließlich den Laich bodenlebender Meergrundeln und Schleimfische frißt. Ihre Bezahnung ist in Folge dieser sehr spezialisierten Ernährungsweise weitgehend rückgebildet und besteht im Oberkiefer (Maxillare) nur noch aus dem stark nach hinten gekrümmten kleinen Giftzahn. Angaben zufolge ist der gesamte Giftapparat zurückgebildet, so daß diese meeresbewohnende Giftnatter sekundär ungiftig geworden wäre.

Die andere der beiden *Emydocephalus*-Arten, *E. ijimae*, kommt in den Küstengewässern Südchinas und Taiwans vor.

Haltung: Siehe S. 284.

Acalyptophis peronii

Verbreitung: Küstengewässer Nordaustraliens und vorgelagerter Inseln.

Lebensraum: Korallenriffe und umgebende Gewässer.

Wissenswertes: Eine Seeschlange mit verhältnismäßig plumpem Rumpf, der sich nach vorn verschmälert und in einen kleinen Kopf übergeht; typisch für diese Art sind die stachelartigen, nach hinten ragenden Auswüchse der Kopfschuppen (vor allem über und hinter dem Auge), die besonders bei älteren Tieren auffällig sind. Der Körper ist hellbraun bis grau gefärbt und trägt 25 bis 30 dunkle Querbinden, die sich nach unten verschmälern und im Schwanzbereich blasser ausgebildet sind; dazwischen können unvollständige Binden vorhanden sein. Diese Art wird ca. 1 m lang, gelegentlich auch länger.

Über die Lebensweise dieser verhältnismäßig seltenen, möglicherweise nachtaktiven Art ist fast nichts bekannt. Sie wird gelegentlich nachts an der Oberfläche schwimmend in der Nähe von Korallenriffen angetroffen. Auch diese Art ist ovovivipar, wobei die Weibchen bis zu zehn Jungschlangen zur Welt bringen.

A. peronii ist die einzige beschriebene Art der monotypischen Gattung *Acalyptophis*. Berichten zufolge wurden auch Seeschlangen aus dem Südchinesischen Meer dieser Art zugeordnet; ohne weitere Bestätigung derartiger Funde ist dies mit Skepsis zu registrieren, da alle bisherigen Nachweise aus der Nähe der australischen Küste stammen.

Haltung: Siehe S. 284.

Hydrophis elegans

Verbreitung: Küstengewässer Nordaustraliens und Südneuguineas.

Lebensraum: Vorwiegend in trübem Wasser von Buchten und Flußmündungen; auch in tieferen Zonen von Korallenriffen.

Wissenswertes: Eine lange, aber sehr schlanke Seeschlange, deren dünner Vorderkörper einen kleinen, kaum vom Hals abgesetzten Kopf trägt; der hintere Körperbereich ist seitlich stark komprimiert. Die Grundfarbe ist meist hellbraun bis gelblich; die Musterung besteht aus einer Serie dunkler, quergestellter Rückenflecken und verschieden geformter kleinerer Flecken in den Zwischenräumen. Die dunkle Zeichnung ist bei Alttieren meist sehr blaß, während Jungtiere kontrastreich hell-dunkel geringelt sind. Diese Art wird meist ca. 1,70 m, maximal 2 m lang.

In ihrem Areal eine der häufigsten Seeschlangen, die vor allem in lehmig-trübem Wasser von Buchten, Flußmündungen etc. anzutreffen ist und sich dort häufig in Fischernetzen verfängt. Sie ist ovovivipar und ernährt sich von einem breiten Spektrum von Fischen, einschließlich Aal-Arten. In der warmen Jahreszeit dringt sie weit in südliche Gefilde vor (bis in den Norden von New South Wales).

Eine gestrandete *Hydrophis elegans*. Wegen ihrer veränderten Muskulatur, ihres ans Wasserleben angepaßten Kreislaufsystems und den fehlenden großen Bauchschuppen ist sie an Land hilflos.

Die Gattung *Hydrophis* ist mit insgesamt 25 Arten über weite Teile des Südpazifiks verbreitet und damit die artenreichste Gattung der Seeschlangen; allein in den Gewässern Australiens und Neuguineas wurden zwölf Arten nachgewiesen. Manche sind nur anhand weniger Exemplare aus einem winzigen Areal bekannt, andere bewohnen riesige Gebiete, wie *H. cyanocinctus*, die von Japan bis zum Persischen Golf anzutreffen ist und wegen recht häufig vorkommender tödlicher Bißunfälle einen schlechten Ruf genießt.

Haltung: Siehe S. 284.

Hydrophis cyanocinctus besitzt das größte Verbreitungsgebiet der Gattung; sie kommt an den Küsten Südasiens vom Persischen Golf bis Japan vor. Tödliche Bißunfälle sind bei dieser Art nicht selten. Sie wird – v. a. in Japan – gelegentlich in Schauaquarien gehalten.

Disteira major, eine Seeschlange aus Gewässern von Nordaustralien und Neuguinea; sie ist nicht selten und kommt offenbar bevorzugt in tieferem Wasser vor. Manchmal wird sie auch in die Gattung *Hydrophis* gestellt.

Lapemis hardwickii

Verbreitung: Von der Westküste Malaysias bis Japan und Nordaustralien.

Lebensraum: Flache, klare Gewässer von Korallenriffen bis zu lehmtrüben Flußmündungen.

Wissenswertes: Eine gedrungene, plumpe Seeschlange, deren Schuppen sich nicht überlappen. Die Bauchschuppen sind fast völlig reduziert, dagegen sind die Schuppen der unteren Körperseiten vergrößert und tragen bei adulten Männchen dornartige Auswüchse, deren Funktion unbekannt ist.

Die Färbung besteht meist aus einer Serie dunkler Rückenflecke auf hellolivem bis gelblichem Grund, die oft auf dem Rücken zusammenfließen; diese sind bei Jungtieren deutlich zu sehen, bei älteren Exemplaren aber meist sehr verblaßt. Diese Art wird etwa 1 m lang.

L. hardwickii ist eine äußerst anpassungsfähige und häufig vorkommende Art, die sogar das trübe Brackwasser von Flußmündungen bewohnt. Sie verfängt sich häufig in Netzen von Fischern, zu deren Verdruß. Sie ist nicht aggressiv, allerdings sind tödliche Bißunfälle nicht unbekannt.

Eine weitere Art, *L. curtus*, ist vom westlichen Indien bis in den Persischen Golf verbreitet.

Haltung: Siehe S. 284.

Ein großes Männchen von *L. hardwickii* mit dornartig verlängerten Schuppen der unteren Körperseiten.

Gelbbauch-Seeschlange
Pelamis platurus

Verbreitung: Gesamter Indopazifik, von der mittel- und südamerikanischen Westküste bis Ost- und Südafrika.

Lebensraum: Küstengewässer und Hochsee.

Wissenswertes: Unverwechselbare Art mit langgestrecktem Kopf und „maiskolbenartiger" Körperoberfläche. Die Oberseite ist dunkelbraun bis schwarz, die Unterseite scharf abgesetzt gelb, hellbraun oder beige gefärbt; der Ruderschwanz ist gelb mit dunkler Fleckung. Gelbbauch-Seeschlangen werden ca. 75 cm lang.

Die am weitesten verbreitete aller Seeschlangen, die als einzige regelmäßig auf hoher See vorkommt. Sie hält sich meist dicht unter der Wasseroberfläche auf und ist häufig zwischen treibendem Seetang zu finden, wo sie kleinen Fischen nachstellt. Ihr Gift wirkt auf Fische äußerst toxisch, ist aber beim Menschen angeblich weniger wirksam.

Haltung: Siehe S. 284.

Die Schuppen von *Pelamis platurus* liegen nebeneinander und überlappen sich nicht.

Vipern

Westafrikanische Gabunviper (*Bitis gabonica rhinoceros*)

Die in der Familie Viperidae versammelten Arten gelten als die am höchsten entwickelten aller Schlangen. Sie sind mit Ausnahme Australiens auf allen Kontinenten präsent und dringen in Gestalt der in Europa und Asien verbreiteten Kreuzotter (*Vipera berus*) als nördlichster Schlangenart bis über den Polarkreis nach Norden vor.

Vipern sind meist gedrungen gebaut mit kurzem Schwanz und relativ großem, dreieckigem Kopf. Statt der wenigen, großen Kopfschilder der Nattern und Giftnattern besitzen Vipern (mit Ausnahme der primitivsten Formen) zahlreiche kleine Schuppen auf der Oberseite des Kopfes. Die Pupillen der Vipern (ebenfalls mit wenigen Ausnahmen) sind bei Helligkeit zu vertikalen Schlitzen verengt. Entscheidend verändert ist der Giftapparat: der Oberkieferknochen (Maxillare) ist stark verkürzt und trägt außer dem Giftzahn keine weiteren Zähne. Im Gegensatz zu Giftnattern können Vipern diesen Knochen mitsamt dem daran festsitzenden Zahn um eine imaginäre Querachse rotieren lassen, so daß der Giftzahn bei Gebrauch nach vorne gestreckt werden kann, in Ruhelage aber nach hinten geklappt in einer Schleimhautfalte liegt. Dank dieses „Klappmechanismus" können die Giftzähne der Vipern sehr viel länger sein als die festsitzenden Giftzähne der Elapiden, die in vergleichbarer Größe ein Schließen des Mauls unmöglich machen würden. Die meist starke Krümmung der Vipern-Giftzähne bewirkt zudem, daß ihre Spitzen in vorgestrecktem Zustand deutlich vor der Schnauzenspitze stehen; Vipern beißen somit nicht, sondern stoßen ihre langen Giftzähne ohne Beteiligung des weit nach hinten geklappten Unterkiefers wie Dolche tief in die Beutetiere ein. Der für das Vorstrecken der Zähne notwendige Hebelmechanismus arbeitet nicht automatisch bei jedem Öffnen des Mauls, da die langen Zähne z. B. beim Verschlingen der Beute äußerst hinderlich wären. Die für die Schlange lebensnotwendigen Giftzähne werden ständig erneuert; zu jedem Zeitpunkt befinden sich in der Schleimhaut hinter dem „Arbeitszahn" weitere Reservezähne in verschiedenen Entwicklungsstadien, die kontinuierlich nachrücken. Sobald der neue Zahn fest mit dem Knochen verbunden und an den Giftkanal angeschlossen ist, lockert sich sein „Vorgänger" und bleibt meist im nächsten Beutetier stecken, wird mit ihm verschluckt und letztlich mit dem Kot ausgeschieden.

Viperngifte enthalten vorwiegend Enzyme („Hämorrhagine"), die die Wände der Blutgefäße zerstören und dadurch den massiven Austritt von Blut ins Gewebe bewirken, während andere Enzyme die Verdauung des Beutetiers einleiten. Das Gift einiger Arten (z. B. *Echis carinatus*) besitzt zudem stark blutgerinnungshemmende Eigenschaften. Nur wenige Arten (z. B. *Crotalus durissus terrificus*) produzieren Gifte mit überwiegend neurotoxischem Charakter; ihr Biß führt zu ähnlichen Symptomen wie der einer Kobra. Bei weitem überwiegen jedoch Arten, deren Gift bei größeren Tieren und dem Menschen vorwiegend an der Bißstelle wirkt; auch bei lebensbedrohenden Giftmengen tritt der Tod erst nach Stunden oder Tagen ein und ist meist auf durch massive lokale Hämorrhagien bedingtes Kreislaufversagen zurückzuführen.

Mit ihrem plumpen Körper sind Vipern nicht zu schneller Verfolgung von Beutetieren befähigt; sie lauern vielmehr reglos – durch ihre Tarnfärbung geschützt –, bis ein Tier in Reichweite kommt. Nach dem blitzschnell erfolgenden „Biß" ziehen sich Vipern meist zurück und folgen der Duftspur des verendenden Beutetiers; die durch diese Technik vermiedenen wilden Kampf- und Würgeszenen vermindern das Verletzungsrisiko beim Nahrungserwerb beträchtlich. Die meisten Vipernarten fressen überwiegend Säugetiere und Vögel; viele sind nachts aktiv und in besonderer Weise befähigt, ihre Beute anhand von deren Wärmestrahlung exakt zu orten und zu erbeuten (vgl. S. 346).

Die meisten Vipern sind ovovivipar; ausschließlich eierlegend sind vor allem die primitivsten Gattungen (z. B. *Azemiops*, *Causus*). Manche Arten sind in warmen Gebieten ovopar, in kühleren ovovivipar.

Die Familie der Vipern (Viperidae) wird meist in die Unterfamilien Viperinae (eigentliche Vipern) und Crotalinae (Grubenottern) unterteilt; für die primitivsten Formen der Viperinae werden manchmal eigene Unterfamilien geschaffen (Azemiopinae, Causinae). Dagegen werden die früher den Viperidae zugeordneten „Maulwurfsvipern" (*Atractaspis* spp.) heute in eine Unterfamilie der Nattern (Colubridae) gestellt. In Afrika kommen ausschließlich Viperinae, in Amerika ausschließlich Crotalinae vor; lediglich Eurasien beherbergt Vertreter beider Gruppen. Die Crotalinae werden getrennt auf S. 346 besprochen.

Feaviper
Azemiops feae

Verbreitung: Zentralchina (Szechuan) bis Nordburma und Südosttibet.

Lebensraum: Vermutlich kühle Bergwälder; über 600 m Höhe.

Wissenswertes: Vielleicht die primitivste, sicher aber eine der am wenigsten bekannten aller Vipern. Eine glatt beschuppte, verhältnismäßig schlanke Schlange mit wenig verbreitertem, aber deutlich vom Hals abgesetztem Kopf, dessen Oberseite mit großen Schildern besetzt ist. Die Färbung der Oberseite ist blauschwarz mit schmalen, weit voneinander entfernt stehenden orangeroten Querbinden, die z. T. nur als alternierende einseitige „Halbbinden" ausgebildet sind; die Unterseite ist grau. Der Kopf ist orangerot bis weißlich, z. T. mit dunkleren Längsstreifen. Das größte der wenigen bis heute bekannt gewordenen Exemplare war knapp über 70 cm lang.

Diese Art ist vermutlich auch in ihrer Heimat

Ein Exemplar von *Azemiops feae* aus Nordburma.

299

Azemiops feae ist die einzige Art dieser vermutlich primitivsten Viperngattung; ihre Körpergestalt erinnert an Nattern. Sie bewohnt die kühlen Bergwälder Zentralchinas und Nordburmas. Über ihre Lebensweise ist fast nichts bekannt.

selten und gelangte bisher nur in ganz wenigen Exemplaren außer Landes. Die Erstbeschreibung erfolgte 1888. Um 1935 kamen drei Exemplare zu den beiden einzigen davor der Wissenschaft bekannt gewordenen Tieren hinzu. Erst 1985 wurde eine kleine Zahl lebender Feavipern aus Nordburma ausgeführt, die allerdings nicht lange in Gefangenschaft überlebten (die hier abgebildeten Exemplare gehören zu dieser Gruppe).

Über die Lebensweise, Ernährung und Fortpflanzung dieser Art ist fast nichts bekannt. Ein gefangenes Exemplar fraß Mäuse. *A. feae* legt Eier, wobei die Größe der Gelege und das Aussehen der Jungschlangen unbekannt sind.

Die Gattung *Azemiops* enthält nur eine Art, *A. feae*. Obwohl sie unzweifelhaft zu den Vipern gehört, weist sie genügend abweichende (primitive) Merkmale auf, um von manchen Autoren in eine eigene Unterfamilie Azemiopinae gestellt zu werden. Solche für Vipern primitive, an Nattern oder Giftnattern erinnernde Merkmale sind der verhältnismäßig schlanke Körper, der längliche, von großen Schildern bedeckte Kopf und die Vermehrung durch Eier (trotz ihres kühlen Verbreitungsgebietes). Auch die quergebänderte, an Kraits erinnernde Zeichnung ist für Vipern äußerst ungewöhnlich.

Haltung: Aus der kurzen und wenig erfolgreichen Haltung weniger Tiere lassen sich kaum allgemeingültige Ratschläge zur langfristigen Pflege ableiten. Importierte Exemplare sind mit großer Wahrscheinlichkeit (wie so viele andere Import-Reptilien) dehydriert und mit Darmparasiten befallen und benötigen die Fürsorge eines Tierarztes mit Reptilien-Erfahrung. Die Temperaturen sollten wohl nicht weit über 20 °C liegen, wobei eine lokale Wärmequelle wichtig ist. Entsprechend dem Verbreitungsgebiet dürfte eine kühle Überwinterung notwendig sein.

Rauhschuppen-Buschviper
Atheris hispidus

Verbreitung: Regenwaldgebiete Zentral- und Ostafrikas (Zaire bis Uganda und Westkenia).

Lebensraum: Niedrige Bäume und Büsche in Regenwäldern und anderen Feuchtgebieten.

Wissenswertes: Eine baumlebende Viper mit mäßig schlankem Körper, einrollbarem Greifschwanz, kurzem, breitem Kopf und sehr großen Augen. Kopf- und Körperschuppen sind länglich und im hinteren Teil deutlich aufgebogen, was der Schlange aus der Entfernung ein struppig behaartes Aussehen verleiht. Die Färbung dieser Art ist variabel, meist gelb oder grünlich mit schwarzer, unregelmäßiger Fleckung; auch einfarbige oder überwiegend dunkle Exemplare kommen vor. Auf dem Hinterkopf findet sich eine mehr oder weniger deutliche dunkle H-Zeichnung. Rauhschuppen-Buschvipern werden meist nicht länger als

70 cm; Männchen bleiben meist deutlich kleiner. Unter den eigentlichen Vipern (Viperinae) gibt es nur innerhalb der in Afrika weit verbreiteten Gattung *Atheris* (Buschvipern) einige eng an das Leben in Bäumen angepaßte Formen (im tropischen Amerika und Asien wird diese ökologische Nische von Grubenottern der Gattungen *Bothriopsis*, *Bothriechis*, *Trimeresurus* u. a. besetzt). Die Rauhschuppen-Buschviper, *A. hispidus*, lebt hauptsächlich in niedrigen, dicht belaubten Bäumen und Büschen, wo sie sich tagsüber meist – auf ihre Tarnfärbung vertrauend – unbeweglich im dichten Geäst aufhält; oft wärmt sie sich am äußersten Ende von Zweigen in der Sonne, wobei sie sich mit Hilfe ihres Greifschwanzes verankert. Ihre Aktivitätsphase ist nachts. Sie sucht sowohl auf Sträuchern als auch auf dem Boden nach

Beute, wobei sie sich verhältnismäßig schnell und geschickt bewegt. Die Nahrung besteht hauptsächlich aus kleinen Säugetieren, gelegentlich werden auch Frösche, Echsen oder Vögel gefressen; in Anpassung an das Baumleben hält sie im Gegensatz zu den meisten anderen Vipern ihre Beutetiere nach dem Giftbiß fest. Wie andere Buschvipern ist sie ovovivipar; die bis zu zwölf Jungtiere sind bei der Geburt ca. 15 cm lang. Rauhschuppen-Buschvipern vertrauen bei Annäherung eines Menschen auf ihre Tarnfärbung; sie beißen nur bei grober Belästigung. Ihr Gift scheint für den Menschen nicht lebensgefährlich zu sein, so daß bei Bissen wohl eine symptomatische Behandlung genügt. Ein Antiserum für *Atheris*-Arten ist nicht erhältlich.

Haltung: Diese Art benötigt hohe Terrarien mit vielen, möglichst dicht mit Kletterpflanzen bewachsenen Ästen. Die Lufttemperaturen sollten tagsüber 25–27 °C betragen und nachts abfallen, wobei sich Populationen von Tiefland- und Bergregenwäldern in ihren Temperaturansprüchen sicherlich unterscheiden. Wichtig ist eine lokale Wärmequelle (Heizstrahler). Wie viele andere Regenwaldbewohner lernen manche Exemplare nicht, aus einem Wassergefäß zu trinken; sie decken ihren Wasserbedarf lieber durch das Auflecken von Tropfen auf der Oberfläche von Blättern, Ästen etc., die in ihrer natürlichen Umwelt ja täglich vorhanden sind. Dem muß im Terrarium durch regelmäßiges Sprühen von temperiertem Wasser Rechnung getragen werden. Die meisten gesunden Exemplare dieser Art fressen tote Mäuse entsprechender Größe. Die Nachzucht im Terrarium ist schwierig.

Blattgrüne Buschviper
Atheris squamiger

Verbreitung: Regenwaldgebiete Zentral- und Ostafrikas (Angola bis Kamerun und Westkenia).
Lebensraum: Regenwälder und Sumpfgebiete.
Wissenswertes: Eine kleine, verhältnismäßig schlanke Viper mit Greifschwanz. Die Schuppen sind gekielt und überlappen sich, sind aber nicht aufgebogen wie die von *A. hispidus*. Die Färbung ist meist einfarbig hell- bis olivgrün, gelegentlich auch rotbraun; manche Exemplare weisen undeutliche gelbliche Querbinden auf. Die meisten Exemplare werden 50–70 cm lang.

In der Lebensweise entspricht diese Art den anderen baumbewohnenden Buschvipern. Sie ist nachtaktiv, klettert gut und ernährt sich hauptsächlich von Säugetieren und Vögeln; auf der Suche nach Nahrung steigt sie auch auf den Boden herab. Meist bringen die Weibchen nur ca. fünf Jungtiere von etwa 15 cm Länge zur Welt, deren auffällig hell gefärbtes Schwanzende vielleicht zum Anlocken von kleinen Beutetieren dient.

Unter den bekannten *Atheris*-Arten gibt es sowohl Baum- als auch Bodenbewohner. Die westafrikanische Grüne Buschviper (*A. chloroechis*) ähnelt *A. squamiger* in Aussehen und Lebensweise. Die Schwarzgrüne Buschviper (*A. nitschei*) bewohnt häufig Papyrusdickichte im Hochland von Tansania bis Sambia. Die Mount Kenya-Buschviper (*A. desaixi*) besitzt ein winziges Verbreitungsgebiet in Wäldern am Osthang des Mount Kenya; sie lebt ebenso auf Büschen wie die mit hornartigen Schuppen über den Augen versehene *A. ceratophorus*, die nur im Usambara-Gebirge des nordöstlichen Tansanias vorkommt. Die sehr kleine Ostafrikanische Bergviper (*A. hindii*) wird maximal 35 cm lang und ist nur von den afroalpinen Moorgebieten des Mount Kenya und der Aberdare-Berge in Kenia bekannt, wo sie in dichten Grasbüscheln lebt und auf kleine Echsen lauert; sie wurde früher in die Gattungen *Vipera* oder *Bitis* gestellt. Die ebenfalls bodenbewohnende *A. superciliaris* lebt in sumpfigem Gelände in Mosambik, Malawi und Südtansania.
Haltung: Ähnlich wie *A. hispidus*.

Wie bei vielen anderen
Schlangenarten mit Tarn-
färbung kommen auch
bei der Blattgrünen
Buschviper (*Atheris squamiger*) zahlreiche Farbvarianten vor. Am häufig-
sten sind verschiedene
Schattierungen von
Grün; gelegentlich kom-
men undeutliche gelbli-
che Querbinden vor. Die-
se Variabilität, die auch
anderen Buschviper-Ar-
ten zu eigen ist, führte in
der Vergangenheit zu gro-
ßer Verwirrung bei der
Einteilung in Arten und
Unterarten; auch heute
ist diese afrikanische Gattung taxonomisch noch
unzureichend bearbeitet.

Alle baumbewohnenden
Buschvipern besitzen
kräftige Greifschwänze,
mit denen sie sich in Ru-
hestellung an Zweigen
etc. verankern. Sie wer-
den auch bei der Fortbe-
wegung eingesetzt: vor
allem auf der Flucht be-
wegen sich Buschvipern
häufig rückwärts, indem
sie sich mit dem Schwanz
durchs Gezweig ziehen.
Abgebildet ist ein frei
vom Ast hängendes Ex-
emplar.

Die Mount Kenya-Busch-
viper (*Atheris desaixi*) ist
nur in einem sehr kleinen
Gebiet im Osten des
Mount Kenya verbreitet.
Sie bewohnt Büsche in
Wäldern und an Waldrän-
dern. Ihre Rückenschup-
pen sind braunschwarz
mit hellen Spitzen; auf
dem Rücken verläuft ein
undeutliches helles Zick-
zackband. Die Unterseite
ist hellgelb. Diese Art
wird ca. 60 cm lang.

Puffotter
Bitis arietans

Verbreitung: Afrika südlich der Sahara (außer echten Wüsten und geschlossenen Regenwaldgebieten), südwestliche arabische Halbinsel.

Lebensraum: Sehr verschieden; besonders häufig in trockenen Savannen mit steinigem Boden.

Wissenswertes: Eine äußerst plumpe, gedrungene Schlange mit sehr kurzem Schwanz (v. a. bei Weibchen) und breitem, stark vom Hals abgesetztem Kopf. Die Schuppen sind kräftig gekielt; die Kopfschuppen sind klein. Je nach Herkunft variiert die Tarnfärbung von gelblich (Trockengebiete) bis dunkeloliv (kühlere, feuchtere Gebiete); gemeinsam ist fast allen Varianten die Rückenzeichnung mit nach vorn offenen, U-förmigen hellen Binden und ein heller Querstreif auf dem Kopf zwischen den Augen. Die Maximalgröße ist je nach Herkunft unterschiedlich; meist werden sie nicht länger als 1,20 m, west- und zentralafrikanische Tiere können aber Längen von über 1,80 m erreichen. Männchen bleiben stets kleiner als Weibchen.

Die Puffotter ist die anpassungsfähigste, am weitesten verbreitete und fast überall häufigste Art der auf Afrika (und Südarabien) beschränkten Gattung *Bitis*, der 13 bodenlebende Arten angehören. Puffottern sind außer in echten Wüsten, Regenwäldern und Hochgebirgen fast überall in Afrika präsent. Sie sind vorwiegend nachts aktiv; den Tag verbringen sie in geeigneten Verstecken am Boden (z. B. Felsspalten, Tierbaue etc.). Auch in der Dunkelheit suchen sie meist nicht aktiv nach Nahrung, sondern warten, durch ihre Färbung gut getarnt, in der Nähe von Nagetierkolonien etc. auf vorüberlaufende Beute. Nach dem blitzschnellen Biß werden die Tiere meist wieder losgelassen, die nicht nur aufgrund der Giftwirkung, sondern auch wegen der Verletzungen durch die fast 2 cm Länge erreichenden Giftzähne innerhalb kürzester Zeit verenden. Die Nahrung besteht hauptsächlich aus Säugetieren, aber auch Vögel, Amphibien und Echsen werden nicht verschmäht. Die Fortbewegung von Puffottern geschieht in gemächlichem Tempo, wobei sie sich im Gegensatz zu den meisten anderen Schlangen nicht vorwärtsschlängeln, sondern bei gerade ausgestrecktem Körper mit Hilfe der Bauchschuppen „raupenartig" kriechen. Sie leben fast immer am

spritzten Gifts besteht bei Bissen großer Exemplare ohne Behandlung dennoch Lebensgefahr, da große Mengen von Blutflüssigkeit ins Gewebe austreten und es schließlich durch inneres „Verbluten" zum Kreislaufkollaps kommt. Ohne ge-

Ein junges Exemplar der Puffotter (*Bitis arietans*). Typisch für die meisten Populationen dieser weit verbreiteten Art sind die hellen Rückenbinden in Form vorne offener U's und der dünne, helle Querstreif auf dem Kopf. Die Färbung hängt von der Herkunft der Tiere ab; Exemplare aus Trokkengebieten sind meist sehr hell.

Boden und erklettern höchstens zum Aufwärmen niedrige Sträucher. Bei Bedrohung sind Puffottern aber überraschend behender Bewegungen fähig: meist ringeln sie ihren Körper, blähen sich auf und geben durchdringende Zischlaute von sich. Mit Abwehrbissen wird bei fortgesetzter Belästigung nicht gezögert, wobei diese Tiere ihren plumpen Körper erstaunlich weit vorschnellen können; die Reichweite von Puffottern wurde schon von manchem unerfahrenen Betrachter zu seinem Nachteil unterschätzt. Das Gift von Puffottern (und anderen *Bitis*-Arten) bewirkt massive Gewebsblutungen an der Bißstelle, enthält aber keine gerinnungshemmenden und neurotoxischen Bestandteile; durch die Menge des einge-

eignete intravenöse Flüssigkeitszufuhr kann auch bei Antiserumbehandlung der Tod eintreten. Folgeschäden von Puffotternbissen sind manchmal schwere Gewebsnekrosen, die Amputationen notwendig machen können.

Puffottern sind ovovivipar mit Wurfgrößen von meist 30 bis 40 Jungtieren; in Ausnahmefällen wurden aber von großen Weibchen über 150 Jungtiere zur Welt gebracht! Die Fruchtbarkeit dieser Art ist eine Antwort auf die zahlreichen Feinde, da sie trotz ihrer Giftigkeit zu den häufigsten Beutetieren schlangenfressender Vögel, Säugetiere und Reptilien gehört.

Haltung: Nicht schwer; wegen ihrer Giftigkeit aber sicher kein geeignetes Terrarientier.

Südafrikanische Bergotter
Bitis atropos

Verbreitung: Südafrika bis Nordostsimbabwe.

Lebensraum: Montanes Grasland bis 3000 m Höhe, im Süden (Kapland) auch mediterrane Buschvegetation im Bereich der Küste.

Wissenswertes: Eine kleine Schlange von typischer Viperngestalt. Die Färbung ist meist grau oder graubraun mit dunklen Flecken und zwei hellen Längsstreifen am Rücken; Tiere aus dem südöstlichen Transvaal (*B. a. unicolor*) sind meist rotbraun mit undeutlicher dunkler Zeichnung. Diese Art wird meist ca. 40 cm, selten bis 60 cm lang.

In den kühleren Teilen ihres Verbreitungsgebietes ist die Südafrikanische Bergotter meist tagaktiv; sie lebt vorwiegend in offenem Grasland, wo sie sich in Felsspalten oder unter dichten Grasbüscheln versteckt. Sie ernährt sich von kleinen Nagetieren, nestjungen Vögeln, Echsen und Frö-

schen. *B. atropos* ist ovovivipar; die Weibchen bringen maximal 15 Jungtiere zur Welt, die bei der Geburt ca. 14 cm lang sind. Sie ist relativ aggressiv und beißt bei Störung bereitwillig zu. Das Gift dieser Art ist für den Menschen wohl nicht lebensgefährlich, führt aber zu mehrere Tage anhaltenden neurologischen Symptomen (vor allem Lähmung der Lid- und Augenmuskeln, Verlust des Geruchs- und Geschmackssinns); dagegen sind die lokalen Symptome an der Bißstelle (Schmerz, Schwellungen etc.) nur schwach ausgeprägt. Ein wirksames Antiserum wird nicht hergestellt.

Außer der oben abgebildeten *B. a. atropos* kommt im südöstlichen Transvaal die anders gefärbte *B. a. unicolor* vor.

Haltung: Hell beleuchtete Terrarien mit hohen Tages- und kühleren Nachttemperaturen.

Gehörnte Puffotter
Bitis caudalis

Verbreitung: Zentrales und westliches Südafrika, Namibia, Botswana; im Norden bis Südangola und Simbabwe.

Lebensraum: Gebiete mit Sandboden, häufig auch an felsigen Stellen.

Wissenswertes: Eine kleine Schlange von sehr gedrungener, typischer Puffottern-Gestalt mit einer einzelnen, hornartig verlängerten, weichen Schuppe über jedem Auge. Die Färbung ist je nach Herkunft sehr verschieden und variiert auch zwischen Wurfgeschwistern; sie reicht von hellgrau (Etosha) bis rötlichbraun (Kalahari) mit verschieden gestalteten und gefärbten dunklen Flekken. Die Schwanzspitze ist meist schwarz. Diese kleine *Bitis*-Art wird knapp über 30 cm, selten bis 50 cm lang; auch hier sind die Weibchen das größere Geschlecht.

Gehörnte Puffottern sind typische Bewohner trockener Sandgebiete, die in ihrem Verbreitungsgebiet häufig vorkommen. Sie sind nachtaktiv und verbringen den Tag oberflächlich im lockeren Sand eingegraben (meist im Schatten), wobei Augen und „Hörner" stets herausragen. Sie werden in der Dämmerung aktiv. Bei der Überquerung von lockerem Sand wenden sie die auch von anderen sandbewohnenden Schlangen bekannte Technik des „Seitenwindens" an, wobei der Körper meist nur an zwei Punkten den Boden berührt; sie können sich auf diese Weise, vor allem auf der Flucht, erstaunlich schnell fortbewegen. Beim Beutefang lauern sie getarnt, bis geeignete Tiere (hauptsächlich Echsen, seltener Säugetiere und Amphibien) in Reichweite kommen; um sie anzulocken, wird das dunkle Schwanzende auffällig bewegt und als Köder benutzt. Nach dem Fang wird die Beute meist nicht wieder losgelassen. Bei

Die Gehörnte Puffotter (*Bitis caudalis*) aus den Trockengebieten des südlichen Afrika ähnelt der „gewöhnlichen" Puffotter (*B. arietans*) in der Körpergestalt; sie bleibt jedoch erheblich kleiner, besitzt kleine „Hörnchen" über den Augen und weist andere Zeichnungselemente auf. Die Färbung kann je nach Herkunft erheblich variieren.

Bedrohung flacht sich *B. caudalis* ab und vertraut reglos auf ihre Färbung, die sie zwischen Gras, Steinen etc. fast unsichtbar macht. Bei stärkerer Belästigung bläht sie sich auf und bläst dann die Luft unter lautem Zischen aus. Bisse dieser Art verlaufen beim Menschen meist harmlos; die Symptome bestehen hauptsächlich aus Schmerzen und Schwellungen an der Bißstelle.

Wie bei Puffottern (*B. arietans*) kommt es auch bei dieser Art während der Paarungszeit (Oktober und November) zu ritualisierten Auseinandersetzungen zwischen paarungsbereiten Männchen. Zwischen Dezember und Februar werden die ca. 12 cm langen Jungtiere geboren, wobei ein Wurf meist aus 4 bis 15 Exemplaren (selten mehr) besteht; der Zeitpunkt der Geburt fällt mit der Schlupfzeit vieler Echsenarten zusammen, so daß Beutetiere geeigneter Größe sofort zur Verfügung stehen.

Haltung: Diese wüstenbewohnende Art benötigt zu ihrem Wohlbefinden hohe Tages- und tiefe Nachttemperaturen; tagsüber sollte der Boden zumindest lokal auf deutlich über 30 °C erwärmt werden, während nachts Temperaturen unter 20 °C erwünscht sind. Der Bodengrund sollte aus feinem Sand bestehen, in den sich die Tiere tagsüber eingraben. Die Ernährung von *B. caudalis* im Terrarium ist nicht einfach: Geckos als bevorzugte Nahrung stehen nicht jedermann unbeschränkt zur Verfügung, und Mäuse werden von vielen Exemplaren nicht akzeptiert. Die als Notbehelf empfohlene Zwangsfütterung ist weder artgerecht, noch – auch bei mäßig giftigen Schlangen – für den Pfleger ohne Risiko, so daß diese Art nur sehr bedingt für die Terrarienhaltung geeignet ist.

Büschelbrauenotter
Bitis cornuta

Verbreitung: Südwestlichstes Afrika (von Südnamibia bis ins Kapland).

Lebensraum: Hauptsächlich felsiges Gelände in Trockengebieten.

Wissenswertes: Eine kleine, plumpe Schlange von typischer *Bitis*-Gestalt. Über jedem Auge sitzt ein „Büschel" von zwei bis vier hornförmig verlängerten Schuppen, die allerdings bei *B. c. albanica* meist reduziert sind. Die Rückenfärbung ist grau bis graubraun mit vier Reihen rechteckiger dunkler Flecke, von denen die mittleren z. T. zusammenfließen. Büschelbrauenottern werden meist bis 40 cm, selten bis 60 cm lang.

Zumindest in der kühleren Jahreszeit ist diese Art tagaktiv. Sie versteckt sich meist in Felsspalten etc. und gräbt sich nur selten im Sand ein. Die Beute besteht vor allem aus Eidechsen und Skinken (Glattechsen), gelegentlich auch aus Nagern und Fröschen. Büschelbrauenottern sind erregbar und ziemlich bissig; ihr Gift ähnelt dem der Puffotter, wird aber in so kleinen Mengen abgegeben, daß beim Menschen keine lebensbedrohenden Symptome auftreten. Sie sind ovovivipar.

Die abgebildete Nominatform bewohnt Südnamibia und das westliche Kapland, *B. c. albanica* ist auf das südöstliche Kapland beschränkt.

Haltung: Ähnlich wie *B. caudalis*; kein Sandboden, dafür „normale" Verstecke.

Gabunviper
Bitis gabonica

Verbreitung: West- und Zentralafrika (von Guinea bis Westkenia und ins nördliche Südafrika).

Lebensraum: Böden feuchter, geschlossener Waldgebiete.

Wissenswertes: *B. gabonica* ist die größte Art der eigentlichen Vipern (Viperinae); lediglich der zu den Grubenottern zählende südamerikanische Buschmeister (*Lachesis muta*) wird länger, ist aber bei weitem nicht so massig gebaut wie die Gabunviper. In der Körpergestalt ähnelt sie der verwandten Puffotter, wobei der Kopf deutlich breiter und der Körper noch wesentlich gedrungener ist. Das Auge wirkt v. a. bei großen Exemplaren unverhältnismäßig klein. Zwischen den Nasenöffnungen befinden sich bei der oben abgebildeten Nominatform (*B. g. gabonica*) zwei konisch verlängerte Schuppen, die bei der westafrikanischen Unterart (*B. g. rhinoceros*) zu leicht rückwärts gebogenen „Hörnern" verlängert sind. Der Kopf

Die Westafrikanische Gabunviper (*Bitis gabonica rhinoceros*) mit verlängerten Nasenschuppen.

ist hellgrau gefärbt mit einem dünnen dunklen Mittelstreifen und vom Auge ausgehenden schwarzen Keilflecken (der vordere ist bei den westafrikanischen Tieren unvollständig oder fehlt). Der Körper trägt ein kaum zu beschreibendes bizarres Muster aus Grau, Braun, Schwarz, Gelb und Bläulich. Gabunvipern werden meist ca. 1,20 m lang, jedoch können Weibchen ausnahmsweise über 2 m Länge bei entsprechend eindrucksvollem Körperumfang erreichen. Ihre im Terrarium so auffällige Färbung läßt diese Tiere am Waldboden optisch mit der Umgebung verschmelzen, so daß selbst große Exemplare kaum zu entdecken sind. Gabunvipern sind nachtaktiv, bewegen sich aber auch dann nur wenig und lauern meist im Laub versteckt auf Beute. Sie sind wenig wählerisch und fressen alle Säugetiere geeigneter Größe, aber auch Vögel und Amphibien. Männliche Gabunvipern liefern sich ritualisierte

nur alle zwei bis drei Jahre statt. Bei Belästigung blähen sich Gabunvipern auf und zischen laut. Große Exemplare wirken dabei so eindrucksvoll, daß Bisse zur Abschreckung meist nicht nötig sind; letztere erfolgen nur selten. Bisse größerer Gabunvipern verlaufen beim Menschen ohne Behandlung wohl immer tödlich, da ihr Gift mit Hilfe der bis über 4 cm langen Giftzähne tief ins Gewebe eingebracht wird und neben den bei *Bitis*-Arten üblichen Hämorrhaginen auch erhebliche Mengen an Neurotoxinen enthält; die Behandlung muß daher – außer intravenöser Flüssigkeitszufuhr – auch die Verabreichung von Antiserum umfassen.

Die westafrikanische *B. g. rhinoceros* ist in Regenwäldern von Guinea bis Togo verbreitet, während *B. g. gabonica* in Waldgebieten vom nordöstlichen Südafrika bis nach Nigeria und in den Südsudan vorkommt. In Bergwäldern dringt sie

Die im Terrarium auffällig wirkende Zeichnung der Gabunvipern läßt sie in ihren natürlichen Lebensräumen optisch mit der Umgebung verschmelzen.

Bei diesem gähnenden Tier sind die langen, in Ruhelage nach hinten geklappten und durch eine Hautfalte geschützten Giftzähne zu erkennen.

Kämpfe, und nur dominierende Männchen pflanzen sich fort. Die Weibchen gebären nach einer Tragzeit von bis zu einem Jahr meist ca. 20, in Ausnahmefällen bis zu 60 Jungtiere, die bei der Geburt 25–35 cm lang und in der Färbung den Adulttieren ähnlich sind; die Fortpflanzung findet

bis in Höhen von über 2000 m vor; solche Populationen sind wenig wärmebedürftig.
Haltung: Bei hoher Luftfeuchtigkeit und nicht zu hohen Temperaturen, die je nach Herkunft der Tiere 23–26 °C betragen sollten. In ruhigen Terrarien, da die Tiere empfindlich auf Störungen reagieren.

Nashornviper
Bitis nasicornis

Verbreitung: West- und Zentralafrika bis in den Südsudan, nach Westkenia und Angola; ein isoliertes Areal in den Usambara-Bergen Tansanias.

Lebensraum: Regenwälder und Sumpfgebiete; oft in der Nähe von Gewässern.

Wissenswertes: Ähnlich der Gabunviper, jedoch mit deutlich schmalerem Kopf. An der Schnauzenspitze sitzen zwei hornförmige, aufrechte Schuppenpaare, die im Gegensatz zu den „Hörnern" westafrikanischer Gabunvipern schräg nach vorn gerichtet sind. Die stark gekielten Schuppen verleihen der Nashornviper ein „struppiges" Aussehen. In der Musterung ähnelt sie der Gabunviper, wobei die Farben noch kräftiger ausgeprägt sind und vor allem bei westafrikanischen Tieren viele Gelb- und Grüntöne zeigen; Tiere aus den kühlen Hochland-Regenwäldern Ostafrikas sind weniger bunt und ziemlich dunkel gefärbt. Auf dem Kopf befindet sich stets ein breiter dunkler Keilfleck. Nashornvipern werden bis ca. 1,20 m lang, sehr große Weibchen auch länger.

Nashornvipern aus kühlen Regionen (hier ein Exemplar aus den hochgelegenen Wäldern von Westkenia) sind deutlich dunkler gefärbt als Exemplare aus feuchtwarmen Tiefland-Regenwäldern.

Das Verbreitungsgebiet dieser Art ist fast identisch mit dem der Gabunviper, beide Arten kommen jedoch selten in den gleichen Biotopen vor. Nashornvipern bevorzugen feuchtere, sumpfige Stellen; häufig sind sie an Flußufern anzutreffen, was ihnen die englische Bezeichnung „River Jack" einbrachte. Im Gebirge dringen sie bis auf über 2500 m Höhe vor, wo sie meist moorige Gebiete und feuchte Wiesen bewohnen. Trotz ihres plumpen Körpers schwimmen sie hervorragend und leben örtlich sogar halbaquatisch, wobei solche Tiere aufgrund ihrer rauhen Schuppen oft derart mit Schlamm verkrustet sind, daß von ihrer Körperfärbung kaum noch etwas zu sehen ist. Im Gegensatz zur Gabunviper klettern sie nicht selten auf niedrige Büsche, um sich zu sonnen. Ihr Nahrungsspektrum ist ähnlich groß wie das der Gabunviper und umfaßt hauptsächlich Säugetie-

ihrem Aussehen den adulten Tieren. Nashornvipern sind lethargische Tiere, die bei Bedrohung laut zischen, aber meist lange mit dem Zubeißen zögern; Unfälle mit dieser Art sind im Freiland äußerst selten. Ihr Biß ist jedoch ohne Behandlung für den Menschen oft tödlich; hinsichtlich der Giftwirkung und der notwendigen Behandlung gebissener Personen gilt das bei der Gabunviper Gesagte.

Haltung: Auch diese waldbewohnende Art darf in Gefangenschaft nicht zu warm gehalten werden, wobei sich die Temperaturansprüche von Tieren aus feuchtwarmen Tieflandwäldern sicher von denen ostafrikanischer Hochlandbewohner unterscheiden. Lokale Strahlungswärme ist einer Bodenheizung vorzuziehen. Wichtig ist eine hohe Luftfeuchtigkeit bei gleichzeitig guter Belüftung, was sich in kleinen Behältern kaum erzielen läßt

Die „Hörner" der Nashornviper setzen sich aus mehreren Schuppen zusammen und sind schräg nach vorn

gerichtet. Die rauhe Beschuppung verleiht diesen Tieren ein eigenartig „struppiges" Aussehen.

re, aber auch (seltener) Frösche und sogar Fische. Die 25 bis (ausnahmsweise) 40 Jungschlangen sind bei der Geburt ca. 20 cm lang und ähneln in

und die Aufstellung des Terrariums in größeren Räumen mit entsprechender Klimatechnik voraussetzt.

Zwergpuffotter
Bitis peringueyi

Verbreitung: Küstenbereich Namibias und Südangolas (Namibwüste).

Lebensraum: Sandwüste, v. a. Dünengebiete mit feinem Flugsand.

Wissenswertes: Eine sehr kleine, gedrungen gebaute Viper. Der Kopf ist breit und abgerundet mit nach oben gerichteten Augen. Die Färbung ist graugelb bis hell rötlich-braun mit drei Längsreihen undeutlicher dunkler Flecke sowie unregelmäßig verteilten kleinen dunklen Punkten. Die Bauchseite ist hell, manchmal mit rotbraunen Flecken. Manche Tiere besitzen eine schwarze Schwanzspitze. Diese zwergige Art wird meist nur 25 cm, in Ausnahmefällen bis 29 cm lang.

Wie alle Wüstenbewohner ist auch diese Art dämmerungs- und nachtaktiv. Sie verbringt den Tag im Sand vergraben, wenn möglich an einer schattigen Stelle, wobei Augen, Nasenöffnungen und Schwanzspitze aus dem Sand herausragen. Bei Annäherung einer kleinen Echse wird die Schwanzspitze „insektenartig" hin und her bewegt, um das Beutetier in Reichweite zu locken. Außer kleinen Echsen (v. a. Geckos) werden auch nestjunge Nagetiere verzehrt. Wie die in weniger extremer Wüste lebende *B. caudalis* kann sich auch diese Art durch „Seitenwinden" rasch über den losen Sand bewegen. Sie ist in der Lage, sich mit großer Schnelligkeit – mit dem Schwanzende beginnend – in den Sand einzuwühlen, wozu sie eine durch die Bauchschuppen versteifte seitliche Körperfalte bildet. Auch diese Art ist ovovivipar und bringt im März oder April bis zu zehn Jungtiere (meist weniger) zur Welt, die bei der Geburt ca. 10 cm lang sind. Bei Bedrohung zischt sie und

Die Zwergpuffotter (*Bitis peringueyi*) der Namibwüste ist wohl die am besten an das Leben in Sandwüsten angepaßte *Bitis*-Art. Sie kann sich – mit dem Schwanzende beginnend – äußerst schnell im Sand vergraben, wo sie auch den größten Teil des Tages verbringt; dabei schauen oft nur die an die Oberseite des Kopfes gerückten Augen und Nasenöffnungen sowie die schwarze Schwanzspitze aus dem Sand hervor. Durch zuckende Bewegungen der Schwanzspitze können Beutetiere in Reichweite gelockt werden.

beißt bereitwillig zu, wobei ihr Biß beim Menschen aber nur lokale Schmerzen und Schwellungen hervorruft.

Die Zwergpuffotter ist in ihrer Verbreitung auf die Namibwüste in Südwestafrika beschränkt. Niederschläge in Form von Regen sind dort fast unbekannt; sämtliches Leben erhält sich durch Nebel, die vom Atlantik kommen und sich vor allem nachts niederschlagen. Auch *B. peringueyi* nutzt diese Feuchtigkeitsquelle, indem sie nachts abgeflacht auf dem Sand liegt und die auf der rauhen Körperoberfläche kondensierende Feuchtigkeit ableckt.

Haltung: Diese Art eignet sich in keiner Weise für die Haltung in Terrarien. Die Umweltbedingungen ihrer Heimat mit heißen, trockenen Tagen und kühlen, feuchten Nächten lassen sich in Gefangenschaft kaum simulieren. Zudem fressen diese Tiere ausschließlich kleine Echsen, die in den wenigsten Fällen ständig als Futter zur Verfügung stehen. Leider scheint dies auf viele potentielle Halter nicht abschreckend zu wirken, da Berichten zufolge diese Art in ihrer Heimat durch übermäßigen Fang für den Tierhandel bereits als bedroht gilt.

Namaqua-Zwergpuffotter
Bitis schneideri

Verbreitung: Küstenbereich des südlichen Namibias und westlichen Südafrikas.

Lebensraum: Bewachsene Sanddünen der Küste.

Wissenswertes: Die Körpergestalt ähnelt der der Zwergpuffotter. Über den relativ kleinen Augen befindet sich je eine kleine, etwas verlängerte Schuppe. Die Färbung ist meist grau oder graubraun mit drei Reihen rundlicher, dunkler Flecke mit hellem Zentrum. Namaqua-Zwergpuffottern werden 18 bis maximal 28 cm lang.

B. schneideri ist die kleinste aller *Bitis*-Arten. Auch sie ist nachtaktiv und verbringt den Tag im Sand eingegraben, meist im Schatten eines größeren Grasbüschels. Wie die ökologisch sehr ähnliche *B. peringueyi* ernährt sie sich hauptsächlich von kleinen Echsen; sie kann sich ebenfalls durch „Seitenwinden" fortbewegen. Ein Wurf besteht nur aus drei bis vier Jungschlangen. Bisse rufen beim Menschen nur lokale Symptome hervor. Namaqua-Zwergpuffottern sind in ihrem Bestand bedroht, da ihr Lebensraum zunehmend durch den Diamant-Tagebau vernichtet wird.

Haltung: Siehe *B. peringueyi*.

Die kleine *Bitis xeropaga* bewohnt trockene, felsige Berghänge im südlichsten Namibia und im angrenzenden Südafrika. Über ihre Lebensweise ist wenig bekannt; sie kann sich nicht durch Seitenwinden fortbewegen und vergräbt sich auch nicht im Sand.

Krötenotter, Nachtotter
Causus rhombeatus

Verbreitung: Südöstliches Afrika bis Nigeria und in den Sudan; nicht in den Regenwaldgebieten West- und Zentralafrikas.

Lebensraum: Baum- und Grassavannen, oft in der Nähe von Gewässern und Sümpfen.

Wissenswertes: Eine mäßig gedrungene Schlange von natternähnlichem Aussehen; ihr Kopf ist nur wenig vom Hals abgesetzt, die Augen besitzen runde Pupillen, und die Oberseite des Kopfes ist mit wenigen großen Schuppen besetzt. Die Färbung variiert von grau bis rötlichbraun mit dunklen Rhomben, V-förmigen Binden oder anders geformten Flecken, die aber nicht bei allen Populationen deutlich sind; gebietsweise kommen auch grünliche Exemplare vor. Krötenottern werden meist ca. 60 cm, selten bis 1 m lang.

Wie alle *Causus*-Arten ist auch *C. rhombeatus* nachtaktiv; den Tag verbringt sie in Verstecken unter Steinen, Holz etc. Sie lebt vorwiegend am Boden, wo sie nachts hauptsächlich Kröten und Fröschen nachstellt; dabei orientiert sie sich in erster Linie mit Hilfe ihres Geruchssinns. Krötenottern gehören zu den wenigen eierlegenden Vipern; ein Gelege besteht aus ca. 15 bis 25 Eiern, die eine lange Entwicklungszeit von bis zu vier Monaten benötigen. Die Schlüpflinge sind ca. 13 cm lang und ernähren sich von Anfang an von kleinen Kröten und Fröschen. Bei Störungen beißen Krötenottern meist wild um sich. Ihre sehr großen Giftdrüsen, die weit in die Halsregion reichen, produzieren große Mengen von Gift, das beim Menschen allerdings nicht sonderlich wirksam ist; Bisse haben meist nur lokale Schwellungen und Schmerzen an der Bißstelle zur Folge, während menschliche Todesfälle extrem selten sind.

Die sechs Arten der Gattung *Causus* sind in ihrer Verbreitung auf Afrika beschränkt; sie sind neben der asiatischen *Azemiops feae* die ursprünglichsten lebenden Vertreter aller Vipern und werden mitunter in einer eigenen Unterfamilie Causinae untergebracht. Alle Arten sind nachtaktiv und fressen Froschlurche. *C. defilippii* ist von Kenia bis Südafrika verbreitet. Die Grüne Krötenotter (oder Nachtotter), *C. resimus*, bewohnt das östliche Afrika von Somalia bis Mosambik. *C. lichten-*steini und *C. maculatus* sind Regenwaldarten aus West- und Zentralafrika, während die längsgestreifte *C. bilineatus* von Angola bis Ruanda vorkommt.

Haltung: Wie andere bodenbewohnende nachtaktive Tropenschlangen; problematisch ist die Ernährung, da meist nur Frösche und Kröten gefressen werden.

Die Grüne Nachtotter (*Causus resimus*) bewohnt hauptsächlich feuchte Savannengebiete, ist nachtaktiv und ernährt sich von Froschlurchen, v. a. Kröten. Sie ist meist kräftig grün mit undeutlichen V-förmigen Flecken am Rücken und wird ca. 60 cm lang.

Ein Exemplar von *Causus defilippii* in Abwehrstellung mit abgeflachtem Körper. Diese Art kommt von der Küste Kenias bis ins nordöstliche Südafrika vor; in der Lebensweise entspricht sie anderen Arten der Gattung, wobei sie auch in relativ trockenen Gebieten vorkommt. Typisch sind die dunkle Kopfzeichnung und eine etwas aufgeworfene Schnauzenspitze. Sie wird nur ca. 40 cm lang.

Hornviper
Cerastes cerastes

Verbreitung: Vom Irak über ganz Arabien und Nordafrika bis Mali und Niger.

Lebensraum: Halbwüste, vorzugsweise Sandgebiete mit Trockenbusch.

Wissenswertes: Eine sehr gedrungene Viper mit großem, breitem Kopf; über jedem Auge steht meist ein langes „Horn". Die Färbung dieser weitverbreiteten Art ist der jeweils vorherrschenden Farbe des Bodens angepaßt; sie variiert von grau über gelb bis rötlich. Der Rücken ist mit dunkleren rechteckigen Flecken versehen. Hornvipern werden meist 60–70 cm lang.

In der heißen Jahreszeit ist die Hornviper nachts aktiv, während sie in den kühleren Monaten manchmal auch tagsüber anzutreffen ist. Sie versteckt sich entweder in Nagetierbauen, unter Steinen etc., oder gräbt sich mit Hilfe der alternierend abgespreizten und als „Schaufel" eingesetzten Flanken in den lockeren Sand ein; die vergrößerten Schuppen der unteren Körperseiten bilden dabei die Außenkante. Nachts ist sie aktiv und legt auf der Suche nach Beute oft größere Entfernungen zurück; lockeren Sand überquert sie durch „Seitenwinden". Die Nahrung besteht aus kleinen Säugetieren und Echsen.

Hornvipern legen Eier in alte Tierbaue oder unter Steine. Nach einer Entwicklungszeit von ca. sieben Wochen schlüpfen im Spätsommer oder Frühherbst die etwa 16 cm langen Jungschlangen; sie ernähren sich zunächst vorwiegend von kleinen Echsen. Hornvipern stoßen bei Bedrohung keine Zischlaute aus, sondern reiben durch „ringelnde" Bewegungen die vergrößerten Seitenschuppen aneinander, so daß ein rasselndes Geräusch entsteht. Bisse von Hornvipern verlaufen beim Menschen ähnlich wie die europäischer *Vipera*-Arten; sie verursachen meist nur lokale Schwellungen und Schmerzen.

Innerhalb des großen Verbreitungsgebietes bewohnt die Nominatform *C. c. cerastes* den nordafrikanischen Teil, während *C. c. gasparetti* östlich des Nils vorkommt. Weitere Unterarten aus Südägypten und Südwestalgerien werden nicht immer als gültig anerkannt.

Eine zweite Art, die Avicennaviper (*C. vipera*), bleibt deutlich kleiner (bis maximal 50 cm Länge) und besitzt keine „Hörner" über den Augen. Ihre Augen sind in Anpassung an ihr „eingegrabenes" Dasein auffällig weit nach oben gerückt. Sie bewohnt den größten Teil der Sahara, die Sinaihalbinsel und Teile Palästinas. Im Gegensatz zu *C. cerastes* bevorzugt sie Sandwüste mit spärlicher Vegetation und ist ovovivipar.

Haltung: In Trockenterrarien mit feinem Sand als Bodengrund. Wichtig sind hohe Tages- und stark abfallende Nachttemperaturen.

Wie viele andere Schlangenarten aus Sandwüsten ist auch die Hornviper (*Cerastes cerastes*) in der Lage, sich blitzschnell mit dem Schwanzende beginnend in den Sand einzugraben; hierbei wird der Körper alternierend seitlich abgeflacht und als „Schaufel" eingesetzt. Bei vollständig eingegrabenen Tieren schauen nur noch die Augen mit den „Hörnern" und die Nasenöffnungen aus dem Sand heraus. Auf diese Weise sind sie von Beutetieren und potentiellen Räubern kaum zu entdecken. Bei zu hohen Bodentemperaturen suchen Hornvipern häufig Felsspalten, Nagetierbaue etc. auf.

Die Färbung der Hornvipern variiert je nach Herkunft der Tiere; sie ist stets eng an die Farbe des Bodens im jeweiligen Gebiet angepaßt. Bei manchen Populationen fehlen die charakteristischen, aus je einer einzelnen Schuppe gebildeten Hörner.

Die Avicennaviper (*Cerastes vipera*) ist eng mit der Hornviper verwandt. Sie ist immer hornlos, wobei ihre Augen sehr weit nach oben gerückt sind. Avicennavipern kommen in vielen Gebieten gemeinsam mit Hornvipern vor, bevorzugen aber extremere Wüstengebiete mit feinem Sand. Beide Arten können sich durch Seitenwinden fortbewegen.

Sandrasselotter
Echis carinatus

Verbreitung: Ost- und Nordafrika, Arabien; Westasien bis Indien und Sri Lanka.

Lebensraum: Halbwüsten und Wüsten, häufig in felsigem und buschbestandenem Gelände.

Wissenswertes: Sandrasselottern sind verhältnismäßig schlanke Tiere mit dreieckigem, mäßig großem Kopf und großen, weit vorne stehenden Augen; männliche Tiere besitzen einen relativ langen Schwanz. Die Schuppen sind stark gekielt, wobei die Kiele der seitlich gelegenen Schuppen zusätzlich gesägt sind. Die Körperfärbung variiert je nach Herkunft und reicht von hellgrau oder gelblich bis dunkelbraun mit hellen, dunkel gerandeten Flecken auf dem Rücken. An den Seiten befindet sich je ein helles zickzack- oder wellenförmiges Band, das bei manchen Exemplaren unterbrochen sein kann. Der Kopf trägt meist eine

Zeichnung aus dünnen, hellen Linien, die sich scharf vom dunkelbraunen Grund abheben und ein mehr oder weniger vollständiges X bilden. Sandrasselottern werden meist 60 cm, in Ausnahmefällen bis 90 cm lang.

Die verschiedenen Formen und Unterarten von *E. carinatus*, die das riesige Areal dieser offensichtlich sehr erfolgreichen Art besiedeln, ähneln einander stark in ihrer Lebensweise. Sie sind vorwiegend nachtaktiv, lediglich im nördlichen Teil des Verbreitungsgebietes wärmen sich die Tiere in der kühlen Jahreszeit tagsüber in der Sonne auf. Wie viele andere Schlangen aus Halbwüsten und Wüsten sind sie in der Lage, sich auf Sandflächen durch Seitenwinden fortzubewegen. Sie graben sich allerdings nicht oder selten in den Sand ein, sondern verbringen den Tag in Tierbauen, unter Steinen, in Felsspalten etc. Sandrasselottern sind keine typischen Bewohner offener Sandflächen, sondern kommen vor allem in Felsenwüsten, Trockentälern, an steinigen Berghängen und vegetationsreicheren Stellen vor; in Oasen oder anderem Kulturland in Trockengebieten sind sie z. T. in erheblicher Zahl in oder um Siedlungen zu finden, wo sie manchmal auf der Suche nach Nahrung nachts in die Häuser eindringen. Ihre Nahrung besteht in erster Linie aus wüstenbewohnenden Kleinsäugern (z. B. Rennmäusen), aber auch aus Vögeln, Echsen, Schlangen und sogar Fröschen, Skorpionen und großen Insekten.

Sandrasselottern gelten in weiten Teilen ihres Verbreitungsgebietes als äußerst aggressiv und bissig; daneben scheint es aber auch scheue und friedlichere Populationen (z. B. auf Sri Lanka) zu geben. Bei Bedrohung zeigen die Tiere zunächst ihr typisches Abwehrverhalten: sie ringeln sich bei S-förmig gekrümmtem Hals zusammen und reiben durch schnelle Bewegungen die Körperseiten mit den gesägten Kielen der schräg nach unten gerichteten Schuppen aneinander, wodurch ein ziemlich lautes „sägendes" oder „rasselndes" Geräusch entsteht. Dieses Verhalten haben sie mit manchen anderen Schlangenarten extremer Trockengebiete (z. B. der Horn- und der Avicennaviper) gemeinsam; möglicherweise dient es dem Einsparen von Wasser, da bei dem von anderen erregten Vipern hervorgebrachten Zischen beträchtliche Mengen von Feuchtigkeit mit der ausgestoßenen Luft verlorengehen (eine analoge Entwicklung läßt sich bei den amerikanischen Grubenottern beobachten: die schwerpunktmäßig in Trockengebieten beheimateten Klapperschlangen ersetzen das drohende Zischen durch Rasseln mit ihrer Schwanz„klapper").

Das abschreckende „Rasseln" wird meist ohne langes Zögern von Bissen begleitet, die blitzschnell und mit großer Heftigkeit ausgeführt werden; dabei können die Tiere zwei Drittel ihrer Körperlänge nach vorne schnellen. Das Gift der Sandrasselotter ist äußerst wirksam und stellt vielleicht das für den Menschen gefährlichste Viperngift dar; die Wirkung besteht v. a. in einer Zerstörung der Gerinnungsfähigkeit des Blutes, so daß es zu unstillbaren Blutungen aus der Bißwunde, aber auch des Zahnfleischs, des Magen-Darm-Kanals und anderer Organe kommen kann. Dagegen treten kaum lokale Wirkungen (Schwellungen und Schmerzen) oder neurotoxische Symptome

auf. Die Sterblichkeit nach unbehandelten Bissen ist sehr hoch. Antiserumbehandlung ist (im Gegensatz zu vielen anderen Vipernbissen) auf jeden Fall angezeigt; dabei ist zu beachten, daß die Zusammensetzung des Giftes je nach geographischer Herkunft der Tiere sehr verschieden sein kann, so daß z. B. ein in Indien hergestelltes *E. carinatus*-Antiserum nicht unbedingt beim Biß eines Tiers aus Ostafrika wirkt!

Auch bei der Fortpflanzung gibt es erhebliche Unterschiede. Die meisten Formen (z. B. die indische *E. c. carinatus*) sind ovovivipar und bringen bis zu 15 Jungtiere zur Welt, die bei der Geburt knapp 15 cm lang sind. Die in Ostafrika verbreitete *E. c. leakeyi* (vermutlich auch andere afrikanische Formen) legt dagegen Eier, wobei ein Gelege meist aus ca. sechs Eiern besteht. Die Jungtiere ernähren sich zunächst von kleinen Echsen und Wirbellosen.

Innerhalb des riesigen Verbreitungsgebietes der Sandrasselotter (das nur dem der Kreuzotter an Ausdehnung nachsteht) werden bis zu acht Unterarten unterschieden. Die Nominatform (*E. c. carinatus*) kommt in Mittel- und Südindien vor und wird auf Sri Lanka durch *E. c. sinhaleyus* ersetzt. *E. c. sochureki* ist von Nordindien, Pakistan und dem Iran bis ins südliche Mittelasien verbreitet. *E. c. pyramidum* bewohnt den arabischen Raum bis Ägypten, während *E. c. leakeyi* in Nordost- und Ostafrika (im Süden bis Nordkenia) vorkommt. Eine gefleckte Form aus Westafrika wird z. T. als eigene Art, *E. ocellatus*, angesehen.

Neben *E. carinatus* kommt auf der arabischen Halbinsel, in Palästina und Ostägypten die Arabische Sandrasselotter (*E. coloratus*) vor. In Gestalt und Färbung ist diese Art *E. carinatus* sehr ähnlich; sie unterscheidet sich v. a. durch Merkmale der Beschuppung. Auch der bevorzugte Lebensraum (felsige Wüstengebiete) und die Lebensweise der beiden Arten sind sehr ähnlich. Die Arabische Sandrasselotter legt Eier, die meist unter Steinen etc. abgelegt werden. Ihr Biß ist ähnlich gefährlich wie der von *E. carinatus*.

Haltung: Für die private Haltung sind diese aggressiven und gefährlichen Tiere natürlich völlig ungeeignet. In öffentlichen Einrichtungen ist ihr Schauwert gering, da sie sich am Tage meist in ihren Verstecken aufhalten. In den Haltungsansprüchen entsprechen sie anderen Vipern aus warmen Trockengebieten.

McMahon-Viper
Eristicophis macmahonii

Verbreitung: Pakistan, Afghanistan.
Lebensraum: Sandige Halbwüsten und Wüsten.
Wissenswertes: Diese seltene Viper ist verhältnismäßig schlank mit sehr breitem und flachem Kopf; auffällig sind zwei flügelartig vergrößerte Schuppen an beiden Seiten der Schnauze. Die Färbung ist hellbraun oder grau mit in Reihen angeordneten, dunklen, oben weiß abgesetzten Tupfen. Vom Auge zieht ein dunkler, hell eingefaßter Streifen nach hinten. McMahon-Vipern werden meist ca. 60 cm lang, selten länger.

Über die natürliche Lebensweise dieser Art ist fast nichts bekannt. Sie bewohnt hauptsächlich Wüsten mit losem Sand, wo sie sich durch Seitenwinden fortbewegt. Sie ist dämmerungs- und nachtaktiv. Den Tag verbringt sie wohl oberflächlich im Sand eingegraben; die vergrößerten Schnauzenschuppen verhindern vermutlich das Eindringen von Sand in die Nasenöffnungen beim Graben. Sie ernährt sich vorwiegend von kleinen Säugetieren und Echsen. Beobachtungen in Gefangenschaft zufolge legen die Weibchen bis zu zwölf Eier, aus denen nach sechs bis acht Wochen die ca. 15 cm langen Jungschlangen schlüpfen. In ihrer Heimat legen diese Tiere eine Winterruhe ein. Im Gegensatz zu *Echis*- und *Cerastes*-Arten stößt die McMahon-Viper bei Bedrohung ein lautes Zischen aus. Sie ist bissig und hat schon menschliche Todesfälle verursacht.
Haltung: Siehe Sandrasselotter.

Europäische Hornotter
Vipera ammodytes

Verbreitung: Von Norditalien und Ostösterreich über den Balkan und Kleinasien bis ins Kaukasusgebiet.

Lebensraum: Trockenes, steiniges Buschland und lichte Wälder.

Wissenswertes: Die Europäische Hornotter ist eine kräftig gebaute und – für europäische Verhältnisse – relativ große Schlange mit dreieckigem Kopf und auffälligem, rundum mit kleinen Schuppen bedecktem Horn an der Schnauze. Über den Augen befinden sich (wie bei den meisten *Vipera*-Arten) kräftig ausgebildete Leisten, die ihr einen „drohenden" Blick verleihen. Die Färbung variiert sowohl individuell als auch zwischen den verschiedenen Unterarten; die meisten Tiere sind grau, gelblich oder rotbraun mit dunklerem Zickzack- oder Rautenband auf dem Rücken, dessen Farbe ebenfalls von hellbraun bis schwarz variiert. Gelegentlich treten völlig schwarze (melanistische) Tiere auf. Hornottern werden meist bis 80 cm, in Ausnahmefällen bis knapp über 1 m lang; die Männchen sind bei dieser Art das größere Geschlecht.

Europäische Hornottern gelten als tagaktiv und sonnen sich häufig in der Nähe ihrer Schlupfwinkel (Geröll, Felsspalten etc.); auf Beutefang gehen sie jedoch meist am späten Nachmittag und in der Abenddämmerung. Ihre Nahrung besteht v. a. aus Kleinsäugern, seltener aus Vögeln (auch nestjungen Bodenbrütern) und Eidechsen; die Tiere werden durch Giftbiß getötet. Diese Art ist nicht aggressiv und versucht bei Bedrohung stets zu fliehen. Lediglich bei Fangversuchen zischt sie laut und beißt zu. Ihr Gift wirkt v. a. lokal und verursacht meist nur Schmerzen und Ödeme an der Bißstelle, während Allgemeinsymptome (Erbrechen, Kreislaufprobleme) seltener auftreten. Todesfälle nach Hornotternbissen kommen höchst selten vor und betreffen fast immer Kinder oder geschwächte Personen. Wie alle europäischen Vipern ist auch die Hornotter ovovivipar; die bis zu 20 Jungschlangen werden im Frühherbst geboren und ernähren sich zunächst meist

V. a. ruffoi kommt im Alpengebiet Norditaliens vor. *V. a. montandoni* bewohnt den Nordosten, *V. a. meridionalis* den Süden des Balkans, Griechenland und die westliche Türkei. Die östlichste Unterart, *V. a. transcaucasica*, ist aus der Osttürkei und Georgien bekannt, wobei die östlichen Verbreitungsgrenzen unklar sind; sie bewohnt relativ trockene Gebiete und zeichnet sich durch ihr in einzelne Querflecke aufgelöstes Rückenband aus. Zur Einteilung in Unterarten werden hauptsächlich die Form und Beschuppung des Hörnchens, die Farbe der Schwanzunterseite und die Rückenmusterung herangezogen.

Die kontrastreich gezeichnete *Vipera ammodytes meridionalis* ist vom südlichen Balkan über Griechenland bis in die westliche Türkei verbreitet; abgebildet sind ein Männchen (links) und ein Weibchen.

von Heuschrecken und kleinen Eidechsen. Je nach Herkunft halten Hornottern eine bis zu sechs Monate dauernde Winterruhe, wobei sie sich z. T. in großen Zahlen an geeigneten Überwinterungsplätzen zusammenfinden.

Von *V. ammodytes* sind sechs Unterarten bekannt. Die Nominatform *V. a. ammodytes* (Bild S. 327) ist von Kroatien bis Albanien und Nordwestbulgarien verbreitet. *V. a. gregorwallneri* ist auf Südostösterreich und Slowenien beschränkt,

Haltung: Europäische Hornottern benötigen als bodenlebende Schlangen große Terrarien mit trockenem Substrat, Versteckmöglichkeiten und ständigem Zugang zu Wasser. Wichtig ist lokale Strahlungswärme bei Temperaturen von ca. 26 °C (mit nächtlicher Abkühlung). Tote Mäuse und Küken werden als Futter akzeptiert. Sie müssen mehrere Monate kühl und trocken überwintert werden; die Nachzucht ist bei artgerechter Haltung nicht schwierig. §: BA.

Aspisviper
Vipera aspis

Verbreitung: Südeuropa (Nordostspanien, Süd- und Mittelfrankreich, Schweiz und Italien mit Sizilien).

Lebensraum: Meist trockene, sonnige und felsige Biotope, v. a. im Bergland.

Wissenswertes: Eine kräftig gebaute Viper mit relativ schmalem, aber deutlich „dreieckigem" Kopf; die Schnauzenspitze ist etwas aufgeworfen, aber nicht zu einem Horn verlängert. Als Grundfärbung können verschiedene Abstufungen von Grau, Braun oder Rötlich vorkommen, wobei Rot- und Brauntöne v. a. bei Weibchen, Grau und Schwarz vorwiegend bei Männchen vorkommen. Melanistische Tiere (Schwärzlinge) treten vor allem in höheren Lagen der Gebirge auf. Die dunkle Zeichnung besteht meist aus schmalen, alternierend von der Rückenmitte ausgehenden „halben" Querbändern, die manchmal zu einem Zickzackmuster verschmelzen. Vom Auge aus zieht

sich ein mehr oder weniger deutliches, dunkles Band nach hinten. Aspisvipern werden meist bis 70 cm, selten bis 90 cm lang, wobei die Männchen das größere Geschlecht darstellen.

V. aspis ist eine der wenigen wirklich „europäischen" Schlangen, da ihr Verbreitungsgebiet nicht über Europa hinausreicht; die meisten anderen Arten kommen auch in Nordafrika, Arabien oder Asien vor. Sie bewohnt relativ trockene und sonnige Biotope südeuropäischer Bergregionen (Südhänge!); sie bevorzugt meist niedrigere Lagen, kommt aber vereinzelt bis in über 2500 m Höhe vor. Meist ist sie tagsüber aktiv, lediglich im Hochsommer verlegt sie ihre Aktivität in die Dämmerung. Sie ernährt sich von kleinen Säugetieren, Eidechsen und Vögeln. Aspisvipern sind scheue Tiere, die bei Gefahr immer zu fliehen versuchen; lediglich in die Enge getrieben beißen sie zu. Die Wirkung des Giftes ist dem von

Europäischer Hornotter und Kreuzotter ähnlich. Die Winterruhe dauert – je nach Klima – bis zu sechs Monaten. Die Paarungen finden im Frühjahr statt; im Spätsommer oder Frühherbst werden bis zu 15 Jungtiere zur Welt gebracht, die bei der Geburt ca. 16 cm lang sind und sich zunächst von Insekten und kleinen Eidechsen ernähren.

Meist werden fünf Unterarten der Aspisviper anerkannt. *V. a. zinnikeri* ist auf das südwestlichste Frankreich beschränkt. Das Areal der auf S. 329 abgebildeten Nominatform *V. a. aspis* erstreckt sich über Süd- und Mittelfrankreich und die westliche Schweiz; eine kleine, isolierte Population ist aus dem südlichen Schwarzwald be-

Vipera aspis francisciredi ist von der südlichen Schweiz bis Mittelitalien verbreitet.

Vipera aspis hugyi, eine Unterart der Aspisviper von Süditalien und Sizilien.

kannt. *V. a. atra* ist im Alpenraum verbreitet; südlich davon (Südschweiz bis Mittelitalien) kommt *V. a. francisciredi* vor. Die südlichste Unterart ist *V. a. hugyi* aus Süditalien und Sizilien, bei der anstelle der dünnen Querbarren meist große, abgerundete und dunkler eingefaßte Rückenflecken auftreten, die z. T. ineinanderfließen. **Haltung:** Wie die Europäische Hornotter, wobei die Haltungstemperaturen der Herkunft angepaßt sein müssen. Kühle und dunkle Überwinterung ist nicht nur zur Fortpflanzung notwendig; ständig bei „Betriebstemperatur" gehaltene Tiere haben eine deutlich verkürzte Lebenserwartung. **§: BA**.

Die dunkle *Vipera aspis atra* aus dem Alpengebiet Frankreichs, der Zentralschweiz und Nordwestitaliens.

Kreuzotter
Vipera berus

Verbreitung: Mittel-, Nord- und Osteuropa (im Süden bis in den nördlichen und zentralen Balkan), Rußland bis an den Pazifik.

Lebensraum: Verschieden; vorzugsweise in sonnigen Biotopen mit hoher Luftfeuchtigkeit (z. B. Moorgebiete). Im Gebirge bis fast 3000 m Höhe.

Wissenswertes: Eine mäßig gedrungene Schlange mit relativ kleinem, nicht stark vom Hals abgesetztem Kopf. Auf der Kopfoberseite befinden sich (im Gegensatz zu Europäischer Hornotter und Aspisviper) einige große Schilder. Die Färbung ist individuell sehr variabel und reicht von grau, gelblich, olivgrün und braun bis zu ziegelrot; auf dem Rücken befindet sich meist ein deutliches, dunkles Zickzack- oder Rautenmuster. Der Hinterkopf trägt im allgemeinen eine dunkle X- oder nach hinten offene V-Zeichnung. Völlig schwarze, melanistische Exemplare treten vor allem in Mooren und Hochlagen auf. *V. berus* wird meist ca. 70 cm, in Ausnahmefällen etwas über 80 cm lang; die Männchen bleiben bei dieser Art etwas kleiner.

Die Kreuzotter besitzt das flächenmäßig größte Verbreitungsgebiet aller Schlangenarten; zudem kommt sie als einzige Schlange nördlich des Polarkreises vor. Sie bevorzugt offene Lebensräume mit hoher Luftfeuchtigkeit, starker Sonneneinstrahlung und großem Temperaturgefälle zwischen Tag und Nacht (v. a. Moore, Wiesen um Feuchtgebiete, Bergwiesen). Gegenüber niedrigen Temperaturen ist sie weniger empfindlich als andere Reptilien. Sie ist am Tage, nur bei

Fast völlig schwarz gefärbte (melanistische) Exemplare von *Vipera b. berus* treten häufig in Moorgebieten und höheren Gebirgslagen auf. Als Jungtiere zeigen sie meist noch die typische Rückenzeichnung und färben sich erst beim Heranwachsen um.

Ein „normal" gemustertes Tier von *Vipera b. berus*. Charakteristisch ist das dunkle Zickzackband auf dem Rücken und die V- oder X-förmige Zeichnung auf dem Hinterkopf. Die Färbung ist variabel und reicht von grau und gelblich bis oliv- und rotbraun.

heißer Witterung in der Dämmerung aktiv. Ihre Nahrung besteht aus kleinen Säugetieren, Fröschen und Eidechsen, die erst verschlungen werden, nachdem der Tod durch den Giftbiß eingetreten ist.

Kreuzottern sind scheue Tiere; bei direkter Bedrohung blähen sie sich auf, zischen und beißen um sich. Der Biß der Kreuzotter verläuft wegen der relativ kleinen eingebrachten Giftmenge meist wenig dramatisch und zieht oft nur Schmerzen und Schwellungen an der Bißstelle nach sich; gelegentlich treten Erbrechen, Durchfall und Blutdruckschwankungen auf (die wohl oft Symptome eines psychisch bedingten Schocks sind). Allerdings unterscheidet sich das Gift europäischer Vipern in seiner Zusammensetzung nicht sehr von dem mancher tropischer Arten, so daß bei Injektion größerer Mengen als üblich durchaus schwere Reaktionen auftreten können. Menschliche Todesfälle sind dennoch extrem sel-

Entsprechend den klimatischen Gegebenheiten dauert die Winterruhe von Kreuzottern zwischen fünf und acht Monaten. An geeigneten Überwinterungsplätzen kommen oft viele Exemplare zusammen. In Mitteleuropa kommen diese wenig kältempfindlichen Tiere schon früh (Ende März) aus der Winterruhe. Die Paarung findet meist im April statt. Im Spätsommer oder Frühherbst werden bis zu 20 Jungschlangen geboren, wobei die Zahl von Alter und Größe des Weibchens abhängt; sie sind ca. 13–15 cm lang und fressen kleine Eidechsen und Frösche. In nördlichen Gebieten mit ihren kurzen Sommern dauert der Fortpflanzungszyklus zwei Jahre.

Trotz des riesigen Areals der Kreuzotter werden neben der weit verbreiteten Nominatform (*V. b. berus*) nur noch die Unterart *V. b. bosniensis* aus dem nördlichen Balkan (mit Ausnahme der Küstengebiete) und *V. b. sachalinensis* aus Südostsibirien und der nördlichen Mongolei anerkannt.

Die Nordiberische Kreuzotter (*Vipera seoanei*) aus dem Norden Portugals und Spaniens sowie dem äußersten Südwesten Frankreichs ist der Kreuzotter in Aussehen

und Lebensweise sehr ähnlich; im Gegensatz zu dieser bevorzugt sie jedoch warme und vor allem regenreiche Gebiete.

ten und betreffen v. a. Kinder und geschwächte Personen. Ärztliche Hilfe sollte nach jedem Biß aufgesucht werden, dagegen ziehen die vielfach empfohlenen „Erste Hilfe"-Maßnahmen oft mehr Schaden als Nutzen nach sich (vgl. S. 243 f.).

Haltung: Die klimatischen Bedürfnisse dieser Art (hohe Luftfeuchte, Strahlungswärme, starke Tag-Nacht-Unterschiede der Temperatur) sind im Terrarium kaum zu simulieren. **§: BA.**

Die Stülpnasenotter (*Vipera latasti*) ist auf der Iberischen Halbinsel (mit Ausnahme des äußersten Nordens) und im westlichen Nordafrika verbreitet. Die Zeichnung dieser Art erinnert sehr an die Kreuzotter (*V. berus*), von der sie sich aber leicht durch die aufgeworfene, zu einem kleinen Horn verlängerte Spitze der Schnauze unterscheiden läßt; im Vergleich mit dem Schnauzenhorn der Europäischen Hornotter (*V. ammodytes*) – mit der sie nirgends gemeinsam vorkommt – ist dieses jedoch kürzer und nicht rundum beschuppt. Stülpnasenottern werden meist nicht länger als 60 cm. Die beiden häufigsten Farbformen sind hier abgebildet. Diese Art bewohnt vorzugsweise trockenes, felsiges Buschland, aber auch lichte Wälder. Sie ernährt sich vorwiegend von Nagetieren und kleinen Echsen, ist leicht erregbar und beißt bei Bedrohung ohne Hemmungen zu; die Giftwirkung auf den Menschen ist ähnlich der der Kreuzotter.

Die Wiesenotter (*Vipera ursinii*) ist eine merkwürdige, kleine Vipernart, die höchst selten länger als 50 cm wird. Sie ist an das Leben im Grasland angepaßt, wo sie vor allem feuchtere Stellen besiedelt, und kommt in isolierten, oft sehr kleinen und daher bedrohten Populationen von Südostfrankreich bis ins gemäßigte Mittelasien vor. Abgebildet ist ein Exemplar von *V. u. wettsteini*, der westlichsten Unterart aus Südostfrankreich. Wiesenottern sind tagaktiv und ernähren sich hauptsächlich von größeren Insekten, einer für Vipern eigenartigen Nahrung; gelegentlich werden auch kleine Eidechsen erbeutet und durch Giftbiß getötet. Bei Bedrohung verläßt sich die Wiesenotter meist auf ihre Tarnfärbung; sie ist wenig beißfreudig und ihr Biß hat auf den Menschen angeblich nur geringe Wirkung. Sie ist ovovivipar, wobei im Spätsommer meist bis zu acht (gelegentlich auch mehr) Jungtiere zur Welt gebracht werden. Die meisten europäischen Populationen dieser Art sind wegen Nachstellungen durch den Menschen vom Aussterben bedroht.

Levanteotter
Daboia lebetina

Verbreitung: Von Kasachstan bis in die Osttürkei, nach Syrien, Palästina und zu einigen Inseln des östlichen Mittelmeers; Tunesien und Algerien.

Lebensraum: Sonnige, felsige Biotope.

Wissenswertes: Levanteottern sind kräftig gebaute Tiere mit stark gekielten, rauhen Schuppen und großem, dreieckigem Kopf, dessen Seite vom Auge bis zur Schnauze eine auffällige Leiste aufweist. Die Farbe variiert je nach Herkunft von grau, gelblich und hellbraun bis rotbraun und ziegelrot. Auf beiden Seiten der Rückenmitte verläuft je eine Reihe quergestellter, rechteckiger dunkler Flecke; ähnliche Flecken befinden sich alternierend dazu an den Seiten. Die dunkle Rückenzeichnung kann zu Zickzack- oder Wellenbändern zusammenfließen oder nur sehr undeutlich ausgeprägt sein. Die verschiedenen Unterarten unterscheiden sich in ihrer Körpergröße: die meisten Tiere werden ca. 1 m, einzelne bis über 1,50 m lang; Weibchen bleiben deutlich kleiner.

Die Levanteotter gehört zu einer Gruppe ehemaliger *Vipera*-Arten, die als „Orientalische Ottern" heute in die Gattung *Daboia* gestellt werden. Von den „europäischen" *Vipera*-Arten unterscheiden sie sich u. a. durch ihre bedeutende Körpergröße, den massigen Kopf und das Fehlen jeglicher Schnauzenaufstülpungen oder Hörner. Sie kommen von Nordafrika bis Ostasien vor. Manche Arten sind ovovivipar, andere legen Eier; z. T. kommen auch beide Fortpflanzungsweisen bei derselben Art vor. Die Männchen sind stets deutlich größer als die Weibchen.

Levanteottern (*D. lebetina*) bewohnen bevorzugt sonnige, steinige, locker bewachsene Berghänge, wo sie meist am Boden leben, aber zum Aufwärmen oder auf der Suche nach Nahrung auch Büsche erklettern. Die nördlichen Populationen sind zumindest in der kühleren Jahreszeit tagaktiv, während die Bewohner wärmerer Gebiete in der Dämmerung oder nachts unterwegs sind. Erbeutet werden bevorzugt kleine Säugetiere, seltener auch Vögel, Echsen und sogar Schlangen. Levanteottern sind scheu und fliehen bei Gefahr meist laut zischend hangabwärts in ihre Schlupfwinkel zwischen Geröll, in Felsspalten etc. Werden sie überrascht oder in die Enge getrieben, beißen sie jedoch heftig zu; die Bisse großer Tiere können aufgrund der erheblichen Giftmenge auch erwachsenen Menschen gefährlich werden; sogar Dromedare und Pferde sind Berichten zufolge schon Bissen dieser Art erlegen.

Die Nominatform, *D. l. lebetina*, kommt auf Zypern und im Küstenbereich der westlichen Türkei vor; sie ist ovovivipar. *D. l. schweizeri* ist eine Zwergform, die meist nur ca. 70 cm lang wird und auf einigen griechischen Ägäis-Inseln (z. B. Milos) vorkommt und damit die einzige europäische Form dieser Art ist. Sie legt Eier, die aber in

Daboia lebetina schweizeri, die einzige europäische Unterart der Levanteotter, ist in ihrer Verbreitung auf einige Inseln des Milos-Archipels und vielleicht noch weitere griechische Inseln beschränkt.

Die östlichste Unterart, *Daboia lebetina turanica*, kommt in Zentralasien von Kasachstan bis Kaschmir, Nordpakistan und bis in den Nordiran vor. Die meisten Exemplare sind von sehr blasser Grundfarbe mit rötlicher oder goldener Musterung.

weit entwickeltem Zustand abgelegt werden und außerhalb des Mutterleibes nur noch ca. sechs Wochen Entwicklungszeit benötigen; die 20 cm langen Schlüpflinge sind graublau mit olivfarbenen Flecken. Die großwüchsige Unterart *D. l. obtusa* ist von Israel und der Osttürkei über das braun oder grau gefärbt mit großen, dunklen, rundlichen Flecken, die zu einem Wellenband vereinigt sein können; sie wird mit bis zu 1,50 m Länge sehr groß. Die zweite Unterart, *D. m. deserti*, bewohnt trockenere Lebensräume von Libyen, Tunesien und Algerien (südlich des Atlas); sie

Daboia mauritanica deserti, eine Unterart der Atlasotter, kommt in Libyen sowie dem südlichen Atlasgebirge Tunesiens und Algeriens vor. Atlas- und Levanteotter sind sich in Aussehen und Lebensweise sehr ähnlich und werden von manchen Autoren derselben Art (*D. lebetina*) zugeordnet.

südliche Vorderasien bis Pakistan und Afghanistan verbreitet; sie legt Eier, die eine normale Entwicklungszeit von ca. zweieinhalb Monaten benötigen, soll in Teilen ihres Areals aber auch ovovivipar sein. Weiter im Norden (vom Nordiran, Nordafghanistan, Nordpakistan und Kaschmir bis Kasachstan) kommt *D. l. turanica* vor, eine besonders attraktiv mit goldfarbenen Flecken auf hellgrauem Grund gezeichnete Unterart. Schließlich ist – weit vom übrigen Areal der Levanteotter getrennt – eine als *D. l. transmediterranea* bezeichnete Form aus Algerien und Tunesien bekannt. Eine der Levanteotter sehr ähnliche Art, die Atlasotter (*D. mauritanica*) lebt in Nordwestafrika; die Unterart *D. m. mauritanica* ist im Bereich der Küste von Marokko über Nordalgerien bis Tunesien verbreitet. Sie ist meist rötlich

bleibt deutlich kleiner als die Nominatform. In der Lebensweise ist die Atlasotter der Levanteotter sehr ähnlich; sie legt weit entwickelte Eier, aus denen nach ca. sieben Wochen die Jungschlangen schlüpfen. Atlas- und Levanteotter sind nahe verwandt und werden von manchen Autoren als konspezifisch, d. h. der gleichen Art zugehörig, angesehen.

Haltung: Aufgrund ihrer Giftigkeit ist die Levanteotter ein problematischer Pflegling, dessen Ansprüche an die Umwelt sich im Terrarium jedoch ohne weiteres erfüllen lassen. Sie benötigt trockenen, lokal erwärmten Bodengrund bei ca. 26 °C Lufttemperatur, die nachts stark abfallen sollte. Eine Überwinterung bei herabgesetzten Temperaturen entspricht den Bedingungen in ihrer Heimat. **§: BA.**

Palästinaviper
Daboia palaestinae

Verbreitung: Israel, Libanon und Syrien.

Lebensraum: Lichte Wälder, felsiges Buschland.

Wissenswertes: Eine wie die Levante- und Atlasotter der Gattung *Daboia* zugerechnete große Viper mit massigem, gedrungenem Körper und großem, dreieckigem Kopf, der sich nicht so deutlich wie bei den genannten Arten vom Hals absetzt. Die Grundfarbe dieser ansprechend gezeichneten Art ist meist grau- bis gelbbraun; die Musterung besteht aus dunkelbraunen, schwarz eingefaßten Rückenflecken, die oft zu einem unregelmäßigen Zickzack- oder Rautenband zusammenfließen. Typisch ist die Kopfzeichnung in Form eines breiten, dunklen V; von den Augen führen je zwei breite dunkle Streifen zur Maulspalte. Die Bauchseite ist bei Männchen meist hellgrau, bei Weibchen blaßgelb mit dunklen Flecken gefärbt. Diese Art wird bis ca. 1 m, maximal knapp über 1,20 m lang.

Palästinavipern sind Bewohner weniger trockener, vegetationsreicher Gebiete. Da solche Ge-

Eine dunkle Variante von *Daboia palaestinae*.

Die Kleinasiatische Bergotter (*Daboia xanthina*) ist im westlichen Kleinasien sowie auf einigen türkischen und griechischen Inseln verbreitet; sie überschreitet knapp den Bosporus nach Westen. Innerhalb dieses Areals kommen helle (links) und dunkle (rechts) Farbvarianten vor.

Eine im Freiland fotografierte Kleinasiatische Bergotter (*Daboia xanthina*) aus der westlichen Türkei. Sie ist meist tagsüber aktiv und lebt bevorzugt in vegetationsreichen, felsigen Gebieten mit vielen Versteckmöglichkeiten. Sie ist scheu, beißt aber bei Belästigung zu; Todesfälle sind nicht unbekannt.

Die Armenische Bergotter (*Daboia raddei*) kommt in Gebirgsregionen (ab 1200 m Höhe) der östlichen Türkei (abgebildetes Exemplar), Armeniens, Aserbeidschans und des nordwestlichen Irans vor. Sie ist nahe mit *D. xanthina* verwandt; wie diese ist sie tagaktiv und ernährt sich von kleinen Säugetieren und Vögeln.

genden im Nahen Osten nicht nur von der Palästinaviper, sondern auch vom Menschen bevorzugt werden, ist diese Art häufig in der Nähe von Siedlungen, in Gärten, auf Ackerland etc. anzutreffen. Zumindest während der warmen Jahreszeit ist sie ausschließlich nachtaktiv. Ihre Nahrung besteht vorwiegend aus Kleinsäugern, denen sie meist nicht aktiv nachspürt, sondern am Boden zusammengeringelt wartet, bis sie in Reichweite kommen; auf der Suche nach schlafenden Vögeln und deren Nestern erklettert sie allerdings auch Sträucher. Palästinavipern sind scheu und treten bei Gefahr nach Möglichkeit die Flucht an; in die Enge getrieben, können sie allerdings sehr aggressiv werden und beißen zu. Da sie häufig in dicht besiedelten Gebieten vorkommt, gehen z. B. in Israel die meisten Schlangenbiß-Unfälle auf das Konto dieser Art. Die Symptomatik (Schmerzen, Ödeme, Blutergüsse, Erbrechen, Blutdruckschwankungen) entspricht der bei Kreuzotterbissen beobachteten, fällt aber aufgrund der größeren injizierten Giftmenge meist schwerer aus; menschliche Todesfälle sind durchaus nicht unbekannt. Im Sommer legen die Weibchen bis zu 20 Eier, aus denen nach ca. sechs Wochen die Jungtiere schlüpfen; sie sind etwa 20 cm lang. In der kalten Jahreszeit legen Palästinavipern eine mehrmonatige Winterruhe ein.

Mit der Palästinaviper verwandt ist die Kleinasiatische Bergotter (*D. xanthina*), zu der sie früher als Unterart gestellt wurde. Sie ist ähnlich groß, besitzt aber einen deutlich abgesetzten Kopf und auffällig schräg nach oben gestellte Überaugenschilder. Ihre Färbung ist meist hellgrau mit einem sehr dunklen und stark kontrastierenden, unregelmäßigen Wellenband am Rücken und verschieden geformten seitlichen Flecken. Der Hinterkopf trägt zwei breite dunkle Streifen, die nach vorne aufeinander zulaufen, sich aber nicht erreichen; davor liegen zwei kleine dunkle Punkte. *D. xanthina* ist im westlichen Kleinasien, auf einigen vorgelagerten türkischen und griechischen Inseln und im europäischen Teil der Türkei verbreitet. Sie bevorzugt feuchtere, dicht bewachsene Biotope und ist (abgesehen von der heißesten Zeit des Jahres) tagaktiv. Sie ist ovovivipar und bringt im Sommer bis zu 20 Jungschlangen zur Welt, die sich in der ersten Zeit vorwiegend von kleinen Eidechsen ernähren.

Eine weitere Form, die manchmal als Unterart von *D. xanthina* gilt, ist die Armenische Bergotter (*D. raddei*). Sie ist deutlich kleiner und wird nur selten über 90 cm lang. In Körpergestalt und Zeichnungsmuster ähnelt sie *D. xanthina*; wie diese besitzt sie auffällig vorspringende Überaugenschilder. Ihre Grundfärbung ist jedoch meist dunkel graubraun, das Wellenband auf dem Rücken dagegen gelblich bis rötlich; manche Exemplare wirken fast wie ein „Fotonegativ" von *D. xanthina*. Sie kommt im Bergland der Osttürkei, des Nordirans, Armeniens und Aserbeidschans vor, wo sie bis in 3000 m Höhe vordringt; das Tiefland besiedelt sie nicht.

In Südwestasien leben noch eine ganze Reihe weiterer *Daboia*-Arten mit z. T. sehr kleinem Verbreitungsgebiet; all diese Formen sind Bergbewohner, deren Areal auf einzelne Gebirgsstöcke begrenzt ist. Die erst 1985 beschriebene *D. bulgardaghica* aus dem Taurus-Gebirge der Türkei wird kaum über 50 cm lang und ist graubraun gefärbt mit unregelmäßigen, dunklen, z. T. zusammenfließenden Rückenflecken; über ihre Lebensweise ist kaum mehr bekannt, als daß sie vegetationsreiche Bergwiesen in über 2000 m Höhe bewohnt. Die nur wenig größere *D. bornmuelleri* bewohnt etwas tiefere, bewaldete Lagen in Gebirgsstöcken des Libanon und des libanesisch-syrischen Grenzgebietes; ihre Färbung ist ähnlich, wobei jedoch die Rückenzeichnung zu isolierten Querbarren aufgelöst ist. *D. wagneri* wurde 1984 beschrieben und ist erst in wenigen Exemplaren bekannt geworden, die im Nordiran, im angrenzenden Armenien und in der Osttürkei gefunden wurden. Sie bewohnt felsige Berghänge ab 1200 m Höhe. Die Männchen dieser Art sind hellgrau mit gelbbraunen, schwarz eingefaßten Rückenflecken; Weibchen sind weniger kontrastreich gefärbt. *D. latifii* bewohnt Hochlagen von bis zu 3000 m Höhe im Elburz-Gebirge (Nordiran). All diese genannten Arten sind – soweit bekannt – ovovivipar. Sie sind nahe mit *D. xanthina* und *D. raddei* verwandt und werden ihnen z. T. als Unterarten zugeordnet; die Bindung dieser Formengruppe an gebirgige Lebensräume erschwerte den Austausch zwischen den Populationen verschiedener, isolierter Gebirgszüge und förderte so die Aufspaltung in Arten.

Haltung: Siehe *D. lebetina*; die Gebirgsarten benötigen starke nächtliche Abkühlung und kalte Überwinterung. Viele Exemplare bleiben im Terrarium scheu und aggressiv. *D. xanthina*: **§: BA**; *D. wagneri*: **§: WA II**.

Kaukasusotter
Vipera kaznakovi

Verbreitung: Nordosttürkei bis Westkaukasus.
Lebensraum: Feuchtwarme Gebiete mit hohem Niederschlag und dichter Vegetation.
Wissenswertes: In der Gestalt ist die Kaukasusotter der Kreuzotter ähnlich; ihr Kopf ist jedoch größer und deutlicher vom Hals abgesetzt. Während Jungtiere auch in der Färbung der Kreuzotter ähneln, wird die gelbliche bis orangerote Grundfarbe bei vielen adulten Exemplaren durch die stark ausgedehnte schwarze Musterung von Rücken und Flanken bis auf zwei schmale, z. T. unterbrochene Längsstreifen verdrängt. Kaukasusottern werden maximal knapp über 70 cm lang.

Diese scheue Schlange bewohnt dichten Unterwuchs feuchter Wälder, aber auch Teepflanzungen. Sie sonnt sich gerne auf Farnwedeln, Teesträuchern etc. Ihre Nahrung besteht aus Kleinsäugern, Eidechsen und Jungvögeln. Sie ist ovovivipar.

V. kaznakovi lebt in den tieferen Lagen des südwestlichen Kaukasus mit seinem subtropischen Klima. In den höheren Gebirgsregionen wird sie von der Westkaukasischen Kreuzotter (*V. dinniki*) ersetzt. Beide Arten gehören – wie auch *V. darevskii* aus Armenien, *V. seoanei* (S. 333) und *V. ursinii* (S. 335) – zur näheren Verwandtschaft der Kreuzotter (*V. berus*).
Haltung: Siehe Kreuzotter. **§: BA**.

Kettenviper
Daboia russellii

Verbreitung: Von Pakistan über den indischen Subkontinent (einschließlich Sri Lanka) bis Südostchina; auch auf einigen indonesischen Inseln (Java, Flores u. a.).

Lebensraum: Fast überall, außer in dichten Wäldern.

Wissenswertes: Eine große, massige Viper mit breitem, deutlich vom Hals abgesetztem Kopf und relativ kleinen Augen. Die Grundfärbung ist meist gelb- bis graubraun; die Zeichnung besteht aus drei oder mehr Längsreihen dunkelbrauner, rundlicher Flecken, die schwarz eingefaßt und außen zusätzlich weiß abgesetzt sind. Bei manchen Formen laufen die Rückenflecken zu einem Wellenband zusammen oder hängen wie Kettenglieder aneinander, was der Art ihren deutschen Namen einbrachte. Auf dem Kopf findet sich eine meist deutliche, helle und dünne, von der Schnauzenspitze ausgehende V-Zeichnung. Der Schwanz ist längsgestreift. Kettenvipern werden meist bis 1,20 m, manchmal über 1,50 m lang.

Obwohl diese anpassungsfähige Art mit Ausnahme geschlossener Waldgebiete fast in allen Biotopen zu finden ist (im Gebirge dringt sie bis in weit über 2000 m Höhe vor), sind die bevorzugten Lebensräume offenbar dicht mit hohem Gras oder niedrigem Buschwerk bewachsene Savannengebiete. Auch die meisten Formen von landwirtschaftlichem Kulturland sagen der Kettenviper zu, und auch in oder in der Nähe von menschlichen Siedlungen mit ihren meist großen Nagetiervorkommen ist sie häufig anzutreffen. Sie ist nachtaktiv und versteckt sich am Tage in Nagetierbauen und anderen Schlupfwinkeln am Boden. Die Nahrung besteht hauptsächlich aus Säugetieren, aber auch Vögel werden nicht verschmäht. Kettenvipern sind ovovivipar und äußerst fruchtbar: die Zahl der Jungschlangen beträgt meist 30 bis 40, von großen Weibchen wurden aber schon Würfe mit über 60 Jungtieren berichtet; die Tragzeit dauert etwa sechs Monate.

Obwohl auch die Kettenviper bei Störungen

meist die Flucht ergreift, kommt es in ihrer Heimat häufig zu Bißunfällen; fast überall in ihrem Verbreitungsgebiet ist sie die am meisten gefürchtete Giftschlange, da unbehandelte Bisse zu einem hohen Prozentsatz tödlich enden. Die Giftwirkung unterscheidet sich von der der meisten echten Vipern (Viperinae) dadurch, daß weniger die lokalen Reaktionen im Vordergrund stehen,

sondern der Tod meist durch massive innere Blutungen (auch des Gehirns) eintritt; ähnlich wie bei der Sandrasselotter (wenn auch durch einen anderen biochemischen Mechanismus) wird die Gerinnungsfähigkeit des Blutes zerstört. Manche Populationen (z. B. auf Sri Lanka) besitzen zusätzlich Neurotoxine, so daß Symptome eines Kobrabisses auftreten können.

Ein Teilalbino der auf dem ostasiatischen Festland vorkommenden Unterart der Kettenviper, *Daboia russellii siamensis*.

Daboia russellii formosensis ist nur auf Taiwan verbreitet. Das abgebildete Tier steht kurz vor der Häutung und wirkt daher wenig kontrastreich.

Aufgrund massiver Verfolgung zum Zweck der Ledergewinnung ist die Kettenviper in manchen Gegenden bereits sehr selten geworden.

Neben der auf S. 343 abgebildeten Nominatform *D. r. russellii* aus Pakistan, Indien und Bangladesh werden die Unterarten *D. r. pulchella* (Sri Lanka), *D. r. siamensis* (Burma bis Südchina), *D. r. formosensis* (Taiwan) und *D. r. limitis* (Java, Flores u. a. indonesische Inseln) unterschieden.
Haltung: Nicht schwer; wegen ihrer Giftigkeit ist sie aber sicher kein geeignetes Terrarientier. **§: BA**.

Ein typisch gefärbtes und gemustertes, aus Pakistan stammendes Exemplar der Nominatform der Kettenviper (*Daboia r. russellii*).

Grubenottern

Bothriechis marchi, eine baumbewohnende Grubenotter aus Honduras. In der zwischen Nasenöffnung und Auge sichtbaren Vertiefung ist das Grubenorgan untergebracht, mit dessen Hilfe Beutetiere und andere Objekte aufgrund ihrer Wärmestrahlung erkannt werden können.

Als am höchsten entwickelte Vipern werden die Grubenottern als Unterordnung Crotalinae zur Familie Viperidae gestellt. Von den eigentlichen Vipern (Viperinae) unterscheiden sie sich hauptsächlich durch den Besitz der namengebenden Grubenorgane; hierbei handelt es sich um Wärmesinnesorgane, die in Vertiefungen an beiden Seiten der Schnauze (zwischen Nasenöffnung und Auge) angebracht sind.

Grubenottern sind nicht die einzigen Schlangen, die Wärmestrahlung erkennen können; auch die Labialgruben vieler Riesenschlangen dienen diesem Zweck, und die eigentlichen Vipern (Viperinae) sind ebenfalls in der Lage, Wärmequellen zu orten, wobei der Sitz ihres Wärmesinnes noch unbekannt ist. Keine dieser Strukturen erreicht jedoch die Komplexität der Grubenorgane. Während die Labialgruben der Riesenschlangen einfache, mit wärmeempfindlichen Hautnerven besetzte Einbuchtungen darstellen, besteht das Grubenorgan aus einer höhlenartigen Vertiefung, die innen von einem dünnen Häutchen begrenzt ist; hinter dieser Membran erstreckt sich – in einer Aussparung des Oberkiefers – eine zweite, luftgefüllte Kammer. Die dünne, trommelfellartige Membran ist dicht mit Nervenfasern besetzt, die bei Temperaturunterschieden zwischen vorderer und hinterer Kammer erregt werden; es wird somit nicht die absolute Temperatur gemessen, sondern die Differenz zwischen Körpertemperatur und einfallender Strahlungswärme. Da die Körpertemperatur der wechselwarmen Schlangen der Umgebungstemperatur nahekommt, können die meist nachtaktiven Grubenottern in kühlen Nächten ihre „warmblütigen" Beutetiere besser lokalisieren als in der Wärme des Tages. Durch unterschiedlich starke Erregung der beiden hochempfindlichen Sinnesgruben (es werden Temperaturdifferenzen von unter 0,01 °C erkannt), können Grubenottern die Richtung der Wärmestrahlung erkennen und durch Seitwärtsbewegungen des Kopfes über die Einfallswinkel auch die Entfernung der Strahlungsquelle „berechnen". Objekte, die kühler als die Umgebung sind, können mit diesem Temperatursinn gleichermaßen gut erkannt werden.

Der stammesgeschichtliche Ursprung der Grubenottern liegt wohl im tropischen Asien, wo auch heute noch die primitivsten Formen leben; als ursprüngliches Merkmal ist wohl die Fortpflanzung einiger (nicht aller) asiatischer Arten durch Eier anzusehen, wogegen alle amerikanischen Grubenottern (mit Ausnahme des Buschmeisters, *Lachesis muta*) ovovivipar sind. Der Formenvielfalt südasiatischer Grubenottern steht die dortige Artenarmut der eigentlichen Vipern gegenüber; offenbar waren nur wenige, unspezialisierte Arten (z. B. die Kettenviper) konkurrenzfähig. Die ökologische Nische „baumlebender Vipern" wird ausschließlich von Grubenottern (z. B. der Gattung *Trimeresurus*) besetzt; interessanterweise haben die eigentlichen Vipern nur in Afrika, wo Grubenottern nicht vorkommen, baumbewohnende Formen hervorgebracht. Unter den asiatischen Grubenottern gibt es keine an extreme Trockengebiete adaptierte Formen; die Steppen und Halbwüsten Südwestasiens setzten daher ihrer Ausbreitung Grenzen (die am weitesten nach Westen vordringende Art ist die Halysschlange, *Gloydius halys*, die bis zum Nordrand des Kaspischen Meeres vorkommt).

Ihre größte Formenvielfalt erreichten Grubenottern in Amerika. Neben unspezialisierten, bodenbewohnenden Arten (z. B. *Bothrops atrox*) gibt es in Süd- und Mittelamerika zahlreiche baumlebende Formen. Eine amphibische, an Gewässer gebundene Art ist z. B. *Agkistrodon piscivorus*, die Wassermokassinschlange. Der größte Bekanntheitsgrad kommt jedoch den mit mehr als 30 Arten v. a. in Nordamerika formenreichen Klapperschlangen der Gattungen *Crotalus* und *Sistrurus* zu. Zwar kommen *Crotalus*-Arten in den verschiedensten Lebensräumen Nord- und Südamerikas vor, die größte Artenvielfalt findet sich aber in den Trockengebieten des südwestlichen Nordamerikas; die Entwicklung der berühmten Schwanzrassel stellt möglicherweise – analog zum Drohverhalten der Sandrasselotter – einen Mechanismus zum Wassersparen dar, da das mit dem Ausstoß feuchter Atemluft verbundene drohende Zischen durch das Schwanzrasseln ersetzt wurde: durch schnelle Vibrationen des Schwanzes wird ein scharfes, weithin hörbares Geräusch erzeugt. Die Rassel selbst besteht aus blasenartig vergrößerten, hohlen Endschuppen des Schwanzes, die im Gegensatz zu anderen Schuppen bei der Häutung nicht abgestoßen werden; nach jeder Häutung kommt somit ein weiteres Glied dazu. Da sich Schlangen mehrmals im Jahr häuten und die äußersten Rasselglieder mit der Zeit abbrechen, läßt sich das Alter der Schlange allerdings nicht an der Zahl der Glieder ablesen!

Mexikanische Mokassinschlange
Agkistrodon bilineatus

Verbreitung: Mittelamerika (Nordwestmexiko bis Costa Rica).

Lebensraum: Trockenwälder, oft in der Nähe stagnierender Gewässer, auch Zuckerrohrfelder.

Wissenswertes: Eine gedrungene Schlange mit großem, dreieckigem, deutlich vom Hals abgesetztem Kopf. Die Färbung reicht von dunkelbraun bis blauschwarz mit einer Zeichnung in Form breiter, dunklerer, an beiden Seiten schmal weißlich gesäumter Querbinden. Der Kopf ist seitlich mit je zwei weißlichen Längsstreifen (entlang der Maulspalte und über dem Auge) versehen. Die Unterseite ist meist braun mit weißlichen Flecken. Diese Art wird ca. 90 cm lang, kann aber auch deutlich über 1 m Länge erreichen.

A. bilineatus ist wohl überwiegend nachtaktiv, kann aber auch tagsüber unterwegs sein; oft sonnt sie sich in der Nähe von Gewässern, in die sie bei Störungen meist flieht. Sie ernährt sich von einem breiten Spektrum von Beutetieren, das Kleinsäuger, Vögel, Reptilien, Frösche und Fische einschließt. Bei Bedrohung biegt sie den Hals S-förmig zurück, züngelt heftig und stößt wiederholt zu. Das Gift dieser Art wirkt angeblich stärker als das ihrer nordamerikanischen Gattungsverwandten, Todesfälle sind jedoch selten. Wie alle amerikanischen *Agkistrodon*-Arten ist sie ovovivipar. Ein Wurf besteht aus ca. zwölf Jungschlangen, die etwa 25 cm lang und heller gefärbt sind als erwachsene Exemplare; ihr Schwanz ist schwefelgelb und wird angeblich eingesetzt, um kleine Beutetiere in Reichweite zu locken.

Die auf S. 347 abgebildete Nominatform bewohnt den größten Teil des Artareals, während *A. b. taylori* auf Nordostmexiko und *A. b. russeolus* auf die Halbinsel Yucatan beschränkt ist.

Haltung: Wie die Wassermokassinschlange, bei etwas höheren Temperaturen.

Ein Jungtier von *Agkistrodon b. bilineatus*. Neben der im Vergleich zu älteren Tieren hellen Färbung ist das gelbliche Schwanzende typisch, durch dessen Bewegungen kleine Beutetiere in Reichweite der Schlange gelockt werden können.

Agkistrodon bilineatus taylori, eine farbige Unterart der Mexikanischen Mokassinschlange, die in ihrer Verbreitung auf das nordöstliche Mexiko beschränkt ist.

348

Mamushi
Gloydius blomhoffi

Verbreitung: Japan, Korea, Mandschurei bis Zentralchina.

Lebensraum: Verschieden: Sümpfe, felsiges Gelände und offenes Waldland.

Wissenswertes: Eine mäßig gedrungene Viper mit dreieckigem, kantig wirkendem Kopf, dessen Spitze nach unten schräg abgestutzt ist. Die Färbung ist hellgrau bis rotbraun mit zwei seitlichen Reihen rundlicher Flecken, die dunkel gerandet sind und sich manchmal am Rücken berühren. An der Kopfseite befindet sich ein breites schwärzliches, hell gesäumtes Längsband. Diese Art wird nur ausnahmsweise länger als 60 cm.

G. blomhoffi ist – wie fast alle Reptilien aus kühlen Klimaten – prinzipiell tagaktiv, geht aber in den heißesten Wochen des Jahres zu mehr nächtlicher Lebensweise über. Sie ernährt sich hauptsächlich von Kleinsäugern und Vögeln; angezogen von den meist großen Mäuse- und Rattenpopulationen in landwirtschaftlich genutzten Gebieten kommt sie oft in Siedlungsnähe vor. Mamushis sind ovovivipar, wobei ein Wurf aus bis zu zwölf Jungtieren besteht. Wie es auch bei anderen Schlangenarten aus kühlen Gebieten der Fall sein kann, überwintern bei den nördlichsten Populationen die sich entwickelnden Embryonen im Mutterleib und werden erst im folgenden Sommer geboren; die Fortpflanzung erfolgt somit in einem Zwei- oder sogar Dreijahreszyklus.

Die Bevölkerung in manchen Teilen Ostasiens spricht dieser Art dem menschlichen Wohlbefinden förderliche Inhaltsstoffe zu. Man findet sie daher häufig zusammen mit alkoholischen Flüssigkeiten in Flaschen eingekorkt; die auf diese

Weise extrahierten Stoffe werden dann in flüssiger Form aufgenommen. Viele Bißunfälle mit dieser eigentlich sehr friedlichen Art ereignen sich beim Fang zum Zwecke der Weinveredelung; die Sterblichkeit – der Menschen, nicht der Schlangen – ist jedoch sehr gering.

Die auf S. 349 abgebildete Nominatform *G. b. blomhoffi* ist auf die japanischen Inseln be-schränkt. *G. b. brevicaudis* bewohnt die koreanische Halbinsel und die angrenzende Mandschurei. Nördlich davon (bis zum Amur) kommt *G. b. ussuriensis* vor (wird z. T. als Unterart zu *G. halys* gestellt). *G. b. dubitatus* ist nur aus den steppenartigen Gebieten südlich von Beijing bekannt, während *G. b. siniticus* in Ost- und Zentralchina weit verbreitet ist.

Die graue Farbform von *Gloydius b. blomhoffi.* Einige der schwarz gerandeten Flecken fließen bei diesem Exemplar auf dem Rücken zusammen.

Eine dunkle Variante von *G. b. blomhoffi*, deren Flecken zu Bändern verschmolzen sind. Dieses Exemplar wurde auf einem japanischen Bergpfad fotografiert.

Haltung: Mamushis sind anspruchslose und langlebige Terrarienbewohner. Als tagaktive Tiere benötigen sie viel Licht, eine lokale Wärmequelle, ausreichend Versteckmöglichkeiten und ständigen Zugang zu Trinkwasser. Die Lufttemperatur darf – gemäß der Herkunft der Tiere – nicht zu hoch sein; 20–25 °C bei nächtlicher Abkühlung sind ausreichend. Eine mehrmonatige kühle und dunkle Überwinterung ist für das Wohlbefinden wichtig und synchronisiert die Paarungsbereitschaft. Als Nahrung werden tote Nagetiere meist bereitwillig gefressen.

Gloydius blomhoffi ussuriensis; diese auf dem Festland weit nach Norden (bis ins Amurtal) vordringende Form wird z. T. als Unterart zu *G. halys* gestellt.

Kupferkopf
Agkistrodon contortrix

Verbreitung: Östliche und südliche USA (mit Ausnahme Floridas) von Massachusetts bis Kansas, Oklahoma und Texas.

Lebensraum: Lichte Wälder; bevorzugt in der Nähe von Gewässern.

Wissenswertes: Eine kräftige, untersetzte Schlange mit dreieckig abgesetztem Kopf; die Schuppen sind nur schwach gekielt. Die Grundfärbung ist meist kupfer- bis orangefarben, die Zeichnung besteht aus breiten dunklen Querbändern, die sich gegen die Rückenmitte meist stark verschmälern. Die Oberseite des Kopfes ist stets ohne dunkle Zeichnung. Kupferköpfe werden – je nach

Herkunft – 60 cm bis ca. 1 m lang, in Ausnahmefällen auch bis 1,30 m.

Im Frühjahr und Herbst wärmen sich Kupferköpfe häufig tagsüber in der Sonne, gehen aber mit steigenden Temperaturen im Sommer zu mehr nächtlicher Lebensweise über und verstecken sich tagsüber unter Steinen, Totholz etc. Oft halten sie sich zusammengeringelt im Fallaub auf, wo sie durch ihre Färbung fast unsichtbar sind. Die Nahrung besteht meist aus Kleinsäugern, Echsen und Fröschen, aber auch Insekten (z. B. große Schmetterlingsraupen und Zikaden) werden gefressen; auf der Suche nach derartiger Nahrung erklettern die überwiegend bodenlebenden Kupferköpfe sogar Sträucher. Die Paarungen sind nicht streng an eine bestimmte Jahreszeit gebun-

lich nur durch das gelbe Schwanzende, das als „Köder" eingesetzt wird, um kleine Beutetiere anzulocken. Die Überwinterung erfolgt in Erd-

Ein Weibchen des Nördlichen Kupferkopfes (*Agkistrodon contortrix mokeson*) mit einem Wurf Jungschlangen; die hellgelbe Schwanzspitze junger Tiere dient dem Anlocken von Beute und färbt sich im Laufe der Zeit um.

den, finden aber meist im Frühjahr statt; die Weibchen dieser ovoviviparen Art bringen im Spätsommer oder Frühherbst bis zu 14 Jungtiere zur Welt, die bei Geburt ca. 20 cm lang sind. Von erwachsenen Tieren unterscheiden sie sich farb-

höhlen etc. (oft an felsigen Südhängen); geeignete Stellen werden meist von vielen Exemplaren (zusammen mit anderen Schlangenarten) gemeinsam genutzt. Diese Verhaltensweise macht Kupferköpfe anfällig für Massenvernichtungsaktio-

Der Südliche Kupferkopf (*Agkistrodon c. contortrix*); diese Schlangen sind farblich hervorragend an den von

Laub bedeckten Boden offener Wälder angepaßt und dort nur schwer zu entdecken.

nen, die meist wegen der angeblichen Gefährlichkeit dieser Art durchgeführt werden. In Wirklichkeit sind ihre Bisse zwar schmerzhaft, enden beim Menschen aber so gut wie nie tödlich; vor dem Zubeißen nehmen sie eine Abwehrstellung mit S-förmig gekrümmtem Hals und heftig vibrierendem Schwanz ein. Dieses Schwanzzittern findet sich bei vielen Grubenottern und hat bei den Klapperschlangen (in Verbindung mit einer „Rassel") seine höchste Vollendung erreicht.

Von dieser Art werden fünf Unterarten anerkannt. Der auf S. 351 abgebildete Nördliche Kupferkopf (*A. c. mokeson*) ist von der Ostküste bis Illinois und in den Norden von Georgia, Alabama und Mississippi verbreitet. Der etwas hellere Südliche Kuperkopf (*A. c. contortrix*) kommt in den Küstengebieten der Südstaaten vor, *A. c. phaeogaster* bewohnt den mittleren Westen von Iowa und Südostnebraska bis Oklahoma; südlich davon sind der breit und dunkel gebänderte *A. c. laticinctus* (Oklahoma bis Mitteltexas) und *A. c. pictigaster* (isolierte Gebiete in Westtexas) verbreitet.

Haltung: Ähnlich wie die Wassermokassinschlange (vgl. S. 355 ff.).

Der Osage-Kupferkopf (*Agkistrodon contortrix phaeogaster*) bewohnt die ehemaligen Präriegebiete des zentralen Nordamerikas (von Iowa bis Oklahoma); er ähnelt *A. c. mokeson*, besitzt aber keine Flecken zwischen den dunklen Querbinden.

Der Trans-Pecos-Kupferkopf (*Agkistrodon contortrix pictigaster*) kommt in einigen lokalen Populationen in Westtexas (zwischen Pecos und Rio Grande) vor. Seine dunklen Querbinden sind stark verbreitet und besitzen eine helle Basis. Er bewohnt vegetationsreiche Schluchten mit permanenten Gewässern.

Amurotter
Gloydius saxatilis

Verbreitung: Ostasien (Korea, Mandschurei, Mongolei, Südsibirien).

Lebensraum: Felsige, grasbestandene Berghänge, offene Waldgebiete.

Wissenswertes: Eine in der Körpergestalt und Größe der Mamushi (*G. blomhoffi*) sehr ähnliche Schlange. Die Grundfärbung ist hellbraun bis rötlichbraun, die Musterung besteht aus unregelmäßigen grauweißen Querbändern.

G. saxatilis ist ovovivipar und besitzt zumindest in nördlichen Gebieten einen zwei- bis dreijährigen Fortpflanzungszyklus.

Die Amurotter kommt in einem großen Teil ihres Areals zusammen mit *G. blomhoffi brevicaudis* vor, der sie in der Lebensweise sehr ähnlich ist. Sie wird z. T. als Unterart zu „*G. intermedius*" (Zentralasien von Südsibirien bis Kasachstan) gestellt, die aber heute meist als Unterart von *G. halys* gilt, wie auch *G. h. stejnegeri* (Zentralchina und Innere Mongolei); die am weitesten nach Westen vordringenden Formen, *G. h. caucasicus* (bis in den Nordiran) und *G. h. caraganus* (bis zum Nordrand des Kaspischen Meeres) gelten meist ebenfalls als Unterarten der Halysschlange.

Haltung: Wie *Gloydius blomhoffi. G. halys*: **§: BA.**

Dieses ungewöhnlich dunkle Exemplar der Amurotter (*Gloydius saxatilis*) stammt aus der Nähe von Wladiwostock.

Wassermokassinschlange
Agkistrodon piscivorus

Verbreitung: Südöstliche USA (Küstenstaaten von Virginia bis Texas, im Mississippibecken nördlich bis Illinois).

Lebensraum: Sümpfe, Uferbereiche von Seen, Teichen und langsam fließenden Gewässern, Reisfelder.

Wissenswertes: Eine große, gedrungene Schlange mit typischem Vipernkopf. Die Grundfärbung ist meist dunkeloliv, dunkelbraun oder schwarz. Manche Exemplare sind nur undeutlich gemustert, andere tragen zackig begrenzte dunkle Querbinden. Ein dunkler, oben und unten weiß eingefaßter Längsstreif an der Kopfseite ist meist, aber nicht immer, vorhanden. Wassermokassinschlangen werden meist bis 1,20 m, selten sogar bis über 1,80 m lang.

Diese Schlangen sind überwiegend nachtaktiv, können tagsüber allerdings manchmal an Gewässern beim Aufwärmen in der Sonne beobachtet werden. Bei Störungen gleiten sie schnell ins Wasser, wo sie entweder abtauchen oder schwimmend das Weite suchen; beim Schwimmen trägt diese Art – im Gegensatz zu anderen nordamerikanischen Wasserschlangen – den Kopf deutlich über der Wasseroberfläche. Hinsichtlich der Ernährung sind Wassermokassinschlangen wenig wählerisch; sie fressen meist Frösche, Molche, Fische, andere Schlangen, aber auch Vögel und Säugetiere. Gelegentlich fallen ihnen sogar kleine Schildkröten und Alligatoren zum Opfer. Die Paarung findet im Frühjahr oder im Herbst statt. Die bis über 30 cm langen Jungschlangen werden im August oder September geboren, wobei die Wurfgröße mit maximal 16 Jungtieren relativ gering ist.

Junge Wassermokassinschlangen sind auffällig und kontrastreich gemustert; wie bei jungen Kupferköpfen (*A. contortrix*) ist das Schwanzende kräftig gelb gefärbt und wird benutzt, um Beutetiere anzulocken. Die Fortpflanzung erfolgt alle zwei Jahre.

Wassermokassinschlangen sind nicht übermäßig scheu und suchen bei Annäherung eines Menschen nicht unbedingt das Weite. Belästigte Exemplare ringeln sich zusammen, biegen den Hals S-förmig zurück und vibrieren heftig mit dem Schwanz; dabei wird das Maul weit geöffnet, so

Ein Exemplar der Östlichen Wassermokassinschlange (*Agkistrodon p. piscivorus*) in typischer Drohhaltung mit weit geöffnetem Maul.

Erwachsene Tiere der Florida-Wassermokassinschlange (*Agkistrodon piscivorus conanti*) weisen eine meist nur undeutliche Körpermusterung auf.

Ein Jungtier der Florida-Wassermokassinschlange (*Agkistrodon piscivorus conanti*) mit der allen Unterarten gemeinsamen kontrastreichen Jugendfärbung dieser Art, die – mit Ausnahme der Kopfzeichnung – stark an den verwandten Kupferkopf (*A. contortrix*) erinnert. Die auffällige Musterung verblaßt mit zunehmendem Alter.

daß die auffällig weißen Schleimhäute sichtbar werden. In Anspielung an diese weißliche Maulfärbung wird die Wassermokassinschlange in ihrer Heimat oft als „Cottonmouth" bezeichnet. Im Gegensatz zu ihrem nahen Verwandten, dem Kupferkopf (*A. contortrix*), ist ihr Biß nicht unbedingt als harmlos anzusehen. Das Gift enthält zahlreiche hämorrhagisch und gewebszerstörend wirkende Enzyme; als Bißfolgen treten häufig schwere Nekrosen in der Umgebung der Bißstelle auf. Auch Todesfälle sind nicht unbekannt. Im

Florida beschränkt; sie besitzt deutliche Wangenstreifen und zwei dunkle Markierungen an der Schnauzenspitze. Die Westliche Wassermokassinschlange (*A. p. leucostoma*) bewohnt das übrige Artareal westlich von Alabama; sie bleibt mit maximal 1,20 m Länge deutlich kleiner als die beiden östlichen Unterarten und besitzt meist nur eine undeutliche dunkle Musterung von Körper und Kopf.

Haltung: Wassermokassinschlangen benötigen – ihrer Körpergröße entsprechend – geräumige Be-

Beim Drohverhalten (hier einer Florida-Wassermokassinschlange) werden die Giftzähne nicht aufgerichtet, sondern verbleiben in ihrer schützenden Hautfalte.

Ein teilalbinotisches Exemplar der Florida-Wassermokassinschlange; im Freiland wirken solche Tiere sehr auffällig und überleben meist nicht lange.

Gegensatz zur landläufigen Meinung können Wassermokassinschlangen auch unter Wasser zubeißen.

A. piscivorus tritt in drei Unterarten auf. Die auf S. 355 abgebildete Östliche Wassermokassinschlange (*A. p. piscivorus*) kommt von Südostvirginia über North und South Carolina bis Georgia und Alabama vor; bei ihr ist das dunkle Band an der Kopfseite meist nur undeutlich oder gar nicht vorhanden. Die Florida-Wassermokassinschlange (*A. p. conanti*) ist auf das südliche Georgia und

hälter mit weichem, aber nicht ständig feuchtem Bodengrund. Wichtig sind ein großes Wassergefäß, das die ganze Schlange aufnehmen kann, ohne das Terrarium zu überfluten, ein stabiler, stellenweise der Strahlungswärme ausgesetzter Kletterast und eine dunkle Versteckmöglichkeit. Entsprechend der relativ nördlichen Verbreitung dieser Art sind zu hohe Lufttemperaturen von Übel; 25 °C sind tagsüber ausreichend und müssen nachts deutlich abfallen. Tote Nagetiere und Küken werden meist als Futter akzeptiert.

Malaien-Mokassinschlange
Calloselasma rhodostoma

Verbreitung: Südostasien (Thailand, Indochina, Malaiische Halbinsel, Sumatra, Java).

Lebensraum: Lichte Wälder, Bambusdickichte; häufig im Bereich der Küste.

Wissenswertes: Eine mäßig gedrungene Schlange mit deutlich vom Hals abgesetztem Kopf. Der Körper weist einen scharfen Rückenkiel auf und ist im Querschnitt fast „dreieckig". Die Schuppen sind ungekielt. Auf grauem bis rötlichbraunem Grund trägt der Rücken zwei Reihen dunkler, sich nach oben verjüngender Flecken, die alternierend angeordnet sind oder zu Sattelflecken verschmelzen. Hinter dem Auge verläuft ein breites dunkles Band; die Schuppen von Ober- und Unterlippe sind weißlich bis rosa gefärbt. *C. rhodostoma* wird meist 75 cm, selten bis 90 cm lang.

Malaien-Mokassinschlangen sind hauptsächlich in der Dämmerung oder nachts unterwegs und verbringen den Tag vorzugsweise in der dicken Laubschicht am Boden lichter Wälder verborgen; sie ernähren sich von kleinen Säugetieren, Echsen und Fröschen. Diese Art gehört zu den wenigen eierlegenden Grubenottern, wobei die Entwicklung der Embryonen bereits im Mutterleib einsetzt; bis zu 30 Eier werden in verrottender Vegetation abgelegt und benötigen nur noch ca. sechs Wochen bis zum Schlupf der etwa 15 cm langen Jungschlangen. Das Gelege wird vom Weibchen bewacht. Malaien-Mokassinschlangen sind bei Störungen relativ angriffslustig; Bißunfälle mit dieser Art sind im Freiland nicht selten, wobei Todesfälle nicht unbekannt sind.

Haltung: Wie bei *Deinagkistrodon acutus* beschrieben; bevorzugt dicke Laubschicht als Versteck.

Chinesische Nasenotter
Deinagkistrodon acutus

Verbreitung: Von Südostchina (einschließlich Taiwan und Hainan) bis Nordvietnam.

Lebensraum: Bewaldete Berghänge und felsiges, buschbestandenes Gelände.

Wissenswertes: Eine nicht allzu gedrungene Grubenotter mit auffällig breitem und flachem Kopf, dessen Oberseite mit großen Schuppenschildern versehen ist. Die Schnauze ist zu einem weichen, hornförmigen Gebilde ausgezogen. Die Grundfärbung ist grau bis rötlichbraun, die Musterung besteht aus je einer Reihe dunkler, dreieckiger Seitenflecken, die z. T. alternierend angeordnet sind, z. T. sich am Rücken berühren und sanduhrartige Sattelflecken bilden. Die dunkle Färbung der Kopfoberseite ist durch einen schmalen braunschwarzen Streifen von den hellen Kopfseiten abgegrenzt. Ältere Exemplare werden meist

sehr dunkel. Diese Art wird bis 1,20 m, in Ausnahmefällen auch bis 1,50 m lang.

Chinesische Nasenottern sind vorwiegend in der Dämmerung und nachts aktiv und verbringen den Tag zusammengerollt in der Laubschicht am Waldboden, zwischen verrottendem Holz etc., wo sie durch ihre Zeichnung und Färbung kaum zu erkennen sind. Sie ernähren sich vorwiegend von kleinen Säugetieren und Vögeln; Frösche werden ebenfalls gefressen. *D. acutus* gehört – wie *Calloselasma rhodostoma* – zu den eierlegenden Vertretern der asiatischen Grubenottern. Ein Gelege umfaßt bis zu 26 Eier, die möglicherweise in fortgeschrittenem Entwicklungszustand abgelegt werden. Jungschlangen sind deutlich heller und kontrastreicher gefärbt als erwachsene Tiere.

Chinesische Nasenottern sind bei Störungen

leicht erregbar und beißen meist ohne langes Zögern zu. Ihr in großen Mengen injiziertes Gift ähnelt dem der Malaien-Mokassinschlange und ist auch beim Menschen äußerst wirksam; es führt zu ausgedehnten Hämorrhagien (Gewebsblutungen) und Verdauungsvorgängen um die Bißstelle, so daß großflächiges Absterben von Gewebe (Nekrosen) eine häufige Bißfolge darstellt. Weiterhin

Vergiftung in Gegenden zu sein, in denen sie als „Fünfzig-Schritte-Schlange" bekannt ist. Die Ureinwohner Taiwans (die Paiwan) betrachten die Chinesische Nasenotter dagegen als ihre Urmutter, aus deren Eiern die ersten Angehörigen ihres Volkes geschlüpft seien.

Haltung: Diese Art gelangt nicht häufig in den Besitz westlicher Terrarianer. Einer der Gründe

Die hornartige Verlängerung der Schnauzenspitze ist bei *Deinagkistrodon acutus* schräg nach oben gerichtet. Derartige Gebilde kommen nicht selten bei bodenlebenden Vipern und Grubenottern vor; über ihre Funktion gibt es nur Vermutungen.

enthält das Gift Bestandteile, die den Blutgerinnungsmechanismus zerstören, so daß unstillbare Blutungen der Schleimhäute und der inneren Organe auftreten können. Unbehandelte Bisse dieser Art verlaufen zu einem erheblichen Prozentsatz tödlich. In Taiwan wird ein wirksames Antiserum produziert.

Wie es bei vielen gefährlichen Tierarten der Fall ist, ranken sich auch um die Chinesische Nasenotter in ihrer Heimat zahlreiche Mythen. In manchen Gegenden wird sie als „Hundert-Schritte-Schlange" bezeichnet, was wohl zu bedeuten hat, daß der Gebissene nur noch hundert Schritte zurückzulegen vermag, bevor er tot zusammenbricht; noch dramatischer scheint der Verlauf der

mag darin liegen, daß *D. acutus* eine prominente Rolle in der traditionellen chinesischen Medizin spielt und dort bei großer Nachfrage zu hohen Preisen gehandelt wird. Importierte Exemplare sind meist stark dehydriert und/oder mit Darmparasiten befallen und bedürfen der Diagnostik und Behandlung durch einen Tierarzt mit Reptilienerfahrung. Für diese Art sind große Behälter nötig, deren Boden von einer dicken Laubschicht bedeckt sein sollte; zusätzliche Versteckmöglichkeiten und Trinkwasser sind ebenfalls wichtig. Die Temperatur sollte mit bis zu 24 °C am Tage (und nächtlicher Abkühlung) nicht zu hoch sein. Ähnlich, aber bei entsprechend höheren Temperaturen, läßt sich *Calloselasma rhodostoma* halten.

Baumlebende Grubenottern Asiens

Die Weißlippen-Lanzenotter (*Trimeresurus albolabris*) bewohnt weite Teile Südasiens.

Indische Bambusotter
Trimeresurus gramineus

Verbreitung: Zentrales und südliches Indien.

Lebensraum: Niedriges Gebüsch der Ufervegetation von Gewässern, Bambusdickichte.

Wissenswertes: Eine schlanke, baumlebende Grubenotter mit relativ langem Greifschwanz. Von anderen, z. T. sehr ähnlichen *Trimeresurus*-Arten unterscheidet sie sich durch die ungekielten Schuppen der Rückenmitte. Die Färbung ist variabel; die meisten Exemplare sind einfarbig grün mit unregelmäßiger dunkler Sprenkelung; manche Tiere, wie das oben abgebildete, sind grünlich-bronzefarben. Die Augen sind stets gelb, der Schwanz ist rotbraun. Diese Art wird nur selten länger als 75 cm.

Indische Bambusottern sind nachtaktive Schlangen, die mit langsamen Bewegungen niedriges Gebüsch nach Nahrung absuchen. Tagsüber verbergen sie sich im dichten Blattwerk, wobei sie sich mit ihrem Greifschwanz (der auch bei der Fortbewegung eingesetzt wird) an Ästen etc. festhalten. Die Nahrung besteht aus kleinen Säugetieren, Vögeln und Echsen, die – wie es für Baumschlangen sinnvoll ist – nach dem Giftbiß nicht mehr losgelassen werden. Die Weibchen bringen meist ca. sechs Jungtiere zur Welt, deren leuchtend gefärbter Schwanz zum Anlocken von kleinen Fröschen und Echsen eingesetzt wird.

Andere in Indien vorkommende *Trimeresurus*-Arten sind u. a. *T. huttoni* und *T. macrolepis* aus Bergregionen Südindiens und *T. malabaricus*, eine bodenlebende Art von der indischen Westküste. *T. albolabris* (S. 361) ähnelt der Bambusotter; sie kommt von Nordindien bis Südostasien vor.

Haltung: Wie *Trimeresurus stejnegeri*.

Habu
Trimeresurus flavoviridis

Verbreitung: Südjapanische Inseln (Ryu Kyu, Okinawa, Amami).

Lebensraum: Waldränder, locker bewachsenes Gelände, felsige Berghänge.

Wissenswertes: Eine schlanke Art mit großem, breitem, auffällig abgesetztem Kopf. Die Musterung ist sehr variabel und besteht meist aus Längsreihen großer, verschieden geformter, am Rücken z. T. zusammenfließender dunkelbrauner bis olivgrüner Flecken auf bräunlichem bis grünlichem Grund. Von den relativ großen Augen zieht sich je ein dunkler Längsstreifen nach hinten. Habus sind mit Maximallängen von weit über 2 m die längsten aller asiatischen Grubenottern; die meisten Exemplare erreichen ca. 1,50 m.

Diese bodenlebende *Trimeresurus*-Art besitzt keinen Greifschwanz. Innerhalb ihres Areals besiedelt sie nur Inseln vulkanischen Ursprungs, fehlt dagegen auf Koralleninseln. Sie ist überwiegend nachtaktiv, kann aber auch tagsüber beim Aufwärmen in der Sonne beobachtet werden. Beliebte Verstecke sind Höhlen im Lavagestein, Tierbaue, Steinmauern etc.; auf der Suche nach Beute dringt sie gelegentlich auch in Häuser oder Scheunen ein. Die Nahrung besteht – soweit bekannt – vorwiegend aus Nagetieren. Die Paarungen dieser Art finden im Frühjahr statt. Habus gehören zu den eierlegenden *Trimeresurus*-Arten und produzieren im Sommer Gelege von bis zu 17 Eiern, die in teilweise entwickeltem Zustand abgelegt werden; die Jungschlangen schlüpfen nach nur fünf bis sechs Wochen, sind dann ca. 25 cm lang und ähneln in der Färbung den Alttieren.

Bißunfälle mit dieser relativ häufigen und leicht erregbaren Art sind in ihrem dicht vom Menschen besiedelten Verbreitungsgebiet nicht selten. Wenn auch nur ein kleiner Teil der Bisse tödlich endet, so sind schwere Nekrosen, die z. T. Amputationen von Gliedmaßen nach sich ziehen, als Bißfolge nicht ungewöhnlich. Antiseren gegen diese Art sind in Japan erhältlich.

Die Unterart *T. f. tinkhami* ist auf die zu den Ryu Kyus gehörende Insel Kume Shima beschränkt.

Haltung: Ähnlich wie *Deinagkistrodon acutus*, wobei Habus längliche Verstecke (Plastikrohre etc.) bevorzugen. Diese gefährliche, sehr behende Art mit ungewöhnlich großer Reichweite ist als Terrarientier wenig geeignet.

Kanburi-Lanzenotter
Trimeresurus kanburiensis

Verbreitung: Kleines Areal im südwestlichen Thailand.

Lebensraum: Offene Wälder in hügeligen Kalksteingebieten.

Wissenswertes: Eine für eine Baumschlange nicht allzu schlanke Art mit der für *Trimeresurus*-Arten typischen Kopfform. Die Färbung variiert von ungemustertem Braun (wie bei dem abgebildeten Exemplar) bis zu Hellbraun mit unregelmäßigen dunklen Flecken und je einem weißlichen Längsstreifen an den unteren Körperseiten. Die Kanburi-Lanzenotter wird oft mit der farblich ebenfalls sehr variablen Mangroven-Lanzenotter (*T. purpureomaculatus*) verwechselt, von der sie sich am einfachsten durch die Größe der drei vordersten Oberlippenschilder unterscheiden läßt. Soweit bekannt, erreicht *T. kanburiensis* eine Länge von ca. 75 cm.

Die Kanburi-Lanzenotter scheint ein sehr kleines Verbreitungsgebiet in Südwestthailand zu besitzen; sie wurde erst 1943 anhand eines aus der Nähe von Kanchanaburi stammenden Exemplares beschrieben. Über ihre Lebensweise im Freiland ist wenig bekannt. Sie ist nachtaktiv, läßt sich aber auch am Tage beim Aufwärmen in der Sonne beobachten; die heiße Tageszeit verbringt sie im dichten Laub von Büschen und Bäumen verborgen. Die Nahrung besteht wohl in der Hauptsache

hervorragend sowohl im Süß- als auch im Salzwasser und war in der Lage, auch die weitab vom Festland gelegenen Inselgruppen der Andamanen und Nikobaren zu besiedeln, wo sie mit der Unterart *T. p. andersonii* vorkommt. Ihre Nahrung besteht vorwiegend aus Säugetieren und Vögeln, aber auch Reptilien. Jungtiere fressen bevorzugt kleine Frösche und Echsen. Mangroven-Lanzenottern sind ovovivipar. Bisse dieser verhältnismäßig aggressiven Art verlaufen selten tödlich,

Die Mangroven-Lanzenotter (*Trimeresurus purpureomaculatus*) lebt bevorzugt an mangrovenbestandenen Meeresküsten oder entlang dicht bewachsener Flußufer; sie kann sowohl im Meer als auch im Süßwasser schwimmend angetroffen werden.

aus kleinen Säugetieren und Vögeln, wobei Jungschlangen auch kleine Frösche und Echsen erbeuten. Kanburi-Lanzenottern sind ovovivipar.

Die ähnliche Mangroven-Lanzenotter (*T. purpureomaculatus*) ist bräunlich-purpurfarben, oliv oder graubraun gefärbt und meist mit dunkelgrünen oder braunen Flecken gemustert; ihre maximale Länge beträgt etwa 1 m. Sie ist vom östlichen Indien über Burma und die Malaiische Halbinsel bis Sumatra verbreitet, wo sie hauptsächlich den Küstenbereich und kleinere, vorgelagerte Inseln besiedelt. Als Lebensraum bevorzugt sie Mangrovendickichte oder dicht bewachsene Flußufer; sie kommt auch an Felsküsten in der Nähe dichter Vegetation vor. Ihr bevorzugter Aufenthaltsort ist niedriges Gebüsch, sie ist aber nicht selten auch am Boden anzutreffen. Sie schwimmt

sind aber äußerst schmerzhaft und führen häufig zu Gewebsnekrosen.

Haltung: Die beiden erwähnten Arten werden oft miteinander verwechselt, wobei es sich bei den in Terrarien gehaltenen Tieren ganz überwiegend um die Mangroven-Lanzenotter, *T. purpureomaculatus*, handelt. Ihre Haltung kann erfolgen wie für *T. stejnegeri* beschrieben. Frisch importierte Exemplare leiden häufig an Dehydrierung und starkem Befall mit Darmparasiten; eine entsprechende Behandlung durch einen erfahrenen Tierarzt ist angezeigt. Die meisten Tiere dieser Art bleiben auch nach langer Terrarienhaltung unberechenbar und bissig; bei der Handhabung ist ihre überraschend große Reichweite beim Zustoßen zu berücksichtigen.

Himehabu
Trimeresurus okinavensis

Verbreitung: Südjapanische Inseln (Ryu Kyu, Okinawa, Amami).

Lebensraum: Offenes Waldland in der Nähe stehender und fließender Gewässer.

Wissenswertes: Eine äußerst gedrungene Schlange mit breitem, dickem Kopf, die in der Gestalt etwas an die Wassermokassinschlange (*Agkistrodon piscivorus*) erinnert. Die Grundfärbung ist graubraun, die Musterung besteht aus meist undeutlichen dunkelgrauen Querbinden. An den unteren Körperseiten findet sich eine Zeichnung aus schwarzen Flecken auf weißlichem Grund. Himehabus werden meist 90 cm bis 1,20 m lang.

Obwohl diese Art in ihrem Verbreitungsgebiet gemeinsam mit dem Habu (*T. flavoviridis*) vorkommt, bewohnen die beiden Arten doch etwas unterschiedliche Lebensräume, so daß nicht unbedingt eine direkte Konkurrenz vorliegt.

Himehabus sind nachtaktiv und ernähren sich von einer breiten Palette von Wirbeltieren, bevorzugt von Kleinsäugern. Bemerkenswert ist ihre Fortpflanzung: sie können sowohl Eier legen als auch fertig entwickelte Jungtiere zur Welt bringen; welche der beiden Methoden zur Anwendung kommt, wird offenbar durch Umweltfaktoren bestimmt.

T. okinavensis ist von trägem Charakter; Bißunfälle mit dieser Art kommen nicht annähernd so häufig vor wie mit der aggressiven *T. flavoviridis*. Sie wird z. T. der Gattung *Ovophis* zugeordnet.

Zwei weitere, ebenfalls als „Habu" bezeichnete *Trimeresurus*-Arten der südjapanischen Inseln sind *T. elegans* von den Inseln Iriomote, Ishigaki und Miyako sowie *T. tokarensis* von der Insel Takara nordöstlich von Taiwan.

Haltung: Ähnlich wie *Deinagkistrodon acutus*.

Chinesische Bambusotter
Trimeresurus stejnegeri

Verbreitung: Nordostindien und Nepal bis Südostchina (einschließlich Taiwan und Hainan).

Lebensraum: Büsche und Bäume in Gewässernähe, Bambusdickichte; bevorzugt in hügeligem Gelände.

Wissenswertes: Eine kleine, mäßig schlanke Art mit dreieckigem, deutlich vom Hals abgesetztem Kopf. Die Färbung ist meist grasgrün bis gelboliv und wirkt oft glanzlos. Die Musterung weiblicher Tiere beschränkt sich auf einen dünnen weißlichen Längsstreifen zwischen Rücken- und Bauchschuppen; bei Männchen ist darunter zusätzlich ein rötlicher Streifen sichtbar, der bis zum Hinterrand des Kopfes oder bis zum Auge zieht. Die Bauchseite ist meist blaßgrün, die Spitze des Schwanzes – zumindest an der Oberseite – rostoder ziegelrot gefärbt. Diese Art wird meist nur 50 cm, selten bis zu 70 cm lang.

T. stejnegeri ist vorwiegend nachts unterwegs und verbringt den Tag in dicht belaubten Büschen, Bäumen, Bambusbeständen etc., wo sie sich mit dem Greifschwanz sicher an einem Ast verankert. In der Nacht steigt sie häufig auf den Boden herab und stellt kleinen Nagetieren, hauptsächlich aber Fröschen nach; in der Nähe von froschreichen Gewässern kommen Chinesische Bambusottern oft in erstaunlicher Dichte vor. Sie sind ovovivipar, wobei die Wurfgröße mit zwei bis sieben Jungschlangen recht gering ist. Die im Sommer zur Welt kommenden Schlangen sind meist ca. 12–13 cm lang und ernähren sich zunächst von kleinen Fröschen.

Da diese meist in niedrigen Büschen sitzende Art bei Annäherung eines Menschen nicht flieht, sondern auf ihre wirksame Schutzfärbung vertraut, sind Bißunfälle durch unabsichtliches Zusammentreffen im Freiland nicht selten. Wird sie auf dem Boden überrascht, ringelt sich die Chinesische Bambusotter zusammen und vibriert nach Art vieler anderer Grubenottern heftig mit dem Schwanz; bei Belästigung beißt sie blitzschnell zu. Ihr Gift wirkt auf den Menschen schwächer als etwa das des Habu (*T. flavoviridis*); Todesfälle nach ihrem Biß kommen selten vor, sind aber nicht unbekannt.

Ihren wissenschaftlichen Namen erhielt diese Art zu Ehren von Leonhard Stejneger, einem amerikanischen Herpetologen der zweiten Hälfte des 19. Jahrhunderts.

Von dieser weit verbreiteten Art sind vier Unterarten beschrieben. Die Nominatform *T. s. stejnegeri* bewohnt die südöstlichen Provinzen Chinas sowie die Insel Hainan und vielleicht Teile Nordvietnams. *T. s. formosensis* ist in ihrem Vorkommen auf Taiwan beschränkt. Ebenfalls aus Taiwan, und zwar ausschließlich von zwei Bergen (Mount Arisan und Mount Daiton), wurde *T. s. kodairi* beschrieben; ob der Status einer Unterart für diese Form gerechtfertigt ist, bedarf noch weiterer Untersuchungen. Die am weitesten nach Westen vordringende Unterart ist *T. s. yunnanensis*; ihr Areal reicht von der Provinz Yünnan in Südchina über das nördliche Burma bis ins nordöstliche Indien und nach Nepal.

Haltung: Chinesische Bambusottern und viele andere baumlebende *Trimeresurus*-Arten benötigen geräumige, v. a. hohe Terrarien mit zahlreichen Kletterästen; um den in der Natur tagsüber in dichtem Laub versteckten Tieren ein Gefühl der Sicherheit zu geben, sollte der Behälter möglichst dicht mit derben Kletterpflanzen und Epiphyten bepflanzt sein. Genügend mit weichem Substrat versehene Bodenfläche ist ebenfalls notwendig, da die Tiere nachts oft auf den Boden herabsteigen. Eine relativ hohe Luftfeuchtigkeit ist ebenso wichtig wie gute Durchlüftung ohne Zug; beides gleichzeitig zu erreichen, ist in einem normalen Zimmerterrarium nur schwer möglich. Bei stickig-feuchter oder ständig zu trockener Luft erkranken viele Tiere an Lungeninfektionen. Um eine ausreichende Luftfeuchtigkeit zu erhalten, sollte das Substrat leicht feucht gehalten werden; auch ein ständig vorhandenes Wassergefäß ist hilfreich. Allerdings trinken diese Tiere nur selten aus einem Gefäß, sondern ziehen es als echte Baumbewohner vor, wie im Freiland Wassertropfen von Blättern etc. aufzulecken; dem muß durch regelmäßiges Besprühen des Terrariums mit temperiertem Wasser Rechnung getragen werden (die Nichtbeachtung dieser Verhaltensweise führt häufig zur Dehydration im Terrarium gehaltener Baumschlangen feucht-tropischer Herkunft). Die Lufttemperatur sollte am Tage 25–27 °C betragen und nachts leicht (bis auf ca. 22 °C) abfallen. Als Futter werden tote kleine Mäuse (bei größeren Arten auch Küken) meist akzeptiert; nach dem Zubiß werden die Beutetiere festgehalten. Die Fütterung (und das Besprühen) findet am besten abends, zu Beginn der Aktivitätsphase, statt. Die Nachzucht in Gefangenschaft ist möglich.

Sri Lanka-Lanzenotter
Trimeresurus trigonocephalus

Verbreitung: Sri Lanka.

Lebensraum: Bergwälder, aber auch tiefer gelegenes Buschland und Teeplantagen.

Wissenswertes: Eine schlanke Baumschlange mit breitem, dreieckigem Kopf und Greifschwanz. Die Färbung ist variabel: neben einfarbig grünen Exemplaren kommen häufig Tiere mit schwarzblauer Zeichnung auf dunkelgrünem Grund vor; typisch ist jedoch die Färbung des oben abgebildeten Tiers mit gelblicher Grundfarbe und Reihen seitlicher gelber Flecken, die mehr oder weniger von der schwarzen Rückenzeichnung eingefaßt werden. Der stets vorhandene schwarze Streifen hinter dem Auge kann sich bei dunklen Exem-

plaren mit der Schwarzzeichnung auf dem Kopf vereinigen. Die Schwanzspitze ist schwarz. Sri Lanka-Lanzenottern können 50–90 cm, selten bis weit über 1 m lang werden.

T. trigonocephalus ist meist am Tage unterwegs, verlegt ihre Aktivität in der heißesten Zeit des Jahres aber in die Nacht. Sie ist vorwiegend in dicht belaubten Büschen anzutreffen, wo sie aufgrund ihrer Tarnfärbung kaum zu entdecken ist. Sie ernährt sich hauptsächlich von Kleinsäugern und Vögeln, aber auch von Echsen und Fröschen. Die Sri Lanka-Lanzenotter gehört zu den ovoviviparen *Trimeresurus*-Arten. Die ca. 20 cm langen Jungschlangen werden im Sommer geboren und

Wie die meisten Baumvipern, besitzt auch die schlanke *Trimeresurus trigonocephalus* eine enorme Reichweite beim Zustoßen, wenn sie mit dem Hinterleib und Greifschwanz um einen Ast etc. gewickelt ist. Abgebildet ist eine dunkle Farbform dieser variablen Art.

ernähren sich zunächst von kleinen Fröschen und Echsen (Geckos, Agamen etc.); ein Wurf besteht meist aus 20 bis 30 Jungtieren.

Bißunfälle kommen – wie bei der Chinesischen Lanzenotter – meist dadurch zustande, daß die getarnte Schlange im Gebüsch übersehen wird und beim Zunahekommen zubeißt; dabei besitzt sie als echte Baumschlange eine enorme Reichweite. Da sie in ihrem Areal auch Teeplantagen besiedelt, kommen Bisse häufig beim Pflücken der Teeblätter vor; die Folgen beschränken sich meist auf starke Schmerzen und Schwellungen an der Bißstelle, Todesfälle sind dagegen selten.

Haltung: Wie für die Chinesische Lanzenotter (*Trimeresurus stejnegeri*) beschrieben.

Waglers Lanzenotter
Tropidolaemus wagleri

Verbreitung: Malaiische Halbinsel und indoaustralische Inselwelt (östlich bis Celebes und zu den Philippinen).

Lebensraum: Büsche und niedrige Bäume im Tiefland-Regenwald.

Wissenswertes: Diese baumbewohnende Grubenotter unterscheidet sich von den Arten der nahe verwandten Gattung *Trimeresurus* (zu der sie bis vor kurzem noch gestellt wurde) u. a. durch den massigen und im Verhältnis zum Körper ungewöhnlich großen Kopf mit relativ kleinen Augen. Ihre Färbung ist – je nach Herkunft – unterschiedlich: Die meisten Tiere sind von hellgrüner bis

gelblicher Grundfärbung mit schwarzen, von hellen Schuppen durchsetzten und nach unten unscharf begrenzten Querbinden. Eine schwarze, schmale Binde durchzieht das Auge; die Kopfoberseite ist gelb und schwarz gemustert. Manche Populationen bestehen aus einfarbig grün gefärbten Tieren, andere sind grün mit schwarzen Schuppenrändern oder schwarz mit grünen Schuppenrändern. Die meisten Exemplare dieser Art werden 75 cm bis 1 m lang.

Ihre Aktivitätsperiode hängt offenbar von den Temperaturverhältnissen ab; sie kann sowohl tagsals auch nachtaktiv sein. Meist bewegt sie sich wenig und wartet zusammengeringelt im dichten Laubwerk von Büschen und niedrigen Bäumen auf zufällig in Reichweite geratende Beutetiere. In der Nahrung ist sie nicht wählerisch; sie frißt kleine Säugetiere, Vögel, Echsen und Frösche, wobei Geckos Angaben zufolge bevorzugt werden. Waglers Lanzenottern sind ovovivipar und

lich zu sein; Symptome nach einem Biß bleiben meist auf die Bißstelle beschränkt. In ihrer Heimat wird sie nicht gefürchtet, sondern in manchen Gegenden sogar als „Glücksbringer" in Büschen in der Nähe von Häusern ausgesetzt. Auch religiöse Bedeutung kommt ihr zu: eine große Zahl wird ständig im berühmten „Schlangentem-

Jungtiere von *Tropidolaemus wagleri* sind völlig anders gefärbt als erwachsene Exemplare; im Laufe des Wachstums werden sich die kleinen weiß-roten Flecken ausdehnen und die grüne Grundfärbung zunehmend verdrängen. Abgebildet ist ein Jungtier der auf den Philippinen vorkommenden kleinwüchsigen Form.

bringen meist zwischen 12 und 15 Jungtiere zur Welt; diese sind bei der Geburt 15–20 cm lang und besitzen eine typische grasgrüne Jugendfärbung mit Längsreihen kleiner, weiß-rot gefärbter Flekken. Im Laufe des Wachstums wird die grüne Grundfarbe von den sich vergrößernden Flecken zunehmend verdrängt, wobei innerhalb der von den Flecken gebildeten Fläche allmählich die Adultfärbung sichtbar wird.

T. wagleri ist träge, wenig aggressiv und beißt meist nur bei unsanfter Handhabung zu. Auch scheint ihr Gift für den Menschen wenig gefähr-

pel" auf Penang gepflegt, wo die Priester völlig sorglos mit ihnen hantieren.

Haltung: Diese Art kann unter ähnlichen Bedingungen wie für die Chinesische Lanzenotter beschrieben gehalten werden. Wichtig ist eine ständig hohe Luftfeuchtigkeit. Importierte Exemplare sind äußerst anfällig und erkranken meist an Lungeninfektionen; bei ersten Anzeichen (z. B. Atemgeräuschen) ist sofort eine gezielte Behandlung einzuleiten. Als Nahrung werden kleine Nagetiere akzeptiert.

Wirots Lanzenotter
Trimeresurus wiroti

Verbreitung: Südwestliches Thailand.

Lebensraum: Überwiegend von Palmen gebildeter Regenwald.

Wissenswertes: Eine im weiblichen Geschlecht ziemlich gedrungene Schlange, die in der Körpergestalt eher an bodenlebende Grubenottern erinnert; Männchen sind relativ schlank und besitzen eine durch die leicht gekrümmten Schuppenränder rauher wirkende Oberfläche. Typisch für diese Art ist die nach vorn ausgezogene Schnauzenspitze. Auch in der Färbung gibt es geschlechtstypische Unterschiede. Erwachsene Tiere werden – soweit bekannt – nicht länger als 75 cm.

T. wiroti ist eine wenig bekannte, erst 1979 entdeckte Art, die wohl auf ein kleines Verbreitungsgebiet mit sumpfig-feuchten Palmenwäldern beschränkt ist und auch dort nicht häufig vorkommt. Die größeren und gedrungeneren Weibchen halten sich offenbar meist am Boden auf oder klettern höchstens in niedrige Sträucher; die Männchen leben dagegen überwiegend in Bäumen. Die Nahrung besteht aus Säugetieren, Vögeln, Echsen (v. a. Geckos) und Fröschen. Diese Art legt Eier, wobei Gelege gefangener Tiere aus 8 und 14 Eiern bestanden. Sie befinden sich bei der Ablage in fortgeschrittenem Entwicklungszu-

stand, da sie nur noch wenige Wochen bis zum Schlupf der ca. 15 cm langen Jungtiere benötigen. Weibchen ringeln sich während der Entwicklungszeit um die Gelege und verteidigen sie bei Belästigung.

Haltung: Die wenigen bisher in Terrarien gehaltenen Exemplare wurden wie andere baumlebende *Trimeresurus*-Arten gepflegt.

Ein männliches Exemplar von *Trimeresurus wiroti*; man vergleiche die Färbung mit dem oben abgebildeten Weibchen derselben Art.

Die Sumatra-Bambusotter
(*Trimeresurus sumatra-
nus*), eine baumbewoh-
nende blaßgrüne Art mit
rötlich gefärbtem
Schwanzende, ist weit
über die Malaiische Halb-
insel und die indonesi-
sche Inselwelt verbreitet.
In Aussehen und Lebens-
weise ist sie der Indi-
schen Bambusotter (*T.
gramineus*) sehr ähnlich;
sie ernährt sich meist von
kleinen Säugetieren und
Vögeln.

Popes Lanzenotter (*Tri-
meresurus popeorum*) be-
sitzt ein großes Verbrei-
tungsgebiet, das sich von
Nordostindien über Bur-
ma und Thailand bis
nach Sumatra und Bor-
neo erstreckt. Sie be-
wohnt höher gelegene
Regenwälder und kommt
auch in Teeplantagen vor.
Die Würfe dieser ovovivi-
paren Art sind mit bis zu
zwölf Jungtieren relativ
groß.

Grubenottern Mittel- und Südamerikas

Schlegels Lanzenotter (*Bothriechis schlegelii*)

Grüngelbe Lanzenotter
Bothriechis lateralis

Verbreitung: Costa Rica, Panama.

Lebensraum: Bäume und Büsche in hochgelegenem Nebelwald.

Wissenswertes: Eine schlanke Baumschlange mit breitem, stark vom Hals abgesetztem, lanzenförmigem Kopf. Die Färbung ist meist einheitlich blaß- bis blattgrün mit dünnen, gelben Längsstreifen zwischen Rücken- und Bauchschuppen sowie unregelmäßig verteilten, gelblichen Rückenflekken; einzelne Schuppen neben den gelblichen Flecken besitzen blaue und/oder schwarze Ränder. Diese Art wird meist 60–75 cm lang.

Grüngelbe Lanzenottern sind typische Baumbewohner hochgelegener und relativ kühler Nebelwälder. Sie sitzen meist zusammengeringelt im dichten Blattwerk, wobei sie sich mit ihrem Greifschwanz an Ästen etc. festhalten; ein bevorzugter Aufenthaltsort scheint die Basis von Palmenblättern zu sein. In dieser Stellung warten diese recht trägen Tiere auf vorüberkommende Beutetiere (Vögel, Kleinsäuger, Echsen, Frösche etc.), die, wie bei Baumvipern üblich, nach dem Zubeißen festgehalten werden. Wie fast alle amerikanischen Grubenottern sind sie ovovivipar; die Jungtiere sind bei der Geburt ca. 15 cm lang. *B. lateralis* ist wenig aggressiv. Über die Gefährlichkeit ihres Bisses gibt es sehr unterschiedliche Angaben; ein Antiserum ist nicht erhältlich.

Haltung: Siehe *Bothriechis schlegelii*; Tagestemperaturen möglichst nicht über 23 °C.

Honduras-Lanzenotter
Bothriechis marchi

Verbreitung: Honduras.

Lebensraum: Dichte Ufervegetation von Flüssen.

Wissenswertes: Diese schlanke Schlange ist ein weiteres Beispiel für eine ganze Reihe sehr ähnlicher, überwiegend grüner, baumbewohnender *Bothriechis*-Arten. Ihre Färbung ist hellgrün bis türkis, wobei die Bauchseite meist gelblich getönt ist. Die Rückenschuppen mancher Exemplare weisen schwarze Ränder auf. Diese Art wird im Mittel 60 cm lang.

Die überwiegend nachtaktive Honduras-Lanzenotter verbringt den Tag in der üblichen Weise zusammengeringelt in Astgabeln oder an der Basis von Palmwedeln. Sie ernährt sich von kleinen Säugetieren, Vögeln (einschließlich nestjunger Tiere), Echsen und Fröschen. Die 15–17 cm langen Jungtiere kommen voll entwickelt zur Welt, wobei ihre Anzahl von der Größe des Muttertieres abhängt. Jungschlangen finden sich überwiegend in niedrigem Gebüsch, da ihre Hauptnahrung, die aus kleinen Fröschen und Echsen besteht, besonders häufig in Bodennähe vorkommt.

Die taxonomische Bearbeitung der neotropischen Grubenottern ist noch nicht abgeschlossen, und sowohl die Einteilung in Gattungen (*Bothriechis*, *Bothriopsis*, *Porthidium* u. a. wurden früher der Gattung *Bothrops* zugerechnet) als auch in einzelne Arten ist noch umstritten und im Fluß. So wurde *B. marchi* vormals als Unterart von *B. nigroviridis* geführt, einer grün und schwarz gefleckten Art aus Costa Rica und Panama. Eine ähnliche Situation besteht für die sehr attraktiv gefärbte Guatemala-Lanzenotter (*B. aurifer*), die

genannten Formen verwandt ist die ungewöhnlich großköpfige *B. bicolor*, die vor allem bergige Regionen bewohnt und ein ähnliches Verbrei-

Die Guatemala-Lanzenotter (*Bothriechis aurifer*) wird z. T. als Unterart zu *B. nigroviridis* gestellt; ihr Verbreitungsgebiet erstreckt sich vom südöstlichsten Mexiko (Chiapas) bis Guatemala. Typisch sind die unregelmäßigen, z. T. schwarz gerandeten Rückenflecken.

von Chiapas im südöstlichen Mexiko bis Guatemala verbreitet ist; auch sie galt früher als Unterart von *B. nigroviridis*. Vermutlich nahe mit den

tungsgebiet besitzt wie *B. aurifer* (Pazifikküste Südostmexikos bis Guatemala).
Haltung: Siehe *Bothriechis schlegelii*.

Das Verbreitungsgebiet von *Bothriechis bicolor* ist nahezu mit dem von *B. aurifer* identisch. Die „Lanzenform" des großen Kopfes dieser Art ist auf dieser Abbildung deutlich zu erkennen.

378

Schlegels Lanzenotter
Bothriechis schlegelii

Verbreitung: Von Südmexiko über ganz Mittelamerika bis Kolumbien, Ekuador und Westvenezuela.

Lebensraum: Dichte, aus Büschen und Bäumen bestehende Vegetation; häufig an Gewässerufern.

Wissenswertes: Die Körpergestalt dieser Schlange ist ähnlich der anderer *Bothriechis*-Arten, von denen sie sich durch die zwei bis drei zipfelartig verlängerten Schuppen über jedem Auge unterscheidet. Ihre Färbung ist äußerst variabel; viele Tiere sind einfarbig gold- bis zitronengelb, grün oder braun. Exemplare mit dunkler Grundfarbe tragen häufig schwarze oder rote Flecken, während helle Tiere oft weiße, aber auch schwarze oder rote Flecken oder Zickzackmuster tragen können. Die meisten Vertreter dieser Art werden 50–70 cm lang.

Schlegels Lanzenottern sind, wie die meisten Angehörigen dieser Gattung, Baumbewohner mit überwiegend nächtlicher Lebensweise. Sie bevorzugen dichtbewachsene, feuchte Gebiete, kommen aber auch in Bananenpflanzungen und anderem Kulturland vor. Die Nahrung besteht aus kleinen Säugetieren, Vögeln (einschließlich Nesthockern), Echsen und Fröschen; der Beute wird selten aktiv nachgestellt, meist warten diese eher trägen Schlangen, bis ein geeignetes Tier in Reichweite kommt. Nach dem Zubiß werden Beutetiere mit den Zähnen festgehalten und erst nach dem durch Giftwirkung schnell eintretenden Tod verschlungen; beim Schlingakt hängen die Schlangen meist frei vom Ast, wobei sie sich mit dem kräftigen Greifschwanz festhalten – ein Verhalten, das sie mit manchen baumbewohnenden

Eine dunkle, undeutlich gefleckte Farbform von *Bothriechis schlegelii.* Die zipfelförmigen Schuppen über den Augen brachten dieser Art die englische Bezeichnung „Eyelash Viper" (Augenwimpern-Viper) ein. Schlegels Lanzenotter gehört zu den am weitesten verbreiteten Arten baumbewohnender Grubenottern und kommt im gesamten Mittelamerika und weiten Teilen des nördlichen Südamerikas vor.

Riesenschlangen (z. B. *Corallus* spp.) gemeinsam haben. Weibchen bringen pro Wurf zwölf oder mehr voll entwickelte Jungschlangen zu Welt, die den erwachsenen Tieren in Gestalt und Färbung weitgehend gleichen; sie ernähren sich zunächst von kleinen Fröschen, v. a. baumbewohnenden Laubfröschen (Hylidae).

Bißunfälle mit dieser Art kommen hauptsächlich bei Arbeiten in waldnahen Pflanzungen vor, da sie sich bei Annäherung eines Menschen nicht davonmacht, sondern im Vertrauen auf ihre Tarnfärbung sitzenbleibt und im letzten Augenblick zubeißt. Todesfälle scheinen nach dem Biß nicht häufig zu sein, jedoch besitzt ihr Gift – wie auch das vieler anderer amerikanischer Grubenottern – neben hämorrhagisch und gewebszerstörend wirkenden Enzymen auch neurotoxische Bestandteile, so daß nach einem Biß auch allgemeine Symptome wie Schluckbeschwerden, Muskellähmungen etc. auftreten können.

Die manchmal als eigene Art oder Unterart von *B. schlegelii* genannte *B. supraciliaris* gilt heute nur noch als Population von Schlegels Lanzenotter.

Haltung: Schlegels Lanzenotter benötigt hohe, mit ausreichend Kletterästen versehene Terrarien. Wichtig ist eine hohe Luftfeuchtigkeit, die durch leichte Anfeuchtung des Bodengrunds, ein großes Wassergefäß und regelmäßiges Sprühen temperierten Wassers erzeugt werden kann; dabei ist auf eine gute Belüftung des Behälters zu achten. Die Temperatur kann tagsüber um 25 °C betragen und sollte nachts deutlich abfallen. Wasser wird meist in Tropfenform von Blättern etc. aufgenommen. Als Futter werden tote kleine Nagetiere meist akzeptiert. Diese Art ist langlebig (über 16 Jahre) und nicht schwer zu vermehren, wobei – wie bei vielen anderen Tierarten – Männchen und Weibchen nicht ständig zusammen gehalten werden sollten.

380

Amazonas-Lanzenotter
Bothriopsis bilineata

Verbreitung: Amazonas-Gebiete von Kolumbien, Brasilien, Ekuador, Peru und Bolivien; eine isolierte Population im atlantischen Küstenwald Ostbrasiliens.

Lebensraum: Dichte, aus Büschen und Bäumen bestehende Vegetation; häufig an Gewässerufern.

Wissenswertes: Eine schlanke Baumschlange mit großem, deutlich vom Hals abgesetztem Kopf; auffällig sind die großen Lippenschilder. Diese Art ist einfarbig grün, wobei die für den wissenschaftlichen Artnamen verantwortlichen gelblichen Seitenstreifen zwischen Rücken- und Bauchschuppen nicht immer deutlich erkennbar sind. Manche Exemplare sind mit unregelmäßigen gelblichen Flecken versehen. Die östliche

Unterart (*B. b. smaragdina*) ist auf der Oberseite schwarz gefleckt. Erwachsene Tiere werden durchschnittlich 75 cm lang.

B. bilineata ist eine nachtaktive Art, die den Tag zusammengeringelt in dichtem Gezweig oder an der Basis von Palmwedeln verbringt. Die Beute besteht aus kleinen baumbewohnenden Säugetieren, adulten und nestjungen Vögeln, Echsen und Fröschen. Dabei wird der Beute – wie bei vielen anderen baumlebenden Grubenottern – selten aktiv nachgestellt, sondern die Jagd erfolgt vom „Ansitz" auf zufällig vorbeikommende Beutetiere. Die Jungschlangen werden fertig entwickelt zur Welt gebracht. Sie ähneln den erwachsenen Tieren und halten sich zunächst in niedrigeren

Dieses Exemplar von *Bothriopsis b. bilineata* zeigt die typische Ruhehaltung baumbewohnender amerikanischer Lanzenottern; der Körper liegt eng zusammengeringelt auf Ästen, Zweigen etc., wobei der Greifschwanz für eine sichere Verankerung sorgt.

Etagen der Vegetation auf, wo kleine Frösche und Echsen – ihre Hauptnahrung – in größerer Zahl zu erbeuten sind.

Über die Giftwirkung nach Bissen dieser Art ist wenig bekannt, wie überhaupt Angaben über mehr oder weniger schwere Bißfolgen bei verschiedenen Arten südamerikanischer Lanzenottern mit Vorsicht und Skepsis zu beurteilen sind. Manche Arten sind sich derart ähnlich, daß korrekte Identifizierungen vor Ort oft nicht möglich sind; zudem variiert die Giftzusammensetzung vermutlich auch zwischen verschiedenen Populationen einer Art mit großem Verbreitungsgebiet. Alle südamerikanischen Grubenottern sollten als potentiell lebensgefährlich betrachtet und ent-

sprechend gehandhabt werden, zumal die meisten der baumbewohnenden Lanzenottern durch die erhältlichen polyvalenten „Südamerika"-Antiseren nicht abgedeckt sind.

Die Nominatform, *B. b. bilineata*, ist von Venezuela und den Guyana-Ländern bis ins nördliche Brasilien verbreitet. Westlich davon bewohnt die schwarzgesprenkelte Unterart *B. b. smaragdina* den Einzugsbereich des Amazonas in Brasilien, Kolumbien, Ekuador, Peru und Bolivien.

Haltung: Wie *Bothriechis schlegelii*, wobei je nach Herkunft der Individuen wahrscheinlich etwas höhere und gleichmäßigere Temperaturen angezeigt sind.

Lanzenotter
Bothrops asper

Verbreitung: Von Südmexiko über ganz Mittelamerika bis Nord- und Westkolumbien sowie Nordvenezuela; vielleicht auch Trinidad.

Lebensraum: Regenwaldgebiete, Busch- und Kulturland in Gewässernähe; im Tiefland.

Wissenswertes: Eine große, bodenlebende Schlange von schlankem Körperbau mit dreieckigem, deutlich vom Hals abgesetztem Kopf. Die Grundfärbung ist meist gelb- bis graubraun, die Musterung besteht aus zwei Längsreihen dunkler, hell abgesetzter dreieckiger Flecken, deren Spitzen z. T. mit einem dünnen dunklen Längsstreifen auf der Rückenmitte verschmelzen. Die Kopfzeichnung besteht aus breiten dunklen Streifen, die von den Augen schräg nach unten zum Hinterkopf ziehen, und einer Zeichnung in Form einer Pfeil- oder Lanzenspitze, die den größten Teil der Kopfoberseite einnimmt. Die Färbung und Musterung variiert je nach geographischer Herkunft. Oben abgebildet ist ein Jungtier aus Costa Rica; erwachsene Exemplare sind deutlich dunkler gefärbt. Diese Schlange wird im Durchschnitt 1,20 m lang, kann aber in Ausnahmefällen eindrucksvolle Längen von über 2,40 m erreichen; es existieren sogar unbestätigte Berichte von über 3 m langen Schlangen.

Die Verwandtschaftsverhältnisse innerhalb der weitverbreiteten bodenbewohnenden Gattung *Bothrops* sind noch nicht völlig geklärt; die vorgestellte Form wurde früher als Unterart zu der etwas kleiner bleibenden *B. atrox* aus dem Amazonasbecken gestellt, wird gelegentlich auch *B.*

andianus zugeordnet, einer ähnlich gefärbten, aber relativ kleinen Art aus den peruanischen Bergregenwäldern. Mit mehreren weiteren Arten und Unterarten ist dieser „*B. atrox*-Komplex" weit über Mittelamerika und das gesamte tropische Südamerika einschließlich einiger karibischer Inseln (z. B. Trinidad, St. Lucia, Martinique) verbreitet. Die Lebensweise all dieser Formen ist ähnlich. Ihre Aktivität ist nicht streng an eine Tageszeit gebunden, am häufigsten sind sie aber nachts unterwegs. Erwachsene Tiere ernähren sich vorzugsweise von Säugetieren und Vögeln, während Jungschlangen meist kleine Frösche und Echsen fressen; der Beute wird am Waldboden oder zwischen dichter Vegetation aufgelauert oder aktiv nachgestellt. Als Verstecke können alle denkbaren Schlupfwinkel in Bodennähe dienen; manchmal ringeln sich diese Tiere im Vertrauen auf ihre Tarnfärbung auch einfach zwischen Laubansammlungen etc. zusammen. Lanzenottern sind äußerst fruchtbar; große Weibchen können mehr als 70 fertig entwickelte Jungtiere zur Welt bringen, die bei der Geburt bereits ca. 30 cm lang sind. Die Färbung der Jungschlangen entspricht weitgehend der erwachsener Tiere, ist aber im allgemeinen heller und kontrastreicher.

Lanzenottern reagieren bei Störungen meist außerordentlich aggressiv; nach dem bei Grubenottern üblichen Zusammenringeln und Schwanzvibrieren stoßen sie blitzschnell und oft mehrfach hintereinander zu, wobei der schlanke Körper ihnen größere Reichweiten verleiht als den meisten anderen Vipernarten. Sie besiedeln häufig Plantagen in der Nähe von Wald- oder Buschland und sind innerhalb weiter Teile ihres Verbreitungsgebietes die von der einheimischen Bevölkerung am meisten gefürchteten Giftschlangen; auf manchen karibischen Inseln (z. B. Martinique), wo ihnen die kreolische Bezeichnung „Fer de Lance" verliehen wurde, verursachten sie früher den Tod zahlloser Arbeiter in Zuckerrohrplantagen. Die Sterblichkeit nach unbehandelten Bissen ist hoch; das Gift enthält hochwirksame Hämorrhagine, die die Wände der Blutgefäße zerstören, sowie Faktoren, die die Gerinnungsfähigkeit des Blutes aufheben. Neben massiven lokalen Schwellungen und Hämorrhagien an der Bißstelle kommt es häufig zu unstillbaren inneren Blutungen (z. B. des Magen-Darm-Kanals); nicht selten stellen Gehirnblutungen die letztliche Todesursache dar. Verschiedene Antiseren sind erhältlich.

Verwandte Arten von ähnlicher Reputation und Lebensweise sind die farblich variable Jararaca (*B. jararaca*), die das östliche Südamerika von Südbrasilien bis Nordargentinien bewohnt und vorwiegend in trockenen Savannen zu finden ist, und die kontrastreich schwarz und gelb gefärbte Jararacussu (*B. jararacussu*) aus Feuchtgebieten und Regenwäldern Südbrasiliens und Paraguays.

Haltung: Die bodenlebenden *Bothrops*-Arten stellen keine ungewöhnlichen Ansprüche an die Unterbringung, wobei Versteckmöglichkeiten am Boden wichtiger sind als Kletteräste; auch ihre Vermehrung ist meist problemlos. Wegen ihrer Schnelligkeit und der ernsten Folgen von Bissen dieser Tiere sollte ihre Haltung Einrichtungen mit erfahrenem Personal vorbehalten sein. Nach Bissen der genannten *Bothrops*-Arten besteht immer Lebensgefahr, woran auch das im heimischen Kühlschrank gelagerte Antiserum nicht viel ändert; die Antiserum-Behandlung kann für sich allein schon schwere Gesundheitsschäden durch allergische Reaktionen nach sich ziehen.

Halbmond-Lanzenotter
Bothrops alternatus

Verbreitung: Südbrasilien, Paraguay, Nordargentinien, Uruguay.

Lebensraum: Offene Wälder oder Waldränder, stets in der Nähe von Sümpfen, Seen oder Fließgewässern.

Wissenswertes: Eine relativ gedrungene Art mit der für Lanzenottern typischen Kopfform. Die Grundfärbung ist dunkelgrau bis rotbraun, das Muster besteht aus dunkelbraunen bis schwarzen, weißlich gerandeten Flecken, die manchmal Halbmonden oder Pfeilen ähneln und z. T. am Rücken miteinander verschmelzen. Der Kopf ist ebenfalls lebhaft schwarz-weiß gezeichnet. Diese Art wird 1,20 m bis 1,50 m lang, wobei die Weibchen größer und gedrungener sind als Männchen.

Halbmond-Lanzenottern sind nachtaktiv und verbringen den Tag in Tierbauen, hohlen Baumstämmen und anderen bodennahen Verstecken. Sie ernähren sich vorwiegend von Nagetieren, auf die sie in der Nähe von vielbenutzten Wechseln zusammengeringelt warten; nach dem Biß werden die Beutetiere losgelassen und mit Hilfe des Geruchssinnes entlang der Duftspur verfolgt. Die neugeborenen Jungschlangen sind 20–25 cm lang und kontrastreicher gefärbt als ältere Tiere; ihre Anzahl hängt von der Größe des Muttertiers ab. Bisse von *B. alternatus* führen in der Regel zu schweren Gewebsnekrosen; die Sterblichkeit scheint aber geringer zu sein als nach Bissen anderer *Bothrops*-Arten. Entsprechende Antiseren werden in Südamerika hergestellt.

Haltung: Siehe *Bothrops asper*.

Buschmeister
Lachesis muta

Verbreitung: Von Südnikaragua über das nördliche und östliche Südamerika, im Süden etwa bis Rio de Janeiro.

Lebensraum: Bodenbereich von Tiefland- und Bergregenwäldern.

Wissenswertes: Eine sehr große Grubenotter mit relativ gedrungenem Körper und breitem, flachem Kopf, der sich aber nicht so deutlich vom Hals absetzt wie bei Lanzenottern. Die kleinen Augen besitzen – außergewöhnlich für Vipern – runde statt vertikal-schlitzförmige Pupillen. Die Körperschuppen sind perlen- oder knotenartig verdickt und verleihen dieser Art ein klapperschlangenartiges Äußeres; statt einer Schwanzrassel ist jedoch nur ein Hornstachel vorhanden. Auf gelblichem, rötlichem oder graubraunem Grund finden sich seitlich große, verschieden geformte, schwarze Flecke mit meist hellem Rand und hel-lem Zentrum; vom Auge zieht ein schwarzes Band nach hinten. Dies ist nach der Königskobra (*Ophiophagus hannah*) die zweitlängste Giftschlangenart und die längste aller Vipern; während die meisten Exemplare ca. 2,40 m erreichen, sind Tiere von über 3,50 m Länge bekannt geworden.

Buschmeister sind außerordentlich scheue Tiere, die sich tagsüber zwar manchmal in der Sonne wärmen, vorwiegend aber in der Nacht aktiv sind. Sie verstecken sich am Boden unter Wurzeln, in hohlen Stämmen etc. Die Hauptnahrung bilden kleine Nagetiere, gelegentlich auch Vögel oder andere Wirbeltiere. *L. muta* ist die einzige Art neuweltlicher Grubenottern, die Eier legt, wobei ein durchschnittliches Gelege aus etwa zwölf Eiern besteht. Die Jungtiere schlüpfen nach einer Entwicklungszeit von ca. zweieinhalb

Monaten; sie sind dann etwa 30 cm lang und lebhafter gefärbt als ältere Tiere. Angeblich werden die Gelege von den Weibchen bewacht und das Nestterritorium verteidigt; Berichte über aggressive Buschmeister beruhen vielleicht auf solchen Situationen.

kens bis in die Guyana-Länder und nach Trinidad verbreitet. Die dunkler gefärbte Unterart *L. m. stenophrys* bewohnt Waldgebiete von Costa Rica bis Panama; die vor wenigen Jahren beschriebene

Lachesis muta stenophrys, eine Unterart des Buschmeisters aus den Waldgebieten Costa Ricas und Panamas; sie ist deutlich dunkler gefärbt als die in Südamerika weit verbreitete Nominatform.

Diese Art lebt sehr versteckt, bewohnt oftmals kühle, neblige Bergwälder und ist auch in geeigneten Biotopen nirgends häufig; Bißunfälle mit menschlicher Beteiligung sind aufgrund dieser Faktoren ziemlich selten. Zwar werden große Mengen von Gift produziert und von den bis zu 3,5 cm langen Giftzähnen tief ins Gewebe eingebracht, doch ist das Gift dieser Art für den Menschen weniger toxisch als das der meisten anderen amerikanischen Grubenottern. Unbehandelte Bisse großer Exemplare können beim Menschen zum Tode führen, aber die Reputation des Buschmeisters als tödliche Gefahr des Dschungels ist eher auf die an der eindrucksvollen Größe dieser Tiere sich entzündende Fantasie mancher „Tropenforscher" zurückzuführen als auf die biologischen Realitäten.

Die auf S. 386 abgebildete Nominatform (*L. m. muta*) ist von Westekuador und -peru über das gesamte Südamerika nördlich des Amazonasbek-

L. m. melanocephala ist auf die Peninsula de Osa im Südwesten Costa Ricas beschränkt und gilt als aggressiv. Die am weitesten südlich vorkommende Form, *L. m. rhombeata*, bewohnt – weitab vom übrigen Areal – die atlantischen Waldgebiete Ostbrasiliens.

Haltung: Buschmeister gelten als schwierig zu haltende Tiere, was jedoch einerseits auf Erfahrungen mit unsachgemäß gefangenen und transportierten Exemplaren, andererseits auf falsche Vorstellungen von den Ansprüchen dieser Art an ihren Lebensraum zurückgeht. Buschmeister aus kühlen Biotopen sollten bei ca. 20 °C gehalten werden, wobei ein großes Wassergefäß und – zumindest unmittelbar vor der Häutung – hohe Luftfeuchtigkeit wichtig sind. Auch am Tage sollten Terrarien für diese dunkelheitsliebende Art nur schwach beleuchtet sein; ausreichend dunkle Verstecke sind eine Selbstverständlichkeit. Als Futter werden vorzugsweise frisch getötete Ratten genommen. Die Nachzucht dieser eindrucksvollen Tiere ist schon mehrfach gelungen.

Wellenband-Lanzenotter
Ophryacus undulatus

Verbreitung: Südliches Mexiko (Oaxaca, Puebla).
Lebensraum: Felsige, buschbestandene Berghänge und Schluchten in der Nähe von Gewässern.
Wissenswertes: Eine mäßig schlanke Grubenotter mit typischem „Lanzenottern-Kopf", der über jedem Auge eine zipfelartig verlängerte Schuppe trägt. Die Grundfarbe ist silbergrau, das Rückenmuster besteht aus schwärzlichen Flecken, die meist zusammenfließen und ein Wellenband bilden; die Oberseite des Kopfes ist ebenfalls dunkel. *O. undulatus* wird ca. 60 cm lang.

Eine seltene Art, über deren Lebensweise im Freiland noch sehr wenig bekannt ist. Sie lebt nicht ausschließlich auf Bäumen und Büschen, versteckt sich aber am Tage meist in dichtem Gestrüpp oder im Gewirr von Schlingpflanzen. In Gefangenschaft frißt diese Art bereitwillig Mäuse; ihre natürliche Nahrung unterscheidet sich vermutlich nicht von der anderer Grubenottern. *O. undulatus* ist ovovivipar.

Auch diese Art wurde früher der fast alle südamerikanischen Grubenottern umfassenden Gattung *Bothrops* zugerechnet; seit nicht allzu langer Zeit steht sie als einzige Art in der monotypischen Gattung *Ophryacus*, wobei die Abspaltung der Gattungen *Ophryacus*, *Bothriechis* u. a. von der alten Gattung *Bothrops* in dieser Form noch nicht von allen Taxonomen akzeptiert wird; weitere Untersuchungen über die tatsächlichen Verwandtschaftsverhältnisse der südamerikanischen Lanzenottern sind deshalb notwendig und werden in Zukunft vielleicht weitere Namensänderungen nach sich ziehen.
Haltung: Ähnlich wie *Bothriechis schlegelii*.

Barbours Lanzenotter
Porthidium barbouri

Verbreitung: Südliches Mexiko (Sierra Madre del Sur).

Lebensraum: Nadelwälder felsiger Gebirgsgegenden.

Wissenswertes: Eine kleine, relativ gedrungene Grubenotter von schwärzlicher Grundfärbung; die Musterung besteht aus einem undeutlichen, nicht bei allen Exemplaren erkennbaren zickzackförmigen Rückenband, das sich in Gestalt dreieckiger Ausläufer auf die Körperseiten ausdehnt. An den unteren Flanken sind zusätzlich kleine, dreieckige Flecken vorhanden. Die Kopfseiten sind, wie auch die Haut zwischen den Körperschuppen, auffällig rostrot. Diese Art wird vermutlich nicht länger als 60 cm.

Barbours Lanzenotter ist eine Gebirgsform, die in ca. 2700 m Höhe vorkommt. Aufgrund ihres abgelegenen und unwirtlichen Lebensraums ist sehr wenig über die Biologie dieser Schlange im Freiland bekannt. Sie lebt am Boden und ist tagsüber aktiv, um die Sonnenstrahlung zur Aufrechterhaltung ihrer „Betriebstemperatur" zu nutzen. Aufgrund von Gefangenschaftsbeobachtungen ist bekannt, daß diese Art willig Mäuse und andere Nagetiere frißt; im Freiland erbeutet sie vermutlich auch Amphibien. Sie ist ovovivipar, wobei es allerdings keine verläßlichen Angaben über Wurfzahlen oder Größe der Jungtiere gibt.

Haltung: Lebende Exemplare dieser Art sind höchst selten erhältlich, so daß es kaum Erfahrungen mit der Haltung dieser Art gibt; aufgrund ihres Lebensraums ist sie wohl ähnlich zu behandeln wie die Aspisviper (*Vipera aspis*) oder die Europäische Hornotter (*V. ammodytes*).

Godmans Lanzenotter
Porthidium godmani

Verbreitung: Südlichstes Mexiko (Oaxaca und Chiapas) bis Panama.

Lebensraum: Felsige, grasbewachsene Berghänge und Waldränder im Bergland.

Wissenswertes: Eine kleine, gedrungene Grubenotter mit dreieckigem, deutlich vom Hals abgesetztem Kopf. Die Färbung ist – je nach Herkunft – variabel und besteht meist aus unregelmäßigen dunklen Flecken auf grauem bis dunkelbraunem Grund. Manche Populationen aus Costa Rica sind rötlich gefärbt. Ein kräftiges dunkles Band zieht sich vom Auge zum Hinterkopf; die Kopfoberseite ist meist braun. Große Exemplare können 60 cm Länge erreichen, die meisten Tiere bleiben jedoch kleiner.

Diese Art kommt bis in hohe Gebirgslagen vor, wobei die Tiere des Hochlandes überwiegend tagaktiv, diejenigen aus tieferen Lagen mehr nachts unterwegs sind und sich tagsüber unter totem Holz etc. verstecken. Häufig lassen sie sich beim Aufwärmen in der Sonne beobachten, wozu diese überwiegend am Boden lebenden Tiere auch niedrige Büsche erklettern. Die Nahrung besteht v. a. aus Nagetieren und kleinen Echsen, gelegentlich auch aus Fröschen. Pro Wurf werden bis zu zehn voll entwickelte Jungtiere geboren, die ca. 14 cm lang sind; die Wurfzahl hängt von der Größe des Muttertieres ab. *P. godmani* ist meist erregbarer Natur, vibriert bei Störungen wie ihre Verwandten heftig mit dem Schwanz und stößt vehement zu. Bisse dieser Art sind angeblich weniger gefährlich.

Haltung: Ähnlich wie *P. barbouri* oder südeuropäische *Vipera*-Arten.

Gehörnte Lanzenotter
Porthidium melanurum

Verbreitung: Südmexiko (Puebla, nördliches Oaxaca).

Lebensraum: Trockenes, felsiges oder sandiges Gelände an oder in unmittelbarer Nähe von Berghängen.

Wissenswertes: Eine kleine, etwas gedrungene Grubenotter, die in Gestalt und Färbung sehr an einige europäisch-asiatische *Vipera*-Arten erinnert. Die Überaugenschilder sind verlängert und bilden kurze, breite „Hörnchen". Die Grundfarbe variiert von grau (oft mit beigemengten Rosttönen) bis zu schmutzig-orange; die Musterung besteht aus einer Serie dunkelgrauer bis schwarzer, eckiger Rückenflecken, die sich zu einem zickzackförmigen Längsband vereinigen. Zusätzliche Fleckenreihen befinden sich an den Körperseiten. Der Schwanz ist schwarz, z. T. mit heller Zeichnung, und farblich scharf vom Rumpf abgesetzt. Die durchschnittliche Länge erwachsener Tiere beträgt ca. 60 cm.

Über die Lebensweise Gehörnter Lanzenottern ist nur wenig bekannt. Sie bewohnen felsige Trockengebiete, sind dämmerungs- oder nachtaktiv und verbergen sich am Tage in Felsspalten und ähnlichen Verstecken. Gelegentlich vergraben sie sich oberflächlich im lockeren Sand, wobei die Augen mit Hilfe der „Hörnchen" von Flugsand freigehalten werden. Ihre hauptsächliche Beute besteht aus kleinen Nagetieren und Echsen. Die Jungtiere kommen fertig entwickelt zur Welt und sind in der Färbung den älteren Tieren außerordentlich ähnlich.

Die überwiegend kleinen, unauffällig gefärbten und am Boden lebenden Grubenottern der Gat-

Eine dunkelgraue Farbform von *Porthidium melanurum*. Wie alle bodenbewohnenden Schlangen aus Trockengebieten passen sich die einzelnen Populationen farblich an den im jeweiligen Areal vorherrschenden Bodentyp an.

tung *Porthidium* wurden bis vor kurzem noch der damals mehr als 65 Arten enthaltenden Sammelgattung *Bothrops* zugerechnet.

Haltung: Diese Art benötigt trockene, gut belüftete Terrarien mit ausreichend dunklen Versteckmöglichkeiten. Die Lufttemperatur sollte tagsüber ca. 25–26 °C betragen und nachts etwas abfallen. Kleine tote Nagetiere werden als Futter akzeptiert. *P. melanurum* ist höchst selten in Terrarien zu sehen; Berichten zufolge wurde diese Art mehr als vier Jahre lang in Gefangenschaft gehalten.

Stülpnasen-Lanzenotter
Porthidium nasutum

Verbreitung: Von Südmexiko entlang der Ostküste Mittelamerikas bis Kolumbien und Ekuador.

Lebensraum: Offene, feuchte Waldgebiete.

Wissenswertes: Diese Art gehört zu den kleinsten aller Lanzenottern. Sie ist mäßig gedrungen mit länglichem, pfeilförmigem Kopf, der sich deutlich vom Hals absetzt und dessen Schnauzenspitze nach oben gebogen ist. Ihre Grundfarbe ist dunkel- bis hell rotbraun. Die meisten Exemplare besitzen ein hellbraunes Längsband entlang der Rückenmitte; seitlich davon befinden sich abwechselnd helle und dunkle Flecken. Ein breites dunkles Band zieht sich vom Auge nach hinten. Erwachsene Exemplare sind durchschnittlich 45 cm lang, die Maximallänge liegt vermutlich bei ca. 60 cm.

Die Aktivitätsperiode dieser Art ist nicht streng fixiert und kann je nach Temperatur- und Witterungsverhältnissen tagsüber oder nachts liegen. Obwohl sie bis in relativ trockene Gebiete vordringt, benötigt sie Verstecke mit einem gewissen Feuchtigkeitsgehalt (z. B. Mauerritzen, verrottende Vegetation etc.); Stülpnasen-Lanzenottern finden sich z. B. häufig in überwucherten Ruinen präkolumbianischer Tempel- und anderer Steinbauten. Ihre Nahrung besteht aus kleinen Nagetieren und Echsen. Über die Fortpflanzungsbiologie dieser ovoviviparen Art ist kaum etwas bekannt.

Das Areal von *P. nasutum* überlappt sich teilweise mit dem einer anderen, sehr ähnlich aussehenden Art, *P. lansbergii*. Letztere bewohnt trockene-

re Lebensräume und ist mit zwei Unterarten im nördlichen Südamerika verbreitet. Die Nominatform (*P. l. lansbergii*) bewohnt die Halbwüsten von Südpanama und der kolumbianischen Ostküste bis Westvenezuela, *P. l. rozei* kommt in ähnlichen Biotopen in Nordvenezuela vor.

Haltung: Beide genannten Arten sind seltene Gäste in Terrarien. Sie benötigen dunkle, enge Versteckmöglichkeiten, in denen sie sich die meiste Zeit aufhalten. *P. nasutum* bevorzugt mäßig feuchte Behälter bei ca. 23 °C Tagestemperatur, während für *P. lansbergii* die Temperatur etwas höher und die Feuchtigkeit geringer sein sollte. Beide Arten fressen kleine Mäuse.

Spring-Lanzenotter
Porthidium nummifer

Verbreitung: Mittelamerika (Zentralmexiko bis Panama).

Lebensraum: Regenwald, bewaldete Berghänge, Plantagen.

Wissenswertes: Eine außerordentlich gedrungene kleine Grubenotter, deren Färbung grau, beige oder braun sein kann; die Musterung besteht aus eckigen, mit feinen schwarzen Linien scharf von der Grundfärbung abgesetzten dunkelbraunen Flecken auf Rücken und Körperseiten. Die Oberseite des Kopfes ist einfarbig hellbraun, während sich von jedem Auge zwei Streifen nach hinten und unten ziehen. *P. nummifer* wird durchschnittlich 50–60 cm lang.

Diese weitgehend in der Dämmerung oder nachts aktive Art wärmt sich tagsüber in der Sonne oder versteckt sich unter totem Holz, in Laubhaufen oder ähnlichem. Ihrer Beute, die hauptsächlich aus kleinen Nagetieren, seltener aus Echsen und Fröschen besteht, lauert sie meist unbeweglich auf. *P. nummifer* ist ovovivipar; die Jungschlangen sind bei der Geburt ca. 13–15 cm lang und ernähren sich zunächst von kleinen Fröschen und Echsen.

Der Name „Spring-Lanzenotter" bezieht sich auf das energische Abwehrverhalten dieser kleinen Schlange, die mit solcher Vehemenz (meist mehrmals hintereinander) zustößt, daß sie manchmal dabei in die Luft schnellt.

Von dieser Art sind drei Unterarten bekannt; die Nominatform, *P. n. nummifer*, kommt in Zentral- und Südmexiko vor, die oben abgebildete *P. n. occiduus* bewohnt Westguatemala und El Salvador und *P. n. mexicanus* ist im küstennahen Tiefland der atlantischen Seite von Südmexiko bis Panama verbreitet.

Haltung: Da sich diese Art gerne im Laub versteckt, sollte das Terrarium mit einer dicken Schicht trockener Blätter ausgelegt sein; die Temperatur sollte am Tage ca. 25 °C betragen.

Westliche Stülpnasen-Lanzenotter
Porthidium ophryomegas

Verbreitung: Westliches Mittelamerika (entlang der pazifischen Küste von Guatemala bis Panama).

Lebensraum: Felsige, trockene Berghänge.

Wissenswertes: Trotz des Namens dieser Art ist ihre Schnauzenspitze nicht deutlich aufgeworfen, wie etwa bei *P. nasutum*. Die Grundfärbung variiert und ist der im jeweiligen Gebiet vorherrschenden Bodenfarbe angepaßt; sie ist meist grau, kann aber ins Gelbliche oder Rötliche gehen. Als Musterung sind mehrere Längsreihen dunkelgrauer bis schwarzer Flecken vorhanden. *P. ophryomegas* wird meist ca. 60 cm, selten bis 75 cm lang.

Während der kühleren Jahreszeit wärmt sich diese Art oft tagsüber in der Sonne, ist aber meist nachts unterwegs und durchstöbert Ritzen und Spalten am Boden nach Beutetieren; ihre Nahrung besteht hauptsächlich aus kleinen Nagetieren und Echsen. Die durchschnittlich 15 cm langen Jungschlangen werden vollständig entwickelt geboren und erbeuten zunächst kleine Echsen.

Wie *P. nummifer* geht auch diese Art bei der Verteidigung äußerst temperamentvoll vor und beißt wild um sich, wobei der Körper oftmals weit nach vorne schnellt.

Haltung: *P. ophryomegas* wird nur selten in Terrarien gehalten. Sie benötigt trockene Behälter mit dunklen Versteckmöglichkeiten am Boden. Die Lufttemperatur sollte am Tage bis 26 °C betragen und nachts um einige Grade abfallen. Als Nahrung werden – wie von den meisten *Porthidium*-Arten – frischtote kleine Mäuse akzeptiert. Sie lebte in Gefangenschaft mehr als fünf Jahre.

Klapperschlangen

Basiliskenklapperschlange (*Crotalus b. basiliscus*)

Östliche Diamantklapperschlange
Crotalus adamanteus

Verbreitung: Südöstliche USA (North Carolina bis Mississippi, im Küstenbereich).

Lebensraum: Lichte Kiefern- und Eichenwälder mit Sandboden, verwildertes Kulturland; nur im Tiefland (bis 150 m Höhe).

Wissenswertes: Eine eindrucksvolle, gedrungene Schlange, deren Grundfärbung von schwarzbraun bis oliv und grau variiert. Auf dem Rücken befindet sich eine Längsreihe großer, querliegender, dunkler Rautenflecken, die schmal weißlich bis goldfarben gesäumt sind. Die Kopfseiten sind mit je zwei schrägen weißlichen Streifen gezeichnet; die Schnauzenspitze trägt vertikale Streifen. Der Schwanz weist manchmal eine schwarzweiße Ringelung auf. Die meisten Tiere erreichen ca. 1,20 m Länge, obwohl Exemplare von über 2,40 m bekannt wurden; derart große Tiere sind aber nur

noch in Gebieten zu finden, die fernab von jeglicher menschlicher Aktivität liegen.

Über die Biologie dieser größten, schönsten und (abgesehen von *C. durissus*) vermutlich gefährlichsten Klapperschlange gibt es erstaunlich wenige Daten; offenbar liegt der menschliche Ehrgeiz primär darin, diese Art möglichst schnell von der Erde verschwinden zu lassen. Lediglich in jüngster Zeit gibt es Versuche, mit Hilfe implantierter Sender mehr über ihre Lebensweise zu erfahren.

Sie kommt am frühen Morgen und am Nachmittag häufig zum Aufwärmen in der Sonne aus ihren Schlupfwinkeln (Erdlöcher, Höhlen der Gopherschildkröte, dichte Vegetation etc.), ist aber zumindest in den warmen Monaten des Jahres vorwiegend nachtaktiv. Die Nahrung wird z. T.

aktiv aufgestöbert, z. T. durch Auflauern an vielbenutzten Wechseln erbeutet und besteht hauptsächlich aus kleinen Säugetieren wie Kaninchen, Erdhörnchen und Reisratten (*Oryzomys palustris*); gelegentlich werden auch Vögel gefressen. Die Beutetiere werden dabei meist gebissen und sofort wieder losgelassen; die Schlange folgt anschließend der Duftspur des durch die Giftwirkung verendenden Tiers. Die Geburten finden zwischen Juli und Oktober statt; ein Wurf besteht aus bis zu 20 Jungschlangen, die bei der Geburt bereits 30–35 cm lang sind.

und bewegt sich in dieser Positur rückwärts auf den nächsten Schlupfwinkel zu, in dem sie dann rasch verschwindet. Ihr äußerst wirksames Gift wirkt überwiegend hämorrhagisch und gewebszerstörend in der Umgebung der Bißstelle; in einem solchen Bluterguß können mehrere Liter Blut gebunden sein, so daß der Tod ohne geeignete Behandlung oft durch Kreislaufversagen eintritt.

Die meisten *Crotalus*-Arten genießen in ihrer Heimat keinerlei gesetzlichen Schutz, und ihre Bestände gehen durch großflächige Zerstörung ihres Lebensraums drastisch zurück; die sinnlose-

Ein albinotisches Exemplar der Östlichen Diamantklapperschlange (*Crotalus adamanteus*). Derartige Mutationen kommen bei dieser Art äußerst selten vor. Von der Musterung ist lediglich die gelbliche Begrenzung der Rautenflecken deutlich erkennbar.

Bei Bedrohung versucht *C. adamanteus* stets, sich von der Gefahrenquelle zurückzuziehen. Dabei ringelt sie sich, mit gekrümmtem Hals zum Zustoßen bereit, rasselt mit der Schwanzklapper

ste Vernichtung geschieht jedoch durch die in vielen US-Staaten jährlich stattfindenden „Rattlesnake Roundups".

Haltung: Siehe *Crotalus atrox*.

Westliche Diamantklapperschlange
Crotalus atrox

Verbreitung: Nordmexiko und südwestliche Staaten der USA (im Osten bis Arkansas).

Lebensraum: Verschiedene Biotope in Trockengebieten, vom Tiefland bis in über 2000 m Höhe.

Wissenswertes: Eine große Art von ähnlicher Gestalt wie *C. adamanteus*, mit der sie nahe verwandt ist. Die Grundfärbung hängt – wie bei den meisten Schlangen aus Trockengebieten mit spärlicher Vegetation – von der im jeweiligen Gebiet vorherrschenden Bodenfarbe ab und kann grau, gelbbraun oder rötlich sein. Die Musterung besteht aus einer Reihe großer, querliegender, dunkler Rückenflecken, die hell gerandet sind und Rauten- oder Sechseckgestalt haben. Die Zeichnung ist durch unregelmäßig eingestreute dunkle Sprenkel meist weniger deutlich als bei der Östli-

chen Diamantklapperschlange (wir stoßen hier auf ein weiteres Beispiel eines eingebürgerten, aber unsinnig übersetzten deutschen Namens: die Bezeichnung „Diamondback Rattlesnake" bezieht sich auf die Form der dunklen Rückenflecken [diamond = Raute]; da der deutsche Begriff „Diamant" lediglich das Mineral bezeichnet, macht der Name „Diamantklapperschlange" keinerlei Sinn). Der Schwanz ist mit breiten schwarzen und weißen Ringen versehen. Diese Art wird durchschnittlich 1,20 m lang, wobei einzelne Exemplare auch über 2,10 m erreichen können.

Westliche Diamantklapperschlangen sind vorwiegend in der Nacht unterwegs, können aber zumindest im Frühjahr und im Herbst auch tagsüber beim Aufwärmen in der Sonne beobachtet werden. Die Nahrung besteht aus einem breiten Spektrum kleiner Säugetier- und Vogelarten, die in ähnlicher Weise erbeutet werden, wie bei *C. adamanteus* beschrieben. Die Weibchen bringen im Spätsommer bis zu 25 Jungschlangen zur Welt, die bei der Geburt ca. 30 cm lang sind. Weibliche Tiere werden erst im Alter von drei Jahren geschlechtsreif. Die kalte Jahreszeit verbringt *C. atrox* zusammen mit anderen Schlangenarten (z. B. Kupferköpfen, Peitschennattern und Bullennattern) unterirdisch in frostfreien Tiefen von Felsspalten, tiefen Erdhöhlen etc. Die Paarungen finden nach dem Erwachen aus der Winterruhe statt.

Nähe größerer und kleiner Städte vor, wo es häufig mit dem Menschen zu zwischenartlichen Konflikten kommt, die praktisch immer zu Ungunsten der Schlange enden. Die sich an bekannten Winterquartieren versammelnden Tiere werden Opfer von Zielübungen schießwütiger Zeitgenossen, und durch die als Touristenattraktion stattfindenden „Rattlesnake Roundups" wurden lokale Populationen z. T. ausgerottet, so daß anderswo gefangene Klapperschlangen ausgesetzt werden, um die makabre Freizeitgestaltung weiterführen zu können.

Haltung: Die Haltung einer derart gefährlichen Art ist in Wohnzimmerterrarien mit meist be-

Eine Überwinterungsstelle in Zentraltexas, die jedes Jahr von zahlreichen Klapperschlangen, Kupferköpfen und Peitschennattern aufgesucht wird; der Kalkstein weist zahlreiche Spalten und Hohlräume auf, die sich bis in frostfreie Tiefen erstrecken und den Tieren ein gefahrloses Überwintern ermöglichen.

Bei Störungen versucht diese Art nicht immer zu fliehen, sondern verbleibt oft an Ort und Stelle, wo sie heftig mit dem Schwanz rasselt und mit angehobenem und in S-förmige Schlingen gelegtem Vorderkörper zum Zustoßen bereit ist. Bisse dieser Art sind ähnlich gefährlich wie die ihrer östlichen Verwandten und verlaufen auch bei ärztlicher Behandlung nicht selten tödlich. *C. atrox* kommt innerhalb ihres von trockenem Klima geprägten Verbreitungsgebietes auch in der

grenzten Sicherheitsvorkehrungen wenig sinnvoll; Wildfänge bleiben meist aggressiv und scheu. Benötigt werden trockene Behälter mit großer Grundfläche, dunklem Versteck, Zugang zu Wasser und rauhem Stein oder Holzstück als Hilfe bei der Häutung. Die Temperatur sollte 23–27 °C (mit nächtlicher Abkühlung) betragen; als Futter werden tote Nagetiere akzeptiert. Exemplare dieser Art wurden schon länger als 26 Jahre im Terrarium gehalten!

Basiliskenklapperschlange
Crotalus basiliscus

Verbreitung: Westmexiko (von Sonora bis Michoacan; Oaxaca).

Lebensraum: Trockene Kakteenwälder und Buschland in Küstennähe, auch Felsenschluchten etc.

Wissenswertes: Eine große, mäßig gedrungene Klapperschlange. Die Angehörigen der meisten Populationen sind sehr hell, wobei die Grundfärbung von hellbraun bis blaßgrün variiert. Die Rückenzeichnung besteht aus einer Reihe großer, rautenförmiger brauner Flecken mit hellem Zentrum, die bis weit auf die Körperseiten reichen und meist spitz auslaufen. Sie sind von einer weißen Schuppenreihe begrenzt; in der Körpermitte sind sie am deutlichsten ausgeprägt, während sie zum Kopf und Schwanz hin zunehmend undeutlich werden. An den Seiten befinden sich zusätzlich kleinere, unregelmäßige, braune Flekken. Der Schwanz ist meist dunkelgrau und zeigt ein Muster aus unscharf begrenzten Ringeln. *C. basiliscus* wird durchschnittlich 1,20 m bis 1,50 m lang, wobei einzelne Exemplare aber auch deutlich über 2 m erreichen können.

Basiliskenklapperschlangen sind meist in der Dämmerung aktiv, gehen aber in der heißen Jahreszeit vollständig zu nächtlicher Lebensweise über. Tagsüber verbergen sie sich in verlassenen Tierbauen, Felsspalten etc., aus denen sie nur gelegentlich herauskommen, um sich in der Sonne aufzuwärmen. Während und nach heftigen Regenfällen verlassen sie meist ihre Schlupfwinkel und kriechen umher. Ihre Nahrung besteht vorwiegend aus kleinen Säugetieren, gelegentlich werden auch Vögel verspeist. Große Weibchen

Crotalus basiliscus oaxacus, eine dunkel gefärbte Unterart der Basiliskenklapperschlange; sie ist in ihrer Verbreitung auf ein kleines, durch menschliche Aktivitäten bedrohtes Areal in Oaxaca (Südwestmexiko) beschränkt, wo sie aus Kiefern und Eichen bestehende Bergwälder bewohnt.

sollen bis zu 60 Jungtiere zur Welt bringen können; diese sind bei der Geburt ca. 35 cm lang. In Gefangenschaft fressen sie zunächst junge Mäuse, während ihre erste Nahrung im Freiland vermutlich auch aus kleinen Echsen besteht.

Bei Störungen soll diese Art dem Menschen gegenüber weit weniger aggressiv sein als die ähnlich großen nordamerikanischen Arten *C. atrox* und *C. adamanteus*; dafür spricht auch, daß sie in Gefangenschaft meist schnell zahm wird.

Von *C. basiliscus*, die auch als „Mexikanische Westküstenklapperschlange" bezeichnet wird, sind zwei Unterarten bekannt. Die auf S. 402 abgebildete Nominatform (*C. b. basiliscus*) kommt entlang der mexikanischen Pazifikküste von Sonora bis Michoacan vor. Davon geographisch isoliert ist die Unterart *C. b. oaxacus*, die in

ihrer Verbreitung auf gebirgige Gegenden im südmexikanischen Oaxaca beschränkt ist. Sie ist dunkler und weniger kontrastreich gefärbt als die Nominatform, wobei das Rautenmuster meist nur noch anhand der weißen Ränder zu erkennen ist. Durch fortschreitende Zerstörung ihres vormals bewaldeten Lebensraums ist das Areal dieser Unterart bereits stark geschrumpft.

Haltung: Ähnlich wie *Crotalus atrox*, wobei sich diese Art besser an das Leben in Gefangenschaft anpaßt; v. a. Nachzuchttiere werden verhältnismäßig ruhig, was im Umgang jedoch niemals zur Sorglosigkeit Anlaß geben sollte. Mit vermeintlich „zahmen" Giftschlangen passieren vermutlich mehr Unfälle als mit ständig aggressiven Tieren, vor denen man sich ohnehin in acht nimmt.

Seitenwinderklapperschlange
Crotalus cerastes

Verbreitung: Nordwestmexiko (Sonora, Teile von Baja California) bis Südostkalifornien und Südnevada.

Lebensraum: Trockenes, sandiges Buschland bis Sandwüste.

Wissenswertes: Eine von der Körpergestalt her typische Klapperschlange mit einem auffälligen dreieckigen Höcker über jedem Auge. Die Färbung variiert je nach der Bodenfarbe des Gebietes, in dem die jeweilige Population vorkommt; meist ist sie beige, hellgrau oder hell rötlich. Die Musterung besteht aus mehr oder weniger deutlichen, mäßig großen Rückenflecken und meist zusätzlichen, unterschiedlich ausgebildeten Flek-

kenreihen auf den Körperseiten. Vom Auge zieht sich ein dunkles Band nach hinten. Die Maximallänge dieser Art liegt bei knapp über 80 cm, wobei die meisten Exemplare viel kleiner bleiben; die Weibchen sind das größere Geschlecht.

Wie die meisten Bewohner extremer Trockengebiete sind auch Seitenwinderklapperschlangen erst nach Sonnenuntergang aktiv; tagsüber verstecken sie sich in Nagetierbauen, unter Steinen, Mesquite-Büschen etc. Sie ernähren sich von kleinen Echsen und wüstenbewohnenden Nagetieren (z. B. Känguruhratten, *Dipodomys* spp., und Taschenmäusen, *Perognathus* spp.). Die Paarungen finden im Frühjahr statt. Die bis zu 18 Jungtiere werden im Spätsommer geboren und sind dann ca. 17–20 cm lang. Sie erbeuten zunächst vorwiegend kleine Echsen.

Der Name „Seitenwinderklapperschlange" bezieht sich auf ihre spezialisierte Fortbewegungsweise auf lockerem Sand, die sie u. a. mit den in ähnlichen Biotopen der Alten Welt lebenden *Cerastes*-Arten gemeinsam hat. Dabei bewegt sie

ve-Seitenwinder" bezeichnet und ist von Südwestutah und Südnevada bis in die Mojave-Wüste Kaliforniens verbreitet; das Basisglied ihrer Schwanzrassel ist braun. Der „Colorado-Seitenwinder" (*C. c. laterorepens*) kommt von Südwestarizona und Südostkalifornien bis ins angrenzende Mexiko (Baja California) vor; das Basisglied seiner Schwanzrassel ist schwarz, wie auch beim

Ein relativ dunkles Exemplar des „Sonora-Seitenwinders" (*Crotalus cerastes cercobombus*). Wie bei vielen Schlangen aus Trockengebieten, hängt auch bei dieser Art die Färbung vom vorherrschenden Bodentyp ab.

Ein helles, rötlich gemustertes Exemplar des „Sonora-Seitenwinders". Die vergrößerten Schuppen der unteren Körperseiten helfen den Tieren, sich im lockeren Sand einzugraben.

sich durch ausgreifende Körperschlingen seitwärts fort, wobei der Körper nur an zwei Punkten den Boden berührt und charakteristische Spuren in Form parallel angeordneter J-förmiger Abdrücke im Sand hinterläßt.

Von *C. cerastes* sind drei Unterarten beschrieben. Die am weitesten nördlich vorkommende Nominatform (*C. c. cerastes*) wird auch als „Moja-

abgebildeten „Sonora-Seitenwinder" (*C. c. cercobombus*), der das zentrale Südarizona und Nordwestmexiko (Sonora) bewohnt.

Haltung: Diese nicht einfach zu haltende Art stellt sehr spezielle Ansprüche an Unterbringung und Ernährung (Tiere mancher Populationen akzeptieren nur Echsen als Nahrung); sie ist nur für Spezialisten geeignet.

Tropische Klapperschlange
Crotalus durissus

Verbreitung: Zentralmexiko bis Panama; nordöstliches und zentrales Südamerika östlich der Anden mit Ausnahme des Amazonasbeckens, im Süden bis weit nach Argentinien.

Lebensraum: Trockenes Grasland, Dornbusch, felsiges Gelände, z. T. auch Kulturland.

Wissenswertes: Die zahlreichen Unterarten unterscheiden sich in ihrem Aussehen z. T. erheblich voneinander; charakteristisch sind zwei dunkle Längsstreifen, die etwa über den Augen entspringen und parallel nach hinten bis weit in den Halsbereich ziehen. Auf dem Rücken befindet sich ein dunkles, hell gesäumtes Muster von Rautenflecken mit meist hellem Zentrum, die z. T. miteinander zu einem Rautenband verschmelzen. Die Schuppen sind auffällig knopf- oder perlenartig verdickt. Der Schwanz ist meist dunkelbraun bis schwarz. Tropische Klapperschlangen werden ca. 1,20 m, manchmal auch bis 1,80 m lang.

Diese Art, die in großen Teilen ihrer Heimat „Cascabel" oder „Cascaval" genannt wird, besitzt das mit Abstand größte Areal aller Klapperschlangen; sie ist zudem – abgesehen von *C. unicolor* und *C. vegrandis* – die einzige Art, die südlich von Mexiko vorkommt. Sie besiedelt verschiedenste Biotope von Meereshöhe bis ins Gebirge; bevorzugt kommt sie in offenem oder mit Trockenbusch durchsetztem Grasland vor, während sie dichte Regenwälder meidet. Meist ist sie in der Dämmerung unterwegs, wobei jedoch Klima und Jahreszeit auf die Aktivitätszeit Einfluß nehmen. Tagsüber verbirgt sie sich in Felsspalten, unter Totholz etc., liegt manchmal aber auch einfach aufgerollt unter dichtem Gebüsch oder im Laub.

Sie frißt verschiedenste Arten von Kleinsäugern und Vögeln, z. T. auch Echsen. Würfe können aus bis zu 24 Jungtieren bestehen; sie sind bei der Geburt ca. 30–35 cm lang und lebhafter gefärbt als erwachsene Tiere. Jungschlangen ernähren sich zunächst von kleinen Echsen, nestjungen Nagetieren und großen Insekten.

Tropische Klapperschlangen sind meist wenig aggressiv, beißen aber bei Zunahekommen blitzschnell zu. Besonders gefährlich ist die südlichste Form, *C. d. terrificus* (die „Schauerklapperschlan-

ge"), deren Gift neben den üblichen Hämorrhaginen auch einen großen Anteil von Neurotoxinen enthält, die den Tod z. T. sehr schnell eintreten lassen (verschiedene lokale Bezeichnungen für diese Schlange bedeuten „Genickbrecher", da durch Lähmung der Halsmuskulatur der Kopf gebissener Personen vornüberfallen kann). Sie ist in großen Teilen ihres Areals für die meisten Todesfälle durch Schlangenbiß verantwortlich, obwohl Bisse von Lanzenottern (*Bothrops* spp.) viel häufiger vorkommen.

Crotalus durissus culminatus, eine Unterart der Tropischen Klapperschlange, die im südwestlichen Mexiko (Michoacan bis Oaxaca) zu Hause ist. Die meisten der 13 Unterarten bewohnen Mittelamerika und Südmexiko und sind auf relativ kleine Areale beschränkt.

Crotalus durissus tzabcan bewohnt die Halbinsel Yucatan. In den Indianerkulturen Mittelamerikas galten Klapperschlangen als irdische Verkörperungen von Gottheiten und als Symbole der Wiedergeburt. „Tzabcan", die Klapperschlange, ist in zahlreichen Maya-Skulpturen dargestellt.

Von den 13 Unterarten kommt *C. d. terrificus* am weitesten südlich, von Argentinien bis Bolivien und Südbrasilien, vor. Im Nordosten bewohnt *C. d. dryinus* die Guyana-Länder, während *C. d. cumanensis* in Venezuela und Nordostkolumbien verbreitet ist. Die auf S. 406 abgebildete Nominatform besiedelt große Teile Mittelamerikas (bis Ostmexiko). Der Name der auf der Yucatan-Halbinsel vorkommenden Form (*C. d. tzabcan*) leitet sich von der Maya-Sprache ab und weist auf die religiöse Bedeutung der Klapperschlangen bei mittelamerikanischen Indianerkulturen hin; sie galten aufgrund ihrer nach jeder Häutung erneuerten Farbenpracht z. T. als Symbole der Wiedergeburt.

Haltung: Wie bei *Crotalus atrox* beschrieben, wobei die Temperaturen der jeweiligen Herkunft Rechnung zu tragen haben.

Die „Schauerklapperschlange", *Crotalus durissus terrificus*, ist in einem riesigen Gebiet von Südbrasilien bis Bolivien und Zentralargentinien verbreitet. Sie besitzt das beim Menschen wohl wirksamste Gift aller Klapperschlangen, das einen hohen Anteil von neurotoxischen Substanzen enthält.

Crotalus durissus cumanensis bewohnt die trockenen und heißen Gebiete Nordvenezuelas und Nordostkolumbiens. Wie alle Formen der Tropischen Klapperschlange kommt sie hauptsächlich in offenem Grasland vor und meidet bewaldetes Gelände.

Waldklapperschlange
Crotalus horridus

Verbreitung: Gesamte östliche und zentrale USA mit Ausnahme des Gebietes um die Großen Seen und der Florida-Halbinsel (von New Hampshire im Nordosten bis Zentraltexas im Südwesten).
Lebensraum: Hügeliges, bewaldetes, mit freiliegendem Fels durchsetztes Gelände; im Süden auch in sumpfigen Gebieten des Tieflands.

Wissenswertes: Eine mittelgroße Klapperschlange von variabler Färbung, wobei die Palette von Schwefelgelb über Graugrün und Braun bis zu Schwarz reichen kann. Die Musterung besteht aus großen, verschieden geformten dunklen Flecken auf Rücken und Körperseiten, die nie zu Längsbändern zusammenfließen; dagegen vereinigen sich Rücken- und Seitenflecken zumindest im hinteren Körperbereich meist zu Querbinden. Südliche Populationen besitzen zusätzlich einen schmalen rötlichen Längsstreifen auf dem Rükken; außerdem erstreckt sich ein dunkles Band hinter dem Auge, während Tiere aus nördlichen Populationen ungemusterte Köpfe aufweisen. Bei gelblichen Exemplaren handelt es sich oft um Weibchen, während Männchen häufig schwarz sind; diese Regel gilt jedoch nicht immer. Das auf S. 409 abgebildete Tier ist ein Weibchen aus Massachusetts. Waldklapperschlangen werden meist 90 cm bis 1,20 m, in seltenen Fällen bis fast 1,90 m lang.

Die Verbreitung von *C. horridus* im Norden des Areals ist eng an das Vorhandensein von felsigem Gelände mit tief in den Boden ziehenden Spalten gebunden, die Jahr für Jahr als frostfreie Überwinterungsorte dienen; sie liegen meist an südlichen oder östlichen Berghängen und werden zusammen mit anderen Schlangenarten (z. B. Kupferköpfen und *Elaphe*-Arten) genutzt. Nach dem Hervorkommen im Frühjahr finden die Paarungen statt, worauf sich die Tiere in der Umgebung verteilen. In den kühleren Frühjahrs- und Herbstmonaten sonnen sie sich häufig am Tage, während sie im Sommer fast ausschließlich nachtaktiv sind. Ihre Beutetiere, denen sie meist unbeweglich zusammengeringelt auflauern, bestehen vorwiegend aus kleinen Nagetieren bis zur Größe von Hörnchen, gelegentlich auch aus kleinen Kaninchen oder Vögeln. Die Weibchen der nördlichen Populationen bringen nur jedes zweite Jahr Jungtiere zur Welt; ein Wurf besteht aus bis zu 17 Jungtieren, die meist 25–30 cm lang sind und – im Gegensatz zu den meisten anderen Reptilien – unscheinbarer gezeichnet sind als Alttiere. Weibchen benötigen vier bis fünf Jahre bis zur Geschlechtsreife; das bekannte Höchstalter (in Gefangenschaft) beträgt über 30 Jahre.

Die Populationen der Südstaaten werden als „Schilfklapperschlangen" (Canebrake Rattlers) bezeichnet; ihr Unterartstatus (als „*C. h. atricaudatus*") wird heute nicht mehr anerkannt.

Die früher häufig vorkommenden Waldklapperschlangen sind heute in vielen Gebieten ausgerottet oder sehr selten geworden; zwar stehen sie in manchen US-Staaten unter gesetzlichem Schutz, der aber offenbar schwer in die Praxis umzusetzen ist. Selbst skurrile Vernichtungsmethoden, wie das Zerstören von Überwinterungsstellen durch Sprengladungen, scheinen noch immer gang und gäbe zu sein. Dabei galt diese Schlange vor und während des Unabhängigkeitskrieges als Symbol der Kolonisten und wurde stets mit 13 Rasselgliedern (für die 13 Kolonien) dargestellt; sie wäre beinahe anstelle des Weißkopfseeadlers zum Symbol der USA geworden.

Haltung: Siehe *Crotalus atrox.*

Die südlichsten Populationen der Waldklapperschlange kommen in sumpfigem Tiefland (z. B. der Golfküste) vor und werden als „Canebrake Rattlers" (Schilfklapperschlangen) bezeichnet; früher galten sie als eigene Unterart („*Crotalus horridus atricaudatus*").

Crotalus intermedius

Verbreitung: Südliches Mexiko.

Lebensraum: Bergwälder, v. a. Kiefern- und Eichenbestände, auch felsige Gebiete.

Wissenswertes: Eine kleine Klapperschlange mit relativ schmalem Kopf. Ihre Grundfärbung ist meist grau, die Musterung besteht aus rötlichen, schwarz eingefaßten Rückenflecken. Vom Auge zieht sich ein breites dunkles Band nach hinten. *C. intermedius* wird selten länger als 60 cm.

Diese Art kann sowohl tagsüber als auch nachts unterwegs sein, wobei die Aktivitätszeit vermutlich von klimatischen Gegebenheiten bestimmt wird; häufig bekommt man diese Tiere nach Gewittern und Änderungen des Luftdrucks zu Gesicht. Ihre Nahrung besteht vorwiegend aus kleinen Echsen und Nagetieren. Über die Fortpflanzungsbiologie dieser Art ist relativ wenig bekannt; die Würfe sind klein und bestehen meist nur aus fünf oder sechs Jungtieren, die bei der Geburt knapp 20 cm lang sind.

Drei Unterarten werden unterschieden, wobei die Nominatform, *C. i. intermedius*, im Gebiet zwischen Mexico City, Puebla und der Ostküste (Veracruz) vorkommt. *C. i. omiltemanus* bewohnt Zentralguerrero, während die oben abgebildete *C. i. gloydi* die bewaldeten Berge der Sierra Madre del Sur in Oaxaca besiedelt.

Haltung: Diese Art gerät nur höchst selten in die Hände von Terrarianern, so daß nur begrenzte Erfahrungen bestehen. Wie andere kleine *Crotalus*-Arten aus Gebirgsregionen (z. B. *C. willardi*) darf sie nicht zu warm gehalten werden, wobei auf ausreichend Feuchtigkeit zu achten ist. Gefressen werden kleine Mäuse oder Echsen.

Felsenklapperschlange
Crotalus lepidus

Verbreitung: Von Südwestmexiko (Jalisco) bis Südtexas, New Mexico und Arizona.

Lebensraum: Felsengelände, Bergwiesen, offene Wälder im Gebirge (bis fast 3000 m Höhe).

Wissenswertes: Die Färbung dieser schlanken, kleinen Art variiert erheblich, sowohl zwischen den einzelnen Unterarten als auch zwischen verschiedenen Populationen. Auf hellgrauem bis dunkelbraunem Grund befindet sich eine Reihe dunkler, hell gerandeter Rückenflecke verschiedener Form und Größe, die bei den Unterarten *C. l. lepidus* und *C. l. klauberi* als schmale Querbinden auftreten. Felsenklapperschlangen werden nur selten länger als 60 cm.

Die Nominatform (*C. l. lepidus*) weist zwischen den Querbinden eine ausgeprägte dunkle Sprenkelung auf; sie kommt vom südöstlichen New Mexico und Westtexas bis San Luis Potosí (Mexi-

ko) vor und besiedelt trockene, felsige Bergregionen, meist in der Nähe von Bächen. Sie ernährt sich von Kleinsäugern, Echsen, kleinen Schlangen, Fröschen und sogar Insekten. Ähnliche Biotope besiedelt *C. l. klauberi*, die von Arizona und New Mexico bis West- und Zentralmexiko (im Süden bis Jalisco) verbreitet ist. Zwischen den Querbinden ist sie ungesprenkelt; die Jungtiere besitzen ein gelbes Schwanzende, das vermutlich dem Anlocken von Beutetieren (kleinen Echsen) dient. Die beiden übrigen Unterarten besiedeln völlig verschiedene Lebensräume, nämlich feuchte Bergwiesen oder licht bewaldete Gebirgsgegenden. *C. l. maculosus* (ein typisch gefärbtes Paar ist oben abgebildet) ist auf Südsinaloa, Durango und Nayarit (Mexiko) beschränkt; über diese erst 1972 beschriebene Form ist sehr wenig bekannt. *C. l. morulus* ist in Nordostmexiko (Tamaulipas) zu

Crotalus lepidus morulus, eine Unterart der Felsenklapperschlange, die feuchte Gebirgswiesen und -wälder im mexikanischen Staat Tamaulipas bewohnt; abgebildet ist ein Weibchen.

Ein männliches Exemplar der Tamaulipas-Felsenklapperschlange. Die Färbungsunterschiede zum links abgebildeten Tier stellen keinen Geschlechtsunterschied dar: die Tiere stammen aus verschiedenen Populationen.

Die Nominatform der Felsenklapperschlange, *Crotalus l. lepidus*, weist einen mehr oder weniger deutlichen dunklen Streifen an der Kopfseite auf. Ihre Grundfärbung ist äußerst variabel.

Crotalus l. lepidus wird auch als „Gesprenkelte Felsenklapperschlange" bezeichnet, da der Körper zwischen den dunklen Querbinden eine intensive dunkle Fleckung aufweist.

Hause und besiedelt ebenfalls feuchte Bergregionen.

C. l. lepidus und *C. l. klauberi* bringen im Sommer zwei bis acht Jungtiere zur Welt, die ca. 20 cm lang sind. Über die Fortpflanzungsbiologie der anderen Formen ist fast nichts bekannt.

Haltung: Die Unterarten aus feuchteren Bergregionen sollten ähnlich wie *C. willardi* gehalten werden, während für *C. l. lepidus* und *C. l. klauberi* – entsprechend ihrer Herkunft – eine trockenere Haltung angezeigt ist. Alle Formen fressen kleine Nagetiere.

413

Crotalus lepidus klauberi, auch „Gebänderte Felsenklapperschlange" genannt, besitzt das größte Verbreitungsgebiet aller Unterarten; sie kommt von Arizona, New Mexico und Westtexas bis in den Südwesten Mexikos (Jalisco) vor. Ihre Grundfärbung hängt von der im jeweiligen Gebiet vorherrschenden Gesteinsfarbe ab, wie die beiden abgebildeten Exemplare verdeutlichen. Zwischen den Querbinden befinden sich keine dunklen Flekken oder Sprenkel. Diese Unterart bildet in New Mexico und Westtexas Mischpopulationen mit der Nominatform, die intermediäre Merkmale aufweisen können.

Gefleckte Klapperschlange
Crotalus mitchelli

Verbreitung: Baja California (Mexiko), Südkalifornien und Westarizona.

Lebensraum: Trockenes, felsiges Gelände.

Wissenswertes: Eine mittelgroße, gedrungen gebaute Klapperschlange von variabler Färbung, die der Felsenfarbe im jeweiligen Gebiet entspricht und braun, grau, gelblich oder fast weiß sein kann; stets wirkt sie gesprenkelt. Die Musterung – wenn vorhanden – besteht aus undeutlichen Rauten, Bändern oder Flecken. Der Schwanz ist geringelt. Das Überaugenschild ist vergrößert und etwas aufgerichtet. Diese Art wird meist ca. 90 cm lang, kann aber über 1,30 m erreichen.

Im Frühjahr und Herbst ist die Gefleckte Klapperschlange am Tage unterwegs, zieht sich aber in den heißen Sommermonaten tagsüber in Felsspalten etc. zurück. Erbeutet werden kleine Säugetiere, z. B. Känguruhratten, Weißfußmäuse und Erdhörnchen, aber auch Vögel und Echsen. Die Geburt von bis zu zwölf Jungtieren pro Wurf findet im Hochsommer statt; die Jungschlangen sind ca. 30 cm lang und ernähren sich zunächst von kleinen Echsen.

Es existieren fünf Unterarten. Die Nominatform, *C. m. mitchelli,* kommt im südlichen Baja California und auf einigen Inseln vor der Küste vor. Zwei Inseln im Kalifornischen Golf (Angel de la Guarda und El Muerto) besitzen je eine endemische Form (*C. m. angelensis* und *C. m. muertensis*). Die oben abgebildete *C. m. pyrrhus* ist in Südkalifornien und Westarizona zu Hause, während *C. m. stephensi* in Südnevada und dem angrenzenden Teil Kaliforniens vorkommt.

Haltung: In trockenen Wüstenterrarien bei hohen Tages- und abfallenden Nachttemperaturen ist diese Art überaus langlebig.

Schwarzschwanzklapperschlange
Crotalus molossus

Verbreitung: Von Arizona, New Mexico und Südwesttexas bis Zentralmexiko (Puebla).

Lebensraum: Felsiges, trockenes Gelände, buschbestandene Schluchten; vom Tiefland bis in über 2500 m Höhe.

Wissenswertes: Eine mittelgroße Klapperschlange mit breitem Kopf. Die Grundfärbung kann grau, grünlich oder gelb sein; die Rückenzeichnung besteht aus dunklen Rautenflecken mit hellem Zentrum, die sich in der hinteren Körperhälfte meist zu unregelmäßigen Querbinden verbreitern. Die Kopfoberseite ist vor den Augen meist dunkel; vom Auge zieht ein dunkles Band nach hinten. Der Schwanz (nicht die Klapper!) ist schwarz. Diese Art wird meist bis zu 1 m, in Ausnahmefällen auch über 1,20 m lang.

Die Schwarzschwanzklapperschlange ist an felsiges Gelände gebunden, wo sie Grasland, lichte Eichen- oder Kiefernwälder sowie Bestände von Kakteen oder Agaven besiedelt. Über die Lebensweise dieser Art ist wenig bekannt. Ihre Aktivität scheint nicht streng auf eine bestimmte Tageszeit beschränkt zu sein; in der heißesten Jahreszeit ist sie jedoch vorwiegend nach Sonnenuntergang aktiv. Häufig klettert sie in niedriges Gebüsch, um sich zu sonnen, vielleicht auch auf der Suche nach nestjungen Vögeln; ihre Hauptnahrung besteht allerdings aus kleinen Nagetieren. Die Würfe sind klein und bestehen aus bis zu sechs Jungtieren, die bei der Geburt (im Sommer) 25–30 cm lang sind.

C. molossus scheint dem Menschen gegenüber

wenig aggressiv zu sein. Sie verteidigt sich selten durch Bisse und rasselt auch nicht so bereitwillig wie viele andere Klapperschlangen; manche Exemplare biegen dagegen bei Bedrohung – ähnlich wie Wassermokassinschlangen – den Vorderkörper zusammen und öffnen das Maul.

Basiliskenklapperschlange (*C. basiliscus*) verwandt.

Haltung: Ähnlich wie *Crotalus atrox*, wobei die Haltungstemperaturen auf die Herkunft der Tiere Rücksicht zu nehmen haben; Tiere aus dem Hochgebirge vertragen keine hohen Temperatu-

Populationen der Nördlichen Schwarzschwanzklapperschlange (*Crotalus m. molossus*) aus New Mexico weisen häufig eine gelbe oder gelbbraune Grundfärbung auf; dagegen herrschen bei texanischen Populationen graue Tiere vor.

Von den drei bekannten Unterarten ist die abgebildete Nominatform (*C. m. molossus*) am weitesten nördlich verbreitet und bewohnt Arizona, New Mexico, Westtexas und Teile von Nordmexiko. Die meist sehr dunkel gefärbte Unterart *C. m. nigrescens* bewohnt West- und Südmexiko (Sonora bis Puebla und Veracruz), während *C. m. estebanensis* auf die Insel San Esteban im Kalifornischen Golf beschränkt ist. Die Schwarzschwanzklapperschlange ist möglicherweise nahe mit der

ren und benötigen nachts einen kräftigen Temperaturrückgang, während Tieflandpopulationen sicher mehr Wärme benötigen. Für Reptilienarten mit weiter Verbreitung, die unterschiedliche Biotope besiedeln, lassen sich keine allgemeingültigen Haltungsangaben machen. Tiere unbekannter Herkunft bringt man am besten in großen Behältern mit unterschiedlichen Temperaturzonen unter (Stellen mit und ohne Bodenheizung etc.) und beobachtet die Präferenzen der Tiere.

Lanzenkopfklapperschlange
Crotalus polystictus

Verbreitung: Zentralmexiko (südliches Zacatecas bis Veracruz und Michoacan).

Lebensraum: Felsige Gebiete des Hochplateaus (über 1500 m Höhe) mit feuchtem Grasland oder lichten Wäldern; Gewässerufer.

Wissenswertes: Eine kleine, gedrungene Art mit schmalem Kopf, der in seiner Form an Lanzenottern erinnert. Die Färbung ist unverwechselbar und besteht aus mehreren Längsreihen brauner Flecke, die von der hellen Grundfarbe meist nur ein Netzmuster übriglassen. Die Kopfoberseite trägt eine kontrastreiche V-förmige Zeichnung. Diese Art wird ca. 60 cm lang, manchmal auch länger.

Während der Trockenzeit sind diese Schlangen nachts unterwegs; im Verlauf der Regenzeit werden sie tagaktiv, da die sprießende Vegetation (v. a. hohes Gras) den Tieren dann genügend Deckung bietet. Obwohl diese Art auch Nagetiere erbeutet, bilden Echsen einen großen Anteil an ihrer Nahrung, besonders bei Jungtieren. Die ca. 20 cm langen Jungschlangen werden im Juni geboren, wobei ein Wurf aus etwa zwölf Tieren besteht.

C. stejnegeri ist ebenfalls eine kleine, gebirgsbewohnende mexikanische Klapperschlange, die in Durango und Sinaloa (Westmexiko) vorkommt. Sie besiedelt bewaldete, felsige Berghänge und Täler. Bei Belästigung reckt sie ihren ungewöhnlich langen Schwanz vertikal in die Höhe und biegt den Vorderkörper S-förmig zusammen. Die Hauptnahrung dieser ca. 60 cm lang werdenden Art sind Echsen und kleine Nagetiere.

Ebenfalls langgeschwänzt ist die kleine *C. pusillus*, deren Verbreitung auf ein kleines Gebiet in Westmexiko (Südjalisco, Michoacan) beschränkt ist. Sie bewohnt feuchte, von Eichen und Kiefern gebildete Bergwälder. In ihrem kühlen Lebensraum ist sie überwiegend tagaktiv und ernährt sich von kleinen Echsen (z. B. Zaunleguanen, *Sceloporus* spp.) und Nagetieren. Sie bringt bereits früh im Jahr (Januar) kleine Würfe von ca. 17 cm langen Jungschlangen zur Welt.

Die drei genannten mexikanischen Arten gehören vermutlich zu den primitivsten aller lebenden Klapperschlangen.

Haltung: Diese kleinen, bergbewohnenden Arten werden nur selten in Terrarien gehalten; sie benötigen viel Feuchtigkeit und starken nächtlichen Temperaturabfall.

Crotalus stejnegeri, auch als „Langschwanz-Klapperschlange" bezeichnet, ist eine von vielen kleinen *Crotalus*-Arten aus den Bergregionen Mexikos; sie zählt vermutlich zu den ursprünglichsten Vertretern aller Klapperschlangen.

Crotalus pusillus besitzt ebenfalls ein kleines Verbreitungsgebiet im südwestlichen Mexiko; dort bewohnt sie feuchte, aus Kiefern und Eichen gebildete Bergwälder. Wie die meisten Schlangen aus kühlen Lebensräumen ist sie tagaktiv.

Prices Klapperschlange
Crotalus pricei

Verbreitung: Nordmexiko; von Durango und Tamaulipas bis ins extreme Südostarizona.

Lebensraum: Trockene, felsige Biotope im Hochgebirge ab 1900 m Höhe.

Wissenswertes: Eine kleine, schlanke Art von hellgrauer Farbe; die Doppelreihe kleiner Rückenflecke trug ihr in den USA den Namen „Twinspotted Rattlesnake" ein. Die meisten Exemplare werden nur ca. 45 cm lang.

Sie ist am Tage aktiv, sonnt sich häufig und ernährt sich von kleinen Echsen und Säugetieren. Im Hochsommer werden bis zu acht Jungtiere geboren, die fast 20 cm lang sind.

Die oben abgebildete Nominatform (*C. p. pricei*) bewohnt Nordwestmexiko (auch die Tiere aus Arizona gehören hierher), während *C. p. miquihuanus* in Nordostmexiko (von Coahuila bis Tamaulipas) zu Hause ist.

Von den zahlreichen gebirgsbewohnenden kleinen *Crotalus*-Arten Mexikos sind nur drei bis in die USA verbreitet (*C. pricei*, *C. lepidus* und *C. willardi*). Zu den auf Mexiko beschränkten Formen gehören z. B. die seltene *C. transversus*, die

nur anhand weniger Exemplare bekannt ist, und die häufige *C. triseriatus*, die mit vier Unterarten weit im zentralen und südwestlichen Mexiko verbreitet ist.

Haltung: Wie *Crotalus willardi*.

Crotalus triseriatus armstrongi, eine von vier Unterarten der über weite Teile Zentral- und Südwestmexikos verbreiteten *C. triseriatus*; sie bewohnt gebirgige Regionen.

Rote Diamantklapperschlange
Crotalus ruber

Verbreitung: Baja California (Mexiko) bis Südwestkalifornien.

Lebensraum: Dicht mit Büschen oder Kakteen bewachsenes Gelände in Trockengebieten.

Wissenswertes: Eine große, gedrungene Klapperschlange von rotbrauner bis ziegelroter Färbung. Auf dem Rücken befindet sich eine Reihe großer, rautenförmiger Flecke, die sich nicht immer deutlich von der Grundfarbe abheben und oft nur anhand des hellen Saums zu erkennen sind. Der Schwanz ist schwarz-weiß geringelt. Große Exemplare dieser Art können Längen von über 1,50 m erreichen.

Rote Diamantklapperschlangen sind scheue Tiere mit versteckter, nächtlicher Lebensweise. Sie kommen in vegetationsreichen Zonen vom relativ kühlen Küstenbereich bis in Wüstengebiete vor. Die Nahrung besteht aus Säugetieren und Vögeln, wobei große Exemplare häufig Kaninchen und Erdhörnchen erbeuten. Im Spätsommer kommen bis zu 20 Jungtiere zur Welt, die bei der Geburt 30–35 cm lang sind.

Diese Art gilt als wenig aggressiv, rasselt selten und verteidigt sich nur ausnahmsweise durch Bisse; dennoch kommen Unfälle vor, die bei einer derart großen Klapperschlange immer lebensgefährlich sind.

Die oben abgebildete Nominatform, *C. r. ruber*, bewohnt den größten Teil des Artareals. Im Süden von Baja California wird sie von *C. r. lucasensis* abgelöst; auf einigen Inseln im Kalifornischen Golf kommen endemische Unterarten vor, z. B. *C. r. elegans* auf Angel de la Guarda, und *C. r. lorenzoensis* auf San Lorenzo.

Haltung: Wie *Crotalus atrox*; ihr ruhiges Wesen darf nicht zum Leichtsinn verleiten.

Mojave-Klapperschlange
Crotalus scutulatus

Verbreitung: Von Südnevada, Südostkalifornien und Arizona bis Zentralmexiko.

Lebensraum: Verschiedene Trockengebiete, meist in von Trockenbusch oder Kakteen bewachsenem, flachem Gelände.

Wissenswertes: Eine in Färbung und Musterung der Westlichen Diamantklapperschlange (*C. atrox*) sehr ähnliche Art, jedoch von schlankerer Gestalt. Auf graugrünem bis olivbraunem Grund befinden sich am Rücken große, hell gesäumte Rautenflecken. Der Schwanz ist schwarz-weiß gebändert, wobei die weißen Bänder deutlich breiter sind. Diese Art wird meist ca. 90 cm lang, kann aber in Einzelfällen fast 1,30 m erreichen.

Mojave-Klapperschlangen wärmen sich manchmal in den kühlen Morgenstunden in der Sonne, verschwinden aber bei steigenden Temperaturen in ihren Verstecken. Nachts gehen sie auf Beutefang; ihre Nahrung besteht vorwiegend aus kleinen Säugetieren. Im Sommer werden bis zu elf Jungtiere geboren, die ca. 25 cm lang sind; sie fressen zunächst auch Echsen.

Bei Belästigung verteidigt sich diese Art vehement und beißt bereitwillig zu; ihr Gift ist für den Menschen äußerst gefährlich, da es – wie bei *C. durissus terrificus* – einen außergewöhnlich hohen Anteil von Neurotoxinen enthält; auch Bisse von Jungschlangen sind Grund zur Besorgnis.

Die oben abgebildete Nominatform, *C. s. scutulatus*, kommt im nördlichen Teil des Artareals vor (südlich bis Queretaro). Südlich davon (in Puebla und Veracruz) ist *C. s. salvini* verbreitet; sie besiedelt trockene Ebenen des Hochlands. Die Rautenzeichnung der Nominatform ist bei ihr meist in ein Muster dunkler Flecken aufgelöst.

Haltung: Wie *Crotalus atrox*.

Tigerklapperschlange
Crotalus tigris

Verbreitung: Zentralarizona bis Südsonora (Mexiko).

Lebensraum: Hügelige, felsige Trockengebiete, v. a. zwischen Beständen von Trockenbusch und Säulenkakteen.

Wissenswertes: Eine kleine Art, die im Aussehen sehr an die Gefleckte Klapperschlange (*C. mitchelli*) erinnert; sie ist jedoch schlanker und besitzt einen relativ kleinen Kopf. Die Färbung hängt von der Bodenfarbe im jeweiligen Herkunftsgebiet ab und variiert von grau bis hell rotbraun; gelegentlich kommen sogar bläuliche oder lavendelfarbene Exemplare vor. Die Musterung besteht aus zahlreichen unscharf begrenzten und aus einzelnen dunklen Sprenkeln bestehenden Querbinden. Die Schwanzklapper ist im Verhältnis zum Körper relativ groß. Tigerklapperschlangen werden ca. 70 cm, gelegentlich auch bis 90 cm lang.

Die Biologie dieser Art ist nur unzureichend bekannt. Im Gegensatz zu anderen wüstenbewohnenden Klapperschlangen kommt sie innerhalb ihres Areals nur an bestimmten Stellen vor. Je nach Jahreszeit und Temperatur ist sie entweder tag- oder nachtaktiv; besonders häufig ist sie nach warmen Regenschauern außerhalb ihrer Schlupfwinkel anzutreffen. Sie durchstöbert Felsspalten etc. nach ihrer Beute, hauptsächlich kleinen Nagetieren und Echsen. Über ihre Fortpflanzung gibt es nur wenige Daten; die Jungtiere sind ca. 23 cm lang, kontrastreich gefärbt und ernähren sich zunächst vorwiegend von kleinen Echsen.

Haltung: Wie bei *Crotalus atrox* beschrieben; um die Luftfeuchtigkeit niedrig zu halten, sollte Wasser regelmäßig angeboten werden, aber nicht ständig im Terrarium verbleiben.

Aruba-Klapperschlange
Crotalus unicolor

Verbreitung: Aruba (westlichste Insel der Kleinen Antillen vor der Küste Venezuelas).

Lebensraum: Sandiges, trockenes Gelände, felsige Berghänge.

Wissenswertes: Eine kleine, hellgraue oder hell graubraune Klapperschlange mit blasser, oft undeutlicher rautenförmiger Rückenzeichnung; die Oberseite von Kopf und Hals trägt ein Paar paralleler dunkler Längsstreifen, die manchmal ebenfalls undeutlich oder unvollständig sind und auch fehlen können. Aruba-Klapperschlangen werden meist 70 cm, gelegentlich bis 90 cm lang.

C. unicolor ist eng mit der auf dem nahen Festland vorkommenden Tropischen Klapperschlange (*C. durissus*) verwandt, zu der sie früher als Inselrasse gestellt wurde; mittlerweile wird sie als eigene Art betrachtet. Während sie in der heißen Jahreszeit vollständig nachtaktiv ist, geht sie während der kühleren Monate morgens und abends auf Nahrungssuche. Gefressen werden kleine Nagetiere, Vögel und die auf dieser Insel besonders zahlreichen Schienenechsen (Teiidae). Die Wurfzahlen dieser Art sind klein; die neugeborenen Schlangen sind ca. 20 cm lang.

Durch zunehmende Zerstörung ihres Lebensraumes (u. a. durch die Entwicklung des Tourismus) ist das Vorkommen dieser endemischen Klapperschlangen inzwischen auf einige felsige und unwirtliche Teile der Insel zusammengeschmolzen; ihr Fortbestand in freier Natur ist keinesfalls gesichert.

Haltung: Wie *Crotalus atrox*. Aruba-Klapperschlangen werden regelmäßig von nordamerikanischen Terrarianern nachgezüchtet.

Prärieklapperschlange
Crotalus viridis

Verbreitung: Westliches Nordamerika (westlich von Iowa); von Nordmexiko bis Südwestkanada (British Columbia, Alberta, Saskatchewan).

Lebensraum: Sehr verschieden; von offenem Grasland (Prärie) über felsige Biotope bis zu bewachsenen Sanddünen der Küste; im Gebirge bis zur Baumgrenze.

Wissenswertes: Eine meist mittelgroße Schlange, deren Färbung und Größe je nach Unterart sehr verschieden sein können. Auf dem Rücken befindet sich eine Längsreihe dunkler Flecken, die sich im hinteren Körperabschnitt zu mehr oder weniger deutlichen Querbinden verbreitern. Die meisten Exemplare werden ca. 1 m lang, als Ausnahme können 1,60 m erreicht werden.

C. viridis ist das westliche Gegenstück zur Waldklapperschlange (*C. horridus*), der sie in ihrer Lebensweise weitgehend entspricht. Sie ist im Frühjahr und Herbst tagaktiv und geht in den Sommermonaten zu nächtlicher Lebensweise über. Die Nahrung besteht vorwiegend aus Kleinsäugern. Im Spätsommer werden bis zu 20 Jungtiere zur Welt gebracht, die ca. 20 cm lang sind. Populationen aus kühlen Gebieten überwintern zusammen mit anderen Schlangenarten in geeigneten Felsspalten etc. Bei Störungen reagiert diese Art erheblich aggressiver als *C. horridus*.

Innerhalb des riesigen Gebietes werden neun Unterarten unterschieden. Die Nominatform kommt im gesamten Artareal östlich der Rocky Mountains (von Südkanada bis Nordmexiko) vor. *C. v. oreganus* bewohnt den Nordwesten von British Columbia bis Mittelkalifornien; südlich davon (bis ins südliche Baja California) ist die oben abgebildete *C. v. helleri* zu Hause. Mehrere Formen bewohnen das „Great Basin" zwischen den Rocky Mountains und der Sierra Nevada (*C. v. abyssus, C. v. cerberus, C. v. concolor, C. v. lutosus, C. v. nuntius*). *C. v. caliginus* schließlich kommt nur auf den Coronado-Inseln von Baja California vor.

Haltung: Ähnlich wie *Crotalus atrox*, wobei die Bedingungen der jeweiligen Herkunft anzupassen sind; Exemplare aus 3000 m hohen Bergregionen haben andere Umweltansprüche als Tiere von der niederkalifornischen Küste.

Die eigentliche Prärieklapperschlange, *Crotalus v. viridis*, ist in den ehemaligen Grassteppen des nordamerikanischen Mittelwestens (östlich der Rocky Mountains) zu Hause. Neben der abgebildeten braunen Farbform kommen auch grünliche Exemplare vor.

Crotalus viridis oreganus bewohnt den nördlichen Teil der Pazifikküste von Zentralkalifornien bis British Columbia (Kanada); typisch sind die deutlich umrandeten ovalen Rükkenflecken, die im hinteren Körperbereich zu scharf kontrastierenden Querbinden werden.

Crotalus viridis cerberus, die „Arizona Black Rattlesnake", ist dunkelbraun bis schwarz gefärbt; sie ist von Südarizona bis ins westlichste New Mexico verbreitet.

Typisch für *Crotalus viridis lutosus* sind die helle Grundfärbung und die sehr schmalen Rückenflecken; sie kommt in Nevada und Teilen der angrenzenden Staaten vor.

Willards Klapperschlange
Crotalus willardi

Verbreitung: Vom südlichen Arizona und New Mexico bis Mittelmexiko (Zacatecas).

Lebensraum: Aus Kiefern und Eichen bestehende Bergwälder in Höhen von 1700 bis über 2500 m.

Wissenswertes: Eine kleine, mäßig gedrungene Art mit schmalem, zugespitztem Kopf; entlang dem oberen Rand der Schnauze verläuft eine deutliche Kante, weshalb sie in den USA als „Ridge-nosed Rattlesnake" bezeichnet wird. Die Grundfärbung hängt vom Lebensraum der jeweiligen Population ab; Tiere in mehr felsigem Gelände sind oft grau, meist aber kommt diese Art in der Laubschicht am Waldboden vor und ist entsprechend bräunlich gefärbt. Die Musterung besteht aus schmalen, weißlichen, dunkel abgesetzten Querbinden; diese sind bei den südlichen Unterarten aber nur auf dem hinteren Körperabschnitt deutlich, während der Vorderkörper ein für Klapperschlangen „konventionelleres" Flekkenmuster trägt. Der Kopf besitzt entlang der Oberlippen und unter den Augen meist zwei weiße Längsstreifen, die aber bei *C. w. obscurus* fehlen. Die meisten Exemplare dieser Art werden nur ca. 45 cm lang; Tiere von 60 cm Länge gehören zu den Ausnahmen.

Alle Unterarten von Willards Klapperschlange kommen bevorzugt am Boden hochgelegener, feuchter und kühler Bergwälder vor, besiedeln aber auch Laubwälder von Gebirgsschluchten (Canyons); innerhalb ihres Areals bilden sie aufgrund dieser speziellen Ansprüche zahlreiche voneinander isolierte Populationen. Wie die mei-

Zu den auf Mexiko beschränkten Unterarten von Willards Klapperschlange gehören *Crotalus willardi amabilis* (links) und *C. w. meridionalis* (oben). Beide Formen besitzen sehr begrenzte und fragmentierte Verbreitungsgebiete.

sten gebirgsbewohnenden Reptilien sind sie am Tage aktiv, um die Sonnenwärme für ihre Aktivität auszunutzen; häufig sind sie nach Gewitterregen unterwegs. Ihre Beute, die vorwiegend aus kleinen Echsen (v. a. Zaunleguanen der Gattung *Sceloporus*), Säugetieren und Vögeln besteht, stöbern sie aktiv auf. Mitunter liegen sie aber auch zusammengeringelt in Wartestellung, wobei sie zwischen dem Laub des Waldbodens durch ihre kryptische Färbung kaum zu entdecken sind. Die Weibchen bringen im Spätsommer bis zu neun Jungtiere zur Welt, die bei der Geburt bereits 15–20 cm lang sind.

Die Nominatform, *C. w. willardi*, kommt im Südosten Arizonas und im extremen Norden von Sonora (Mexiko) vor; sie besitzt schmale helle Querbinden und die weiße Streifenzeichnung am Kopf. *C. w. obscurus* bewohnt nur die Animas Mountains im Süden New Mexicos; bei dieser Form ist der Kopf dunkel gefleckt, dafür fehlt die seitliche Weißzeichnung. Sie wurde früher als Population von *C. w. silus* angesehen, gilt inzwischen aber als eigene Unterart. Aufgrund ihres winzigen Areals ist sie nicht nur durch Lebensraumzerstörung, sondern auch durch den Sammeleifer von Reptilienfreunden bedroht; sie ist daher in den USA gesetzlich geschützt. Die auf S. 428 abgebildete *C. w. silus* kommt in geeigneten Bergregionen von Sonora bis Chihuahua (Nordmexiko) vor. Im Norden Chihuahuas wird sie von *C. w. amabilis* abgelöst, während die südlichste Form, *C. w. meridionalis*, auf kleine Areale in Durango und Zacatecas (zentrales Mexiko) beschränkt ist; sie ist oft grau gefärbt und kommt vorwiegend auf hochgelegenen, waldnahen Bergwiesen vor.

Haltung: In hellen Terrarien mit (stellenweise!) feuchtem Bodengrund. Die Temperaturen sollten am Tage nicht zu hoch sein (ca. 25 °C) und müssen nachts deutlich abfallen. Kleine Nagetiere werden als Futter meist akzeptiert. Zur Zucht, die schon häufig gelang, ist eine mehrmonatige Winterruhe nötig. Richtig gehaltene Tiere können im Terrarium über 20 Jahre alt werden.

Crotalus enyo bewohnt wüstenartige Gebiete im Flach- und Bergland; sie ernährt sich von kleinen Echsen und Nagetieren. Abgebildet ist die Nominatform (*C. e. enyo*), die auf der niederkalifornischen Halbinsel (Baja California, Mexiko) vorkommt.

Crotalus vegrandis ist die einzige Klapperschlangenform des südamerikanischen Festlandes, die nicht als Unterart der Tropischen Klapperschlange (*C. durissus*) gilt. Sie ist im Grasland des westlichen Venezuelas zu Hause, wo sie sich häufig in unterirdischen Bauen von Gürteltieren versteckt.

430

Zwergklapperschlange
Sistrurus miliarius

Verbreitung: Südöstliche USA (von North Carolina bis Missouri, Oklahoma und Westtexas).

Lebensraum: Grasland, sandige Gebiete und offene Wälder; meist in der Nähe von Teichen oder Sümpfen.

Wissenswertes: Klapperschlangen der Gattung *Sistrurus* unterscheiden sich von den *Crotalus*-Arten durch das Vorhandensein von neun großen Schuppenschildern auf dem Kopf. Der Schwanz von *S. miliarius* ist schlank und besitzt nur eine sehr kleine Rassel. Die Grundfärbung ist grau bis bräunlich mit einer Reihe dunkler Rückenflecken und meist mehreren Reihen kleinerer Seitenflekken. Am Rücken befindet sich manchmal ein teilweise unterbrochener rötlicher Längsstreifen. Zwergklapperschlangen werden meist nicht länger als 50 cm (maximal ca. 75 cm).

Diese Art kommt häufig in sandigem Gelände in unmittelbarer Wassernähe vor. Ihre Aktivitätszeit hängt vom Wetter ab; in den heißen Monaten verbirgt sie sich tagsüber meist im Laub oder unter totem Holz. Das Spektrum ihrer Beutetiere ist groß; sie frißt kleine Säugetiere, Schlangen, Echsen, Frösche und manchmal sogar große Insekten (z. B. Heuschrecken und Grillen). Die Weibchen bringen im Spätsommer bis zu acht Jungtiere zur Welt; sie sind bei der Geburt ca. 15 cm lang und ähneln den älteren Tieren in Färbung und Musterung.

Das Temperament der Zwergklapperschlangen ist sehr unterschiedlich; während manche Exemplare äußerst träge sind, verteidigen sich andere bei der kleinsten Störung durch Bisse. Ihre geringe Größe darf nicht darüber hinwegtäuschen,

Sistrurus m. miliarius wird auch als „Carolina-Zwergklapperschlange" bezeichnet. Ihre Grundfärbung ist besonders variabel und reicht von hellgrau bis ziegelrot. Sie bewohnt North Carolina, South Carolina, Georgia und Alabama.

daß Bisse oft ernsthafte Folgen haben und sogar tödlich enden können.

Die kontrastreich gezeichnete Nominatform (S. m. miliarius) kommt von North Carolina bis ins nördliche Alabama vor; bei dieser Form treten gelegentlich auch ziegelrote oder orangefarbene Varianten auf. Bei der auf S. 431 abgebildeten S. m. barbouri ist die Fleckenzeichnung oft von unregelmäßigen dunklen Sprenkeln überlagert; sie bewohnt küstennahe Gebiete von South Caro-

Sistrurus miliarius streckeri ist die westlichste Form der Zwergklapperschlange. Ihre Rückenflecken sind manchmal seitlich verlängert und erscheinen als Querbinden.

lina über Florida bis zum Mississippi. *S. m. strekkeri* bewohnt den westlichen Teil des Artareals von Alabama und Kentucky bis Oklahoma und Westtexas.

Eine weitere Art, *S. catenatus*, wird in Nordame-

kommt in trockenen Biotopen vor. Massasaugas fressen Echsen, Nagetiere und Frösche.

Die Mexikanische Zwergklapperschlange, *S. ravus*, ist mit vier Unterarten im südlichen und zentralen Mexiko zu Hause, wo sie bevorzugt im

Sistrurus ravus exiguus ist eine von vier Unterarten der Mexikanischen Zwergklapperschlange; sie ist deutlich gedrungener gebaut als die beiden nördlicheren *Sistrurus*-Arten. Sie kommt in über 2000 m Höhe vor, wo sie Grasland, Kakteen- und Dornbuschbestände sowie lichte Wälder bewohnt. Typisch für diese Art ist der weitgehend ungemusterte Kopf.

rika als „Massasauga" bezeichnet, was in der Sprache der Chippewa-Indianer „Flußmündung" bedeutet und auf den bevorzugten Lebensraum der nördöstlichen Populationen hinweist, nämlich sumpfige Gebiete in Gewässernähe. Diese Art wird etwas größer als *S. miliarius* und besitzt ein eigenartiges Verbreitungsgebiet, das sich als schmales Band von den Großen Seen bis Nordostmexiko erstreckt. Die südöstlichste der drei Unterarten, die sehr hell gefärbte *S. c. edwardsi*,

Grasland angetroffen wird. Sie ist gedrungener gebaut als ihre nördlichen Verwandten und wird durchschnittlich 75 cm lang. Ihre Nahrung besteht vorwiegend aus Nagetieren.

Haltung: *Sistrurus*-Arten akzeptieren ähnliche Haltungsbedingungen wie andere Klapperschlangen aus vergleichbaren Biotopen. Manche Exemplare ziehen eine dicke Laubschicht als Versteck allem anderen vor. Tiere aus nördlichen Populationen benötigen eine Winterruhe.

GLOSSAR

adult: erwachsen, geschlechtsreif

Aftersporne: äußerlich sichtbare Reste der Hintergliedmaßen (bei Riesenschlangen)

Agame: Echse aus der in Afrika, Asien und Australien verbreiteten Familie Agamidae

Albinismus: Verlust der Fähigkeit zur Produktion von Pigmenten

allopatrisch: nicht im gleichen Gebiet lebend

Amphibien: Lurche (Frösche, Molche, Salamander)

amphibisch: im Grenzbereich zwischen Land und Wasser lebend

Analdrüsen: am After gelegene Drüsen, die abschreckend riechende Stoffe produzieren

Analsekret: Produkt der Analdrüsen

anaphylaktischer Schock: lebensgefährliche, plötzlich einsetzende Allgemeinreaktion allergischer Natur gegen in den Körper gelangte Fremdsubstanzen

Anatomie: Lehre vom inneren Aufbau des Körpers

Anolis: baumlebende, kleine Echsen aus der Familie der Leguane

Antikörper: Eiweißstoff, der vom Immunsystem zur Bekämpfung in den Körper gelangter Fremdsubstanzen produziert wird

Antiserum: Antikörperhaltiges Blutserum; hier: Pferdeserum, das Antikörper gegen Schlangengifte enthält

aquatisch: wasserlebend

Areal: Verbreitungsgebiet

arid: klimatisch trocken, wüstenartig

Art (zool.): Grundlegende Einheit der biologischen Systematik; Gemeinschaft von Individuen, die untereinander uneingeschränkt fortpflanzungsfähig sind

Biotop: Lebensraum

Blutkapillare: kleinstes Blutgefäß

Blutserum: Blutflüssigkeit (ohne rote und weiße Blutzellen)

Bromeliaceen: Ananasgewächse; Familie meist epiphytischer Pflanzen

Cardiotoxin: auf die Herztätigkeit wirkender Giftstoff

dehydriert: ausgetrocknet, an Wassermangel leidend

Enzym: Eiweißstoff, der biochemische Reaktionen vermittelt

Epiphyt: Pflanze, die auf anderen Pflanzen (v. a. Bäumen) lebt, aber nicht parasitiert

erratisch: unregelmäßig

Exkretion: Ausscheidung eines „Abfallstoffes"

Familie (zool.): taxonomische Kategorie, in der verwandte Gattungen zusammengefaßt werden

Fauna: Tierwelt (Artenspektrum) einer Region (Ggs.: Flora = Pflanzenwelt)

Fossilien: „Versteinerungen"

Fraktion: Bestandteil

Gattung (zool.): taxonomische Kategorie, in der verwandte Arten zusammengefaßt werden

Gecko: Echse aus der weltweit verbreiteten Familie Geckonidae

gleichwarm: siehe homoiotherm

Gopherschildkröte: nordamerikanische Landschildkröte der Gattung *Gopherus*, die ausgedehnte unterirdische Gänge gräbt

Habitat: Biotop, in dem eine bestimmte Art vorkommt

Habitus: Aussehen, äußere Erscheinung

Hämorrhagie: Bluterguß

Hämorrhagin: Enzym, das durch Zerstörung der Wände von Blutgefäßen Hämorrhagien bewirkt

Herpetologie: Reptilien- und Amphibienkunde

homoiotherm: mit gleichbleibender, von der Außentemperatur weitgehend unabhängiger Körpertemperatur (Ggs.: poikilotherm)

immobilisiert: bewegungslos gemacht

Immunität: durch Aktivitäten des Immunsystems erworbene Widerstandsfähigkeit gegen Fremdsubstanzen

Infrarot-Strahlung: Wärmestrahlung, die eine längere Wellenlänge als das sichtbare Licht besitzt

Inkubationszeit: hier: Entwicklungszeit

intravenös: in eine Vene hinein (bei Injektionen)

Kaiman: Panzerechse aus der Familie der Krokodile

Kapillare: haardünner Hohlraum

Kloake: gemeinsamer Ausgang von Darm, Harnleiter und Ei- oder Samenleiter

Kommentkampf: innerartliche Auseinandersetzung mit angeborenen „Regeln", um Verletzungen zu vermeiden

komprimiert: zusammengedrückt

konspezifisch: derselben Art angehörend

Kreide: Erdzeitalter, vor 135 bis 65 Millionen Jahren

kryptisch: an die Umgebung angepaßt

Labialgruben: mit Thermorezeptoren ausgestattete Gruben zwischen den Lippenschildern von Riesenschlangen

Leguan: Echse aus der amerikanischen und madegassischen Familie Iguanidae

Mangroven: im Meerwasser wurzelnde Gehölzpflanzen

Manguste: zu den Schleichkatzen gehörendes Säugetier

Maxillare: Oberkieferknochen

Maxillarzähne: Zähne des Oberkiefers

mediterran: Klima- bzw. Vegetationszone, die der der Mittelmeerländer entspricht

Melanismus: verstärkte Bildung dunkler Pigmente

Mimikry: Nachahmung anderer, meist wehrhafterer Arten

Miozän: Erdzeitalter, vor ca. 23 Millionen Jahren beginnend

monotypische Gattung: nur eine Art enthaltend

monovalent: bei Antiseren: gegen das Gift einer Art wirksam

montan: im Bergland existierend

Morphologie: Lehre von Körpergestalt und Bau der Organismen

Mortalität: Sterblichkeit

Mutation: spontane Veränderung des Erbguts

Nekrose: Absterben von Gewebe

Neurotoxin: die Funktion des Nervensystems beeinträchtigender Giftstoff

Nomenklatur: wissenschaftliche Benennung

Nominatform: bei Unterarten: diejenige Unterart, die den Arttypus einschließt

Ödem: durch Flüssigkeitsansammlung im Gewebe bedingte Schwellung

opisthodont: mit verlängerten hinteren Zähnen versehen

opisthoglyph: mit verlängerten und gefurchten hinteren Zähnen versehen

Ordnung (zool.): taxonomische Kategorie, in der verwandte Familien zusammengefaßt werden

ovipar: eierlegend

ovovivipar: lebendgebärend, wobei der Embryo innerhalb eines Eis im Mutterleib heranreift

Parasiten: Tiere, die auf Kosten eines Wirtsorganismus leben; hier meist im Sinne darmbewohnender Würmer gebraucht

pelagisch: das offene Wasser (z. B. Meer) bewohnend

Peptid: kleines Eiweißmolekül

peripheres Nervensystem: außerhalb von Gehirn und Rückenmark befindliche Nervenbahnen

Perm: Erdzeitalter, vor 280 bis 230 Millionen Jahren

Physiologie: Lehre von den Körperfunktionen

Plazenta: zwischen Embryo und Mutterorganismus vermittelndes Organ („Mutterkuchen", „Nachgeburt")

poikilotherm: wechselwarm, von der Außentemperatur abhängig

polyvalent: bei Antiseren: gegen das Gift mehrerer Schlangenarten wirksam

Population: Fortpflanzungsgemeinschaft innerhalb einer Art oder Unterart

proteroglyph: mit vorneliegenden, „feststehenden" Giftzähnen versehen

Reptilien: Kriechtiere (Echsen, Schlangen, Krokodile, Schildkröten etc.)

Resistenz: Widerstandsfähigkeit

rezent: bei Arten oder Tiergruppen: gegenwärtig existierend

ritualisiert: bei Verhaltensweisen: ihren ursprünglichen Sinn verändert habend (z. B. Elemente von Kampf oder Nahrungserwerb, die bei der Balz „vorgeführt" werden)

Ruptur: Riß

Savanne: Grasland, z. T. mit lockerem Baumbestand („Baumsavanne")

semiaquatisch: ans Wasser gebunden, aber nicht völlig im Wasser lebend

Skink: Echse aus der weltweit verbreiteten Familie Scincidae

solenoglyph: mit vorneliegenden Giftzähnen versehen, die zusammen mit dem Oberkiefer ein- und ausgeklappt werden können; mit vollständig geschlossenem Giftkanal ohne äußerlich sichtbare Furche

sp.: Abkürzung von „species". Erscheint hinter dem Gattungsnamen, wenn eine bestimmte, aber nicht namentlich genannte (oder beschriebene) Art gemeint ist. Früher häufig „spec."

spp.: Mehrzahl von „sp." Erscheint hinter dem Gattungsnamen, wenn mehrere, nicht im einzelnen genannte Arten der Gattung gemeint sind

ssp.: Abkürzung von „subspecies" (Unterart). Anwendung nach dem Artnamen (analog zum Gebrauch von „sp.")

Systematik: siehe Taxonomie

Taxonomie: Lehre von der Einteilung der Lebewesen nach Verwandtschaftsverhältnissen

Tentakel: Fühler, Fortsätze

terrestrisch: an Land lebend bzw. am Boden lebend

Thermorezeptor: Wärmesinnesorgan

Tiergeographie: Lehre von der Verbreitung der Tiergruppen auf der Erde

Toxin: Giftstoff

toxisch: giftig

Unterart (zool.): morphologisch und geographisch eindeutig abgrenzbare Populationen innerhalb einer Art

UV-Licht: Strahlung mit kürzerer Wellenlänge als der des sichtbaren Lichts

valid: gültig, anerkannt

Verdauungsenzym: Enzym, das die Zerlegung der Nahrung in ihre molekularen Bestandteile bewirkt

vivipar: lebendgebärend, wobei der Embryo über eine Plazenta mit dem mütterlichen Organismus in Kontakt steht

Waran: Echse aus der in den altweltlichen Tropen verbreiteten Familie Varanidae

wechselwarm: siehe poikilotherm

Xanthismus: teilweiser Verlust der Fähigkeit zur Herstellung von Pigmenten

ARTENSCHUTZBESTIMMUNGEN

Die wichtigsten gesetzlichen Regelungen für Handel, Ein- und Ausfuhr von wildlebenden Tier- und Pflanzenarten sind (für Deutschland) in der Bundesartenschutzverordnung, dem Washingtoner Artenschutzübereinkommen und den jeweiligen EG-Artenschutzverordnungen niedergelegt.

In Anlage 1 und 2 der Bundesartenschutzverordnung finden sich Listen „besonders geschützter Arten", die u. a. sämtliche europäischen Reptilien umfassen. Für Besitz und Handel mit diesen Tieren sind Genehmigungen der zuständigen Naturschutzbehörde notwendig; außerdem ist der Besitzer verpflichtet, den Zu- und Abgang von Tieren unverzüglich bei der Behörde anzuzeigen („Meldepflicht"). In diesem Buch behandelte Arten, die in den genannten Anlagen aufgeführt sind, wurden im Text mit **§: BA** gekennzeichnet.

Arten, die im Rahmen des Washingtoner Artenschutzübereinkommens in die höchste Schutzkategorie fallen (Anhang 1), sind hier durch **§: WA I** gekennzeichnet; für Besitz, Handel, Ein- und Ausfuhr sind behördliche Genehmigungen nötig, die nur in besonderen Fällen erteilt werden. Folgende Schlangenarten oder -unterarten sind in Anhang 1 aufgeführt:

Acranthophis spp. (Madagaskar-Boas)
Boa constrictor occidentalis (Argentinische Abgottschlange)
Bolyeria multicarinata (Mauritius-Boa)
Casarea dussumieri (Rundinsel-Boa)
Epicrates inornatus (Puerto-Rico-Boa)

Epicrates monensis (Mona-Schlankboa)
Epicrates subflavus (Jamaika-Boa)
Python molurus molurus (Heller Tigerpython)
Sanzinia madagascariensis (Madagaskar-Hundskopfboa)
Vipera ursinii (Wiesenotter)

Weitere geschützte Arten (u. a. alle übrigen Riesenschlangen) finden sich in Anhang 2 und sind in diesem Buch mit **§: WA II** gekennzeichnet. Handel und Besitz sind ebenfalls genehmigungspflichtig und nur erlaubt, wenn die Tiere ordnungsgemäß aus- und eingeführt wurden. Darüberhinaus sind in Anhang 3 mehrere Arten aufgeführt (in diesem Buch nicht gekennzeichnet), für die in einzelnen Ländern Ausfuhrbeschränkungen gelten (bei Schlangen: Indien und Honduras).

Als Nachweis für den legalen Besitz der in den Anhängen des Washingtoner Artenschutzübereinkommens aufgeführten Tiere wird von der zuständigen Behörde für jedes individuelle Tier eine sogenannte Cites-Bescheinigung ausgestellt, die bei Kauf oder Verkauf mitgegeben werden muß; sämtliche Nachzuchten geschützter Arten müssen der Behörde ebenfalls gemeldet werden, um für die Jungtiere die notwendigen Bescheinigungen ausgestellt zu bekommen.

Da die genannten Anlagen und Anhänge in Abständen aktualisiert werden, sollte in Zweifelsfällen bei der zuständigen Behörde nachgefragt werden.

ÜBER DEN AUTOR

John M. Mehrtens bringt über 25 Jahre praktische Erfahrung auf dem Gebiet der Herpetologie in dieses Buch ein. Neben zahlreichen anderen beruflichen Positionen war er Kurator für Reptilien in den zoologischen Gärten von Fort Worth (Texas), Cleveland und Columbus (Ohio). Neben Erfahrungen auf den Gebieten der Tierhaltung (einschließlich Finanzierung und Verwaltung) liegt sein Interesse vor allem an der funktionellen Gestaltung öffentlicher Schauterrarien; so war er beispielsweise für die Neuplanung der in Fachkreisen anerkannten Reptilienabteilung des Fort Worth Zoo sowie für den Aufbau eines neuen zoologischen Gartens in Columbia (South Carolina) verantwortlich. Neben der Zootätigkeit unternahm er zahlreiche herpetologische Feldstudien in Nord- und Mittelamerika, gründete einige regionale herpetologische Vereinigungen und ist der Autor zahlreicher wissenschaftlicher und populärer Artikel und Bücher. Er lebt in Miami (Florida).

TAXONOMIE DER REZENTEN REPTILIEN

(nach Storch & Welsch, 1991)

Lepidosauria

Ordnung: Rhynchocephalia
        Familie: Sphenodontidae (Brückenechsen)

Ordnung: Squamata
    Unterordnung: Lacertilia (Schuppenechsen)
    Familiengruppe: Gekkota
        Familie: Gekkonidae (Geckos)
        Familie: Pygopodidae (Flossenfüße)
    Familiengruppe: Iguania
        Familie: Iguanidae (Leguane)
        Familie: Agamidae (Agamen)
        Familie: Chamaeleonidae (Chamäleons)
    Familiengruppe: Scincomorpha
        Familie: Scincidae (Skinke)
        Familie: Anelytropsidae[1]
        Familie: Dibamidae[1]
        Familie: Cordylidae (Schildechsen)
        Familie: Lacertidae (Eidechsen)
        Familie: Teiidae (Schienenechsen)
        Familie: Xanthusiidae (Nachtechsen)
    Familiengruppe: Diploglossa
        Familie: Anguinidae (Schleichen)
        Familie: Anniellidae
        Familie: Xenosauridae (Höckerechsen)
    Familiengruppe: Platynota
        Familie: Helodermatidae (Krustenechsen)
        Familie: Varanidae (Warane)
        Familie: Lanthanotidae (Taubwarane)
    Familiengruppe: „Amphisbaenia" (Ringelechsen)
        Familie: Trogonophidae[1]
        Familie: Amphisbaenidae[1]
    Unterordnung: Serpentes (Schlangen); s. S. 442

---

[1] Die taxonomische Stellung dieser Gruppen ist unsicher.

Archosauria

Ordnung: Chelonia (Schildkröten)
    Unterordnung: Pleurodira (Halswender)
        Familie: Pelomedusidae
        Familie: Chelidae
    Unterordnung: Cryptodira (Halsberger)
        Familiengruppe: Testudinoidea
           Familie: Dermatemydidae
           Familie: Chelydridae (Schnappschildkröten)
           Familie: Kinosternidae
           Familie: Testudinidae (Land- und Sumpfschildkröten)
        Familiengruppe: Chelonoidea
           Familie: Cheloniidae (Meeresschildkröten)
        Familiengruppe: Dermochelyoidea
           Familie: Dermochelyidae (Lederschildkröten)
        Familiengruppe: Carettochelyoidea
           Familie: Carettochelyidae
        Familiengruppe: Trionychoidea
           Familie: Trionychidae (Weichschildkröten)

Ordnung: Crocodilia (Krokodile)
        Familie: Crocodylidae
        Familie: Gavialidae

TAXONOMIE DER REZENTEN SCHLANGEN

(nach Storch & Welsch, 1991)

Unterordnung: Serpentes (Schlangen)

Familiengruppe: Henophidia
    Familie: Boidae (Riesenschlangen)
        Unterfamilie: Boinae (Boas)[1]
        Unterfamilie: Pythoninae (Pythons)[2]
        Unterfamilie: Loxoceminae (Spitzkopfpythons)
        Unterfamilie: Erycinae (Sandboas)
        Unterfamilie: Bolyeriinae (Bolyerschlangen)
    Familie: Aniliidae (Rollschlangen)
    Familie: Uropeltidae (Schildschwänze)
    Familie: Xenopeltidae (Erd- oder Flachkopfschlangen)
    Familie: Acrochordidae (Warzenschlangen)

Familiengruppe: Scolecophidia
    Familie: Typhlopidae (Blindschlangen)
    Familie: Leptotyphlopidae (Wurmschlangen)
    Familie: Anomalepidae

Familiengruppe: Caenophidia
    Familie: Colubridae (Nattern)
        Unterfamilie: Xenoderminae (Höckernattern)
        Unterfamilie: Lycodontinae (Wolfszahnnattern)
        Unterfamilie: Pareinae (asiatische Schneckennattern)
        Unterfamilie: Dipsadinae (amerikanische Schneckennattern)
        Unterfamilie: Calamariinae (Zwergschlangen)
        Unterfamilie: Sibynophinae (Vielzahnnattern)
        Unterfamilie: Xenodontinae (Ungleichzähnige Nattern)
        Unterfamilie: Dasypeltinae (Eierschlangen)
        Unterfamilie: Aparallactinae
        Unterfamilie: Homalopsinae (Trugnattern)[3]
        Unterfamilie: Natricinae (Wassernattern)
        Unterfamilie: Colubrinae
        Unterfamilie: Atractaspinae (Erdottern)
    Familie: Elapidae (Giftnattern)
        Unterfamilie: Elapinae (landlebende Giftnattern)
        Unterfamilie: Hydrophiinae (Seeschlangen)[4]
    Familie: Viperidae (Vipern)
        Unterfamilie: Viperinae (echte Vipern)[5]
        Unterfamilie: Crotalinae (Grubenottern)

1 incl. Tropidophiinae
2 incl. Calabariinae
3 incl. Boiginae

4 incl. Laticaudinae
5 incl. Azemiopinae, Causinae

LITERATUR

BEHLER, J. L., KING, F. W.: The Audubon Society Field Guide to North American Reptiles and Amphibians. A. A. Knopf, New York (1979).

BRANCH, B.: Bill Branch's Field Guide to the Snakes and other Reptiles of Southern Africa. New Holland, London (1988).

BROADLEY, D. G. (Hrsg.): FitzSimons' Snakes of Southern Africa. Delta Books, Johannesburg, Kapstadt.

BRODMANN, P.: Die Giftschlangen Europas und die Gattung Vipera in Afrika und Asien. Kümmerly und Frey, Bern (1987).

CAMPBELL, J. A., LAMAR, W. W.: The Venomous Reptiles of Latin America. Comstock Publ., Ithaca (1989).

COGGER, H. G.: Reptiles and Amphibians of Australia. Cornell U. P., Ithaca (1992).

COX, M. J.: The Snakes of Thailand and their Husbandry. Krieger, Malabar (1991).

DE SILVA, A.: Colour Guide to the Snakes of Sri Lanka. R & A Publ., Portishead (1990).

ENGELMANN, W.-E.: Lurche und Kriechtiere Europas. dtv, Stuttgart (1986).

ERNST, C. H.: Venomous Reptiles of North America. Smithsonian Inst. (1992).

GOPALAKRISHNAKONE, P., CHOU, L. M.: Snakes of Medical Importance (Asia-Pacific Region). Singapore U. P., Singapur (1991).

GOW, G.: Complete Guide to Australian Snakes. Angus & Robertson, North Ryde (1989).

GRUBER, U.: Die Schlangen Europas und rund ums Mittelmeer. Franckh-Kosmos, Stuttgart (1989).

GRZIMEK, B. (Hrsg.): Grzimeks Tierleben, Band 6, Kriechtiere. Kindler Verl., Zürich (1970).

HARDING, K. A., WELCH, K. R. G.: Venomous Snakes of the World. A Checklist. Pergamon Press, Oxford (1981).

HEATWOLE, H.: Sea Snakes. New South Wales U. P., Kensington (1987).

JOGER, U.: The Venomous Snakes of the Near and Middle East. Reichert, Wiesbaden (1984).

KLAUBER, L. M.: Rattlesnakes (2 Bände). Univ. of California Press, Berkeley (1972).

LEVITON, A. E., ANDERSON, S. C., ADLER, K., MINTON, S. A.: Handbook to Middle East Amphibians and Reptiles. SSAR, Ohio (1992).

LIAT, L. B.: Poisonous Snakes of Peninsular Malaysia. Malayan Natur Soc., Kuala Lumpur (1979).

MACKAY, A., MACKAY, J.: Poisonous Snakes of Eastern Africa and the Treatment of their Bites. A. & J. MacKay, Nairobi (1985).

MEBS, D.: Gifttiere. Wiss. Verlagsges., Stuttgart (1992).

NIETZKE, G.: Die Terrarientiere 2. E. Ulmer, Stuttgart (1972).

PARKER, H. E., GRANDISON, A. G. G.: Snakes – A Natural History. Cornell U. P., Ithaca (1977).

PHELPS, T.: Poisonous Snakes. Blandford Press, London (1989).

PITMAN, C. R. S.: A Guide to the Snakes of Uganda. Wheldon & Wesley, Glasgow (1974).

SAVAGE, J., VILLA, J.: An Introduction to the Herpetofauna of Costa Rica. SSAR, Ohio (1986).

SCHWARTZ, A., HENDERSON, R. W.: Amphibians and Reptiles of the West Indies. Florida U. P. (1991).

STORCH, V., WELSCH, U.: Systematische Zoologie, 4. Aufl., G. Fischer Verl., Stuttgart, New York (1991).

TRUTNAU, L.: Schlangen im Terrarium, Band 1, Ungiftige Schlangen. E. Ulmer Verl., Stuttgart (1988).

TRUTNAU, L.: Schlangen im Terrarium, Band 2, Giftschlangen. E. Ulmer Verl., Stuttgart (1990).

WILLIAMS, K. L., WALLACH, V.: Snakes of the World, Vol. I, Synopsis of Snake Generic Names. Krieger, Malabar (1989).

REGISTER DER DEUTSCHEN NAMEN

L

M

R

S

Z

REGISTER DER WISSENSCHAFTLICHEN NAMEN

A

D

E

F

G

H

R

S

T

DANKSAGUNG

Dieses Werk hätte nicht geschrieben werden können, ohne auf frühere Arbeiten und Leistungen einer Vielzahl von Zoologen der Vergangenheit und Gegenwart zurückzugreifen. Es sind zu viele, um sie hier namentlich zu erwähnen; ihnen allen gilt meine Anerkennung.

Viele Menschen waren bei den Arbeiten zu diesem Buch von unschätzbarer Hilfe; ihrem Interesse und ihrer Unterstützung sei hiermit gedankt.

Fotografien wurden von folgenden Personen zur Verfügung gestellt: F. Alvey, Atlanta Zoo, Atlanta, Georgia; D. Bakken, Chinook Ridge Herpetological Research Center, Alberta (Kanada); D. Barker, Dallas, Texas; R. D. Bartlett, Reptilian Breeding & Research Institute, Ft. Myers, Florida; W. Bazemore, Southampton, New York; J. Behler, New York Zoological Society, New York; J. Bridges/B. Prince (DPI Inc.), Miami, Florida; T. Buchanan, Abilene Zoological Society, Abilene, Texas; E. Chapman Sr., Florida Reptile Importers, Miami, Florida; Dr. W. Dunson, Pennsylvania State University, Pennsylvania; Dr. H. Fischer, Los Angeles Zoo, Los Angeles, Kalifornien; Dr. R. S. Funk, Wilmongton, North Carolina; T. Granes, Tyler, Texas; Dr. R. Goris, Sugao, Japan; E. Harris, Binder Park Zoo, Battle Creek, Michigan; D. Hamper/F. Bolin, Columbus, Ohio; W. Lamar, University of Texas, Tyler, Texas; W. H. Love, Alva, Florida; E. Maruska, Cincinnati Zoo, Cincinnati, Ohio; B. Mealey, Miami, Florida; L. Moor, Port Coquitlam, Kanada; R. Pawlwy, Chicago Zoological Society, Chicago, Illinois; S. Reichling, Memphis Zoo, Memphis, Tennessee; P. Tolson/A. Weber, Toledo Zoo, Toledo, Ohio; L. Trutnau, Wittlich, Deutschland; G. Van Horn, Reptile World Serpentarium, St. Cloud, Florida; E. Wagner, Seattle, Washington; J. Wahlstrom, Skansen Akvariet, Stockholm, Schweden; R. Whittall/P. Dow, Vancouver Aquarium, Vancouver, Kanada.

Literatur, Referenzmaterial und Tiere zum Fotografieren wurden zur Verfügung gestellt von M. Block, World Wide Primates, Inc.; E. Chapman Sr. und E. Chapman Jr., Florida Reptile Importers; B. Chase, Charles P. Chase Co.; B. Levine (und Mitarbeiter), Pet Farm Inc.; J. Wasilewski, Natural Selections; B. Brazaitis; alle Miami, Florida. D. Wong, Hongkong, beschaffte Literatur und Übersetzungstexte über chinesische Arten. Vater A. Bogadek, Hongkong, stellte Kopien wissenschaftlicher Arbeiten zur Verfügung. T. Buchanan, Abilene Zoological Gardens, beschaffte Fotografien und Daten zu *Trimeresurus wiroti*; und David E. Spiteri, Alta Loma, Kalifornien, stellte das Manuskript seiner taxonomischen Revision der Gattung *Lichanura* zur Verfügung.

Für Unterstützung verschiedener Art danke ich Gertie und I. Block, Miami, Florida; F. Gibbons, Torquay, Großbritannien; T. Jones, Waco, Texas; und L. van Sertima, Georgetown, Guyana.

W. Lamar, Tyler, Texas, beschaffte – zusätzlich zu den Fotografien – wichtige taxonomische Daten; R. D. Bartlett kommentierte mehrere Teile des Manuskripts; B. Mealey, Museum of Science, Miami, Florida, sah das gesamte Manuskript durch und half mit wichtigen Kommentaren und Anregungen.

Jedes Buch benötigt einen interessierten und aufgeschlossenen Herausgeber; Sheila Anne Barry von der Sterling Publishing Company erfüllte diese Rolle als Herausgeberin von „Schlangen der Welt" („Living Snakes of the World in Color").

John M. Mehrtens
Miami, Florida

BILDNACHWEIS

Abilene Zoological Gardens (S. 373), **Alvey, F.** (356 ol), **Barker, D.**, Dallas Zoo (S. 54, 78, 130 or, 131, 132), **Barker, D.**, Dallas Zoo, courtesy T. **Granes** (S. 35, 37, 38 o, 41, 48, 68–70, 72, 73 o, 123 u, 129 ol, 378, 382, 385, 388, 389, 391, 392, 395, 403, 406, 407 o, 408 u, 411, 412, 413 o, 418, 419, 420 u, 424, 428, 429, 433), **Bartlett, R. D.** (S. 11, 15, 28/29, 33 u, 38 ul, 39 u, 42, 86, 88, 93, 94, 98, 101 u, 113, 119 ol, 119 ur, 122, 125 u, 128 or, 129 or, 133, 137–144, 146 o, 157 ur, 158 u, 161, 171 o, 175 o, 176, 181, 188, 197 ul, 201, 205, 206, 220, 221 l, 227, 239 o, 256 o, 264 l, 266, 304 m, 305 u, 326, 328, 337 o, 338, 340 or, 344 u, 347, 351, 356 u, 358, 362, 364–367, 369, 374 o, 376, 393, 394, 400, 405 l, 422), **Bartlett, R. D., R. Sayers** (S. 12, 232, 281), **Bazemore, W.** (S. 253 o, 256 u, 259, 311, 318), **Bogart**, C. M., A. M. N. H., courtesy T. **Granes** (S. 53 u), **Bolin, F., D. Hamper** (S. 106 ur, 179, 219, 236, 237, 252, 253 u, 255, 265, 267, 294 o, 305 o, 320, 339, 390, 405 r, 407 u, 426 u, 427 o), **Bridges, J.** (S. 5, 24, 26, 38 ur, 39 m, 56, 75, 77 o, 105, 118, 146 u, 147, 167, 185, 192, 203, 233, 245, 250, 257 o, 315, 353 u, 375, 396–398, 402, 404, 413 u, 414, 427 u, 430 u, 431), **Chapman**, E. (S. 208), **Dow, P.**, Vancouver Aquarium (S. 282), **Dunson**, Dr. W. (S. 285–293, 294 u, 295, 296), **F.R.I.**, Inc. (S. 13, 21 o, 149, 211, 225), **Funk, R. S.** (S. 3, 14 u, 16, 17, 19, 22, 23 u, 39 o, 49–51, 57, 61 ur, 65–67, 73 u, 76, 85, 87, 107, 119 ul, 124, 127, 129 ur, 130 ol, 130 u, 136, 145 o, 148, 153, 159 u, 168, 170 ur, 171 u, 174, 175 u, 183, 186, 187, 189, 190 o, 193, 194 o, 197 o, 210, 214 ol, 215, 217, 221 r, 228 u, 229, 239 u, 240, 241, 248, 249, 270, 273, 306, 307, 342, 352 o, 352 ur, 353 o, 361, 374 u, 380), **Goris**, Dr. R. (S. 349, 350 or, 359, 360), **Hamper, D.** (S. 23 o, 46, 79, 91, 92, 95, 100, 101 o, 104, 106 or, 106 ul, 109 u, 112 o, 117, 119 or, 128 ul, 155, 162, 164, 170 l, 172, 178, 195, 197 ur, 204, 207, 214 or, 214 u, 218, 231 o, 238, 257 u, 268, 308, 310, 321, 323, 337 u, 344 o, 348 o, 352 ul, 356 or, 363, 383, 408 o, 415, 420 o, 421, 423, 426 o, 430 o, 432 o), **Harris**, E., Binder Park Zoo (S. 97), **Lamar, W.** (S. 36, 77, 89 o, 96, 116 u, 145 u, 158 o, 184, 190 u, 194 u, 196, 202, 222, 272, 350 ol, 416, 432 u), **Lamar, W.**, courtesy J. **Stout** (S. 350 u, 354 o), **Lamar, W.**, courtesy **Dallas Zoo** (S. 299 o, 301, 302, 372), **Lamar, W.**, courtesy E. **Chapman** (S. 150–152, 199, 200, 222 u, 226), **Lamar, W.**, courtesy **Ft. Worth Zoo** (S. 258), **Lamar, W.**, courtesy **Houston Zoo** (S.52), **Los Angeles Zoo** (S. 269, 275, 277), **Love, W.B.** (S. 21 u), **Mealey, B.** (S. 30, 31 o, 32, 33 o, 34, 74, 80, 82, 84 u, 90, 120 u, 156, 157 o, 157 ul, 159 o, 173, 177, 198, 247, 271, 278 o, 279, 280, 297, 303, 304 o, 304 u, 312 u, 313, 314, 345, 357, 377, 379, 381, 386, 399, 410), **Mealey, B.**, courtesy E. **Chapman** (S. 31 u, 61 ul), **Mehrtens**, J. (S. 1, 14 o, 20 u, 40, 44, 45, 53 o, 58, 59, 61 o, 71, 84 o, 102, 103, 114/115, 116 o, 120 o, 121, 128 ur, 129 ul, 160, 165, 166, 191, 223, 224, 228 o, 230, 387, 401, 409, 425), **Moor**, L. (S. 20 o, 60, 62–64, 135, 216, 231 u, 235, 251, 309, 312 o, 316, 317, 319), **New York Zoological Society** (S. 260), **Pawley**, R. (S. 111, 354 u, 355, 417), **Reichling**, S., Memphis Zoo (S. 47, 106 ol, 109 o, 110, 125 o, 169, 212, 264 r, 278 u, 322, 343, 348 u, 370), **Reptile World Serpentarium** (S. 261, 263), **Skansen Akvariet** (S. 371), **Trutnau**, L. (S. 180, 327, 329–336, 340 ol, 340 u), **Wagner**, E. (S. 89 u, 112 u, 123 o, 128 ol, 299 u, 300), **Wagner**, E., D. **Paulson** (S. 43), **Weber**, A., Toledo Zoo (S. 126, 254, 324)

Die Standardwerke für jeden Naturfreund: Kosmos-Atlanten – umfassend, attraktiv und bestimmungssicher. Diese großformatigen Bände zeigen die Natur in hervorragenden, ungewöhnlich schönen Farbfotos. Die charakteristischen Merkmale der Pflanzen, Tiere und Gesteine werden in bestechenden Makroaufnahmen dokumentiert. Die Texte informieren über weitere für die Bestimmung wichtige Details, über Vorkommen und Verbreitung jeder Art. Diese repräsentativen großen Kosmos-Naturführer offenbaren die Schönheit einer überraschend vielgestaltigen Umwelt und sind eine Bereicherung jeder Bibliothek. Wir informieren Sie gern über diese und weitere interessante Bücher aus dem Kosmos-Naturprogramm. Fordern Sie einfach unseren kostenlosen Naturprospekt an: Franckh-Kosmos, Postfach 10 60 11, 70049 Stuttgart.

336 Seiten, 2.020 Abbildungen
ISBN 3-440-6559-6

191 Seiten, 484 Abbildungen
ISBN 3-440-06306-2

223 Seiten, 2.111 Abbildungen
ISBN 3-440-06358-5

175 Seiten, 350 Abbildungen
ISBN 3-440-06217-1

288 Seiten, 1.481 Abbildungen
ISBN 3-440-05998-7

288 Seiten, 933 Abbildungen
ISBN 3-440-06154-X

Franckh-Kosmos · Stuttgart